马克思主义哲学经典著作精选导读

MAKESI ZHUYI ZHEXUE

JINGDIAN ZHUZUO JINGXUAN DAODU

阮　青◎著

中共中央党校出版社

图书在版编目（CIP）数据

马克思主义哲学经典著作精选导读 / 阮青著. 北京 : 中共中央党校出版社, 2024. 12. -- ISBN 978-7-5035-7752-9

Ⅰ. A851.63

中国国家版本馆CIP数据核字第2024E6S055号

马克思主义哲学经典著作精选导读

责任编辑 蔡锐华 王美丽
责任印制 陈梦楠
责任校对 魏学静
出版发行 中共中央党校出版社
地　　址 北京市海淀区长春桥路 6 号
电　　话 （010）68922815（总编室）　（010）68922233（发行部）
传　　真 （010）68922814
经　　销 全国新华书店
印　　刷 中煤（北京）印务有限公司
开　　本 710 毫米×1000 毫米　1/16
字　　数 320 千字
印　　张 25
版　　次 2024 年 12 月第 1 版　2024 年 12 月第 1 次印刷
定　　价 69.00 元

微 信 ID：中共中央党校出版社　　邮　箱：zydxcbs2018@163.com

前　言

马克思主义哲学是科学的世界观和方法论，是无产阶级和人民群众认识世界、改造世界的锐利思想武器。马克思主义哲学自创立以来，植根于无产阶级的伟大革命实践，不断从社会科学和自然科学的最新成就中汲取营养，勇敢地同各种资产阶级思潮和错误思想进行不懈的斗争，逐步深化对人类社会发展规律、社会主义建设规律、执政党建设规律的认识，并以自己的方式不断解决社会实践中提出的重大理论和实践问题，回答时代之问、人民之问、世界之问、历史之问，从而对世界历史进程发生了巨大的影响。今天，我们正处在全党全国各族人民迈上全面建设社会主义现代化国家新征程、向第二个百年奋斗目标进军的关键时刻，为了帮助广大青年学生和领导干部更好地学习和运用马克思主义哲学，我们精选了马克思、恩格斯、列宁、毛泽东部分哲学经典著作，以历史发展为线索，以原著讲解为重点，采取史论结合的方法，介绍其历史背景和写作原因，阐释其基本逻辑和主要内容，提出其当代启示和重要意义。

一、马克思主义哲学的基本特点

应该说，在人类几千年的文明史上，相继出现的哲学思潮、流派不计其数。但是，能在人类思想宝库中占据重要地位，且对世界历史进程发生重大影响的却为数不多，而马克思主义哲学则是其中一颗最具异彩的璀璨明珠。马克思主义哲学之所以具有这种特殊魅力，是由其理论自身的特点所决定的。

首先，马克思主义哲学具有鲜明的阶级性。无产阶级是迄今为止人类历史上最进步的阶级，无产阶级争取自身解放的斗争是迄今人类历史上最先进的革命斗争。马克思主义哲学是在无产阶级革命斗争的基础上产生和发展的，又是为无产阶级革命实践服务的。因此，它真实地反映了无产阶级的要求，代表了无产阶级的利益，是指导无产阶级寻求翻身和解放的学说。而无产阶级又是人类解放的承担者，只有解放全人类才能最后解放无产阶级自己。因此，马克思主义哲学归根到底又是关注着人类根本利益和前途命运的学说。

其次，马克思主义哲学具有严谨的科学性。马克思主义哲学是在总结人类实践经验和科学发展基础上产生和发展起来的。它吸取了前人所创造的一切文明成果，又以自己的独特视角对所处时代的重大课题进行分析和研究，进而合乎逻辑地科学概括和反映了时代精神，揭示了人类社会的发展规律。因此，能够为人们的实践活动和科学发展提供指导思想。

再次，马克思主义哲学具有深刻的实践性。以往的哲学只是以各种方式说明世界，而不了解实践活动在人类认识和社会发展中的决定性作用。马克思主义哲学认为，社会生活在本质上是实践的，实践是人类认识和社会发展的基础；哲学的使命不但在于说明世界，更重要的是指导人们改变世界，而且只有在改变世界的过程中才能真正认识世界，在改变客观世界的同时改变主观世界。因此，马克思主义哲学不是远离生活、脱离实践的纯粹思辨的哲学，而是深深植根于实践的土壤，来自于实践，服务于实践，在实践中不断发展和创新的活生生的学说。

最后，马克思主义哲学具有高度的开放性。马克思主义哲学的科学性和实践性特点，决定马克思主义哲学不是一个僵死的封闭型体系，而是一个具有广阔前景的与时俱进的开放性体系。从马克思、恩格斯、列宁、毛泽东到当代中国共产党人，在这个漫长的历史进程中，每一位伟大的思想家，面对社会发展的不同阶段，大胆吸收人类所创造的一切优秀文明成果，勇敢面对所处时代的重大理论和实践课题，不断研究新情况，解决新问题，总结新经验，概括新观念，创造新理论，使马克思主义哲学不断从实践中汲取营养，焕发出强大的生命力、感召力和创造力。

马克思主义哲学的特点决定了我们每一个有志者都必须认真学习它。要学习马克思主义哲学，真正弄懂马克思主义哲学基本原理，把握马克思主义哲学的精神实质，就必须认真阅读和研究马克思主义哲学经典著作。

二、经典作家历来强调认真阅读马克思主义哲学经典著作

马克思主义哲学的创始人历来重视阅读原著。恩格斯在1890年9月21—22日致约瑟夫·布洛赫的信中说："我请您根据原著来研究这个理论，而不要根据第二手的材料来进行研究——这的确要容易得多。"① 所谓"第二手材料"是其他人对原著的研究成果，这就不可避免地受到研究者的立场、观点、方法、背景等因素的影响，甚至是有意或无意地对原著的思想进行修正或扭曲。在马克思主义传播史上，打着马克思主义的旗号反马克思主义的案例还是很多的。因此，恩格斯主张要想全面地、正确地、深刻地学习和掌握马克思主义，就必须认真阅读马克思主义原著。

毛泽东的一生是读书学习的一生，即使在条件极其恶劣的战争

① 《马克思恩格斯文集》第10卷，人民出版社2009年版，第593页。

年代，甚至在长征途中，其他东西都可以丢掉，经典著作却一直在手并时时阅读。在延安时期，毛泽东曾亲自给广大党员干部推荐五本必读的马克思主义经典著作：《共产党宣言》《社会主义从空想到科学的发展》《社会民主党在民主革命中的两种策略》《共产主义运动中的“左派”幼稚病》《联共（布）党史简明教程》。后来，又根据中国革命和建设形势的变化，多次调整领导干部的必读书目。

新中国成立后，重视学习马克思主义经典著作的优良传统得到继承和发扬。早在1962年2月，邓小平就指出：“学习马克思列宁主义的理论和毛泽东同志的著作。这个问题的道理，不必多讲。这几年的教训是，我们对马克思列宁主义的基本原理和毛泽东思想，体会不够。我们有许多错误是从这里来的。”① 在1978年底召开的中央工作会议上，邓小平诚恳地告诫全党：“实现四个现代化是一场深刻的伟大的革命。在这场伟大的革命中，我们是在不断地解决新的矛盾中前进的。因此，全党同志一定要善于学习，善于重新学习。”② 学习什么？根本的是学习马克思列宁主义、毛泽东思想。邓小平提议，应当在全党搞一个学习运动，认真学习马克思、恩格斯、列宁和毛泽东的著作，加强我们工作中的原则性、系统性、预见性和创造性。

习近平总书记更加强调学习马克思主义经典著作的重要性。早在2011年5月13日，作为时任中央党校的校长，他在中央党校春季学期第二批入学学员开学典礼上，作了《认真学习马克思主义经典著作不断推进中国特色社会主义事业》的重要讲话。他指出：“马克思主义经典著作包含着经典作家所汲取的人类探索真理的丰富思想成果，体现着经典作家攀登科学理论高峰的不懈追求和艰辛历程。

① 《邓小平文选》第1卷，人民出版社1994年版，第315—316页。
② 《邓小平文选》第2卷，人民出版社1994年版，第152—153页。

阅读经典著作，本身就是增长知识、开阔眼界、增加思想深度和训练思维方式的过程，就是培养高瞻远瞩的战略洞察力和脚踏实地的工作作风的过程，会使我们在潜移默化中受到他们崇高风范和人格力量的熏陶，从而实现自己思想境界和道德情操的升华。”① 他特别强调，哲学是人类的智慧之学。领导干部学习马克思主义经典著作，尤其要注意学习马克思主义哲学。他当选总书记之后，曾两次组织中共中央政治局集体专门学习哲学。他强调：“党的各级领导干部特别是高级干部，要原原本本学习和研读经典著作，努力把马克思主义哲学作为自己的看家本领，坚定理想信念，坚持正确政治方向，提高战略思维能力、综合决策能力、驾驭全局能力，团结带领人民不断书写改革开放历史新篇章。”②

三、阅读马克思主义哲学经典著作要遵循的基本原则

读过马克思主义哲学经典著作的人都知道，经典著作博大精深、气势恢宏、说理透彻、语言精美，可以给人一种百读不厌、常读常新、“早知多好”的感觉。然而，马克思、恩格斯、列宁的经典著作，有其独特的文化背景、时代课题、思维方式、语言表达等等，这又给我们中国读者带来一些阅读上的困难。为了帮助大家阅读哲学经典著作，我们提出几条需要遵循的基本原则，供大家参考。

第一，坚持全面性和重点性相统一的原则，完整把握马克思主义哲学的科学体系。马克思主义哲学是以科学的实践观为基础，包

① 《认真学习马克思主义经典著作　不断推进中国特色社会主义事业》，《人民日报》2011年5月14日。

② 《推动全党学习和掌握历史唯物主义　更好认识规律更加能动地推进工作》，《人民日报》2013年12月5日。

括本体论、认识论、辩证法、历史观等诸多方面的内容，是关于自然、社会和人类思维的一般规律的学说。所以，要学习和掌握马克思主义哲学的基本原理，既要坚持重点性，学习和把握各个基本原理、基本观点及其与整个学说体系之间有内在联系，不能将其割裂开来，避免学习的片面性；也要坚持全面性，在重点了解和把握某一基本原理的同时，必须注意到它在整个学说体系中的地位以及与其他诸原理之间的有机联系，避免学习的盲目性。

第二，坚持继承性和变革性相统一的原则，正确理解马克思主义哲学同前人优秀理论遗产的批判继承关系，把握马克思主义哲学的创立在人类思想史上所实现的伟大变革，把握每位思想家的时代特点、理论创新和给予我们的重要启示。马克思主义哲学经典作家对于以往人类历史上所创立的一切思想，都是采取理性的批判的态度给予重新审视和探讨，并经过社会实践加以严格的检验，汲取其合理成分，摒弃其不合理的成分，根据新的历史条件赋予其新的含义，在解决新的时代课题的过程中加以推进、创新和发展，从而实现人类思想发展史上的伟大变革。因此，了解以往人类思想发展史，掌握思想发展史中继承和变革的内在规律性，就成为读懂马克思主义哲学经典著作的必要条件。

第三，坚持逻辑性和历史性相统一的原则，注意把握马克思主义哲学整个发展过程中的内在联系和不同发展阶段上具体的历史特点，注意把握马克思主义哲学的理论内容与其所处的历史条件之间的内在关联。不能把其内在的本质性的东西与各个不同发展阶段上的具体历史特点和表现形式相混同或者对立起来；要通过认真地阅读和研究，真正把握哪些是贯穿整个体系发展过程始终的基本立场、观点和方法，哪些是这些基本立场观点和方法在不同的国家、不同的时代、针对解决具体问题而表现出来的具体形式和特点。基本立场观点和方法是在任何情况下都不能背离的，而具体形式和特点则随着历史条件的变化而不断发生变化。

第四，坚持理论和实践相统一的原则，把握马克思主义普遍真理与各国具体实践相结合这条主线，探索马克思主义哲学在不同时代、不同类型的国家是如何通过这种结合的实现而得到运用和发展的，特别是注重探讨马克思主义在中国传播的历史过程中与中国具体实际相结合而实现的伟大飞跃，深刻理解中国共产党对马克思主义哲学的发展所作出的重要贡献。同时，坚持理论和实践相统一原则的另一个重要含义，就是通过学习马克思主义经典著作，坚定马克思主义信仰，增强解决中国式现代化建设过程中重大理论问题和实践问题的本领。

第五，坚持精读和泛读相统一的原则。马克思主义哲学著作的数量非常多，作为一般读者不要说读完《马克思恩格斯全集》《列宁全集》，就是要读完各种选集也是不容易的。因此，我们精选了马克思、恩格斯、列宁、毛泽东部分哲学经典著作进行导读。每部著作导读分三个部分：第一部分是历史背景和写作原因，以期帮助广大读者了解原著的写作背景和当时所要解决的问题，掌握原著的理论价值和实践意义；第二部分是逻辑结构和主要内容，以期帮助广大读者了解原著的逻辑结构，读懂原著的重要思想观点，把握原著的主要内容；第三部分是当代启示和重要意义，以期帮助广大读者学会用原著的立场观点方法来分析当代中国社会发展和个人工作中所面临的重大理论和实践问题，使广大读者不断提高哲学素养，增强分析问题和解决的能力。

以上尽管讲了一些读书的原则，但这仅仅是一种抽象的议论，正如要学习游泳还只是站在岸边学习游泳理论一样。要试图真正读懂马克思主义哲学经典著作，掌握马克思主义哲学的基本原理，就只有下真功夫，选择几本书来潜心苦读，除此之外，没有任何其他捷径可走。

最后，借用马克思的《〈政治经济学批判〉序言》中的一段话作为结束语。马克思说：“在科学的入口处，正像在地狱的入口处一样，必须提出这样的要求：‘这里必须根绝一切犹豫；这里任何怯懦都无济于事’。”①

阮　青

2024 年 5 月

① 《马克思恩格斯选集》第 2 卷，人民出版社 2012 年版，第 5 页。

目　录 | CONTENTS

马克思：《1844 年经济学哲学手稿》导读

《1844 年经济学哲学手稿》（以下简称《手稿》）是马克思于 1844 年 4 月至 8 月撰写的一部未完成的手稿。在这部手稿中，马克思从唯物主义立场出发，在剖析资本主义制度和资产阶级经济学说的基础上，阐述了异化劳动、异化需要等理论，并提出共产主义理想，向着创立新唯物主义哲学迈进了一大步，从而使其在马克思主义哲学发展史上具有重要地位。

一、历史背景和写作原因

卡尔·马克思 1818 年 5 月 5 日出生于德国莱茵省特利尔城的一个律师家庭，从小受到自由主义、人道主义和理性主义等启蒙精神的教育。他的中学毕业论文《青年在选择职业时的考虑》就已经明确反映出他的人生理想和价值追求。他说："如果我们选择了最能为人类福利而劳动的职业，那么，重担就不能把我们压倒，因为这是为大家而献身；那时我们所感到的就不是可怜的、有限的、自私的乐趣，我们的幸福将属于千百万人，我们的事业将默默地、但是永恒发挥作用地存在下去，而面对我们的骨灰，高尚的人们将洒下热泪。"① 他于 1835 年 10 月进入波恩大学学习法律。然而，正是基于对人类命运的关怀和对人类社会未来的思考，他对哲学产生了浓厚的兴趣，一年后便转入柏林大学学习哲

① 《马克思恩格斯全集》第 40 卷，人民出版社 1982 年版，第 7 页。

学，开始熟悉黑格尔本人及其弟子的著作和思想。

大学毕业后，便到被认为是非常激进、表达德国自由主义思想的《莱茵报》（全名《莱茵政治、商业和工业日报》）工作，开始直接参与社会的政治生活，经历了林木盗窃法辩论和为摩塞尔记者辩护等“对有关所谓物质利益发表意见的难事”。所谓林木盗窃法辩论事件是指，随着资本主义的发展，德国原来存在的大量“公地”被大土地所有者变成私有；大量破产而生活贫困的农民，被迫到树林里去捡拾枯树枝以维持生存。于是有人把捡拾枯树枝列入盗窃林木范围的法律提案提交到省议会审议。马克思在《关于林木盗窃法的辩论》中，旗帜鲜明地站在维护劳苦大众的立场上，从法律的角度抨击了普鲁士国家和法律制度。所谓为摩塞尔记者辩护事件是指，摩塞尔地区本来是葡萄酒的重要产地，很多人依靠葡萄酒产业而生存。可是伴随着资本主义的发展，大量葡萄酒业主破产，农民生活异常贫困，《莱茵报》记者彼捷尔·科布伦茨为此撰写专题报道文章。文章发表后引起政府的严重不满。莱茵省总督冯·沙培尔指责文章的报道失实，是恶意中伤政府。于是，马克思通过深入细致的调查研究，撰写了《摩塞尔记者的辩护》一文，与反动政府展开论战。马克思之所以对有关物质利益的事情“难”以发表意见，原因在于他是以黑格尔的思想体系来认识世界，来把握现实的。他以出版自由来批判书报检查制度，以国家和法来批判私人利益，以公平正义来揭露反动政府对农民的悲惨生活及其控诉置之不理的麻木状态。然而，在现实生活中，获得胜利的不是出版自由和贫困的农民，而是书报检查制度和私人利益。《莱茵报》甚至被指责为教唆农民反对政府，其目的“并不是为了增进农民的幸福，而是企图煽动不满情绪削弱当局和臣民的联系”。理论与现实的矛盾使得马克思产生了苦恼，原来的哲学信仰发生动摇，这就推动他去重新研究黑格尔的法哲学，以清算自己的哲学信仰。他说：“要获得理解人类历史发展过程的锁钥，不应当到被黑格尔描绘成‘大厦之顶’的国家中去寻找，而应当到黑格尔所那样蔑视的‘市民社会’中去寻找。”① 他于 1843 年到 1844 年间，先后撰写了《黑格尔法哲学批判》《论犹太人问题》《黑格尔法哲学批判导言》等著作。此时，马克思还没有创立自己的劳动力价值理论，还不能从社会经济关系上揭示资本家剥削工人的秘密，也不能从社会发展规律上揭示资本主义社会灭亡的必然性。然而，他已经明确指出：无产阶级是人类解放事业的承担者，因为，无产阶级没有任何权利，它同国家的冲突是全面的，它只有解放一切社会领域才能解放它自己的领域。正是通过这样系统的研究，他得出一个重要的结论：“法的关系正像国家的形式一样，既不能从它们本身来理解，也不能从所谓人类精神的一般发展来理解，相反，它们根源于物质的生活关系，这种物质的生活关系的总和，黑格尔按照 18 世纪的英国人和法国人的先例，概括为‘市民社会’，而对市民社会的解剖应该到政治经济学中去寻求。”② 马克思在这里所使用的“市民社会”概念，作为“物质的生活关系的总和”，意指社会的经济基础。可见，马克思已经超越了青年黑格尔派唯心主义的世界观，开始站在唯物主义的立场上来研究国家、法和利益问题。在此基础上，马克思在《手稿》中初步着手探索和制定科学的世界观和方法论，并开始研究政治经济学。恩格斯曾指出：“正是他对林木盗窃法和摩塞尔河地区农民处境的研究，推动他由纯政治转向研究经济关系”③。

但是，这个时期的马克思在思想上尚没有完全摆脱旧哲学的束缚，使《手稿》在很多方面暴露出费尔巴哈的人本主义色彩和黑格尔的思辨哲学的痕迹，所以说这部著作是马克思主义哲学形成过程中的

① 《马克思恩格斯全集》第 16 卷，人民出版社 1964 年版，第 409 页。
② 《马克思恩格斯文集》第 2 卷，人民出版社 2009 年版，第 591 页。
③ 《马克思恩格斯全集》第 39 卷，人民出版社 1974 年版，第 446 页。

一部重要著作。

二、逻辑结构和主要内容

根据目前的中文译本，《手稿》由一篇序言和写在三个“笔记本”上的手稿组成，即笔记本Ⅰ、笔记本Ⅱ和笔记本Ⅲ。

序言，原本是笔记本Ⅲ的第三部分，在1932年《手稿》全文发表时被编者单独拿出来作为序言。马克思说明自己思想的理论来源，写作《手稿》的目的、计划和内容，强调研究德国古典哲学的重要性。

笔记本Ⅰ包括四个部分：工资、资本的利润、地租、异化劳动和私有财产。学习重点是第四个部分，马克思详细描述了工人在资本主义私有制下的异化生存状态，说明异化劳动是人的类本质的异化，从而揭示了异化劳动的实质，分析了异化劳动产生的根源，指出异化劳动存在的历史必然性，探索摒弃异化劳动的路径，为理想社会形态的产生提供了必要的哲学根据。

笔记本Ⅱ只保留了几页手稿，是已经遗失的笔记本的结尾部分，标题“私有财产的关系”是编者加上的。从手稿的内容来看，是对笔记Ⅰ相关思想的补充和深化。

笔记本Ⅲ包括四个部分。学习的重点是第二部分。在“私有财产和共产主义”一文中，马克思在批判资本主义私有制的基础上，阐述了自己的共产主义理论；在“对黑格尔的辩证法和整个哲学的批判”一文中，马克思批评了施特劳斯和鲍威尔对黑格尔哲学采取的错误态度，坚持以扬弃的态度来批判和改造德国古典哲学，特别是黑格尔哲学；马克思以劳动理论为基础，把黑格尔的“自我意识”的人改造为“现实的人”，把黑格尔的精神生产改造为物质生产实践，把黑格尔的自我意识的异化改造为现实的人的异化，从而建立起彻底的自然主义或人道主义的理论。在“私有财产和需要”一文中，马克思提出了一系列重要的需要概念，从而构建起需要理论的概念体系，并在异化劳动理论的基础上提出需要异化思想。

通过对《手稿》逻辑结构的分析可以看出，三个笔记本表面上看起来内容似乎有些杂乱，实则在各个部分之间有着深刻的内在联系，即在马克思主义创立之初，哲学、政治经济学和科学社会主义作为一个有机联系的整体，其理论目的就是揭示人类社会的发展规律，探寻无产阶级获得翻身解放的指导思想。

阅读和学习这部著作要掌握的主要内容有：

（一）异化劳动理论

马克思异化劳动理论是建立在科学理解劳动概念基础上的。在《手稿》中，劳动既是一个经济学概念，也是一个哲学概念。作为经济学概念，劳动是创造财富的手段。作为哲学概念，劳动是指人们从事物质资料生产的活动过程。马克思把劳动概念作为解决劳动价值论与资本主义私有制的矛盾、进而揭示资本主义社会发展规律的钥匙。他指出，劳动是人区别于动物的本质属性。动物和自己的生命活动是直接同一的，而人是有意识的生命活动体，这就导致了动物的活动和人的活动出现了根本的区别。“诚然，动物也生产。动物为自己营造巢穴或住所，如蜜蜂、海狸、蚂蚁等。但是，动物只生产它自己或它的幼仔所直接需要的东西；动物的生产是片面的，而人的生产是全面的；动物只是在直接的肉体需要的支配下生产，而人甚至不受肉体需要的影响也进行生产，并且只有不受这种需要的影响才进行真正的生产；动物只生产自身，而人再生产整个自然界；动物的产品直接属于它的肉体，而人则自由地面对自己的产品。动物只是按照它所属的那个种的尺度和需要来构造，而人却懂得按照任何一个种的尺度来进行生产，并且懂得处处都把固有的尺度运用于对象；因此，人也按照美的规律来构造”①。同时，劳动是人类自我认识的中介和手段。马克思指出：通过劳动“人不仅像在意识中那样在精神上使自己二重化，而且能动地、现实地使自己二重化，从而在他所创造的世界中直观自身”②。劳动是人和自然相统一的基础；劳动一方面使人成为“类存在物”或“人的自然存在物”，另一方面使自然成为人的“作品”和“现实”，成为“人化的”或“人类学的自然”；通过劳动，人们不仅创造了丰富的物质财富，使自然界变成了“人化自然”；而且也创造了丰富的精神财富，如宗教、家庭、国家、法、道德、科学和艺术等等。因此，劳动是整个人类历史过程的基础，“整个所谓世界历史不外是人通过人的劳动而诞生的过程”③。

在确立劳动概念的基础上，马克思通过对资本主义工资、利润和地租的分析，抓住资本主义条件下工人与其产品的关系这一经济实事，提出异化劳动理论。应该说，异化是一个古老的、多含义、多领域使用的概念。黑格尔把异化概念真正提升为哲学范畴，并用异化概念来描述“绝对精神”的外化过程。费尔巴哈则用异化概念来研究宗教问题，揭示了宗教的虚幻本质，建立了人本主义的异化观。马克思批判地改造了异化概念，并在研究劳动理论的基础上，分析了资本主义私有制所导致的异化劳动的四个规定。

第一，从生产结果看，劳动者的劳动和其劳动产品相异化。马克思认为，研究资本主义社会，首先呈现在人们眼前的是资本主义社会中普遍存在的经济事实：即“工人生产的财富越多，他的生产的影响和规模越大，他就越贫穷。工人创造的商品越多，他就越变成廉价的商品。物

---

① 《马克思恩格斯文集》第 1 卷，人民出版社 2009 年版，第 162—163 页。
② 《马克思恩格斯文集》第 1 卷，人民出版社 2009 年版，第 163 页。
③ 《马克思恩格斯文集》第 1 卷，人民出版社 2009 年版，第 196 页。

的世界的增值同人的世界的贬值成正比”[①]。“劳动为富人生产了奇迹般的东西，但是为工人生产了赤贫。劳动生产了宫殿，但是给工人生产了棚舍。劳动生产了美，但是使工人变成畸形。劳动用机器代替了手工劳动，但是使一部分工人回到野蛮的劳动，并使另一部分工人变成机器。劳动生产了智慧，但是给工人生产了愚钝和痴呆”[②]。《手稿》对劳动者与其劳动产品相异化的描述，可以说生动而形象，通俗而易懂，说明在资本主义私有制下，工人自己的劳动产品已成为一种异己的存在物而与劳动者相对立。马克思指出，劳动者的劳动与其劳动产品相异化，集中体现为商品拜物教和货币拜物教。在资本主义私有制下，商品、货币与人的关系全部颠倒过来，“表现出异化的物对人的全面统治”。就是说，商品、货币是私有财产外化的物质表现或承担者，是人的社会活动异化的物质表现或承担者。“这是物的异化”。

第二，从生产过程来看，劳动者与其劳动活动相异化。马克思具体描述了异化的表现：对工人来说，劳动是外在的东西，是不属于自己本质的东西；所以，在劳动活动中，他们不是肯定自己，而是否定自己；不是感到幸福，而是感到不幸；不是自由地发挥自己的体力和智力，而是使自己的肉体受到折磨、精神受到摧毁；工人只有在劳动之外才感到自在，在劳动时就觉得不自在；工人在不劳动时感觉舒畅，而在劳动时感觉不舒畅；他们的劳动不是自愿的劳动，而是被迫的强制劳动；这种劳动不是满足一种需要，而只是满足劳动以外的那种需要的一种手段。因此，劳动的异己性质明显表现在，只要肉体的强制或其他强制一停止，人们就会像逃避鼠疫那样逃避劳动。结果是，工人只有运用自己的动物机能时，如吃、喝、生殖、居住和修饰等等的时候，才觉得自己在自由活动，而在运用人的机能时，即自由的有意识的活动时，觉得自

① 《马克思恩格斯文集》第 1 卷，人民出版社 2009 年版，第 156 页。
② 《马克思恩格斯文集》第 1 卷，人民出版社 2009 年版，第 158—159 页。

己只不过是动物。因为，吃、喝、生殖等等，固然也是真正的人的机能，但是，如果加以抽象，使这些机能脱离人的其他活动领域并成为最后的和唯一的终极目的，那它就是动物的机能。“动物的东西成为人的东西，而人的东西成为动物的东西。”① 马克思得出结论说，在劳动者与自己的劳动活动异化的过程中，活动是受动；力量是无力；生殖是去势；工人自己的体力和智力、个人的生命是不依赖于他、不属于他、转过来反对他自身的活动。就是说，劳动不是自愿劳动，而是强制劳动；劳动不是自我实现，而是自我牺牲、自我折磨的劳动；劳动不是人性的充实和发展，而是人性的完全丧失。这是自我异化。

第三，从人的类本质来看，劳动者与其类本质相异化。对于人类本质的认识，是历来思想家孜孜不倦探讨的问题。黑格尔从绝对精神出发，把类作为与自由、绝对精神等一样神秘的存在来理解。费尔巴哈把类从“抽象的天国”拉回“人间”，创立了具有鲜明人本主义色彩的类哲学，从而使对类本质问题的研究达到旧哲学的高峰，“它直截了当地使唯物主义重新登上了王座”。《手稿》沿用了费尔巴哈的“类本质”的概念。但是，由于马克思把“自由的有意识的活动”看作是人的类本质，便与费尔巴哈人本思想有了本质区别。马克思指出：“一个种的整体特性、种的类特性就在于生命活动的性质，而自由的有意识的活动恰恰就是人的类特性。”② 而这种“自由的有意识的活动”就是改造对象世界的生产劳动。所以，“正是在改造对象世界的过程中，人才真正地证明自己是类存在物。这种生产是人的能动的类生活。通过这种生产，自然界才表现为他的作品和他的现实”③。而资本主义私有制把人的生产劳动异化为维持人的肉体生存的手段，是被迫的劳动、是强制的劳

① 《马克思恩格斯文集》第 1 卷，人民出版社 2009 年版，第 160 页。
② 《马克思恩格斯文集》第 1 卷，人民出版社 2009 年版，第 162 页。
③ 《马克思恩格斯文集》第 1 卷，人民出版社 2009 年版，第 163 页。

动，是人性的全部丧失。所以，马克思说："异化劳动把自主活动、自由活动贬低为手段，也就把人的类生活变成维持人的肉体生存的手段。"[①] 异化劳动导致，"人的类本质，无论是自然界，还是人的精神的类能力，都变成了对人来说是异己的本质，变成了维持他的个人生存的手段。异化劳动使人自己的身体同人相异化，同样也使在人之外的自然界同人相异化，使他的精神本质、他的人的本质同人相异化"[②]。这是类本质的异化、是生命的异化。

第四，从人际方面来看，人与人的关系相异化，这是"自我异化"、"物的异化"和"类本质"的异化的必然结果。马克思说："人同自己的劳动产品、自己的生命活动、自己的类本质相异化的直接结果就是人同人相异化。当人同自身相对立的时候，他也同他人相对立。凡是适用于人对自己的劳动、对自己的劳动产品和对自身的关系的东西，也都适用于人对他人、对他人的劳动和劳动对象的关系。"[③] 我们可以设想一下，我的劳动活动不是自主的，我的劳动产品不归我所有，我在劳动活动中不能丰富和发展我的个性，那么，就必然提出一个问题，我的劳动活动是由谁来决定的？我的劳动产品归谁所有？我的个性的丰富和发展是谁来遏制和束缚的？马克思说："不是神也不是自然界，只有人自身才能成为统治人的异己力量。"[④] 而这个异己的力量，就是私有财产，就是资本主义制度。马克思尖锐地指出，在资本主义私有制度下，"凡是工人做的对自身不利的事，非工人都对工人做了，但是，非工人做的对工人不利的事，他对自身却不做"[⑤]。这段话尽管讲得有些晦涩，但思想还是很明确的。"非工人"是指私有财产的所有者，他们凭借手中的私

① 《马克思恩格斯文集》第1卷，人民出版社2009年版，第163页。
② 《马克思恩格斯文集》第1卷，人民出版社2009年版，第163页。
③ 《马克思恩格斯文集》第1卷，人民出版社2009年版，第163—164页。
④ 《马克思恩格斯文集》第1卷，人民出版社2009年版，第165页。
⑤ 《马克思恩格斯文集》第1卷，人民出版社2009年版，第165页。

有财产，对工人进行残酷的剥削和压迫，使工人从肉体到精神已经失去做人的本来意义。因此，探索如何推翻私有财产、恢复人的本性的时代课题摆在马克思面前。

（二）共产主义理论

马克思借助于异化劳动理论为研究基点，从哲学的高度论证了消灭异化劳动、扬弃私有财产、实现人的解放即共产主义的历史必然性。

“共产主义”一词产生于19世纪30年代，是当时流行在欧洲特别是英、法、德等国各个阶层中的一种重要社会思潮。马克思在《莱茵报》工作时期就接触到共产主义问题，并提出必须加强对共产主义理论的研究。《黑格尔法哲学批判》标志着马克思开始同黑格尔唯心主义哲学的彻底决裂，为其研究共产主义思潮准备了思想条件。随后，马克思发表了《〈黑格尔法哲学批判〉导言》和《论犹太人问题》，通过对黑格尔法哲学的剖析，明确提出“市民社会”即物质生活关系、经济基础决定着国家和法的重要思想，蕴含着唯物主义历史观的重要观点。马克思认为，哲学批判终将转化为现实批判，理论研究终将指向社会实践课题的解决。因为，真正彻底的理论必然会通过实践转化为物质力量。他讲了一段脍炙人口的名言：“批判的武器当然不能代替武器的批判，物质力量只能用物质力量来摧毁；但是理论一经掌握群众，也会变成物质力量。理论只要说服人，就能掌握群众；而理论只要彻底，就能说服人。所谓彻底，就是抓住事物的根本。而人的根本就是人本身。”① 马克思严格区分了资产阶级的“政治革命”、政治解放和无产阶级的“彻底革命”“人的解放”等概念，提出德国的解放只能是通过“彻底革命”实现“人的解放”，即通过无产阶级革命而使无产阶级获得解放。这一解放的物质武器是无产阶级，精神武器则是哲学。列宁曾经指出，这两篇

① 《马克思恩格斯文集》第1卷，人民出版社2009年版，第11页。

文章的发表，标志着马克思从唯心主义向唯物主义、从革命民主主义向共产主义转变的“彻底完成”。

马克思在撰写《手稿》时，由于在巴黎日益广泛地接触到工人运动和工人革命团体，并对资本主义社会进行实地考察，因而在探讨共产主义问题时也取得了显著的进展。马克思通过对异化劳动的分析，说明了私有制的暂时性，论证了实现共产主义的历史必然性。他说：“我们通过分析，从外化劳动这一概念，即从外化的人、异化劳动、异化的生命、异化的人这一概念得出私有财产这一概念。”① 很显然，马克思以异化劳动为理论基础来探讨私有制，与后来从社会生产力的发展水平以及分工和交换的发展来探讨私有制的起源相比较，理论上是不成熟的。但是，其理论贡献在于，指出私有制不是人类社会永恒的社会现象，而是在异化劳动的特定历史条件下产生的，异化劳动和私有制是不可分割地联系在一起的。因此，扬弃私有财产就是扬弃异化劳动，反之亦然。既然异化劳动是人的自我异化，从人类本身发展的历史进程中来探寻消除异化劳动、消除人的自我异化就成为理论研究的基本思路。所以，马克思说：“我们把私有财产的起源问题变为外化劳动对人类发展进程的关系问题，就已经为解决这一任务得到了许多东西。”② 由此可见，马克思把共产主义理解为私有财产和劳动异化（或人的自我异化）在发展进程中走向自身否定的过程，即私有财产和劳动异化的“积极的扬弃”过程，这是同一件事情的两个方面：劳动异化是私有财产的“主体本质”，而私有财产不过是劳动异化或人的异化的“物质的感性的表现”。正是从私有制的历史暂时性为理论出发点，马克思深入到私有制内部，从私有财产的运动规律中得出了共产主义是私有财产运动的必然结果的结论，即共产主义的必然性就存在于私有财产自身的运动中，“整个革

① 《马克思恩格斯文集》第1卷，人民出版社2009年版，第166页。
② 《马克思恩格斯文集》第1卷，人民出版社2009年版，第168页。

命运动必然在私有财产的运动中，即在经济中，为自己既找到经验的基础，也找到理论的基础”①。因为，私有财产的运动突出地表现为劳动和资本的对立，而“劳动和资本的这种对立一达到极端，就必然是整个关系的顶点、最高阶段和灭亡”②。所以，“自我异化的扬弃同自我异化走的是同一条道路”③，就是说，共产主义孕育于资本主义社会，是人的本质自我异化扬弃的必然结果。

马克思批判了当时广泛流行的各种形态的空想共产主义理论，指出：“空想社会主义没有能够指出真正的出路。它既不会阐明资本主义制度下雇佣奴隶制的本质，又不会发现资本主义发展的规律，也不会找到能够成为新社会的创造者的社会力量”④。空想社会主义者没有完成也不可能完成的任务，历史性地落到了马克思主义的创始人身上。

马克思在异化劳动理论的基础上初步阐述了自己的共产主义观。他指出：“共产主义是对私有财产即人的自我异化的积极的扬弃，因而是通过人并且为了人而对人的本质的真正占有；因此，它是人向自身、也就是向社会的即合乎人性的人的复归，这种复归是完全的复归，是自觉实现并在以往发展的全部财富的范围内实现的复归。这种共产主义，作为完成了的自然主义，等于人道主义，而作为完成了的人道主义，等于自然主义，它是人和自然界之间、人和人之间的矛盾的真正解决，是存在和本质、对象化和自我确证、自由和必然、个体和类之间的斗争的真正解决。它是历史之谜的解答，而且知道自己就是这种解答。”⑤ 这段话有些拗口，我们可以从中概括出以下的思想。

首先，共产主义是私有财产和人的自我异化的积极的扬弃，是人本

---

① 《马克思恩格斯文集》第 1 卷，人民出版社 2009 年版，第 186 页。
② 《马克思恩格斯文集》第 1 卷，人民出版社 2009 年版，第 172 页。
③ 《马克思恩格斯文集》第 1 卷，人民出版社 2009 年版，第 182 页。
④ 《列宁选集》第 2 卷，人民出版社 2012 年版，第 313 页。
⑤ 《马克思恩格斯文集》第 1 卷，人民出版社 2009 年版，第 185—186 页。

身的解放。所谓“对私有财产的积极的扬弃，就是说，为了人并且通过人对人的本质和人的生命、对象性的人和人的产品的感性的占有，不应当仅仅被理解为直接的、片面的享受，不应当仅仅被理解为占有、拥有”。在马克思看来，私有财产是人的自我异化的感性的物质的表现，因此，对私有财产的积极扬弃，就意味着“人以一种全面的方式，就是说，作为一个完整的人，占有自己的全面的本质”。[①] 所谓“全面”“完整”是指人与世界的关系的全面性和完整性，即视觉、听觉、味觉、触觉、思维、直观、情感、愿望、活动和爱，包括了人的感性知觉活动、理性思维活动和自觉的实践活动。就是说，这些活动都不再受到私有财产或异化劳动的局限或束缚，而是通过人自身的活动去占有对象来实现人的规定性，来表现人的本质；人可以根据自己的需要去过人本该有的生活。而在私有财产条件下，私有制使人变得愚蠢而片面，人的所有活动都要服从于资本的需要，人也成为畸形的人。所以，马克思说：“对私有财产的扬弃，是人的一切感觉和特性的彻底解放”[②]。随着人的自我异化的扬弃，人的本质的全面回归，感觉成为人的感觉，眼睛成为人的眼睛，人不仅通过思维而且以全部感觉在对象世界中肯定自己，从而成为真正意义上的人。

其次，共产主义扬弃异化劳动，但并不扬弃对象化的劳动，而是对于劳动的对象即人类创造的全部财富的真正占有。就是说，共产主义扬弃的是资本主义劳动形式，而不是劳动本身。共产主义扬弃异化劳动，重新占有对象世界不过是对人的本质的复归。然而，所谓对人的本质的复归，并不是让历史倒退回去，恢复人类的原始状态，并不是“对整个文化和文明的世界的抽象否定，向贫穷的、没有需求的人——他不仅没有超越私有财产的水平，甚至从来没有达到私有财产的水平——的非自

---

① 《马克思恩格斯文集》第1卷，人民出版社2009年版，第189页。

② 《马克思恩格斯文集》第1卷，人民出版社2009年版，第190页。

然的单纯倒退”[①]。而是一种人类自身的辩证发展，是对以往人类所创造的全部文明成果的继承，且为人类文明的丰富和发展开辟了广袤的道路。由此可见，在马克思看来，共产主义作为对私有财产的直接扬弃，是作为否定之否定（公有制—私有制—公有制）的肯定，是人的解放和复归的一个必然的环节，是代替资本主义社会的必然的社会形式，但并不是人类发展的终极目标和社会状态。他强调指出：“共产主义是最近将来的必然的形态和有效的原则，但是，这样的共产主义并不是人类发展的目标，并不是人类社会的形态。”[②] 由此，马克思把自己的共产主义理论与以前形形色色的社会主义理论区分开来。

最后，对异化的扬弃只有实行共产主义才能完成。马克思指出，这种共产主义，是在资本主义私有财产的社会运行过程中产生，“不难看到，整个革命运动必然在私有财产的运动中，即在经济的运动中，为自己既找到经验的基础，也找到理论的基础”[③]。事实上，共产主义社会本身是以资本主义所创造的物质条件为基础的，是对资本主义的辩证性超越。同时，这种超越并不是自然完成的，而是“通过工人解放这种政治形式表现出来的”，而在工人解放中，就包含着全人类的解放。原因在于，“整个的人类奴役制就包含在工人对生产的关系中，而一切奴役关系只不过是这种关系的变形和后果罢了”[④]。马克思认为，为了消灭资本主义这种现实的奴役关系，必须诉诸革命实践：“对异化的扬弃只有通过付诸实行的共产主义才能完成。要扬弃私有财产的思想，有思想上的共产主义就完全够了。而要扬弃现实的私有财产，则必须有现实的共产主义行动。历史将会带来这种共产主义行动，而我们在思想中已经认识到的那正在进行自我扬弃的运动，在现实中将经历一个极其艰难而

① 《马克思恩格斯全集》第 42 卷，人民出版社 1979 年版，第 118 页。
② 《马克思恩格斯文集》第 1 卷，人民出版社 2009 年版，第 197 页。
③ 《马克思恩格斯文集》第 1 卷，人民出版社 2009 年版，第 186 页。
④ 《马克思恩格斯文集》第 1 卷，人民出版社 2009 年版，第 167 页。

漫长的过程”[①]。很显然，马克思明确区分了共产主义思想和共产主义行动，而且强调实现共产主义是一个艰难而漫长的历史过程。就是说，共产主义扬弃了私有财产，并不意味着就实现了人类社会的完美状态，恰恰相反，这仅仅意味着异化劳动导致人的自我异化的历史的结束，是真正的人类历史的开启。此后，马克思和恩格斯在合作完成的《德意志意识形态》中明确指出：“共产主义对我们来说不是应当确立的状况，不是现实应当与之相适应的理想。我们所称为共产主义的是那种消灭现存状况的现实的运动。”[②]

（三）需要和需要异化理论

马克思一直关注需要和利益问题的研究，并随着政治经济学的研究和唯物史观的确立而逐步深入和展开，最终建立起需要理论和需要异化理论体系。《手稿》专门写了“私有财产和需要”一节。马克思指出，人的本质的全面性和完整性，决定着人的需要的丰富性和多样性。然而，在资本主义异化劳动的条件下，人的需要被异化了。“每个人都指望使别人产生某种新的需要，以便迫使他作出新的牺牲，以便使他处于一种新的依赖地位并且诱使他追求一种新的享受，从而陷入一种新的经济破产。每个人都力图创造出一种支配他人的、异己的本质力量，以便从这里面获得他自己的利己需要的满足。”[③] 不仅掌握私有财富的人在追求财富的过程中使自己的需要异化，而且也使劳动者的需要发生了异化；劳动不是为了丰富和发展人的本质，而只是一味追求财富的增长。可以说，异化劳动必然导致异化需要。

马克思进一步指出，在异化劳动的条件下，需要异化主要表现为

① 《马克思恩格斯文集》第 1 卷，人民出版社 2009 年版，第 231—232 页。
② 《马克思恩格斯文集》第 1 卷，人民出版社 2009 年版，第 539 页。
③ 《马克思恩格斯文集》第 1 卷，人民出版社 2009 年版，第 223 页。

“需要的工具化”、“需要的不均衡化”和工人阶级需要的“贫乏化”。所谓“需要的工具化”是指，享受财富的人追求需要的满足，“仅仅作为短暂的、恣意放纵的个人而行动，并且把别人的奴隶劳动、把人的血汗看做自己的贪欲的虏获物”[①]。而对于广大劳动者来说，满足需要仅仅是为了“维持肉体生存的需要的一种手段”[②]，已经丧失了人之特有的精神需要和社会交往的需要，更丧失了人们满足精神需要和社会交往需要的能力。所谓“需要的不均衡化”是指，一方面，掌握和享受财富的人要求“需要的精细化和满足需要的资料的精细化”；另一方面，广大无产者即是“需要的畜生般的野蛮化和彻底的、粗陋的、抽象的简单化”，“甚至对新鲜空气的需要也不再成其为需要了。人又退回到洞穴中居住……甚至动物的最简单的爱清洁习性，都不再是人的需要了”。“人不仅没有了人的需要，他甚至连动物的需要也不再有了。”[③] 所谓需要的“贫乏化”，是指“对货币的需要是国民经济学所产生的真正需要，并且是它所产生的唯一需要”[④]，就是说，资本家把追求财富作为人生的唯一需要；无产者也只有拼命工作才能维持甚至很难维持其生存需要。因此，尽管从表面上看，资本家和无产者的生活状态、人生诉求完全不一样。但是，从需要的角度来看，都失去了其需要的多样性、丰富性，而变得贫乏化、单一化，进而使人的本质贫乏化和单一化。

马克思认为，人们之间正是因为需要和满足需要方式的不同，而区分为富有的人或贫穷的人。他说：“对于一个忍饥挨饿的人来说并不存在人的食物形式，而只有作为食物的抽象存在；食物同样也可能具有最粗糙的形式，而且不能说，这种进食活动与动物的进食活动有什么不同。忧心忡忡的、贫穷的人对最美丽的景色都没有什么感觉；经营矿物

---

① 《马克思恩格斯文集》第 1 卷，人民出版社 2009 年版，第 233 页。
② 《马克思恩格斯文集》第 1 卷，人民出版社 2009 年版，第 162 页。
③ 《马克思恩格斯文集》第 1 卷，人民出版社 2009 年版，第 225 页。
④ 《马克思恩格斯文集》第 1 卷，人民出版社 2009 年版，第 224 页。

的商人只看到矿物的商业价值，而看不到矿物的美和独特性；他没有矿物学的感觉。”① 这就是说，异化劳动使人的本质异化，从而也使人的需要异化了；人的需要已经不是人的需要，失去人的需要的丰富性、独特性和美学性，而演变成片面的、狭隘的诉求，甚至演变成动物性的诉求。因此，必须废除异化劳动使人成为真正意义上的人，人的需要才能成为真正的人的需要。马克思说：“富有的人同时就是需要有人的生命表现的完整性的人，在这样的人的身上，他自己的实现作为内在的必然性、作为需要而存在。”② 没有需要的主体是非现实的主体，只能在神话中去寻找。主体正是为了满足自身的需要才去进行各种各样的实践活动和认识活动，在满足自身需要的过程中也丰富和发展着主体自身。

马克思的这些揭露和批判可谓尖锐、深刻而透彻，展示其对资本主义制度的大无畏的批判精神和对广大无产阶级的深切关怀。正是在这样一种对现实的深刻批判和对广大无产阶级的深切关怀的基础上，马克思、恩格斯在《德意志意识形态》提出解决问题的路径是，建立自由人的联合体，实现人的自由而全面的发展。

三、当代启示和重要意义

《手稿》包含的思想是丰富多彩的，给我们带来了多方面的启示。结合中国的社会实践，我们特别要注意学习马克思深入实际调查研究的精神，研究马克思的需要理论，努力构建中国特色社会主义需要理论体系。

（一）深入实际调查研究是创立马克思主义的重要环节

马克思、恩格斯历来十分重视调查研究工作。他们在创立科学社会

① 《马克思恩格斯文集》第 1 卷，人民出版社 2009 年版，第 191—192 页。
② 《马克思恩格斯文集》第 1 卷，人民出版社 2009 年版，第 194 页。

主义理论的过程中，不仅进行了深入而广泛的社会调查，而且创立了系统的调查研究理论，为我们进行调查研究活动提供了科学的理论指导和经典的案例示范。甚至可以说，正是通过深入实际的调查研究，真正了解资本主义经济社会运行的实际，了解广大劳动人民的苦难生活，了解无产阶级作为新兴力量所蕴含的巨大革命潜力，才推动马克思、恩格斯实现思想的根本转变，去创立自己的科学理论体系。马克思在《莱茵报》工作期间，“第一次遇到了对物质利益发表意见的难事”，正是在进行深入细致的调查研究的基础上，写出了《关于林木盗窃法的辩论》和《摩塞尔记者的辩护》。然而，理论与现实的尖锐矛盾使得马克思产生了深深的苦恼，原来的哲学信仰发生动摇，推动他去重新研究黑格尔的法哲学。他于 1843 年写了《黑格尔法哲学批判》，清算了自己的哲学信仰；此后，他深入工厂、农村、商店等地进行广泛认真的调查研究，目睹了无产阶级悲惨的生活状况，并对其进行理论分析和抽象，写出《1844 年经济学哲学手稿》这部震撼人心的经典作品。在这部著作中，他超越了黑格尔唯心主义的世界观，站在唯物主义的立场上来研究国家、法和利益的关系问题，着手探索和制定科学的世界观和方法论。1846 年，他和恩格斯一起撰写了《德意志意识形态》，阐述了自己创立的唯物史观；1848 年又一起撰写了《共产党宣言》，标志着马克思主义的诞生。恩格斯也十分重视调查研究，注意观察人们的生活状况。18 岁时就撰写了《乌培河谷的来信》，揭露了资产阶级的伪善面目，刻画出一幅生动的社会风俗画卷。1842 年 11 月至 1844 年 8 月，他在英国居住期间深入工人住宅区进行实地调查，了解英国工人阶级的劳动和生活状况，同时广泛搜集和仔细研究他所能看到的各种官方文件和资料，撰写出《英国工人阶级状况。根据亲身观察和可靠材料》。可以说，正是通过这种深入细致的社会调查研究活动，促使马克思、恩格斯更加深切地感受到工人阶级饥寒交迫的痛苦生活，激发他们为工人阶级翻身得解放而创造理论的热情，鼓舞他们为推翻资本主义制度而进行不懈奋斗的精神。毛泽东曾说："马克思、恩格斯努力终生，作了许多调查研究工作，才完成了科学的共产主义。"[①]

（二）学习马克思、恩格斯需要理论的基本观点

马克思、恩格斯历来重视对需要理论的研究。马克思、恩格斯与资产阶级思想家研究需要理论的最大区别在于：资产阶级思想家往往从抽象的、无人身的理性出发去研究人的需要，得出一些尽管美好却充满空想色彩的观点。马克思、恩格斯从现实的、具体的个人出发，把需要放到人类社会发展动力系统中进行研究，从而构建起历史唯物主义理论大厦。

马克思、恩格斯关于需要理论的内容是十分丰富的，主要可以概括为以下几个观点。

第一，人的需要即是人的本性。从某种意义上说，一切生命物体都有需要。所谓需要是生命物质对于影响自身存在和发展条件的缺失状态的把握。生命物质正是因为处于缺失状态才不断进行新陈代谢，进行物质能量的交换，缺失状态被不断纠正和不断满足，才能保持自身的生存和延续。人的需要源自对自身生命生存和发展所需条件的期待，丰富和发展对于自身生命的生存和发展所需条件的追求。人类在同外界进行物质和能量交换的过程中，不断产生新的需要，并不断创造新的方式来满足自己的需要，从而丰富和发展人类自己。不断产生需要和不断满足需要，成为人的生命活动的内在规定性和生命活动的存在方式。

第二，人的需要是人的实践活动的内在动因。人是自主、自为、自觉的存在物。人能够在不同程度上认识自己的需要，并使之转化为某种相应的追求，并为实现自己的追求而进行各种各样的社会实践活动。

① 《毛泽东文集》第2卷，人民出版社1993年版，第378页。

“劳动过程……是制造使用价值的有目的的活动，是为了人类的需要而占有自然物”[1]。就是说，人的需要是生产过程的内在驱动力，满足人的需要是生产活动的最终目的。人的需要也是人们结成一定社会关系的内在驱动力。“由于他们的需要即他们的本性，以及他们求得满足的方式，把他们联系起来（两性关系、交换、分工），所以他们必然要发生相互关系。……他们相互间不是作为纯粹的我，而是作为处在生产力和需要的一定发展阶段上的个人而发生交往的”[2]。因此，人的需要决定着人们必然要结成一定的社会关系。不仅如此，人的需要的产生、内容、满足的方式又都受到所处时代的社会实践和社会关系的制约和影响，人的实践活动水平和社会关系发展程度决定着人的需要的发展程度。

第三，人的需要是人对自身缺失状态的一种观念性把握。恩格斯说：“在社会历史领域内进行活动的，是具有意识的、经过思虑或凭激情行动的、追求某种目的的人；任何事情的发生都不是没有自觉的意图，没有预期的目的的。”[3] 这就决定着人的需要与其他动物的需要具有本质区别。动物的需要是本能性的，满足需要的手段是消极被动的；而人能够将眼前和长远、个体和群体、生存和发展等统一起来，满足需要的手段是积极主动的、变化创新的，具有了自觉性。动物的需要是由其物种所决定的，因而是贫乏的、一维的；而人的需要是由其文化、社会等多种因素决定的，形成多层次的立体网络结构。动物的需要是封闭的，而人的需要随着社会生产力的发展，人的各种能力的提高，种类会越来越多，满足需要的手段也会越来越丰富，呈现出开放性。从某种意义上说，人类社会的发展就表现为人的需要的不断产生和不

① 《马克思恩格斯全集》第 23 卷，人民出版社 1972 年版，第 208 页。
② 《马克思恩格斯全集》第 3 卷，人民出版社 1960 年版，第 514—515 页。
③ 《马克思恩格斯选集》第 4 卷，人民出版社 1995 年版，第 247 页。

断满足的过程。

总之，通过上面的分析，我们大体可以认为，所谓人的需要是人们基于社会发展和人的发展状况而产生的对人的存在和发展条件的缺失或期待状况的观念性把握。

（三）认真研究当代中国社会需要问题

我们运用马克思、恩格斯的需要理论来分析中国社会生活中需要观方面存在的问题，当需要不再是对人的生存和发展的期待，而成为无尽的欲望的满足；当需要的满足不再是实现人的自由而全面发展的方式，而成为损害主体利益或社会利益的欲望时，需要已经发生异化。应该说，当代中国社会需要观在某些领域存在多样性和复杂性，若处理不当可能会引发社会矛盾，因此，确立科学合理的需要观已经成为当务之急。

第一，着眼于人类共同利益，遵循代内平等和代际平等原则，科学确定需要满足度。一般说来，人的需要是主观的，也是无限度的；而满足人的需要的资源或手段是客观的，也是有限度的。确定人的需求满足度要考虑下面四个因素：一是需求的物品和资源的丰富程度。简单地说，地球的表面积是有限的，自然资源也是有限的，不可能满足所有人的无限度的需求。二是社会生产力发展的水平。人们需要的满足度与生产力的发展水平是呈正相关的。三是社会制度的优良。四是需要者的支付能力。因此，我们必须兼顾代内平等和代际平等的原则，既要照顾当代国与国、民族与民族、集团与集团、人与人之间在自然资源、利益分配上的公平，强调全球发展的一体性和共同性；又要照顾到当代人和后代人在发展上享有公平权利，对后代人的生存和发展负起道德责任。马克思曾说："我们的需要和享受是由社会产生的，因此，我们对于需要和享受是以社会的尺度，而不是以满足它们的物品去衡量的。"[①] 这就

---

① 《马克思恩格斯全集》第6卷，人民出版社1961年版，第492页。

是说，人们的需要无论就其内容还是存在方式来说，都是由社会存在决定的，始终体现着社会关系的性质及其发展变化，具有客观性。因此，我们必须根据现实的社会存在来确定需求满足度。

第二，着眼于人类需要的多样性，遵循统筹兼顾的原则，合理确定需要的迫切度。在现实社会生活中，人的需要具有复杂的结构和丰富的内容，为满足人的需要而形成的需要关系也具有复杂的结构和丰富的内容。对于需要主体来说，面对如此复杂的需要关系，必须根据客观条件和自身需要，找出其中最迫切需要满足的需要，放到最重要的位置给予优先考虑。一般说来，在由众多需要关系所构成的需要体系中，主导需要关系决定着该需要体系的存在方式，主导需要关系的变化发展又规定着该需要关系的发展变化。如果对人们需要迫切度作出错误的把握，把工作精力放到满足不是迫切需要满足的需要上，就会导致工作的错位，出现许多本来不该出现的问题。当然，我们还要注意，在复杂需要关系体系中，尽管主导需要关系起着决定和支配作用，但其他需要关系的解决也会直接影响着主导需要关系。因此，我们在进行需要关系选择时，必须在突出主导需要关系的同时，注意兼顾需要关系的多样性，使多种需要关系实现最优结合，突出需要关系的整体效应，以便充分满足人的多方面的需要，建立和谐、稳定、丰富的需要关系体系。

第三，着眼于人的自由全面发展，遵循依次递进的原则，不断提升人的需要境界。人的需要是一个由低级不断向高级提升的多层次的立体结构。在现实的社会生活中，我们要着眼于人们生活中多种需要，按照依次递进的原则，从满足人们的基本物质需要开始，逐步进入到满足人们的精神需要或自我实现需要的较高层次。我们相信，在全面建设社会主义现代化国家的过程中，伴随着社会生产力水平的提高，科学合理的价值观念的确立，各项规章制度的建立和日益完善，人们能够逐渐摆脱来自各方面的束缚和压制，自主地确定、评价自己的需要，自主地选择满足自己需要的方式，自主地构建自己的生活方式，人们才能够真正从需要异化状态中解放出来。到那时，“人终于成为自己的社会结合的主人，从而也就成为自然界的主人，成为自身的主人—自由的人”①。

① 《马克思恩格斯选集》第3卷，人民出版社1995年版，第760页。

马克思、恩格斯：《德意志意识形态》（节选）导读

《德意志意识形态》是马克思、恩格斯在其详细制定和构建“新唯物主义”理论时期合作撰写的重要著作。学界普遍认为，“以历史唯物主义为核心的新世界观的创立，标志着人类哲学思想的革命变革。这一新的世界观集中体现在马克思和恩格斯 1845—1846 年写作的《关于费尔巴哈的提纲》和《德意志意识形态》中”①。可以说，这部著作是马克思和恩格斯通过批判以费尔巴哈、鲍威尔和施蒂纳为代表的青年黑格尔派哲学，详尽和系统阐述其以历史唯物主义为核心的新世界观的经典文献，是马克思主义哲学的“诞生地”。

一、历史背景和写作原因

《德意志意识形态》写于 1845 年 9 月至 1846 年下半年，在马克思和恩格斯生前并没有出版。马克思在 1859 年撰写的《政治经济学批判》序言中曾回顾说：“当 1845 年春他（指恩格斯）也住在布鲁塞尔时，我们决定共同阐明我们的见解与德国哲学的意识形态的见解的对立，实际上是把我们从前的哲学信仰清算一下。这个心愿是以批判黑格尔以后的哲学的形式来实现的。两厚册八开本的原稿早已送到威斯特伐利亚的出版所，后来我们才接到通知说，由于情况改变，不能付印。既然我们已

① 黄楠森等主编：《马克思主义哲学史》第 1 卷，北京出版社 1991 年版，第 413—414 页。

经达到了我们的主要目的——自己弄清问题，我们就情愿让原稿留给老鼠的牙齿去批判了。”① 多么深刻，又多么潇洒的一段话！撰写这部著作的目的是“自己弄清问题”，证明马克思和恩格斯已经完全摆脱了欧洲哲学脱离实际问题而醉心于面壁虚构理论的传统，开创敢于直面现实问题并致力于从世界观和方法论层面解决现实问题的哲学思路。

马克思和恩格斯要弄清的问题是什么？或许可以从著作的名字中得到启示。值得一提的是，这部著作的名字并不是马克思、恩格斯亲自拟定的，而是后人根据马克思在《驳卡尔·格律恩》文章里的一句话来命名的，全称是《德意志意识形态，对费尔巴哈、布·鲍威尔和施蒂纳所代表的现代德国哲学以及各式各样先知所代表的德国社会主义的批判》。我们通过分析书名的关键词，或许可以找到马克思、恩格斯写作这部著作的目的和所要解决的问题。

先来看看当时的德意志社会发展状态。马克思曾在《〈黑格尔法哲学批判〉导言》中说：“正像古代各民族是在想象中、在神话中经历了自己的史前时期一样，我们德国人在思想中、在哲学中经历了自己的未来的历史。我们是当代的哲学同时代人，而不是当代的历史同时代人。”② 这或许是马克思对当时德意志民族特点的一个高度且精准的概括。为什么说我们“不是当代的历史同时代人”？因为与同时代的英国和法国相比较，当时的德意志民族是西方现代化进程的迟到者。当时，处于上升时期的英法资产阶级，豪情满怀，斗志昂扬，以摧枯拉朽之势荡涤着封建社会的污泥浊水，按照自己的意志在创造一个全新的世界。英国已经完成了工业革命，建立起相对完整的资本主义市场经济体系，并建立起相对成熟的资产阶级统治体系；他们到处推行自由贸易和海外殖民，使自己成为一个“日不落帝国”。而法国资产阶级已经完成了政

---

① 《马克思恩格斯选集》第 2 卷，人民出版社 1995 年版，第 34 页。

② 《马克思恩格斯文集》第 1 卷，人民出版社 2009 年版，第 9 页。

治革命，建立起资产阶级共和制度，并开启了资本主义工业化进程。正如马克思、恩格斯后来在《共产党宣言》中所说的："资产阶级在它的不到一百年的阶级统治中所创造的生产力，比过去一切世代创造的全部生产力还要多，还要大。"① 当时的德意志是一个由 38 个君主国和自由市组成的联邦国家，封建的生产关系和政治制度仍然占据统治地位。恩格斯曾写道："这是一堆正在腐朽和解体的讨厌的东西。……一切都很糟糕，不满情绪笼罩了全国。没有教育，没有影响群众意识的工具，没有出版自由，没有社会舆论，甚至连比较大宗的对外贸易也没有，除了卑鄙和自私就什么也没有；一种卑鄙的、奴颜婢膝的、可怜的商人习气渗透了全体人民。一切都烂透了，动摇了，眼看就要坍塌了，简直没有一线好转的希望，因为这个民族连清除已经死亡了的制度的腐烂尸骸的力量都没有。"② 德国没跟上时代前进的步伐。

那么，马克思、恩格斯为什么说"我们是当代的哲学同时代人"呢？毫无疑问，德意志民族是一个有着浓厚哲学传统的民族，莱布尼茨、康德、费希特、谢林、黑格尔、费尔巴哈等著名哲学家，都诞生在这片伟大的土地上。恩格斯曾指出："正像在 18 世纪的法国一样，在 19 世纪的德国，哲学革命也作了政治变革的前导。"③ 黑格尔曾在《历史哲学》中写道："这是一个光辉灿烂的黎明，一切有思想的存在，都分享到了这个新纪元的欢欣。"④ 可见，以理性自觉反对宗教愚昧、以天赋人权反对上帝主宰，把人们从封建神权统治的愚昧状态中解放出来，是德法两国哲学的共同点。"但是这两个哲学革命看起来是多么不同啊！法国人同整个官方科学，同教会，常常也同国家进行公开的斗争；他们的著作在国外，在荷兰或英国印刷，而他们本人则随时都可能

① 《马克思恩格斯文选》第 2 卷，人民出版社 2009 年版，第 36 页。

② 《马克思恩格斯全集》第 2 卷，人民出版社 1957 年版，第 633—634 页。

③ 《马克思恩格斯文集》第 4 卷，人民出版社 2009 年版，第 267 页。

④ 〔德〕黑格尔著，王造时译：《历史哲学》，上海书店出版社 2006 年版，第 418 页。

进巴士底狱。”[1] 法国哲学家是唯物主义者，虽然在反对封建制度和宗教统治的激烈斗争中受到了种种迫害，却最终把法国国王推上断头台，表现出哲学革命和政治革命的一致性。19世纪的德国资产阶级具有两面性：一方面不满意于封建专制统治，表示出革命的愿望；另一方面又害怕发生暴力革命，害怕无产阶级和劳动群众。这种政治上的双重性表现为哲学体系的内在矛盾性、语言的笨拙枯燥性、内容的迂腐晦涩性。他们把现实问题转变为哲学概念，把解决现实问题转变成在人为构建的思辨王国里的推演，并陶醉于此而乐此不疲。然而，思想上的巨人，往往是行动上的矮子。在马克思、恩格斯看来，“这些哲学家没有一个想到要提出关于德国哲学和德国现实之间的联系问题，关于他们所作的批判和他们自身的物质环境之间的联系问题。”[2] 因此，从哲学的高度来探索德国哲学与德国现实之间的联系、哲学家的理论和产生理论的物质根源的联系，对当时流行的德国思潮进行理论清算，成为马克思、恩格斯撰写《德意志意识形态》的现实原因。

再来看看当时意识形态的状况。这里所说的意识形态，不同于我们现在所理解的“意识形态”，而主要是指当时以鲍威尔、施蒂纳和费尔巴哈为代表人物的青年黑格尔派哲学思想。青年黑格尔派是在黑格尔哲学解体过程中出现的与老年黑格尔派相对立的哲学思潮。其主要思想家有三位：鲍威尔，强调人的自我意识，主张张扬人的理性主体性，旨在用这种“自我意识”去怀疑一切，破除迷信，实现人与人的平等。然而，鲍威尔的自我意识哲学很快就遭到费尔巴哈的批判，被认为只是黑格尔“理性统治感性”的思辨结构的延续，其“自我意识”仍然是一种抽象的思辨表达，是脱离人的抽象范畴；他提出人的“类本质”范畴，并开始构建以“爱”为核心的人本主义哲学。费尔巴哈的人本主义哲学

① 《马克思恩格斯文集》第4卷，人民出版社2009年版，第220页。
② 《马克思恩格斯文集》第1卷，人民出版社2009年版，第516页。

遭到施蒂纳的批评，被认为他取消了上帝的存在，却把“人”上升到“神”的高度，无非是要建立“爱的宗教”。施蒂纳提出“唯一者”范畴，主张突出个体的地位，反对把个体淹没在抽象的“类本质”及形形色色的事物之中，使个体成为整个世界坚实的基点；这种哲学试图以独立个体的“唯一者”来冲决一切现实网罗和精神统治，当然包括费尔巴哈的“爱的宗教”的统治。由此可见，青年黑格尔派的思想论战，是“自我意识”“类本质”“唯一者”这些哲学原则之间的相互争辩。马克思、恩格斯指出：“这些天真的幼稚的空想构成现代青年黑格尔派哲学的核心。”因此，“本书第一卷的目的就是要揭露这些自以为是狼、也被人看成是狼的绵羊，指出他们的咩咩叫声只不过是以哲学的形式来重复德国市民的观念，而这些哲学宣讲者的夸夸其谈只不过反映出德国现实状况的或可悲”。[①] 对青年黑格尔派思想进行清算，成为马克思、恩格斯撰写《德意志意识形态》的思想原因。

应该说，马克思、恩格斯与青年黑格尔派的关系，经历了一个深受其影响、又不断进行批判和实现超越，最终走向彻底决裂的过程；而这个过程也是马克思、恩格斯不断吸取自然科学、社会科学发展的最新成果，与各种错误思想进行不懈斗争，最终创立马克思主义哲学的过程。然而，当时理论界和哲学界很多人不仅深受青年黑格尔派思想的影响，而且搞不清楚马克思、恩格斯的哲学思想与青年黑格尔派思想的区别。如 1845 年 11 月，《维干德季刊》第 3 卷上，发表了鲍威尔的《路德维希·费尔巴哈的特性描写》、施蒂纳的《施蒂纳的评论者》和《布·鲍威尔或当代神学的人道主义的发展、批判和特点描述》等文章。这些文章不仅批判了费尔巴哈、施蒂纳、赫斯，也批判了马克思、恩格斯的合著《神圣家族》、马克思的《论犹太人问题》和《〈黑格尔法哲学批判〉导言》等著作中的观点。他们的共同特点是，把马克思、恩格斯看成是

① 《马克思恩格斯文集》第 1 卷，人民出版社 2009 年版，第 509—510 页。

费尔巴哈哲学的追随者，把“新唯物主义”看成是费尔巴哈哲学的一个流派。因此，马克思、恩格斯认为，有必要通过对费尔巴哈哲学进行批判分析，清算青年黑格尔派的思想影响，阐述自己新唯物主义的理论体系，以回应鲍威尔和施蒂纳的批判。马克思于 1845 年春撰写了《关于费尔巴哈的提纲》，从本体论、认识论、历史观等方面阐述了自己的“新唯物主义”哲学思想，阐明了新唯物主义与旧唯物主义的根本对立，从根本上与费尔巴哈哲学划清界限。这是马克思“新唯物主义”哲学世界观成熟的结晶，是马克思系统构建“新唯物主义”哲学的起点。因此，被恩格斯誉为是“包含着新世界观天才萌芽的第一个文件。”1845 年秋至 1846 年 5 月，马克思、恩格斯合作《德意志意识形态》一书。全面系统阐发了自己的“新唯物主义”哲学。

二、逻辑结构和主要内容

《德意志意识形态》分为两卷，第一卷是“对费尔巴哈、布·鲍威尔和施蒂纳所代表的现代德国哲学的批判”，通过对青年黑格尔派代表人物思想的批判，阐发了历史唯物主义的基本原理，论述了共产主义和无产阶级革命的理论。本卷包括“序言”和三章内容。“序言”阐述了写作《德意志意识形态》一书的目的。第一章是“费尔巴哈”，阐述了费尔巴哈的唯心史观和马克思主义唯物史观的根本对立；第二章是“圣布鲁诺”，主要批判布鲁诺·鲍威尔的哲学思想；第三章是“圣麦克斯”，主要批判麦克斯·施蒂纳的哲学思想。

第二卷是“对各式各样先知所代表的德国社会主义的批判”。本书的第一卷第一章“费尔巴哈”是影响力最大、传播最广的部分，我们节选此部分进行导读。

第一章原有标题是“费尔巴哈”。马克思逝世后，恩格斯在整理马克思手稿时增加了“唯物主义观点和唯心主义观点的对立”一行字。此章由四个手稿组成。手稿一，通过对人类社会发展进程的回顾，分析了社会分工与所有制在人类社会发展进程中不同阶段所显示的相互对应关系，并阐明从事实际活动的现实的个人是其思想和观念的生产者，提出“全部人类历史的第一个前提是有生命的个人的存在”等著名命题，确立了新唯物主义的现实出发点。手稿二，重点批判费尔巴哈的感性直观的唯物主义观点，提出“对实践的唯物主义者即共产主义者来说，全部问题都在于使现存世界革命化，实际地反对并改变现存事物”① 等思想，确立了新唯物主义的历史使命。手稿三，从意识形态产生和形成的角度，着重阐述支配着物质生产资料的阶级同时也是支配着精神生产资料的阶级的思想，提出“占统治地位的思想不过是占统治地位的物质关系在观念上的表现，不过是以思想的形式表现出来的占统治地位的物质关系”② 等思想，唯物主义地回答并解决了社会存在和社会意识的关系这个被众多思想家搞得混乱不堪的问题。手稿四，通过分析生产工具的进步、分工的演化和社会经济形态发展的关系，着重论述了一切历史冲突都根源于生产力与交往形式之间的矛盾的思想，全面阐述了实现共产主义的必然性。

阅读和学习这部著作要把握的主要内容有：

（一）唯物主义历史观的现实出发点

我们都知道，在马克思主义产生以前，唯心主义在社会历史观中一直占据着统治地位。这种局面的形成，有着深刻的历史根源、阶级根源和认识根源。仅从认识根源来说，社会历史发展的特殊性给人们正确地认识社会规律带来很大的困难。因为，与自然界不同，在社会历史领域

① 《马克思恩格斯文集》第 1 卷，人民出版社 2009 年版，第 527 页。

② 《马克思恩格斯文集》第 1 卷，人民出版社 2009 年版，第 550—551 页。

里进行活动的是有意识有动机的人，社会历史里的任何事物的发生都是有意识有动机的人的活动的结果，这就导致人们对社会历史发展产生了一个错误认识：社会历史发展是按照人的意识和动机来运行的，人的意识或动机是社会历史发展的决定力量或终极原因。旧唯物主义哲学没有超越这个思想障碍，他们在自然观上是唯物主义，在历史观上却是唯心主义的。黑格尔的历史哲学比旧唯物主义深刻的地方在于，肯定历史人物的动机背后有更深刻的动力。但是，他不是到历史本身中去寻找动力，而是到历史之外去寻找动力，结果找到了神秘的“绝对观念”，把历史当作绝对观念的实现过程。青年黑格尔派则继承其师祖的思想，又进行所谓的理论创新，鲍威尔提出了“自我意识”，施蒂纳提出“唯一者”，费尔巴哈提出“类本质”和“爱的宗教”，都没有能够正确揭示研究人类社会发展规律的出发点。正如马克思、恩格斯所说：“他们的出发点是现实的宗教和真正的神学。”① 恩格斯在《路德维希·费尔巴哈和德国古典哲学的终结》一文中曾全面分析费尔巴哈哲学，实质上指出青年黑格尔派在社会历史观上犯错误的真正原因。他说：“因为费尔巴哈不能找到从他自己所极端憎恶的抽象王国通向活生生的现实世界的道路。他紧紧地抓住自然界和人；但是，在他那里，自然界和人都只是空话。无论关于现实的自然界或关于现实的人，他都不能对我们说出任何确定的东西。要从费尔巴哈的抽象的人转到现实的、活生生的人，就必须把这些人作为在历史中行动的人去考察。”“费尔巴哈没有走的一步，必定会有人走的。对抽象的人的崇拜，即费尔巴哈的新宗教的核心，必定会由关于现实的人及其历史发展的科学来代替。”② 马克思、恩格斯承担起“把这些人作为在历史中行动的人去考察”的重担，创立了“关于现实的人及其历史发展的科学”的唯物主义历史观。

---

① 《马克思恩格斯文集》第 1 卷，人民出版社 2009 年版，第 514 页。
② 《马克思恩格斯文集》第 4 卷，人民出版社 2009 年版，第 294—295 页。

与青年黑格尔派相区别，马克思、恩格斯在考察人类社会历史时，公开声明：“我们开始要谈的前提不是任意提出的，不是教条，而是一些只有在臆想中才能撇开的现实前提。这是一些现实的个人，是他们的活动和他们的物质生活条件，包括他们已有的和由他们自己的活动创造出来的物质生活条件。因此，这些前提可以用纯粹经验的方法来确认。”① 由此可见，马克思、恩格斯不是运用思辨的方法，从任意的前提出发；而是运用纯粹经验的方法，从现实的前提出发来确定研究人类社会的出发点。他们说出一句影响深远的话：“全部人类历史的第一个前提无疑是有生命的个人的存在。”“因此我们首先应当确定一切人类生存的第一个前提，也就是一切历史的第一个前提，这个前提是：人们为了能够‘创造历史’，必须能够生活。但是为了生活，首先就需要吃喝住穿以及其他一些东西。因此第一个历史活动就是生产满足这些需要的资料，即生产物质生活本身”。② 正是由于人是有生命的个体的存在物，人要生存便会产生各种各样的需要，为了满足这些需要，人们才去进行获得物质生活资料的生产。当人开始生产自己的生活资料，即迈出由他们的肉体组织所决定的这一步的时候，人本身就开始把自己和动物区别开来。人们生产自己的生活资料，同时间接地生产着自己的物质生活本身。因此，物质生产是人的本质规定，是人区别于动物的标志。正如马克思、恩格斯所说：“个人怎样表现自己的生命，他们自己就是怎样。因此，他们是什么样的，这同他们的生产是一致的——既和他们生产什么一致，又和他们怎样生产一致。因而，个人是什么样的，这取决于他们进行生产的物质条件。”③ 当然，人们在物质生活资料的生产过程中，除了要同自然界发生关系外，人与人之间也必然要发生一定的社会关系

① 《马克思恩格斯文集》第1卷，人民出版社2009年版，第516—517页。
② 《马克思恩格斯文集》第1卷，人民出版社2009年版，第519、531页。
③ 《马克思恩格斯文集》第1卷，人民出版社2009年版，第520页。

和政治关系。马克思、恩格斯强调的是："社会结构和国家总是从一定的个人的生活过程中产生的。但是，这里所说的个人不是他们自己或别人想象中的那种个人，而是现实中的个人，也就是说，这些个人是从事活动的，进行物质生产的，因而是在一定的物质的、不受他们任意支配的界限、前提和条件下活动着的。"① 突出了物质生产活动的独立性、决定性和历史性。

任何一个哲学学派都必须回答人们的意识、精神与他们的存在之间的关系。以往的哲学家包括青年黑格尔派总是采取这样或那样的逻辑推演方式，最终却总是把人的精神、意识作为人的存在和社会历史的决定力量以及自己哲学的出发点。马克思、恩格斯坚持从"现实中的个人"的观点出发，也就是坚持从"进行物质生产的"实践活动的个人出发，把意识、精神看作"人们物质行动的直接产物"，认为"意识在任何时候都只能是被意识到了的存在，而人们的存在就是他们的现实生活过程"②。所以，马克思、恩格斯再次强调："我们不是从人们所说的、所设想的、所想象的东西出发，也不是从口头说的、思考出来的、设想出来的、想象出来的人出发，去理解有血有肉的人。我们的出发点是从事实际活动的人，而且从他们的现实生活过程中还可以描绘出这一生活过程在意识形态上的反射和反响的发展。"③ 按照这一理解，意识、意识形态自身便不具有自己的独立性及独立发展的历史，而是依附于它们所产生的社会物质条件，是由人们的社会存在所决定的一种历史的产物："道德、宗教、形而上学和其他意识形态，以及与它们相适应的意识形式便不再保留独立性的外观了。它们没有历史，没有发展，而发展着自己的物质生产和物质交往的人们，在改变自己的这个现实的同时也改变

① 《马克思恩格斯文集》第 1 卷，人民出版社 2009 年版，第 524 页。
② 《马克思恩格斯全集》第 3 卷，人民出版社 1960 年版，第 29 页。
③ 《马克思恩格斯文集》第 1 卷，人民出版社 2009 年版，第 525 页。

着自己的思维和思维的产物。”①

由此出发，马克思、恩格斯进一步从哲学学科研究对象的角度对唯物主义历史观进行了界定，提出它是“描述人们实践活动和实际发展过程的真正的实证科学”②。这个重要观点的提出，肯定了“从事实际活动的人”在唯物主义历史观中的中心地位，同时也内含和体现了唯物主义历史观的科学性和价值性的双重本性：既肯定人是历史主体，也肯定人是价值主体；不仅为新唯物主义确立了科学的出发点，也与青年黑格尔派彻底划清了界限。

（二）唯物主义历史观的实践观

马克思、恩格斯以“从事实际活动的人”为新唯物主义的出发点，对在《关于费尔巴哈的提纲》中已经确立的实践观进行了具体展开，进一步揭示了实践在人类历史发展过程中的地位和作用。他们指出：“对实践的唯物主义者即共产主义者来说，全部问题都在于使现存世界革命化，实际地反对并改变现存的事物”③。把自己的哲学表述为“实践的唯物主义”，不仅批判了青年黑格尔派脱离实际、崇尚思辨性空谈的学风，坚持把哲学从天国落到地上，把理论研究与社会实际相结合；而且强调了实践观点和唯物主义观点的统一性，唯物主义观点与共产主义理论的统一性，或者说共产主义就是唯物主义在社会实践中的运用和体现。

马克思、恩格斯指出，实践是整个现存感性世界的基础，是人与自然相统一的基础。而作为物质生活资料生产实践，是人类生存的第一个前提，也就是一切历史的第一个前提。因为，“人们为了‘创造历史’，

---

① 《马克思恩格斯文集》第1卷，人民出版社2009年版，第525页。
② 《马克思恩格斯文集》第1卷，人民出版社2009年版，第526页。
③ 《马克思恩格斯文集》第1卷，人民出版社2009年版，第527页。

必须能够生活。但是为了生活，首先就需要吃喝住穿以及其他一些东西。因此第一个历史活动就是生产满足这些需要的资料，即生产物质生活本身，而且，这是人们从几千年前直到今天单是为了维持生活就必须每日每时从事的历史活动，是一切历史的基本条件。”他们特别强调：“任何历史观的第一件事情就是必须注意上述基本事实的全部意义和全部范围”。[①] 人们通过的物质生活资料的生产，在满足自身生命存在的需要和已经获得为满足需要而用的工具的同时，又引起新的需要，这就是各种意识和精神活动。所以说，人们的物质资料生产活动为意识和精神活动的生产提供源泉和动力。

马克思、恩格斯从实践观点来理解唯物主义历史观的本质。他们认为：“这种历史观就在于：从直接生活的物质生产出发阐述现实的生产过程，把同这种生产方式相联系的、它所产生的交往形式即各个不同阶段上的市民社会理解为整个历史的基础，从市民社会作为国家的活动描述市民社会，同时从市民社会出发阐明意识的所有各种不同的理论产物和形式，如宗教、哲学、道德等等，而且追溯它们产生的过程。”它和唯心主义历史观的区别在于：“不是从观念出发来解释实践，而是从物质实践出发来解释各种观念形态”。[②]

（三）生产力与交往形式（生产关系）的矛盾是历史发展的动力

马克思、恩格斯通过对人的实践活动的分析，第一次阐明了一定社会的生产力与生产关系的辩证关系，以实践为起点构建起人类社会结构的图式。因为，人们在进行物质资料生产活动的过程中，每日都在重新生产自己生命的人们开始生产另外一些人，即繁殖；这就导致生命的生产表现为双重关系：一方面是自然关系，另一方面是社会关系，两者是

---

① 《马克思恩格斯文集》第1卷，人民出版社2009年版，第531页。

② 《马克思恩格斯文集》第1卷，人民出版社2009年版，第544页。

密不可分的。一定的生产方式或工业阶段始终与一定的合作方式和社会阶段相联系。由此出发，他们就把生产力与生产关系的矛盾从诸种社会现象中划分出来。关于生产力概念，马克思、恩格斯不仅谈到构成生产力的各个要素，而且特别强调“一定的生产方式或一定的工业阶段始终是与一定的共同活动方式或一定的社会阶段联系着的，而这种共同活动方式本身就是‘生产力’”①。这实际是要求我们决不能离开交往形式而孤立地、抽象地谈论生产力，而必须是在特定的生产关系中认识和把握生产力的现实状况。社会关系是指许多个人的共同活动，不管这种共同活动是在什么条件下、用什么方式和为了什么目的而进行的。当然，这个时期正处于新唯物主义的创立阶段，马克思、恩格斯“生产关系”范畴尚在提炼和形成的过程中，在多数场合又被称为“交往形式”“交往方式”或“交往关系”。更为重要的是，马克思、恩格斯针对青年黑格尔派把观念或精神作为人类社会发展动力的错误观点，明确提出生产力和交往形式之间的矛盾构成社会的基本矛盾，是推动人类社会发展的根本动力。

生产力和生产关系（交往形式）的关系主要包括三个方面的内容：其一，生产力决定交往形式。一个社会的生产力总和决定该社会的状况，从而也决定着该社会的交往形式。马克思、恩格斯特别看重分工在社会发展中的重要作用。他们说：“一个民族的生产力发展的水平，最明显地表现于该民族分工的发展程度。”② 也就是说，分工的发展程度展示出生产力的发展程度。他们以精神劳动与物质劳动的分工、城市与乡村的分工、农业劳动与工商业劳动的分工、工场手工业与机器大工业的分工等社会分工为线索，阐述了人类社会由传统社会向现代社会的转变过程，同时也是生产力与交往关系的矛盾发展的过程，特别是生产力

① 《马克思恩格斯文集》第1卷，人民出版社2009年版，第532—533页。

② 《马克思恩格斯文集》第1卷，人民出版社2009年版，第520页。

与作为劳动组织形式和分工结果的所有制的矛盾发展的历史。通过考察,他们得出这样的结论:它们都不过是生产力和交往形式这一矛盾所采取的附带形式。其二,生产力和交往形式的关系实际上是交往形式与个人的物质活动的关系。每一代人都会接受前代人所创造的生产力以及与之相适应的交往形式,并在此基础上创造自己的历史。但是,既然交往形式受制于生产力,它在历史的每一阶段上都与同一时期的生产力发展相适应;当交往形式适合生产力发展的要求时,交往形式也就是人自主活动的形式,是主体在改造对象世界的活动中形成的共同活动的形式。随着生产力的发展和分工的不断细化,交往形式就会成为束缚生产力发展的桎梏,从而也会成为束缚作为生产力主体的人的活动的桎梏。马克思、恩格斯的原话是:"这些不同的条件,起初是自主活动的条件,后来却变成了自主活动的桎梏,这些条件在整个历史发展过程中构成各种交往形式的相互联系的序列,各种交往形式的联系就在于:已成为桎梏的旧交往形式被适应于比较发达的生产力,因而也适应于进步的个人自主活动方式的新交往形式所代替;新的交往形式又会成为桎梏,然后又为另一种交往形式所代替。由于这些条件在历史发展的每一阶段都是与同一时期的生产力的发展相适应的,所以它们的历史同时也是发展着的、由每一个新的一代承受下来的生产力的历史,从而也是个人本身力量发展的历史。"① 也就是说,生产力和交往形式这种由相互适应到不相适应的过程,在整个历史发展过程中构成一个新旧交替的有联系的交往形式的序列,大体经历的发展阶段是:部落所有制、古代公社所有制、封建的或等级的所有制以及资本主义所有制。其三,生产力和交往形式之间的矛盾是人类社会发展的根本动力。马克思、恩格斯明确指出:"按照我们的观点,一切历史冲突都根源于生产力和交往形式之间

① 《马克思恩格斯文集》第1卷,人民出版社2009年版,第575—576页。

的矛盾。”[①] 在阶级社会里，生产力和交往形式的矛盾发展到一定程度，不可避免要爆发革命，表现为激烈的阶级冲突，表现为思想革命和政治斗争。“生产力和交往形式之间的这种矛盾——正如我们所见到的，它在迄今为止的历史中曾多次发生过，然而并没有威胁交往形式的基础——每一次都不免要爆发为革命，同时也采取各种附带形式，如冲突的总和，不同阶级之间的冲突，意识的矛盾，思想斗争，政治斗争，等等。从狭隘的观点出发，可以从其中抽出一种附带形式，把它看做是这些革命的基础，而这样做是相当容易的，因为进行这些革命的个人都由于自身的文化水平和所处的历史发展阶段，而对他们自己的活动本身抱有种种幻想。”[②] 马克思、恩格斯批判了青年黑格尔派从意识、思想、政治等精神因素去探索社会发展动力的错误观点，要求抛开社会革命表面所呈现出来的意识、思想和政治等方面的因素，从生产力和交往形式的矛盾上去探索社会发展的真正动力。

（四）“市民社会”（经济基础）与政治和观念的上层建筑

马克思、恩格斯将交往关系（生产关系）从各种社会关系中划分出来作为社会结构中具有决定性的因素，并沿袭 18 世纪的英国人和法国人的先例，将其称为“市民社会”，以表达作为“物质的生产关系的总和”。他们指出：“受到迄今为止一切历史阶段的生产力制约同时又反过来制约生产力的交往形式，就是市民社会。”[③] 如果说在马克思、恩格斯思想发展过程中，“交往形式”后来概括为“生产关系”范畴，那么“市民社会”就是后来概括出的作为生产关系的总和的“经济基础”。上层建筑是一个庞大复杂的系统，通常认为它是建立在一定经济基础之上

① 《马克思恩格斯文集》第 1 卷，人民出版社 2009 年版，第 567—568 页。
② 《马克思恩格斯文集》第 1 卷，人民出版社 2009 年版，第 567 页。
③ 《马克思恩格斯文集》第 1 卷，人民出版社 2009 年版，第 540 页。

的制度、设施和意识形态的总和，包括政治上层建筑和思想上层建筑。前者是指各种政治法律设施、政治法律制度和各种国家机器，体现着人们之间的政治关系；后者指政治思想、法律思想、艺术、道德、宗教、哲学等意识形态，体现着人们之间的思想关系。

在市民社会和上层建筑的关系中，市民社会是社会结构的决定性因素。马克思、恩格斯说："这个市民社会是全部历史的真正发源地和舞台"①。这是由物质生产活动在人类历史发展中的重要作用所决定的。他们精辟地论述了市民社会对上层建筑的决定作用。"市民社会包括各个人在生产力发展的一定阶段上的一切物质交往。它包括该阶段的整个商业生活和工业生活，因此它超出了国家和民族的范围，尽管另一方面它对外仍必须作为民族起作用，对内仍必须组成为国家。'市民社会'这一用语是在 18 世纪产生的，当时财产关系已经摆脱了古典古代的和中世纪的共同体。真正的市民社会只是随同资产阶级发展起来的；但是市民社会这一名称始终标志着直接从生产和交往中发展起来的社会组织，这种社会组织在一切时代都构成国家的基础以及任何其他的观念的上层建筑的基础。"②

在揭示市民社会对上层建筑决定作用的基础上，马克思、恩格斯通过"国家和法同所有制的关系"为题，深刻阐述市民社会是如何决定国家和法的。国家是交往关系发展到一定阶段产生的，是分工和私有制的产物。现代资本主义国家则是与现代资本主义私有制相适应的，尽管它具有以前的国家所不曾具有的普遍形式和独立性，但它不过是"资产者为了在国内外相互保障各自的财产和利益所必然要采取的一种组织形式"。国家是政治上层建筑的核心。"因为国家是统治阶级的各个人借以实现其共同利益的形式，是该时代的整个市民社会获得集中表现的形

① 《马克思恩格斯文集》第 1 卷，人民出版社 2009 年版，第 540 页。
② 《马克思恩格斯文集》第 1 卷，人民出版社 2009 年版，第 582—583 页。

式，所以可以得出结论：一切共同的规章都是以国家为中介的，都获得了政治形式。”① 而法作为一种规章制度，无非是统治阶级意志的普遍表现，是一定的所有制关系的表达。

（五）社会意识和意识形态理论

作为以“意识形态”为讨论主题的著作，马克思、恩格斯花费了大量的笔墨谈观念的上层建筑即意识形态问题。所以，我们把意识形态问题从市民社会和上层建筑的关系中拿出来单独成篇。“意识形态”的含义有一个丰富发展的过程。在《德意志意识形态》中，马克思、恩格斯区分了“一般意识形态”和“德意志意识形态”。前者指以往的广义的意识形态，后者则专指青年黑格尔派哲学。

马克思、恩格斯提出研究意识形态的两条道路，是“天国降到人间”还是“从人间升到天国”。② 很显然，前者主张从社会意识出发来理解社会存在，这是青年黑格尔派的研究道路；后者主张从社会存在出发去理解社会意识，这是新唯物主义的研究道路。

马克思、恩格斯认为，社会存在决定社会意识，社会意识是对社会存在的反映。他们说：“思想、观念、意识的生产最初是直接与人们的物质活动，与人们的物质交往，与现实生活的语言交织在一起的。人们的想象、思维、精神交往在这里还是人们物质行动的直接产物。表现在某一民族的政治、法律、道德、宗教、形而上学等的语言中的精神生产也是这样。人们是自己的观念、思想等等的生产者，但这里所说的人们是现实的、从事活动的人们，他们受自己的生产力和与之相适应的交往的一定发展——直到交往的最遥远的形态——所制约。”③ 不仅正确的

---

① 《马克思恩格斯文集》第 1 卷，人民出版社 2009 年版，第 584 页。

② 《马克思恩格斯文集》第 1 卷，人民出版社 2009 年版，第 525 页。

③ 《马克思恩格斯文集》第 1 卷，人民出版社 2009 年版，第 524—525 页。

意识来源于社会存在，是对人的社会生活及其社会关系的反映；甚至是人们头脑中的扭曲的或错误的意识，也是社会存在的反映，是与物质前提相联系的物质生活过程的必然升华物。同时，社会发展变化也推动着社会意识的发展变化。他们精辟描述了社会意识的发展过程。“意识起初只是对直接的可感知的环境的一种意识，是对处于开始意识到自身的个人之外的其他人和其他物的狭隘联系的一种意识。”① 这时人的意识只是对自然界的意识，而自然界作为一种完全异己的、有无限威力的和不可制服的力量与人们对立的，使人们在强大的自然界面前，“人们同自然界的关系完全像动物同自然界的关系一样，人们就像牲畜一样慑服于自然界，因而，这是对自然界的一种纯粹动物式的意识（自然宗教）”②。随着人们认识和改造自然能力的增强，社会意识也在不断丰富和提升。“由于生产效率的提高，需要的增长以及作为二者基础的人口的增多，这种绵羊意识或部落意识获得了进一步的发展和提高。”③ 随着社会分工的不断细化，直到物质劳动和精神劳动相互分离后，“从这时候起意识才能现实地想象：它是和现存实践的意识不同的某种东西；它不用想象某种现实的东西就能现实地想象某种东西。从这时候起，意识才能摆脱世界而去构造‘纯粹的’理论、神学、哲学、道德等等”④。可见，在马克思、恩格斯视野里，以社会分工为动力而快速发展的物质劳动是人的意识丰富和发展的决定力量，必须从物质劳动的实践发展历程出发去理解和把握人类社会意识的发展进程。所以，他们得出结论说：“发展着自己的物质生产和物质交往的人们，在改变自己的这个现实的同时也改变着自己的思维和思维的产物。不是意识决定生活，而是

① 《马克思恩格斯文集》第1卷，人民出版社2009年版，第533—534页。
② 《马克思恩格斯文集》第1卷，人民出版社2009年版，第534页。
③ 《马克思恩格斯文集》第1卷，人民出版社2009年版，第534页。
④ 《马克思恩格斯文集》第1卷，人民出版社2009年版，第534页。

生活决定意识”[①]。这就彻底纠正了青年黑格尔派因为坚持“从天国降到人间”的研究思路而搞颠倒的社会存在和社会意识关系问题上的错误，坚持“从人间升到天国”的研究思路，唯物主义地回答了社会存在和社会意识的关系问题。

既然社会意识是由人们物质劳动实践决定的，那么，在阶级社会意识形态必然具有鲜明的阶级性。马克思、恩格斯认为，意识形态实质上是统治阶级的思想体系。“统治阶级的思想在每一时代都是占统治地位的思想”，因为统治阶级是社会上占统治地位的物质力量，支配着物质生产资料，这就决定它必然同时也是社会上占统治地位的精神力量，支配着精神生产资料。那些没有精神生产资料的人的思想，一般的是隶属于这个阶级。所以，统治阶级的统治，不仅表现在社会物质领域和政治领域中，而且也必然表现在思想领域中。也就是说，统治阶级不仅作为物质生产的管理者进行统治，而且，还作为思想的生产者和调节者进行统治。马克思、恩格斯讲了一段名言：“占统治地位的思想不过是占统治地位的物质关系在观念上的表现，不过是以思想的形式表现出来的占统治地位的物质关系；因而，这就是那些使某一个阶级成为统治阶级的关系在观念上的表现，因而这也就是这个阶级的统治的思想。”[②] 统治阶级之所以需要思想、意识形态，是因为他们不仅需要支配物质生产资料，还需要支配精神生产资料。由于意识形态是统治阶级物质关系的反映和表现，所以，它为统治阶级物质关系的存在和发展服务，是维持和巩固统治阶级的阶级统治的必要条件。

然而，在现实的社会生活中，统治阶级往往力图把统治阶级的思想和统治阶级本身分割开来，使这些思想独立化，并赋予其普遍的形式，使人们感受到这样一种现象：占统治地位的将是越来越抽象的思想，即

---

① 《马克思恩格斯文集》第1卷，人民出版社2009年版，第525页。

② 《马克思恩格斯文集》第1卷，人民出版社2009年版，第550页。

越来越具有普遍性形式的思想。原因在于：“每一个企图取代旧统治阶级的新阶级，为了达到自己的目的不得不把自己的利益说成是社会全体成员的共同利益，就是说，这在观念上的表达就是：赋予自己的思想以普遍性的形式，把它们描绘成唯一合乎理性的、有普遍意义的思想”①。这种做法其实只是在统治阶级的利益与其余一切非统治阶级的共同利益还有较多的联系，还没有发展为特殊利益时才有其合理性。当然，只有阶级的统治完全不再是社会制度的形式，不再有必要把特殊利益说成是普遍利益，或者把“普遍的东西”说成是占统治的东西，那么，一定阶级的统治似乎只是某种思想的统治这整个假象当然就会自行消失。因此，这就决定着革命阶级在进行革命的时候，必须积极摆脱这些看起来是合乎理性的、具有普遍性的意识形式的束缚，建立起自己的意识形态体系。

马克思、恩格斯总结说：“这种历史观和唯心主义历史观不同，它不是在每个时代中寻找某种范畴，而是始终站在现实历史的基础上，不从观念出发来解释实践，而是从物质实践出发来解释各种观念形态，由此也就得出下述结论：意识的一切形式和产物不是可以通过精神的批判来消灭的，不是可以通过把它们消融在‘自我意识’中或化为‘怪影’、‘幽灵’、‘怪想’等等来消灭的，而只有通过实际地推翻这一切唯心主义谬论所由产生的现实的社会关系，才能把它们消灭”②。新唯物主义的历史观不仅与青年黑格尔派和一切唯心主义历史观划清界限，而且按照历史观理论的逻辑必然推演出其价值目标和未来社会的构想。

（六）唯物主义历史观的价值目标及未来社会构想

革命理想高于天。在《德意志意识形态》中，马克思、恩格斯以新

① 《马克思恩格斯文集》第1卷，人民出版社2009年版，第552页。
② 《马克思恩格斯文集》第1卷，人民出版社2009年版，第544页。

唯物主义的实践观为切入点，从生产力与生产关系、经济基础与上层建筑矛盾的运动过程中，揭示了人类社会发展的一般规律，合乎逻辑地推导出新唯物主义历史观的价值目标及其对未来社会构想即实现共产主义，并论证了共产主义社会取代资本主义社会的历史必然性，从而使共产主义从空想变成科学。

针对当时社会流行的共产主义是一种难以企及的乌托邦，是一种彻头彻尾的空想的观点，马克思、恩格斯明确提出："共产主义是用实践手段来追求实践目标的最具有实践性的运动"①。这里用了三个关键词"实践手段""实践目标""实践性的运动"。这是因为"'解放'是一种历史活动，不是思想活动，'解放'是由历史的关系，是由工业状况、商业状况、农业状况、交往状况促成的"②，所以，"共产主义对我们来说不是应当确立的状况，不是现实应当与之相适应的理想。我们所称为共产主义的是那种消灭现存状况的现实的运动。这个运动的条件是由现有的前提产生的"③。这是马克思、恩格斯的共产主义理论与所有空想社会主义思想的根本区别。

推翻与社会生产力的快速发展不相适应的资本主义交往方式，为生产力的快速发展提供条件，是实现共产主义的物质前提。马克思、恩格斯指出："共产主义和所有过去的运动不同的地方在于：它推翻一切旧的生产关系和交往关系的基础，并且第一次自觉地把一切自发形成的前提看做是前人的创造，消除这些前提的自发性，使这些前提受联合起来的个人的支配。因此，建立共产主义实质上具有经济的性质，这就是为这种联合创造各种物质条件，把现存的条件变成联合的条件。"④ 那么，为什么马克思、恩格斯如此重视共产主义的物质前提呢？因为："生产

① 《德意志意识形态》节选本，人民出版社 2018 年版，第 115 页。
② 《马克思恩格斯文集》第 1 卷，人民出版社 2009 年版，第 527 页。
③ 《马克思恩格斯文集》第 1 卷，人民出版社 2009 年版，第 539 页。
④ 《马克思恩格斯文集》第 1 卷，人民出版社 2009 年版，第 574 页。

力的这种发展（随着这种发展，人们的世界历史性的而不是地域性的存在同时已经是经验的存在了）之所以是绝对必需的实际前提，还因为如果没有这种发展，那就只会有贫穷、极端贫困的普遍化；而在极端贫困的情况下，必须重新开始争取必需品的斗争，全部陈腐污浊的东西又要死灰复燃。”[①] 这就是说，生产力的发展作为标志性的物质前提，是实现共产主义的基本现实条件；离开了生产力发展这一物质前提，实现共产主义也就只能成为空想。

伴随着社会生产力的快速发展，资本主义的生产资料私有制已经成为其发展的严重阻碍，“消灭现存状况”成为实现共产主义的根本目标。马克思、恩格斯曾明确指出：“实际上，而且对实践的唯物主义者即共产主义者来说，全部问题都在于使现存世界革命化，实际地反对并改变现存的事物。”[②] 毫无疑问，在当时的资本主义社会，最需要反对并改变的现存的事物是资本主义私有制。因为，在以往的阶级社会中，“那些使一定的生产力能够得到利用的条件，是社会的一定阶级实行统治的条件，这个阶级的由其财产状况产生的社会权力，每一次都在相应的国家形式中获得实践的观念的表现，因此一切革命斗争都是针对在此以前实行统治的阶级的”[③]。这就是说，以前的一切革命斗争都是在保持生产资料私有制的情况下所进行的，只对统治阶级的革命；那么，共产主义是要消灭生产资料私有制，是对整个社会各个领域所进行的彻底革命。正如马克思、恩格斯所说：“随着基础即随着私有制的消灭，随着对生产实行共产主义的调节以及这种调节所带来的人们对于自己产品的异己关系的消灭，供求关系的威力也将消失，人们将使交换、生产及他们发生相互关系的方式重新受自己的支配”[④]，这是共产主义理想的核

① 《马克思恩格斯文集》第 1 卷，人民出版社 2009 年版，第 538 页。
② 《马克思恩格斯文集》第 1 卷，人民出版社 2009 年版，第 527 页。
③ 《马克思恩格斯文集》第 1 卷，人民出版社 2009 年版，第 542 页。
④ 《马克思恩格斯文集》第 1 卷，人民出版社 2009 年版，第 539 页。

心诉求。由此可见，共产主义理想是置于历史发展的现实基础之上的，共产主义运动是现实的全方位改变现实的解放运动，共产主义事业是实实在在奋斗出来的。

资本主义社会生产力和生产关系矛盾运动，必然创造全新的、具有共产主义意识的无产阶级，这是实现共产主义的阶级基础。在马克思、恩格斯看来，随着资本主义社会的发展，原来与生产力发展相适应的生产关系逐步成为生产力发展的桎梏，甚至严重阻碍了生产力的发展。“生产力在其发展的过程中达到这样的阶段，在这个阶段上产生出来的生产力和交往手段在现存关系下只能造成灾难，这种生产力已经不是生产的力量，而是破坏的力量（机器和货币）。与此同时还产生了一个阶级，它必须承担社会的一切重负，而不能享受社会的福利，它被排斥于社会之外，因而不得不同其他一切阶级发生最激烈的对立；这个阶级构成了全体社会成员中的大多数，从这个阶级中产生出必须实行彻底革命的意识，即共产主义的意识”①。当然，无产阶级作为“推翻统治阶级的那个阶级，只有在革命中才能抛掉自己身上的一切陈旧的肮脏东西，才能胜任重建社会的工作”②。无产阶级是在革命斗争的实践中由自在阶级成长为自卫阶级的。

消灭“虚幻的共同体”，实现“真正的共同体”，是共产主义的组织形式。马克思、恩格斯把人类历史的共同体形态划分为自然的共同体、虚幻的共同体和真正的共同体。所谓自然的共同体指前资本主义社会，自然共同体的瓦解过程就是资本主义私有制的发展过程。他们说：“在起源于中世纪的民族那里，部落所有制经过了几个不同的阶段——封建地产，同业公会的动产，工场手工业资本——才发展为由大工业和普遍竞争所引起的现代资本，即变为抛弃了共同体的一切外观并消除了国家

---

① 《马克思恩格斯文集》第1卷，人民出版社2009年版，第542页。

② 《马克思恩格斯文集》第1卷，人民出版社2009年版，第543页。

对所有制发展的任何影响的纯粹私有制。”① 所谓虚幻的共同体是指资本主义国家，其根本点在于资产阶级作为统治阶级，将自身特殊的、单个的利益冒充为“普遍利益”，从而导致特殊利益和共同利益之间的矛盾。马克思、恩格斯说：“正是由于特殊利益和共同利益之间的这种矛盾，共同利益才采取国家这种与实际的单个利益和全体利益相脱离的独立形式，同时采取虚幻的共同体的形式……其中一个阶级统治着其他一切阶级。”不仅如此，虚幻的共同体还体现了所谓“共同利益”的虚幻性和对立性。因此，“每一个力图取得统治的阶级，即使它的统治要求消灭整个旧的社会形式和一切统治，就像无产阶级那样，都必须首先夺取政权”。② 真正的共同体与虚幻的共同体的区别在于：在虚幻的共同体中，某一阶级的各个人所结成的、受他们的与另一阶级对立的那种共同利益所制约的共同关系，个体不是作为独立个体而是作为一般化的个体隶属于这种共同体的关系中；在真正的共同体中，因为控制了自己的生存条件和社会全体成员的生存条件，各个个体则是作为个体参与其中的。因此，个体想到摆脱阶级成员的身份而以真正的个体身份参加到共同体中，就必须要消灭虚幻共同体中的阶级关系，“把个人的自由发展和运动的条件置于他们的控制之下”③，“在真正的共同体的条件下，各个人在自己的联合中并通过这种联合获得自己的自由。”④ 所以说，只有在真正的共同体中，个体和共同体、利己和利他得到高度的统一，个体才能获得全面发展自己才能的手段，才能有个体的自由。可以说，马克思、恩格斯关于“真正的共同体”的思想是其后来提出的“自由人的联合体”的初创形态。

打破原始封闭的“地域性”而形成“世界历史性”是共产主义的存

① 《马克思恩格斯文集》第 1 卷，人民出版社 2009 年版，第 583 页。
② 《马克思恩格斯文集》第 1 卷，人民出版社 2009 年版，第 536、537 页。
③ 《马克思恩格斯文集》第 1 卷，人民出版社 2009 年版，第 573 页。
④ 《马克思恩格斯文集》第 1 卷，人民出版社 2009 年版，第 571 页。

在形态。马克思、恩格斯认为，人类历史是由民族历史向世界历史的转变过程。“只有随着生产力的这种普遍发展，人们的普遍交往才能建立起来”；随着人的交往关系的不断发展，交往范围的不断扩大，各民族的原始封闭状态不断被打破，代之以日益完善的生产方式和交往形式，其结果是“地域性的个人为世界历史性的、经验上普遍的个人所代替”。人具有世界历史性的意识和视野，也就成为世界历史性的人，其历史就越是成为世界历史。“无产阶级只有在世界历史意义上才能存在，就像共产主义——它的事业——只有作为‘世界历史性的’存在才有可能实现一样”①。可见，根据历史唯物主义历史观看理论，马克思、恩格斯已经预见到不久之后便爆发的且在全世界范围内深入发展的全球化浪潮的到来。按照马克思、恩格斯的构想，“大工业创造了交通工具和现代的世界市场，控制了商业，把所有的资本都变为工业资本，从而使流通加速（货币制度得到发展）、资本集中”②，也改变了整个社会的面貌和无产阶级的生存状态。也就是，资本主义大工业的发展，一方面开创了全球化的发展趋势，另一方面又造成资本主义社会阶级矛盾和斗争的全面加剧，所以说共产主义是世界历史发展的必然趋势和结果。

三、当代启示和重要意义

《德意志意识形态》作为马克思主义哲学的“诞生地”，内容极其丰富。我们在这里只是谈谈马克思、恩格斯关于人的自由和解放思想给予我们的启示。

（一）人的自由全面发展是人的需要不断得到满足的过程

人的发展是和人的需要的满足联系在一起的；而人的需要能否得到

① 《马克思恩格斯文集》第1卷，人民出版社2009年版，第539页。
② 《马克思恩格斯文集》第1卷，人民出版社2009年版，第566页。

满足，又是和人所处的社会制度联系在一起的。马克思在《1844 年经济学哲学手稿》中指出，资本主义社会是一个物统治人的社会，享受成为人们的生活的目的，人的需要表现为花样不断翻新的享乐需要。资本为了自身的增殖，不断地刺激人们对物质占有的欲望。致使“没有一个宦官不是厚颜无耻地向自己的君主献媚，并力图用卑鄙的手段来刺激君主的麻木不仁的享受能力，以骗取君主的恩宠；工业的宦官即生产者则更厚颜无耻地用更卑鄙的手段来骗取银币……工业的宦官迎合他人的最下流的念头，充当他和他的需要之间的牵线人，激起他的病态的欲望，默默地盯着他的每一个弱点，然后要求对这种殷勤服务付酬金”①。这种被刺激起来的把追求物质享受作为人生目的的需要，是人的非自然的和非本质的需要，是被蒙蔽了的虚假的需要；这种需要的满足，必然导致人格的扭曲，人的异化。然而，在社会主义的前提下，人的需要的丰富性具有什么样的意义，从而某种新的生产方式和某种新的生产对象具有什么样的意义。这就是“人的本质力量得到新的证明，人的本质得到新的充实”②。所以，马克思曾把“创造着具有人的本质的这种全部丰富性的人，创造着具有丰富的、全面而深刻的感觉的人”③ 作为人社会发展的恒久的内容，说明社会发展的目的是人的自由全面发展，人的发展必须紧扣感受的丰富性。因此，在全面建设社会主义现代化国家的过程中，如何全方位地满足人民对美好生活向往的需要，成为当代中国共产党人的奋斗目标和根本任务。

（二）人的自由全面发展是人的能力和个性的自由全面发展

在中国语境中，个性是个极具歧义和争议的概念，也是哲学、心理

① 《马克思恩格斯文集》第 1 卷，人民出版社 2009 年版，第 224—225 页。
② 《马克思恩格斯文集》第 1 卷，人民出版社 2009 年版，第 223 页。
③ 《马克思恩格斯文集》第 1 卷，人民出版社 2009 年版，第 192 页。

学、教育学、文艺学等学科都在研究的问题。从哲学学科角度来说，个性是指个体主体所具有的特殊本性。首先，从个性存在方式来看，个性具有独特性，也就是它的唯一性、不可重复性或不可取代性。每个人都生活在社会之中，都体现着特定的社会关系，扮演着特定的社会角色，承担着特定的社会职能，加之复杂的社会环境，使每个人都获得了与他人不同的时空特征、形体特征、心理特征、精神特征和社会特征，从而使之成为与其他人区别开来的独特的个人，获得自身的独特性。正是这种独特性，“并且正是人的特殊性使人成为个体，成为现实的、单个的社会存在物”①。可见，个性表现的是个人所具有的区别于其他人所共有的东西的某种特殊性，是一个人区别于其他人的根据所在。其次，从个性的本质来看，个性具有自主性、自为性、选择性和创造性。自主性是个性得以形成的基础和出发点，它要求个人按照自己的意志去生活、去行动、去决策、去评价。马克思、恩格斯说：这时人“实现自己的充分的、不再受限制的自主活动”②。自为性为个性的形成和展开提供条件。选择性为个性的形成和展开提供方向性规定，使活动着的个体主体根据自己最迫切的需要和客观条件所提供的多种可能性，从中选择最合自己目的性的那种作为自身活动的根据；表现了人的自由意志的性质和本质力量。创造性为个性的形成和展开提供新的内容和内在动力，是个性的最高最充分的表现形式。再次，从个性的实现方式来看，个性只有在社会实践中通过个性的社会化才能得到实现。马克思、恩格斯说：“只有在共同体中，个人才能获得全面发展其才能的手段，也就是说，只有在共同体中才可能有个人自由。”③ 这就是说，人的个性的产生、形成、发展和实现，都必然要受到个人所处社会条件的限制或制约。最

① 《马克思恩格斯文集》第1卷，人民出版社2009年版，第188页。
② 《马克思恩格斯文集》第1卷，人民出版社2009年版，第581页。
③ 《马克思恩格斯文集》第1卷，人民出版社2009年版，第571页。

后，从个性解放的条件来看。必须消灭导致人的异化的资本主义私有制，实现共产主义。马克思、恩格斯说："无产者，为了实现自己的个性，就应当消灭他们迄今面临的生存条件，消灭这个同时也是整个迄今为止的社会的生存条件，即消灭劳动。因此，他们也就同社会的各个人迄今借以表现为一个整体的那种形式即同国家处于直接的对立中，他们应当推翻国家，使自己的个性得以实现"[①]，以此才能实现恩格斯所说的，"人终于成为自己的社会结合的主人，从而也就成为自然界的主人，成为自身的主人——自由的人"[②]。人类的彻底解放是人从受束缚、被奴役、被压迫的一切关系中解放出来，包含以下三个方面的含义：一是人们在主体上从盲目的必然性和片面的需要中解放出来，成为支配自己的本身的主人；二是人们从自然界的动物式的生存条件中解放出来，人和自然之间充分和解，成为自然界的真正主人；三是人从社会关系的剥削、压迫、统治中解放出来，成为社会关系的主人。

① 《马克思恩格斯文集》第1卷，人民出版社2009年版，第573页。
② 《马克思恩格斯文集》第3卷，人民出版社2009年版，第566页。

马克思：《〈政治经济学批判〉序言》导读

《〈政治经济学批判〉序言》（以下简称《序言》）是马克思为他的《政治经济学批判》第一分册所写的序言。在这篇序言里，马克思叙述了他研究政治经济学的经过，精辟地概括了历史唯物主义的基本内容，构建起历史唯物主义理论体系的总框架，从而使这篇序言具有了巨大的理论意义和独立的科学价值。

一、历史背景和写作原因

回顾马克思主义创立的过程，1848 年以前，马克思、恩格斯的研究重点是哲学，制定和阐明他们所创立的新世界观的基本理论，特别是唯物史观；在 1848 年到 1849 年欧洲革命时期，他们的研究重点是社会革命理论，特别是无产阶级革命和无产阶级专政学说。在 19 世纪 50—60 年代，他们则把研究重点放到政治经济学问题上。当时，资本主义已在英、法等国得到高度发展，资本主义生产关系占据统治地位。随着资本主义的发展，资产阶级和工人阶级的矛盾日益尖锐，工人阶级作为一支独立的政治力量登上世界舞台，革命斗争的实践迫切需要无产阶级政治经济学作为理论指导。毫无疑问，这个全新的理论要能够揭示资本主义生产方式和交换方式的本质，揭露资本家剥削工人的秘密，探索人类社会发展的规律，进而为工人阶级争取翻身解放的革命斗争提供科学的理论指导。马克思、恩格斯为适应革命斗争和理论发展的需要，以新唯物主义的世界观和方法论为指导，认真研究资本主义的经济关系，分析了大量的社会经济文献，开始制定马克思主义的政治经济学理论。马克思计划写一部批判资本主义制度和资产阶级经济学的巨著；在长期研究的基础上，于 1858 年 11 月至 1859 年 1 月写成《政治经济学批判》一书，这也是后来的《资本论》的最初草稿，标志着马克思主义政治经济学创立中的一个重要阶段。马克思于 1859 年 1 月为《政治经济学批判》第一分册写了这篇《序言》，并于 1859 年 6 月 4 日发表在伦敦德意志工人共产主义教育协会的机关报《人民报》上。当时，许多报纸都进行了转载，并且加了各种各样的按语，在社会上产生了广泛的影响。

二、逻辑结构和主要内容

全文共有七个自然段，讲了三个问题：

第一，说明马克思关于《政治经济学批判》的写作计划，回顾研究政治经济学的经过。马克思着手写作《政治经济学批判》时，最初计划写成六分册：资本、土地所有制、雇佣劳动、国家、对外贸易、世界市场；前三项是对当时资本主义社会所存在的三大阶级即资产阶级、大土地所有者阶级和无产阶级经济生活条件和阶级关系的研究；后三项是对资本主义国家对外的政治、经济关系的研究。原计划第一册的第一篇由三章组成，即商品、货币或简单流通、资本一般。后写成商品和货币部分，称为第一分册。马克思在写第二分册即“资本”时，随着问题研究的深入而改变了计划，拟定以撰写四卷《资本论》来代替原来写六册书的计划，并以《政治经济学批判》作为《资本论》的副标题。

回顾了马克思自己研究政治经济学的经过。马克思在大学是学习法律专业的，后来转向研究政治经济学是基于两件事：一件事是在《莱茵报》工作期间，围绕着林木盗窃法、摩塞尔地区农民状况、自由贸易和保护关税等问题与反动政府发生争论，“第一次遇到要对所谓物质利益发表意见的难事”，这是促使他研究经济问题的最初动因；另一件事是关于共产主义思潮的论战。马克思认为，共产主义是关系到整个欧洲未来命运的重要问题，但是自己“以往的研究还不允许我对法兰西思潮的内容本身妄加评判”，因为那时还不懂政治经济学。所以，1843 年，他辞去《莱茵报》主编职务，“以便从社会舞台退回书房”，从事对政治经济学的研究。

第二，经典性阐述历史唯物主义的基本原理，揭示人类社会的发展规律。这段文字言简意赅、思想深邃、内容丰富、博大精深，值得我们斟字酌句、反复研读，把握其精髓。

第三，讲述马克思和恩格斯共同研究哲学和经济学问题的过程。

马克思在《序言》的最后说了一段名言：“在科学的入口处，正像在地狱的入口处一样，必须提出这样的要求：‘这里必须根绝一切犹豫；这里任何怯懦都无济于事。’”[①] 说明追求科学需要无私、无畏、勇敢前行的精神和勇气。

阅读和学习这篇序言要把握的主要内容有：

（一）关于社会形态一般结构理论

马克思在表述自己的研究结果之前意味深长地说了一句话：“我所得到的，并且一经得到就用于指导我的研究工作的总的结果”[②]。这就是说，历史唯物主义既是马克思前一段理论研究工作的成果，也是进一步研究政治经济学、人类社会历史的理论指导，是科学的世界观和方法论。

如果说马克思、恩格斯在《德意志意识形态》中把现实的、活生生的、有着各种需要、为了满足需要而从事物质资料生产的人，作为历史

① 《马克思恩格斯文集》第 2 卷，人民出版社 2009 年版，第 594 页。
② 《马克思恩格斯文集》第 2 卷，人民出版社 2009 年版，第 591 页。

唯物主义的研究起点；从而确立了从人类社会内在的发展进程中，探索人类社会发展规律的基本思路。那么，在《序言》中，马克思通过系统的研究，科学描述了社会形态的一般结构。他说："人们在自己生活的社会生产中发生一定的、必然的、不以他们的意志为转移的关系，即同他们的物质生产力的一定发展阶段相适合的生产关系。"① 这段话包含着几层意思：生产关系是一种客观的物质关系；在一定历史阶段上建立什么样的生产关系，是不以人们的主观意志为转移的；在一定历史阶段上的一定生产关系是由该历史阶段上既有的、现实的生产力状况所决定的。生产力的状况决定生产关系的性质，生产力的发展变化也决定生产关系的发展变化。

马克思又说："这些生产关系的总和构成社会的经济结构，即有法律的和政治的上层建筑竖立其上并有一定的社会意识形式与之相适应的现实基础。物质生活的生产方式制约着整个社会生活、政治生活和精神生活的过程。"② 这里所说的"这些生产关系的总和"，是一个由生产、分配、交换、消费这四个环节构成的有机的、运动着的整体，它是该社会赖以存在的"现实基础"即社会经济基础。建立在经济基础之上的政治、法律和意识形态是社会的上层建筑，经济基础决定上层建筑，上层建筑又是为经济基础服务的。生产方式直接规定着社会的性质和面貌。

由此可见，生产力和生产关系、经济基础和上层建筑的矛盾，构成了人类社会的基本矛盾。马克思正是通过这两对矛盾的内在有机联系，完整地揭示了社会形态的一般结构。

马克思笔锋一转，把他的研究成果上升到哲学基本问题的高度。他说："不是人们的意识决定人们的存在，相反，是人们的社会存在决定

① 《马克思恩格斯文集》第 2 卷，人民出版社 2009 年版，第 591 页。
② 《马克思恩格斯文集》第 2 卷，人民出版社 2009 年版，第 591 页。

人们的意识。"[①] 社会存在是指社会的物质生活过程，主要是指物质资料的生产方式；社会意识是指社会的精神生活过程。社会存在与社会意识的关系问题是社会历史观的基本问题。马克思以前的一切哲学家都没能很好地解决这个问题，结果在社会历史领域里陷入唯心主义。马克思认为，社会存在是第一性的、决定性的，社会意识是第二性的、派生性的。社会存在决定社会意识，社会意识是对社会存在的反映。这在人类思想史上第一次科学地解决了历史观的基本问题，宣告了一切唯心史观的彻底破产，使社会历史理论真正变成科学。

（二）社会形态演进理论

在马克思看来，生产力和生产关系、经济基础和上层建筑作为社会基本矛盾，其运动过程推动着人类社会由低级到高级的发展。他说："社会的物质生产力发展到一定阶段，便同它们一直在其中运动的现存生产关系或财产关系（这只是生产关系的法律用语）发生矛盾。于是这些关系便由生产力的发展形式变成生产力的桎梏。那时社会革命的时代就到来了。随着经济基础的变更，全部庞大的上层建筑也或慢或快地发生变革。"[②] 对这段话应当把握这样几层意思：

第一，生产方式是社会发展的决定力量和物质根源。一定社会的生产力和生产关系的有机结合，构成一定的生产方式。生产方式决定着社会的基本制度、阶级结构，以及政治、法律、道德、哲学、宗教等，进而决定着社会的性质和面貌；随着生产力的发展，一种生产方式必然为另一种新的更高一级的生产方式所代替；随着生产方式的变革，整个社会制度、社会结构和意识形态都会发生相应的变革。马克思说："随着新生产力的获得，人们改变自己的生产方式，随着生产方式即谋生的方

① 《马克思恩格斯文集》第 2 卷，人民出版社 2009 年版，第 591 页。

② 《马克思恩格斯文集》第 2 卷，人民出版社 2009 年版，第 591—592 页。

式的改变，人们也就会改变自己的一切社会关系。手推磨产生的是封建主的社会，蒸汽磨产生的是工业资本家的社会。”① 因此，人类社会发展的历史，首先是生产方式发展的历史；生产方式是推动人类社会由低级状态向高级状态发展的根本动力。

第二，生产力和生产关系的矛盾是生产方式的内在矛盾。由于生产力是最活跃、最革命的因素，生产关系则具有相对稳定性，便使生产关系与生产力之间呈现出一个由相互适应到相互不适应、进而束缚生产力发展的过程。当生产力的发展还没有达到与生产关系发生尖锐冲突的程度时，生产关系便不会发生根本性质的变革，社会历史处于量变的阶段。当生产力发展到和生产关系发生尖锐冲突的程度，不改变生产关系的性质生产力就不能发展时，生产关系或迟或早终究要发生根本性质的变化，这时社会历史的发展就由量变阶段转化为质变阶段，社会革命时代就到来了。

第三，生产力和生产关系之间矛盾的激化，在阶级社会就表现为阶级矛盾的激化；反映在思想领域内就形成代表新的生产力发展要求的阶级的进步的、革命的思想和代表旧的生产关系的阶级的保守的、反动的思想之间的斗争，进而形成进步的、革命的和保守的、反动的两种政治力量之间的斗争。只有通过革命斗争，夺取国家政权，才能消灭旧的经济基础，建立和发展新的经济基础，从而为生产力的发展开辟道路。由此可见，没有自觉的政治革命实现不了社会性质的根本变革；而生产力的发展，不仅提出了变革生产关系性质的要求，而且创造了实现社会政治革命的主、客观条件。

第四，经济基础决定上层建筑。随着经济基础的变革，全部庞大的上层建筑也或快或慢地要发生变革，于是整个社会制度就必然发生全面的、根本性质的变革。一切旧的政治制度、旧的社会意识形态不管表面

---

① 《马克思恩格斯文集》第1卷，人民出版社2009年版，第602页。

看起来多么强大，从历史发展的必然趋势来说，它们迟早要被新的政治制度、新的社会意识形态等上层建筑所代替。所有这一些，归根到底是生产力发展的要求，是由生产力发展所决定的。

马克思通过考察社会基本矛盾的运动过程，总结社会变革的基本规律，提出历史唯物主义的方法论。他说："在考察这些变革时，必须时刻把下面两者区别开来：一种是生产的经济条件方面所发生的物质的、可以用自然科学的精确性指明的变革，一种是人们借以意识到这个冲突并力求把它克服的那些法律的、政治的、宗教的、艺术的或哲学的，简言之，意识形态的形式。"① 马克思区分了两种变革：社会物质生活条件的变革和意识形态的变革。二者相比较，前者更为根本。也就是说，要从社会生产力和生产关系的矛盾运动中去探索社会变革的物质、经济根源。否则，就会犯唯心主义的错误。马克思说："我们判断一个人不能以他对自己的看法为根据，同样，我们判断这样一个变革时代也不能以它的意识为根据；相反，这个意识必须从物质生活的矛盾中，从社会生产力和生产关系之间的现存冲突中去解释。"② 马克思把社会生活区别为物质的与精神的，其目的在于从社会物质生活的矛盾中，从生产力和生产关系的矛盾运动中去探索、寻找社会变革的物质的、经济的根源。而社会意识领域中的变革，只有到社会物质生活的矛盾中，到社会生产力和生产关系矛盾的运动中才能得到科学的证明。用这种方法去考察人类社会发展的内在机制，既坚持了唯物主义，又坚持了辩证法。

马克思进一步指出，社会形态的变革是一种不以人们主观意志为转移的客观过程。"无论哪一个社会形态，在它所能容纳的全部生产力发挥出来以前，是决不会灭亡的；而新的更高的生产关系，在它的物质存在条件在旧社会的胎胞里成熟以前，是决不会出现的。所以人类始终只

① 《马克思恩格斯文集》第2卷，人民出版社2009年版，第592页。
② 《马克思恩格斯文集》第2卷，人民出版社2009年版，第592页。

提出自己能够解决的任务，因为只要仔细考察就可以发现，任务本身，只有在解决它的物质条件已经存在或者至少是在生成过程中的时候，才会产生。”[①] 也就是说，一种新的生产关系的产生，必须以一定的生产力发展水平，一定的物质基础为前提；只有当生产力在某种生产关系内部已经没有发展余地的时候，只有当新的生产关系产生的物质条件已经具备的时候，社会形态的变革才会成为可能。因此，人们只能根据生产力和生产关系矛盾运动的规律办事，解决历史已经提出或正在提出的任务，而决不能超越客观实际，凭主观愿望办事。

（三）社会发展总趋势理论

马克思一直重视对人类社会发展总趋势的研究。早在《黑格尔法哲学批判》和《德法年鉴》时期，他通过自己的历史研究，得出了“市民社会”决定国家的理论，并以此为标准提出社会发展按照“古代——中世纪——现代——未来的民主时代”为总趋势的思想。在《德意志意识形态》一文中，他按照“生产工具决定分工，分工又决定所有制”的历史唯物主义观点，把人类历史上的各个生产发展阶段概括为“部落所有制——古代所有制——封建所有制——资本主义所有制”总趋势。他在《序言》中根据当时所掌握的材料，认为社会形态的演进大体上经历了四个时期：亚细亚的、古代的、封建的和现代资本主义。

马克思强调：“资产阶级的生产关系是社会生产过程的最后一个对抗形式，这里所说的对抗，不是指个人的对抗，而是指从个人的社会生活条件中生长出来的对抗；但是，在资产阶级社会的胎胞里发展的生产力，同时又创造着解决这种对抗的物质条件。因此，人类社会的史前时期就以这种社会形态而告终。”[②] 马克思在这段话中着重说明的是：资

① 《马克思恩格斯文集》第2卷，人民出版社2009年版，第592页。
② 《马克思恩格斯文集》第2卷，人民出版社2009年版，第592页。

本主义生产关系是人类社会发展过程中最后一个采取对抗形式的生产关系。“在资产阶级社会的胎胞里发展的生产力，同时又创造着解决这种对抗的物质条件。”[①] 这种对抗是由资本主义生产方式的内在矛盾——社会化大生产和资本主义的私人占有制的矛盾决定的。这种对抗不是个人之间的对抗，而是指从个人的社会生活条件中产生出来的阶级的对抗。这种对抗性的矛盾无法在资本主义社会内部得到解决，而只能通过阶级斗争建立起社会主义制度，用社会主义公有制取代资本主义私有制来解决。同时，这种社会化大生产的生产力，不仅提出了变革资本主义私有制为社会主义公有制的要求，而且又创造着解决这种对抗的物质条件，即为共产主义制度的产生和发展准备了社会化大生产这一物质基础，又为资本主义制度的灭亡锻造了掘墓人——革命的无产阶级。因此，资本主义社会为社会主义社会所代替，这是不以人的意志为转移的历史必然。

马克思指出，社会主义制度代替资本主义私有制，从根本上解决了资本主义社会生产力和生产关系的对抗性矛盾，使人类摆脱了几千年来的阶级压迫和剥削，结束了“人类社会的史前时期”。从此，广大人民群众成了社会的主人，真正掌握了自己的命运，进入了自觉地创造自己的历史的新时代。

应该指出，在这篇《序言》里，马克思的主要任务是批判历史领域里的唯心主义，确立历史唯物主义的科学地位，所以，他着重讲了生产力对生产关系、经济基础对上层建筑、社会存在对社会意识的决定作用，而对于生产关系对生产力、上层建筑对经济基础、社会意识对社会存在的反作用，则没有给予充分的重视。到 19 世纪 80 年代，一些人便对历史唯物主义产生了“经济决定论”等的曲解。为纠正这种误解，恩格斯在晚年书信中对历史唯物主义作了全面的阐述和发挥。

---

① 《马克思恩格斯文集》第 2 卷，人民出版社 2009 年版，第 592 页。

三、当代启示和重要意义

马克思在《序言》中，第一次构建起历史唯物主义理论的基本框架，阐述了历史唯物主义理论的基本原理，在今天读来依然感到很有启发。

（一）正确理解资本主义“垂而不死”的问题

马克思说：“无论哪一个社会形态，在它所能容纳的全部生产力发挥出来以前，是决不会灭亡的；而新的更高的生产关系，在它的物质存在条件在旧社会的胎胞里成熟以前，是决不会出现的。”[①] 这段话对于帮助我们正确理解资本主义社会发展过程中所出现的新情况是有重要意义的。

马克思是从生产力与生产关系、经济基础与上层建筑两对社会基本矛盾运动入手，完成了唯物史观和剩余价值学说两大发现，揭示了资本主义的社会本质和发展趋势，使社会主义由空想变成科学。列宁在新的历史条件下，依然是从社会基本矛盾入手，从世界范围内研究了资本主义新发展，创立了科学的帝国主义论，说明帝国主义是垄断、腐朽、寄生和垂死的资本主义。然而，第二次世界大战以来，资本主义经过战后半个多世纪的发展，整个社会面貌的确发生了很大的变化，资本主义进入一个相对高速稳定发展的新阶段。面对这种情况，有人提出资本主义“垂而不死”的问题，以此否定马克思主义关于社会基本矛盾理论的正确性。

如何实事求是地分析当代资本主义社会的新变化，揭示当代资本主义社会未来发展的大趋势，是摆在我们这一代人面前的重要课题。要解

① 《马克思恩格斯文集》第2卷，人民出版社2009年版，第592页。

决好这个重要课题，依然应该坚持运用马克思主义的唯物史观作为思想武器。我们应该看到，当代资本主义社会所发生的重大变化，很重要的原因是在保持基本制度不变的前提下，对资本主义生产关系、上层建筑的某些方面作了一些调整。经过调整后的当代资本主义制度，其历史作用具有两重性，既存在落后性、腐朽性和反动性，又存在一定的适应性和积极性。但是，当代资本主义的这种新变化，并没有从根本上改变资本主义制度的本质，没有解决资本主义社会的基本矛盾，没有消除无产阶级和资产阶级的阶级斗争，资本主义社会的发展规律必定会表现出来。因此，我们还不能简单地否定社会主义必然代替资本主义的理论，而是要引导广大党员、干部和群众正确认识当代资本主义发展的历史进程，绝不能因为资本主义社会在具体演进中产生的一些繁荣现象而否定马克思主义的基本原理和科学论断。同时，也要加强对当代资本主义社会的研究，做出有说服力的理论分析，丰富和发展马克思主义的基本理论。我们也应该清醒地看到，社会主义代替资本主义将经历一个长期的、艰苦的、复杂的和曲折的历史过程，任何其他想法都是单纯的、天真的幻想，都必然给实践带来危害。

（二）正确理解社会主义初级阶段理论

马克思根据对社会基本矛盾的分析，科学地预见了未来社会将经历社会主义和共产主义两个阶段，并预见到社会主义无论就其生产方式或分配方式来说，都是不断发展和变化的。马克思的这个思想，对于如何确定我国目前所处社会主义发展阶段，以便制定正确的路线方针政策提供了科学的思想方法。

对中国国情作出科学的判断，是中国共产党人正确制定路线、方针、政策的前提和基础。而社会主义初级阶段理论的提出，正是基于对我国社会基本矛盾运动规律的科学认识，基于对我国国情的准确理解。

所谓“我国正处在社会主义初级阶段”的论断包含两层意思：其一，我国已经建立起社会主义制度，这是中国人民在火与血的洗礼中作出的历史选择，我们必须坚持而不能放弃；只有社会主义才能救中国，只有社会主义才能发展中国，这是已经被中国社会发展的历史证明的真理。其二，我们的社会主义还处在初级阶段，一切要从初级阶段的实际出发，不能超越阶段，急于求成。那种认为不必经过生产力的巨大发展就可以直接实现共产主义的观点，是社会发展问题上的空想论。邓小平指出：“社会主义本身是共产主义的初级阶段，而我们中国又处在社会主义的初级阶段，就是不发达的阶段。一切都要从这个实际出发，根据这个实际来制订规划。”[①]

党的十八大报告明确提出，建设中国特色社会主义，总依据是社会主义初级阶段，总布局是“五位一体”，总任务是实现社会主义现代化和中华民族伟大复兴。中国特色社会主义，既坚持了科学社会主义基本原则，又根据时代条件赋予其鲜明的中国特色，以全新的视野深化了对共产党执政规律、社会主义建设规律、人类社会发展规律的认识，从理论和实践的结合上系统回答了在中国这样一个人口众多底子薄的东方大国建设什么样的社会主义、怎样建设社会主义这个根本问题，使我们国家快速发展起来，使我国人民生活水平快速提高起来。

（三）改革是解决社会主义社会基本矛盾的根本途径

社会主义社会的基本矛盾依然是生产力与生产关系、经济基础与上层建筑的矛盾。在社会主义社会，生产关系同生产力、上层建筑同经济基础之间都存在着不相适合的方面，这就只能通过改革来解决这种不相适合的方面。我们必须认识到，当代中国的改革不是对原来体制枝节的、细微的变革，而是从传统的计划经济体制转向社会主义市场经济体

① 《邓小平文选》第3卷，人民出版社1993年版，第252页。

制，从高度集权的政治体制转向新型民主的政治体制，从封闭半封闭社会转向全方位开放社会。这种转换不可避免地在社会组织形式、管理方式、分配方式、决策方式等方面引起重大变化。当代中国的改革也不是某一领域或某一方面的改革，而是全方位、多方面的改革。不失时机深化重要领域的改革，要求我们一定要坚定不移地坚持党的十一届三中全会以来的路线方针政策，坚定信心、砥砺勇气，坚持不懈把改革创新精神贯彻到治国理政的各个环节，奋力把改革开放推向前进。

应该讲，中国社会主义改革事业已经迈过了“十字路口”，没有其他选择的余地，也没有拐弯的可能性，只有坚定不移地沿着中国特色社会主义道路前行。已经进行了 40 多年的改革开放事业，为未来的改革开放奠定了坚实的基础，提供了宝贵的经验，积累了丰厚的精神财富。但是，当前世情、国情、党情仍在发生深刻变化，我国发展中不平衡、不协调、不可持续问题依然突出，制约科学发展的体制机制障碍躲不开、绕不过，继续推进改革开放所遇到的新情况、新问题，丝毫不亚于当年。改革开放越向前走，人们对改革成果的期待就越高，遇到问题的层次就越深，需要解决的矛盾越复杂，需要支付的成本就越高。因此，我们必须树立通过改革来推进中国特色社会主义的坚定信心，以饱满的政治热情、理性的思考方式，以及敢想、敢闯、敢冒的精神，破除那种走在十字路口的犹豫和彷徨，打破那种随时准备走封闭僵化老路或改旗易帜邪路的幻想，继续将改革开放的伟大事业推向前进，完成时代赋予我们这一代人的光荣使命。

马克思：《〈资本论〉第一卷第二版跋》（节选）导读

《资本论》是马克思撰写的一部具有划时代意义的批判资本主义制度的政治经济学巨著，也是具有深刻哲学意蕴的巨著。列宁曾经说过："马克思没有遗留下'逻辑'（大写字母的），但他遗留下《资本论》的逻辑"①。也就是说，可以把《资本论》当作是一部辩证法的著作来阅读。它通过对资本主义社会固有矛盾的辩证分析，相当完整地阐释了客观的辩证法以及作为客观辩证法的反映的主观辩证法，即辩证思维规律和方法，创立马克思主义的辩证思维方法论的科学体系。特别是马克思为《资本论》第一卷第二版写的"跋"，针对当时资产阶级思想家污蔑《资本论》的研究方法只是黑格尔辩证法的运用等观点，明确指出《资本论》的研究方法是唯物辩证法，并说明唯物辩证法与黑格尔辩证法的本质区别，从而使这篇"跋"不仅独立成篇，而且成为哲学名篇。

一、历史背景和写作原因

马克思写作这个"跋"是为了回应一些资产阶级思想家对《资本论》中所运用的辩证方法的责难和误解，澄清自己的唯物辩证的研究方法和黑格尔的唯心辩证的研究方法的联系和区别。《资本论》第一卷出版后，有些人并不完全理解马克思对辩证法的运用，从各自的政治立场

① 《列宁全集》第55卷，人民出版社2017年版，第290页。

或阶级立场出发进行评论。其中很多人承认《资本论》的叙述方法通俗易懂、明确生动，但也有人对《资本论》所使用的方法进行指责或歪曲。如实证主义哲学家德罗别尔蒂指责马克思“形而上学地研究经济学”；俄国经济学家季别尔说“马克思的方法是整个英国学派的演绎法”；德国评论家说马克思的方法是“黑格尔的诡辩”；另一位俄国经济学家认为马克思“研究方法是严格的现实主义的，而叙述方法不幸是德国辩证法”。因此，马克思感叹道：“人们对《资本论》中应用的方法理解得很差，这已经由对这一方法的各种互相矛盾的评论所证明。”[①] 此外，工人运动中的机会主义者也对《资本论》的方法作了错误的理解。如杜林在 1867 年写的关于《资本论》第一卷的书评中，就把马克思的辩证法与黑格尔的辩证法混为一谈。

鉴于这种情况，马克思认为非常有必要对上述种种指责和曲解做出回答，以便澄清混乱。于是在 1873 年 1 月，马克思利用《资本论》第一卷第二版出版的机会，写了这篇“跋”。

二、逻辑结构和主要内容

这个“跋”的篇幅较长。马克思简要叙述了本版所作的几处重要修改，分析了英、法、德等国资产阶级政治经济学发展的历史过程，说明无产阶级政治经济学兴起的必然性，特别着重阐述了马克思的辩证法和黑格尔的辩证法的关系，指出其辩证方法的唯物主义基础及其批判的、革命的本质。我们主要阅读最后四段文字，把握三个主要思想。

（一）马克思的辩证法与黑格尔的辩证法的根本区别

马克思明确提出自己的辩证法和黑格尔辩证法的根本区别。他说：

---

① 《马克思恩格斯选集》第 2 卷，人民出版社 1995 年版，第 109 页。

“我的辩证方法，从根本上来说，不仅和黑格尔的辩证方法不同，而且和它截然相反。”这个根本区别至少有两点：一是二者的世界观基础是根本对立的。“在黑格尔看来，思维过程，即他称为观念而甚至把它转化为独立主体的思维过程，是现实事物的创造主，而现实事物只是思维过程的外部表现。我的看法则相反，观念的东西不外是移入人的头脑并在人的头脑中改造过的物质的东西而已。”[①] 黑格尔的辩证法是建立在唯心主义哲学基础之上的。所谓辩证法就是“绝对观念”的自我发展、自我实现的过程；客观世界的运动只是“绝对观念”自我运动的翻版，现实事物不过是“绝对观念”在某一阶段的外化。马克思的辩证法是建立在唯物主义基础之上的。辩证法首先是客观事物本身运动发展的规律，主观辩证法只是客观辩证法的反映。这就使辩证法有了坚实的客观基础，摆脱了神秘的形式，获得了合理的形式。二是二者的阶级基础是根本对立的，因而产生的实践作用也不同。“辩证法，在其神秘形式上，成了德国的时髦东西，因为它似乎使现存事物显得光彩。辩证法，在其合理形态上，引起资产阶级及其夸夸其谈的代言人的恼怒和恐怖”[②]。黑格尔哲学是德国资产阶级的保守性和妥协性的思想表现，他的辩证法虽然具有革命的性质，但其形式却是保守的。马克思的辩证法是无产阶级的世界观和方法论，体现了无产阶级的彻底革命性，要求批判资本主义社会的现实。因此，它必然会引起资产阶级及其代言人的恼怒和恐怖，被视为不可容忍的异端邪说。

（二）马克思的辩证法与黑格尔的辩证法的批判继承

马克思在柏林大学读书时，曾参加青年黑格尔派所举行的学术活动，并深受青年黑格尔派的思想影响。从某种意义上说，黑格尔的辩证

① 《马克思恩格斯选集》第2卷，人民出版社1995年版，第112页。
② 《马克思恩格斯选集》第2卷，人民出版社1995年版，第112页。

法是马克思辩证法的思想来源。所以，马克思明确指出：“我公开承认我是这位大思想家的学生”。但是，马克思对于黑格尔的辩证法并不是毫无保留地全盘继承和全部接受，而是有分析有批判地继承，用哲学的语言来说叫做“扬弃”，即汲取其精华，摈弃其糟粕，改造其形式，拯救其内容。所以，马克思说：“辩证法在黑格尔手中神秘化了，但这决没有妨碍他第一个全面地有意识地叙述了辩证法的一般运动形式。在他那里，辩证法是倒立着的。为了发现神秘外壳中的合理内核，必须把它倒过来。”[①] 这里马克思清楚地表明对待黑格尔辩证法的正确态度。恩格斯曾高度评价马克思所做的这一工作的意义。他说：“马克思过去和现在都是唯一能够担当起这样一件工作的人，这就是从黑格尔逻辑学中把包含着黑格尔在这方面的真正发现的内核剥出来，使辩证方法摆脱它的唯心主义的外壳并把辩证方法在使它成为唯一正确的思想发展形式的简单形态上建立起来。马克思对于政治经济学的批判就是以这个方法作基础的，这个方法的制定，在我们看来是一个其意义不亚于唯物主义基本观点的成果。”[②]

（三）辩证法按其本质来说是批判的和革命的

马克思在分析唯物辩证法和黑格尔唯心辩证法的根本区别的基础上，进一步揭示了唯物辩证法的本质。他说：“辩证法在对现存事物的肯定的理解中同时包含对现存事物的否定的理解，即对现存事物的必然灭亡的理解；辩证法对每一种既成的形式都是从不断的运动中，因而也是从它的暂时性方面去理解；辩证法不崇拜任何东西，按其本质来说，它是批判的和革命的。”[③] 这段话脍炙人口、非常经典，值得我们认真

---

① 《马克思恩格斯选集》第 2 卷，人民出版社 1995 年版，第 112 页。
② 《马克思恩格斯选集》第 2 卷，人民出版社 1995 年版，第 42—43 页。
③ 《马克思恩格斯选集》第 2 卷，人民出版社 1995 年版，第 112 页。

阅读反复思考，给予我们三点启示。

第一，运用矛盾分析的方法去研究问题，在对现存事物的肯定性理解时尤其要注意对它的否定性理解。因为，在唯物辩证法看来，任何事物都是既包含着肯定因素又包含着否定因素的矛盾统一体。所以，必须从肯定和否定两个方面来把握事物。一切现存事物都同一定的内部的和外部的条件相联系，都有它产生的必然性和存在的合理性；随着时间的推移、空间的改变，现存事物所依赖的条件会逐步丧失，事物存在的合理性就会丧失，于是旧事物必然会被新事物所取代。这就可以得出一个重要的结论：凡是现存的事物，在其发展过程中都必然会灭亡。

第二，运用发展的观点去看问题，尤其要注意看到现存事物的暂时性。在唯物辩证法看来，任何事物都处在不断的运动、变化和发展的过程之中。整个物质世界的发展是永恒的、无限的，而任何一个具体事物的存在和发展则总是暂时的、有限的，不存在任何所谓最终的、永世长存、一成不变的东西。正如恩格斯在谈到辩证法的发展观时所说的："这种辩证哲学推翻了一切关于最终的绝对真理和与之相应的绝对的人类状态的观念。在它面前，不存在任何最终的东西、绝对的东西、神圣的东西；它指出所有一切事物的暂时性；在它面前，除了生成和灭亡的不断过程、无止境地由低级上升到高级的不断过程，什么都不存在。"①

第三，用与时俱进的观念去看问题，始终坚持唯物辩证法的批判性和革命性。辩证法推翻一切关于最终的绝对真理和一切人类绝对状态的想法。在它看来，"真理是在认识过程本身中，在科学的长期的历史发展中，而科学从认识的较低阶段向越来越高的阶段上升，但是永远不能通过所谓绝对真理的发现而达到这样一点，在这一点上它再也不能前进一步，除了袖手一旁惊愕地望着这个已经获得的绝对真理，就再也无事可做了"。同样道理，它认为"一切依次更替的历史状态都只是人类社

① 《马克思恩格斯选集》第4卷，人民出版社1995年版，第217页。

会由低级到高级的无穷发展进程中的暂时阶段”。① 总之，辩证法不崇拜任何东西，不迷信任何事物，始终坚持以批判和革命的观点来对待现存的一切事物。

三、当代启示和重要意义

马克思关于唯物辩证法的思想是十分丰富和深刻的，特别是他分析问题和解决问题的基本方法，对于指导我们今天全面建设社会主义现代化国家具有重要的启迪作用。

（一）学习其批判继承的方法，大胆吸取和借鉴人类社会创造的一切文明成果

马克思在如何对待黑格尔唯心主义辩证法的问题上所表现出来的态度，说明马克思主义不是离开人类文明大道而主观自生的东西，而是批判地吸收包括自然科学和社会科学成果在内的整个人类优秀文化遗产的结果。

吸收和借鉴人类社会创造的一切文明成果是当今世界发展现实的要求。当今世界，由于科学技术的迅猛发展，整个世界已经进入一个经济文化更加紧密联系的时期，经济一体化倾向越来越明显，思想文化的交流越来越广泛。因此，实行对外开放，认真学习和借鉴人类社会创造的一切物质文明和精神文明成果，加速社会主义现代化强国建设，是历史赋予我们这一代人不可推卸的责任。

吸取和借鉴人类社会创造的一切文明成果是中国社会主义现代化建设的要求。回顾中国社会发展的历史可以得到一个重要的启示，什么时候我们采取了对外开放的政策，什么时候就会经济快速发展、社会繁荣

① 《马克思恩格斯选集》第 4 卷，人民出版社 1995 年版，第 216、217 页。

稳定、人民生活富足、国家日益强大；什么时候采取了闭关锁国的政策，什么时候就会经济发展迟缓、社会萧条动荡，人民生活艰辛，国家落后被欺。因此，我们必须积极采取对外开放政策，认真学习其他国家的先进经验、先进科学技术和一切先进文明成果，来构建具有中国特色的社会主义思想文化体系。

吸收和借鉴人类社会创造的一切文明成果要采取科学分析的态度。对于西方资本主义文明，不管是物质文明还是精神文明，都要采取两手政策，从本国实际出发，在批判和否定其落后的东西的同时，有选择地引进和吸收其对我们有用的东西，其目的是发展我们的生产力，增强我们的综合国力，提高人民的生活水平，推动社会主义现代化建设事业的发展。

（二）掌握唯物辩证法批判性和革命性的本质，坚持解放思想、实事求是、与时俱进的思想路线

辩证法不崇拜任何东西，按其本质来说，它是批判的和革命的。它永远结束了认为人的思维和行动的一切结果具有最终性质的看法。这就要求我们在全面建设社会主义现代化国家的历史进程中，必须始终坚持解放思想、实事求是、与时俱进的思想路线。

解放思想、实事求是、与时俱进，说到底就是在科学世界观和方法论的指导下，打破各种精神枷锁对人的束缚，恢复人的主体地位，使人能够发挥其所特有的主体性，把握事物发展的客观规律，按照客观规律办事，推进社会主义现代化建设事业的全面发展。就目前来看，解放思想就是要求人们自觉地把思想从那些不合时宜的观念、做法和体制的束缚中解放出来，从对马克思主义的错误的和教条式的理解中解放出来，从主观主义和形而上学的桎梏中解放出来。

解放思想、实事求是、与时俱进的思想路线的贯彻需要主体素质和

民主制度的双重保证。能否做到解放思想、实事求是、与时俱进，在很多情况下与主体素质的高低有直接关系。影响主体素质高低的主要因素有：政治素质，哲学素质，科学文化素养，实践经验，个人的情感、意志、兴趣、个性等心理、生理因素等等。此外，更重要的是要不断深化政治体制的改革，发展社会主义民主政治。因为只有真正实现民主，才能确立人民群众的主体地位，从而使之获得真正的解放。邓小平说："民主是解放思想的重要条件"①。因为只有实行民主，才能让人民群众充分行使当家作主的权力，充分行使对国家权力进行监督的权力；解除强加给人民群众的各种束缚和限制，让人民群众拥有自主权；人民群众真正拥有了自主权，才能够拥有真正的选择权；人民群众只有拥有了自主权和选择权，才能够真正发挥其创造性，创造出人间奇迹。可见，没有民主，就没有自由；没有民主自由，就不能发挥主体的主动性、选择性和创造性，就不可能做到解放思想、实事求是。因此，为了保证人民群众能够充分行使民主权利，就必须不断深化政治体制改革，发展社会主义民主政治，健全社会主义法治，依法治国，建设社会主义法治国家。

---

① 《邓小平文选》第2卷，人民出版社1994年版，第144页。

恩格斯：《反杜林论·概论·哲学编》导读

《反杜林论》是恩格斯同德国小资产阶级社会主义者杜林进行论战的著作。在这部著作中，恩格斯全面批判了杜林的唯心主义哲学、庸俗政治经济学和小资产阶级社会主义思想，系统阐述了马克思主义哲学、政治经济学和科学社会主义的基本原理，因此被称为“是一部马克思主义的百科全书”。

一、历史背景和写作原因

1871 年巴黎公社革命失败以后，马克思主义通过总结巴黎公社革命的经验教训，不仅在理论上继续得到丰富和发展，而且在工人运动的实践中得到日益广泛的传播。欧洲各国工人阶级逐步把马克思主义与工人运动相结合，相继创立了社会主义政党，工人运动重新发展壮大起来。然而，资产阶级则在纠集各种反动势力，在残酷镇压工人运动的同时，竭力散布改良主义思想，试图从无产阶级内部来瓦解国际工人运动，使机会主义成为一种国际思潮。这种思潮也直接影响到德国，其代表人物便是杜林。

杜林（1833—1921 年）曾任柏林大学讲师。他在 19 世纪 70 年代初，以社会主义“行家”和“改革家”的面貌出现，著书立说，扬言要在科学中实行一次完全的“变革”，对马克思主义进行了全面的攻击。他于 1871—1875 年先后抛出三本大部头著作，即《国民经济学和社会主义批判史》《国民经济学和社会经济学教程》《哲学教程》，这就是恩格斯所讲的“这三支论证大军被调来攻击所有前辈哲学家和经济学家、特别是马克思”①。杜林的特点是，他打着社会主义的旗号，以社会主义“行家”和“改革家”的面貌出现，不仅提出了一套详尽的社会主义理论，而且还提出一个完备的改造社会的计划，因此具有极大的欺骗性和蒙蔽性。因此，恩格斯在1876年6月11日的“序言”中说，这部著作决不是什么“内心冲动”的结果，恰恰相反，是由一系列原因所导致的必然结果。一方面，杜林以社会主义的“行家”和“改革家”的身份，抛出自己的大部头著作，向马克思主义提出挑战；另一方面，杜林的学说欺骗了德国党内一部分人，甚至一部分社会主义出版物，他们准备以通俗的形式在工人中散布这种学说。因此，为了不在如此年轻的、不久前才最终统一起来的党内造成派别分裂和混乱局面，恩格斯在马克思的支持下，决定“把一切都搁下来去收拾无聊的杜林”，开始撰写一系列批判杜林《哲学教程》的论文。从1877年1月至5月，《前进报》以《欧根·杜林先生在哲学中实行的变革》为总标题，发表了恩格斯的这组论文。恩格斯约于1877年6—8月写完政治经济学编，约于1877年8月至1878年4月写完社会主义编。1879年11月14日，恩格斯给奥·倍倍尔的信中把这部著作称作《反杜林论》。我们重点学习概论和哲学编。

二、逻辑结构和主要内容

在概论中，恩格斯全面论述了科学社会主义的思想来源，深刻分析了空想社会主义产生的历史背景、经济条件和阶级基础，科学评论了三个著名空想社会主义者的贡献与缺失，说明科学社会主义诞生的必然性。

哲学编包括第三至十四章。“三、分类。先验主义”，分析了杜林陷

① 《马克思恩格斯选集》第3卷，人民出版社1995年版，第696页。

入唯心主义的认识论根源，阐述了唯物主义反映论的基本思想。“四、世界模式”“五、自然哲学。时间和空间”“六、自然哲学。天体演化学，物理学，化学”等三章，揭露杜林在世界统一性问题上的唯心主义和折中主义错误，提出世界的真正统一性在于它的物质性的重要观点。“七、自然哲学。有机界”“八、自然哲学。有机界（续完）”两章，批判杜林在生物进化和生命本质问题上的唯心主义观点，深刻揭示了生命运动的本质。“九、道德和法。永恒真理”，揭露杜林历史观上的唯心主义观点，阐述马克思主义真理观。“十、道德和法。平等”“十一、道德和法。自由和必然”等两章，批判杜林超历史、超阶级的“绝对平等”“绝对自由”等观点，阐述马克思主义平等观和自由观。“十二、辩证法。量和质”“十三、辩证法。否定的否定”两章，批判杜林对唯物辩证法的歪曲，阐述唯物辩证法的三个基本规律。“十四、结论”一章，恩格斯用十分辛辣、尖刻的笔调，对杜林哲学体系进行了总的揭露和批判。指出，“这个人大吹大擂叫卖自己的手艺和商品，不亚于最粗俗的市场小贩，而在他的那些大话后面却是空空如也，简直一无所有”①。告诉大家，杜林是个江湖骗子。

学习和阅读概论和哲学编要把握的主要内容有：

（一）社会主义从空想成为科学理论

恩格斯考察了作为现代社会主义前导的空想社会主义发展的历史过程，说明现代社会主义的产生是几个世纪以来社会主义思想合乎逻辑的发展。他说：“现代社会主义，就其内容来说，首先是对现代社会中普遍存在的有财产者和无财产者之间、资产者和雇佣工人之间的阶级对立以及生产中普遍存在的无政府状态这两个方面进行考察的结果。但是，就其理论形式来说，它起初表现为18世纪法国伟大的启蒙学者们所提

① 《马克思恩格斯文集》第9卷，人民出版社2009年版，第152页。

出的各种原则的进一步的、据称是更彻底的发展。同任何新的学说一样，它必须首先从已有的思想材料出发，虽然它的根子深深扎在经济的事实中。”① 这就是说，现代社会主义的产生决不是偶然的，而是有着深刻的阶级根源、社会根源和思想根源。19 世纪初，在英法等欧洲国家，资产阶级革命已经取得胜利，随着资产阶级统治的确立和资本主义生产的迅速发展，无产阶级和资产阶级之间的矛盾在各种社会矛盾中越来越占有突出的地位。资本主义生产的社会性和生产资料的私人占有制之间的矛盾已经明显地暴露出来。现代社会主义在内容上正是对资本主义社会中无产阶级和资产阶级的阶级斗争、资本主义生产方式内部生产力和生产关系矛盾运动的概括和总结。其思想根源于 18 世纪法国启蒙思想家。

18 世纪法国启蒙思想家伏尔泰、卢梭、爱尔维修等人，都是新兴资产阶级的革命思想家，为法国资产阶级革命大造舆论，坚决反对封建专制主义和宗教蒙昧主义。他们“不承认任何外界的权威”，认为：“一切都必须在理性的法庭面前为自己的存在作辩护或者放弃存在的权利。思维着的知性成了衡量一切的唯一尺度。”② 他们主张把以往的一切社会形式和国家形式、一切传统观念等不合理的东西扔到垃圾堆里去，而迷信、非正义、特权和压迫应由永恒的真理、正义、自然平等和保障人权的理性王国所代替。但是，资产阶级革命后的现实证明，启蒙学者所宣扬的这个理性王国不过是资产阶级的理想化的王国；永恒正义在资产阶级的司法中得到实现；平等归结为法律面前的资产阶级平等；被宣布为最主要的人权之一的是资产阶级的所有权；而理性的国家只能表现为资产阶级的共和国。由此可见，18 世纪法国启蒙学者的学说，同一切先驱者一样，没有能够超出他们自己的时代的限制，只能表达资产阶级

① 《马克思恩格斯文集》第 9 卷，人民出版社 2009 年版，第 19 页。
② 《马克思恩格斯选集》第 3 卷，人民出版社 1995 年版，第 719 页。

的政治理想，反映资产阶级的利益和愿望。

但是，在每一个大的资产阶级运动中，都爆发过作为现代无产阶级的发展程度不同的先驱者的那个阶级的独立运动。伴随着一个还没有成熟的阶级的这些革命运动，产生了相应的理论表现，即空想社会主义。空想社会主义的产生和发展有一个历史过程，出现过许多著名的代表人物。如 16 世纪英国的莫尔和 17 世纪意大利的康帕内拉，18 世纪法国的摩莱里和马布利，19 世纪法国的圣西门、傅立叶和英国的欧文为代表的社会主义者。他们在一定程度上克服了以往社会主义学说的某些缺点，把理论建立在对资本主义制度的批判上，明确把自己的理论与资本主义制度和资产阶级理论对立起来。他们的局限性在于：第一，他们不是作为当时已经历史地产生了的无产阶级利益的代表，而是把自己看成整个社会的代表；不是首先要解放某一个阶级，而是要通过“和平途径”立即解放全人类。第二，他们接受了启蒙学者关于理性支配世界的观点，试图建立“理性和永恒正义的王国”；第三，他们认为合乎理性和正义的王国的建立，要依靠个别的天才人物；而天才人物的出现并不是历史发展进程所必然产生的，而纯粹是一种侥幸的偶然现象。这些理论局限性导致其社会主义必然是空想的。因此，恩格斯得出结论说：“为了使社会主义变为科学，就必须首先把它置于现实的基础之上。”[①]而要做到这一点，就必须确立科学的世界观和方法论。

恩格斯阐述了辩证法和形而上学两种世界观的根本对立，说明唯物辩证法的创立使社会主义从空想到科学成为可能。恩格斯回顾了西方哲学发展史，概述了从古希腊哲学、18 世纪法国哲学到黑格尔哲学发展的历史进程，说明唯物辩证法产生的必然性及其与形而上学对立的实质。辩证法的第一个历史形态是古代辩证法，是由古希腊哲学家赫拉克里特最先明确表述出来，由亚里士多德丰富和发展的，是一种“原始

① 《马克思恩格斯文集》第 9 卷，人民出版社 2009 年版，第 22 页。

的、朴素的，但实质上正确的世界观”。到了15世纪下半叶，分门别类的研究是当时认识自然界方面取得巨大进展的基本条件；同时也给人们留下一种习惯，即孤立、静止、片面地认识事物，这就形成形而上学的思维方式。随着经验自然科学积累了大量的实证材料，需要将这些材料加以系统化，找出各个领域的内在联系的时候，由此，从联系和发展方面认识事物的辩证法便产生了，黑格尔的最大功绩就是恢复了辩证法这一最高的思维形式。但是，由于黑格尔受到知识和时代条件的多种限制，特别是受到唯心主义的限制，认为事物及其发展只是在世界出现以前已经在某个地方存在着的“绝对观念”的反映，这样一切都被头足倒置了，世界的现实联系完全被颠倒了，使之思想作为体系来说“是一次巨大的流产”。一旦了解到以往德国唯心主义是完全荒谬的，那就必然导致唯物主义。当然，这并不是导致18世纪形而上学的、机械的唯物主义，而是辩证唯物主义。

恩格斯论述了现代唯物主义产生的历史条件、主要任务、基本观点和伟大意义。现代唯物主义的创立不是主观构思的结果，而是无产阶级和资产阶级进行阶级斗争的理论表现。其主要任务就在于发现人类社会发展过程的一般运动规律。其基本观点为：以往的全部历史都是阶级斗争的历史；生产关系和交换关系是阶级产生的基础，也是阶级斗争不可调和的原因，阶级斗争是基于物质利益根本对立的两个阶级之间的斗争；每一时代的社会经济结构形成社会的现实基础，每一个历史时期由法的设施和政治设施以及宗教、哲学和其他观念形式所构成的全部上层建筑，归根到底都应由这个基础来说明。现代唯物主义产生的伟大意义在于：首先，唯物史观的创立使唯心主义从它的最后的避难所中，即从历史观中被驱逐出去了。其次，唯物史观的创立表明人们找到了研究社会历史的正确途径，即用人们的存在说明他们的意识，而不是像以往那样用人们的意识说明他们的存在。

恩格斯在回顾西方哲学发展的过程中，特别注意探讨辩证法和形而上学各自的特点，指出了辩证法的科学性和形而上学的局限性，说明辩证法和形而上学是两种根本对立的思维方式。恩格斯认为，应该承认，形而上学作为一种方法，在认识史的一定阶段上是起过进步作用的；在相当广泛的、各依对象的性质而大小不同的领域中是合理的，甚至是必要的。但是，与辩证法相比它又有很大的局限性。形而上学主张孤立、静止、片面地看事物，辩证法主张联系、发展、全面地看事物；形而上学否认事物的矛盾性即对立的统一，在绝对不相容的对立中思维；辩证法肯定事物的内部矛盾性，承认事物是对立面的统一，因而在对立统一中思维。这是辩证法和形而上学两种世界观和方法论对立的表现及其实质。

恩格斯指出，唯物史观和剩余价值学说两个伟大发现，使社会主义由空想到科学成为现实。他认为，用唯物史观为指导去研究资本主义社会的基本矛盾，揭露资本主义生产方式的内在秘密，便创立了剩余价值学说。剩余价值学说证明，资产阶级和无产阶级的关系是一种剥削与被剥削的关系，其矛盾是不可调和的对抗性矛盾。因此，要解决这个矛盾，必须用革命的手段，依靠无产阶级自身的力量，打破资本主义生产方式，建立理想的社会主义社会。因此，恩格斯说："这两个伟大的发现——唯物主义历史观和通过剩余价值揭开资本主义生产的秘密，都应当归功于马克思。由于这两个发现，社会主义变成了科学。"①

（二）唯物主义反映论

分析了杜林陷入唯心主义的认识论根源，论述了唯物主义反映论的基本思想。恩格斯在文章一开始便引用杜林的《哲学教程》中的一段话，来介绍杜林哲学的基本观点。杜林认为，"哲学是对世界和生活的

① 《马克思恩格斯文集》第9卷，人民出版社2009年版，第30页。

意识的最高形式的阐发，在更广的意义上说，还包括一切知识和意愿的原则”[①]。这些原则作为构成各种各样知识和意愿的简单成分，如同化学元素组成各种各样的化合物一样；这些终极的成分和原则一旦被发现，就不仅对于直接知道和接触的东西，而且对于我们不知道和接触不到的世界也都有意义。很显然，杜林主张原则在先，原则是先于客观事物而存在的，原则构成现实世界。这是一种唯心主义先验论的观点。

恩格斯对杜林“原则在先”的错误观点提出了尖锐的批评。他说：“原则不是研究的出发点，而是它的最终结果；这些原则不是被应用于自然界和人类历史，而是从它们中抽象出来的；不是自然界和人类去适应原则，而是原则只有在符合自然界和历史的情况下才是正确的。这是对事物的唯一唯物主义的观点，而杜林先生的相反的观点是唯心主义的，它把事物完全头足倒置了，从思想中，从世界形成之前就久远地存在于某个地方的模式、方案或范畴中，来构造现实世界，这完全像一个叫做黑格尔的人的做法。”[②] 恩格斯在这段精辟的论述中，不仅深刻揭露了杜林的唯心主义先验论实质，而且阐述了哲学原则与外部世界的关系。

恩格斯认为，杜林没有历史地、辩证地考察意识、思维的产生和发展，而是完全自然主义地把意识、思维当作某种现成的东西，当作一开始就和存在、自然界相对立的东西，结果就不可能正确理解意识和自然、思维和存在、思维规律和自然规律的关系，就必然陷入唯心主义的先验论。恩格斯通过对意识、思维与外部世界的关系的考察，提出关于意识的本质的基本观点。他说：“如果进一步问：究竟什么是思维和意识，它们是从哪里来的，那么就会发现，它们都是人脑的产物，而人本身是自然界的产物，是在自己所处的环境中并且和这个环境一起发展起

---

① 《马克思恩格斯选集》第 3 卷，人民出版社 1995 年版，第 373 页。

② 《马克思恩格斯文集》第 9 卷，人民出版社 2009 年版，第 38 页。

来的；这里不言而喻，归根到底也是自然界产物的人脑的产物，并不同自然界的其他联系相矛盾，而是相适应的。”[①] 意识是自然界长期发展的产物，是人脑的机能，是对客观存在的反映，这个结论已经被科学研究成果所证实。另外，恩格斯指出，杜林把全部现实的基础从现实世界搬到思想世界，“还有另一种动机”，即建立一个凌驾于具体科学之上的终极真理体系，这就必然陷入唯心主义。“这是荒唐的想法，是纯粹的胡说”，恩格斯揭示了人类认识过程的有限性与无限性的辩证法：一方面，要毫无遗漏地从所有的联系中去认识世界体系；另一方面，无论是从人们的本性或世界体系的本性来说，这个任务是永远不能完成的。这个矛盾是推动所有智力进步的主要杠杆，它在人类认识无限的前进发展中一天天不断得到解决。

（三）世界的统一性在于其物质性

恩格斯揭露杜林在世界统一性问题上的唯心主义和折中主义错误，提出世界的真正统一性在于它的物质性的观点。杜林主张世界是统一存在的，这是由“我们的统一思想”来完成的。因为，一切思维的本质都在于把事物综合为一个统一体，所以，存在一旦被思考就成为统一的东西，现实的世界也就成为不可分割的统一体。恩格斯指出，这个观点是完全错误的。其一，思维既有综合能力，也有分析能力，而且“没有分析就没有综合”，二者是相辅相成的。其二，思维只能把客观上本来就是统一的东西综合为一个统一体；如果把鞋刷子综合在哺乳动物的统一体中，它也决不会因此而长出乳腺来。因此，杜林企图以思维和存在的同一性去证明任何思维产物的现实性，这正是一个叫作黑格尔的人所说的最荒唐的“热昏的胡话”之一。

恩格斯从正面阐述了世界统一性的原理。他指出：“世界的真正的

① 《马克思恩格斯文集》第9卷，人民出版社2009年版，第38—39页。

统一性在于它的物质性，而这种物质性不是由魔术师的三两句话所证明的，而是由哲学和自然科学的长期的和持续的发展所证明的。”① 这段话既回答了世界统一于什么的问题，也回答了如何证明世界统一性的问题。世界的统一性也就是世界的本源的问题是一个古老而带有根本性的问题，哲学家们正是基于对这个问题的不同回答而划分成唯物主义和唯心主义两大派别。恩格斯提出的“世界的真正统一性在于它的物质性”的命题，是辩证唯物主义关于世界统一性原理的经典表述；而这个原理需要由“哲学和自然科学的长期的和持续的发展所证明”的观点，则体现了唯物论和辩证法的统一。

恩格斯针对杜林关于没有矛盾的无限性的谬论，提出无限性时空是物质存在的基本形式，论证了有限和无限的辩证法。针对杜林把物质的存在与时间、空间割裂开来的错误观点，论证了时间和空间是物质存在的基本形式。针对杜林把物质和运动分裂，设想出物质绝对不动的状态的思想，论述了唯物主义的运动观，认为运动是物质的存在方式。无论何时何地，都没有也不可能有没有运动的物质。物质和运动不可分。更重要的是，恩格斯根据当时自然科学的研究成就，将运动形式概括为四种：机械运动、物理运动、化学运动和生命运动。认为在每一种基本的运动形式中，又包含着许多具体的运动形式。这些运动形式之间既有区别又有联系，并且在一定条件下可以相互转化。

总之，恩格斯所阐述的关于世界的统一性在于它的物质性，时间和空间是物质存在的基本形式，运动是物质的存在方式等原理，构成辩证唯物主义的科学物质观，它是马克思主义哲学的基础。

（四）生命是蛋白体的存在方式

恩格斯批判杜林在生物进化和生命本质问题上的唯心主义观点，深

---

① 《马克思恩格斯文集》第 9 卷，人民出版社 2009 年版，第 47 页。

刻揭示了生命运动的本质，阐述了质变在生命进化过程中的重要意义。杜林认为，自然界由无机界向有机界转化是一个渐进的过程，只有量的积累，没有质的飞跃。恩格斯批判了这种庸俗进化论的观点，阐述了辩证唯物主义关于运动形式的转化总是通过飞跃实现的思想。恩格斯指出："尽管会有种种渐进性，但是从一种运动形式转变到另一种运动形式，总是一种飞跃，一种决定性的转折。"① 从天体力学转变到个别天体上较小物体的力学，从物体力学转变到分子力学，从分子物理学转变到原子物理学，从普通的化学作用转变到我们称之为生命的蛋白质的化学机理，都经历了这样的过程。

恩格斯批判了杜林在生命起源和生命本质上的形而上学观点，提出科学的生命定义。杜林虽然对生物学一无所知，却主观臆造了一套名词，否定了生命运动的特殊性。恩格斯指出，一切有机体，除了最低级的以外，都是由细胞构成的。"生命是蛋白体的存在方式，这种存在方式本质上就在于这些蛋白体的化学成分的不断的自我更新。"② 无论在什么地方，只要我们遇到生命，就会发现生命是和某种蛋白体相联系的，而且无论在什么地方，只要我们遇到不处于分解过程中的蛋白体，也无一例外地发现生命现象。蛋白体从自己周围摄取有用的物质，即同化；排泄掉体内比较老的部分，即分散；蛋白体这种同化和分解的过程一旦停止，蛋白体本身就立即停止生存。因此，蛋白体的存在方式，首先是在于：蛋白体在每一瞬间既是它自身，同时又是别的东西。这种情况不是像在无生命物体那里所发生的情况那样，是由某种从外面造成的过程所引起的。相反，生命，即通过摄食和排泄来实现的新陈代谢，是一种自我完成的过程，这种过程是蛋白质所固有的、生来就具备的。从蛋白质的这种主要机能中，可以导出所有其他最简单的生命要素：刺激

① 《马克思恩格斯文集》第9卷，人民出版社2009年版，第71页。
② 《马克思恩格斯文集》第9卷，人民出版社2009年版，第86页。

感应性——它已经包含在蛋白质和它的养料的相互作用中；收缩性——它已经在非常低级的阶段上表现于食物的吸取中；成长的能力——它在最低级的阶段上包含通过分裂的繁殖；内在的运动——没有这种运动，养料的吸取和同化都是不可能的。这个定义，揭示了生命的本质和基本特征，既反对了在生命问题上的神秘主义，又批判了形而上学观点。

恩格斯专门指出，我们的生命定义当然是很不充分的，因为它远没有包括一切生命现象，而只是限于最一般的和最简单的生命现象。在科学上，一切定义都只有微小的价值。要想真正详尽地知道什么是生命，我们就必须探究生命的一切表现形式，从最低级的直到最高级的。可是对日常的应用来说，这样的定义是非常适用的，在有些地方简直是不能缺少的；只要我们不忘记它们的不可避免的缺点，它们也没有什么害处。

（五）真理观

恩格斯揭露杜林社会历史观上的唯心主义观点，阐述马克思主义真理观。杜林关于道德和真理的看法大体可归结为两点：一是道德原则是永恒的。道德原则和数学的认识一样是永久适用和普遍有效的，是超历史的、超民族的、超阶级的。二是真正的真理是根本不变的。因为真正的真理是不受一切时间、地点和条件的限制的。为了论证这两个看法，杜林极力宣传“思维的至上性”观点。

针对杜林的观点，恩格斯着重阐明了三个问题。

第一，针对杜林片面夸大思维能力的至上性，否认思维能力的非至上性的观点，恩格斯提出并科学论证了思维能力的至上性与非至上性的辩证关系。所谓思维的至上性，是指思维能力的无条件性、无限性和绝对性。与此相联系，就意味着承认思维产物具有无条件的真理权。所谓思维的非至上性，是指思维能力的有条件性、有限性和相对性。与此相联系，就意味着否认思维产物具有无条件的真理权。那么，人的思维是至上的吗？恩格斯说："一方面，人的思维的性质必然被看做是绝对的，另一方面，人的思维又是在完全有限地思维着的个人中实现的。这个矛盾只有在无限的前进过程中，在至少对我们来说实际上是无止境的人类世代更迭中才能得到解决。从这个意义来说，人的思维是至上的，同样又是不至上的，它的认识能力是无限的，同样又是有限的。按它的本性、使命、可能和历史的终极目的来说，是至上的和无限的；按它的个别实现情况和每次的现实来说，又是不至上的和有限的。"① 从认识能力来说，世代延续的人类整体的认识能力是无限的，思维是至上的；每个具体个人的认识能力是有限的，思维是非至上的。从认识的结果看，整个人类认识的结果是无条件的、绝对的和至上的；每个具体个人认识的结果是有条件的、相对的和非至上的。人类思维与具体个人的思维不能截然分开。人类思维通过个人思维表现出来，绝对的认识寓于相对的认识之中。所以，思维的至上性和非至上性的矛盾，实质上是认识的无限性和有限性、真理性的绝对性和相对性的矛盾。这一矛盾只能通过人类生活的无限延续才能得到解决。

第二，针对杜林"真正的真理是根本不变的"的观点，论述了真理的条件性和相对性。恩格斯指出，杜林在小事情上玩弄大字眼，把人们一切认识成果都说成"永恒成果"，把一些极简单的事实当作永恒真理，那是没有任何意义的；它只能把永恒真理、绝对真理庸俗化，而绝不能使人的认识向前发展。恩格斯考察了非生物界、活的有机体界和历史科学三大研究领域，概述了对三大领域科学认识发展的状况，说明在这些领域中所获得的知识本质上都是相对的，决不是什么"永恒真理"或"最后的、终极的真理"；真理性的认识是一个在社会实践基础上不断发展的过程，是一个从相对真理走向绝对真理的过程。因此，谁要在这里

① 《马克思恩格斯文集》第9卷，人民出版社2009年版，第92页。

猎取最后的终极的真理，猎取真正的、根本不变的真理，那么他是不会有什么收获的。

第三，针对杜林把真理和谬误绝对对立的观点，阐述了真理和谬误的对立统一关系。恩格斯指出，在特定的范围内，真理就是真理，谬误就是谬误，二者之间存在着原则界限和本质区别，是不容混淆的。但是，二者的对立并不是绝对的、无条件的。“真理和谬误，正如一切在两极对立中运动的逻辑范畴一样，只是在非常有限的领域内才具有绝对的意义……只要我们在上面指出的狭窄的领域之外应用真理和谬误的对立，这种对立就变成相对的，……如果我们企图在这一领域之外把这种对立当做绝对有效的东西来应用，那我们就会完全遭到失败”①。离开特定的范围，真理和谬误这对立的两极都会向自己的对立面转化，真理变成谬误，谬误变成真理。恩格斯列举了著名的波义耳定律来证明自己的观点，说明每一个真理性的认识中所包含的需要改善的东西，无例外地总是要比不需要改善的或正确的东西多得多。

恩格斯以道德的产生、发展为例，说明不存在永恒不变的道德。恩格斯指出，道德是特定历史阶段的产物，随着历史的发展变化而发展变化。现代社会的三个阶级即封建贵族、资产阶级和无产阶级，都各有自己的特殊道德，这只能说明道德观念是由社会的经济基础决定的，在阶级社会具有阶级性。“我们由此只能得出这样的结论：人们自觉地或不自觉地，归根到底总是从他们阶级地位所依据的实际关系中——从他们进行生产和交换的经济关系中，获得自己的伦理观念”②。既然道德是由社会经济基础决定的，并随着经济基础的变化而发生变化，那么，不同的时代便有不同的道德；在阶级社会，不同的阶级也有各自的道德。社会直到现在是在阶级对立中运动的，所以道德始终是阶级的道德；它

① 《马克思恩格斯文集》第9卷，人民出版社2009年版，第96页。

② 《马克思恩格斯文集》第9卷，人民出版社2009年版，第99页。

或者为统治阶级的统治和利益辩护，或者当被压迫阶级变得足够强大时，代表被压迫者对这个统治的反抗和他们的未来利益。在人类历史发展的进程中，道德总的说来是有进步的。但是从奴隶社会以来，道德还始终没有超出阶级的道德。“只有在不仅消灭了阶级对立，而且在实际生活中也忘却了这种对立的社会发展阶段上，超越阶级对立和超越对这种对立的回忆的、真正人的道德才成为可能。”[①] 就是说，只有彻底消灭私有制，铲除阶级对立的经济基础，并且在人们思想上也消灭阶级和阶级对立的一切影响和传统观念，实现共产主义社会，才会出现真正人的道德。

（六）平等的观念是一种历史的产物

恩格斯批判杜林超历史、超阶级的“绝对平等”论，阐述了马克思主义平等观。杜林认为，社会分解为最简单的要素，是两个意志彼此完全平等的人，而且一方不能一开始就向另一方提出任何肯定的要求。这样道德上的正义的基本形式就被表述出来了。恩格斯指出，两个人或两个人的意志就其本身而言是彼此完全平等的，这不仅不是公理，而且甚至是过度的夸张。因为，两个人在性别上可能就是不平等的。如果暂时接受杜林的童稚之见，社会最简单的要素不是两个男人，而是一个男人和一个女人，他们建立了家庭，即以生产为目的的社会结合的最简单的和最初的形式。但是，这丝毫不合杜林的心意。一方面，必须使这两个社会奠基者尽可能地平等；另一方面，甚至杜林也不能从原始家庭构造出男女之间的在道德上和法上的平等地位。这样，二者必居其一：或者是杜林所说的通过自身繁衍而建立起整个社会的社会分子一开始就注定要灭亡，因为两个男人是永远不能生出小孩来的；或者是我们必须设想他们是两个家长。在这种情况下，十分简单的基本模式就转成自己的反

① 《马克思恩格斯文集》第9卷，人民出版社2009年版，第100页。

面：它不是证明人的平等，而最多只是证明家长的平等，而且因为妇女是不被理睬的，所以还证明妇女的从属地位。

恩格斯全面分析了杜林在“完全平等”问题上的“三大退却”，进一步说明，两个意志的完全平等，只是在这两个意志什么愿望也没有的时候才存在；一旦当它们不再是抽象的人的意志而转为现实的两个个人的意志的时候，平等就完结了。一方面是幼稚、疯狂、所谓的兽性、设想的迷信、硬说的偏见、假定的无能；另一方面是想象的人性、对真理和科学的洞察力。总之，两个意志以及与之相伴的智慧在质量上任何区别，都是为那种可以一直上升到压服的不平等辩护的。

恩格斯回顾了平等观念发展的历史过程。他指出，一切人，作为人来说，都有某些共同点，在这些共同点所及的范围内，他们是平等的。这样的观念是非常古老的。现代的平等要求是：一切人，或至少是一个国家的一切公民，或一个社会的一切成员，都应当有平等的政治地位和社会地位。而要得出这个结论必然要经过几千年的时间。在最古老的自然形成的公社中，最多只谈得上公社成员之间的平等权利，妇女、奴隶和外地人自然不在此列。在希腊人和罗马人那里，不平等的作用比任何平等要大得多。基督教只承认一切人的一种平等，即原罪的平等，这同它曾经作为奴隶和被压迫者的宗教的性质是完全适合的。资产阶级在自身发展的过程中，为了摆脱封建桎梏和消除各种政治特权，提出自由、平等的要求；这种要求随着社会经济的进步而迅速扩大其范围，获得普遍的、超出个别国家范围的性质，而自由和平等也很自然地被宣布为人权。这种人权的特殊资产阶级性质的典型表现是美国宪法：它最先承认了人权，同时确认了存在于美国的有色人种奴隶制，种族特权被神圣化。

伴随着资产阶级的成长，无产阶级也逐步成长起来，并提出了自己的平等观念。资产阶级的平等观念是消灭阶级特权，而无产阶级的平等观念是消灭阶级本身。特别是提出，平等不仅仅是表面的，不仅仅是在国家领域中实行，它应当是实际的，应当在社会的、经济的领域中实行。这种平等成了法国无产阶级所特有的战斗口号。无产阶级所提出的平等要求有双重意义。或者它是对明显的社会不平等，对富人和穷人之间、主人和奴隶之间、骄奢淫逸者和饥饿者之间的对立的自发反应；它作为这种自发反应，只是革命本能的表现，仅仅在这里找到自己被提出的理由。或者它是从对资产阶级平等要求的反应中产生的，它从这种平等要求中吸取了或多或少正当的、可以进一步发展的要求，成了用资本家本身的主张发动工人起来反对资本家的鼓动手段；在这种情况下，它是和资产阶级平等本身共存亡的。恩格斯强调，在上述两种情况下，无产阶级平等要求的实际内容都是消灭阶级的要求。任何超出这个范围的平等要求，都必然要流于荒谬。

恩格斯得出结论说："平等的观念，无论以资产阶级的形式出现，还是以无产阶级的形式出现，本身都是一种历史的产物，这一观念的形成，需要一定的历史条件，而这种历史条件本身又以长期的以往的历史为前提。所以，这样的平等观念说它是什么都行，就不能说它是永恒的真理。"[①]

（七）辩证法基本规律

形而上学作为一种思想方法贯穿杜林思想体系的各个部分。因此，恩格斯从世界观和方法论的高度，集中批判杜林的形而上学观点，驳斥他对马克思主义辩证法的歪曲和攻击，阐明唯物辩证法是关于自然界、人类社会和思维的运动和发展的普遍规律的科学。

第一，批判杜林否认事物矛盾的观点，论述事物发展的矛盾规律。杜林的形而上学集中表现在否定矛盾上，认为"矛盾"就是"背理"，

① 《马克思恩格斯文集》第9卷，人民出版社2009年版，第113页。

就是“荒谬”，矛盾“只能归属于思想组合，而不能归属于现实”。恩格斯指出，杜林“矛盾就是背理”的观点是常识，但是常识不等于科学。接着他运用举例的方法论证了矛盾的客观性和普遍性，如机械运动本身就是矛盾、生命就是矛盾、思维就是矛盾、数学充满矛盾等。他特别提出一个重要命题：“运动本身就是矛盾”。就是说，矛盾客观地存在于事物和过程本身之中，是一切运动、变化、发展的源泉；事物的运动都是由其内部所包含的矛盾引起的。把矛盾和运动联系在一起进行考察是很有意义的。因为只有坚持用运动变化的观点去观察事物，才能看到事物自身的运动；只有用矛盾的观点去观察运动，才能把运动看成是事物自身的运动。既然矛盾规律是事物的普遍规律，那么，矛盾分析方法就是研究一切事物发展过程必须应用的根本方法。只有深入分析事物的内在矛盾，才能真正把握事物的发展趋势。

第二，驳斥杜林对《资本论》的歪曲，阐述质量互变规律的客观性和普遍性。杜林攻击马克思的《资本论》，说其中关于货币转化为资本的理论是对黑格尔的质量互变观念的套用，甚至提出任何一种预付款项的量的增加都会变为资本这个混乱的模糊观念。恩格斯在批判杜林观点的过程中，着重阐述马克思主义的质量互变规律。他指出，马克思不是根据黑格尔量转化为质的规律才得出预付款项达到一定界限时就变为资本，恰恰相反，马克思说：“只有当价值额达到虽然因条件不同而有所不同但在每一个场合都是一定的最低限量时，它才能转化为资本——这一事实是黑格尔规律的正确性的证明。”[①] 这就是说，质量互变规律是客观的规律，不是单纯证明的工具。恩格斯又举出自然界和社会生活中大量事例，进一步说明质量互变规律的客观性和普遍性，并专门提出拿破仑也是质量转化规律的一个证人。恩格斯还论述了质量互变规律的基本内容，说明质量互变是由事物内部矛盾引起的，事物的运动变化呈现

---

① 《马克思恩格斯文集》第 9 卷，人民出版社 2009 年版，第 132 页。

出两种状态，一是量变，二是质变。首先是量变，由量变到质变，又由质变到新的量变，循环往复，以至无穷。发展是在量变基础上由旧质向新质的飞跃，是阶段性和连续性的统一。

第三，揭露杜林关于“辩证法的拐杖”的观点，系统说明否定之否定规律。杜林认为，马克思在《资本论》中所得出的关于资本主义必然被社会主义所代替、生产资料私有制必然被生产资料公有制所代替的结论，是依靠黑格尔否定之否定的“拐杖”。恩格斯指出：“当马克思把这一过程称为否定的否定时，他并没有想到要以此来证明这一过程是个历史地必然的过程。相反，他在历史地证明了这一过程一部分实际上已经实现，一部分还一定会实现以后，才又指出，这是一个按一定的辩证法规律完成的过程。”① 这再次说明，唯物辩证法是关于自然、人类社会和思维的运动和发展的普遍规律的科学，是科学的世界观和方法论，而不是单纯的证明工具。为了驳斥杜林的攻击，恩格斯举出大量事例论证否定之否定规律的客观性和普遍性，并得出结论说：“否定的否定究竟是什么呢？它是自然界、历史和思维的一个极其普遍的、因而极其广泛地起作用的、重要的发展规律；这一规律，正如我们已经看到的，在动物界和植物界中，在地质学、数学、历史和哲学中起着作用”②。恩格斯还阐明辩证否定观与形而上学否定观的对立，揭示辩证否定观的实质。在形而上学者看来，否定就是简单说“不”，或宣布某一事物不存在，或用任何一种方法把它“消灭”。辩证的否定观认为，否定是事物的自我否定，否定是发展的环节，否定是联系的环节。否定就是“扬弃”。事物经过两次否定、三个阶段，大体完成一个周期。在否定之否定阶段，重复肯定阶段的某些特征、特点，但这是在更高阶段上的重复。这表明，发展是一个由低级到高级的前进上升运动，是旧东西的灭

---

① 《马克思恩格斯文集》第9卷，人民出版社2009年版，第141页。
② 《马克思恩格斯文集》第9卷，人民出版社2009年版，第148页。

亡和新东西的产生；同时，发展又是一个螺旋式的曲线运动。前进性和曲折性的统一，上升性和回复性的统一，是事物发展的趋势和道路，是否定之否定规律揭示的主题。

三、当代启示和重要意义

今天我们重新学习和研究《反杜林论》，以其哲学思想为指导，去把握当代世界的发展大势，去思考社会主义现代化强国建设实践过程中出现的新情况、新问题，寻找应对的措施，探索解决问题的方案，提高哲学素养，增强解决实际问题的本领，有着重要的意义。

（一）思维方式的创新是实现理论创新的重要前提

恩格斯在“概论”篇全面回顾了社会主义发展的历史过程，分析了各种空想社会主义学派的局限性，说明科学社会主义产生的必然性。值得我们注意的是，正是在这一章里，恩格斯用了很大的篇幅来叙述辩证法和形而上学的对立，阐述唯物辩证法的产生的必然性和重大意义。恩格斯的这种做法决不是随意的。他在《社会主义从空想到科学的发展》1882年德文第一版序言中说：“科学社会主义本质上就是德国的产物，而且也只能产生在古典哲学还生气勃勃地保存着自觉的辩证法传统的国家，即在德国。唯物主义历史观及其在现代的无产阶级和资产阶级之间的阶级斗争上的特别应用，只有借助于辩证法才有可能。”① 在这里，恩格斯强调的是辩证法取代形而上学所实现的思维方式的创新在社会主义由空想到科学的发展进程中的重要作用。

当然，仅仅强调辩证法是不够的，唯心主义辩证法并不能解决社会历史的发展问题。辩证法只有和唯物主义结合起来成为唯物辩证法，才

① 《马克思恩格斯选集》第3卷，人民出版社1995年版，第691—692页。

能真正实现思维方式的创新。列宁说：马克思“离开黑格尔走向费尔巴哈，又进一步从费尔巴哈走向历史（和辩证）唯物主义”[①]。只有坚持运用唯物辩证法，才能够把社会历史看成有规律的发展过程，而不是偶然事件的堆积，才有可能去探讨社会发展的一般规律；只有坚持运用唯物辩证法，才能克服旧唯物主义的局限性，找到探索社会发展规律的途径。这也便是历史唯物主义的创立。

马克思、恩格斯之所以能够解决许多思想家想解决而没有能够解决的资本主义社会发展所面临的种种问题，能够使社会主义理论由空想变成科学，实现理论的创新，最根本、最关键的一点，在于思维方式的创新。没有思维方式的创新，就不可能正确分析资本主义社会的基本矛盾运动过程，就不可能科学认识无产阶级反对资产阶级的斗争，就不可能正确揭示人类社会发展的客观规律，就不可能创立科学社会主义的理论体系。

当前，我们正处在全面建设社会主义现代化强国的关键时期，实践当中出现许多新问题。要解决这些新问题必须要有理论创新、制度创新、科技创新，但最重要的要有思维方式的创新。可以说，能否实现思维方式上的创新，直接关系到中国式现代化建设事业的兴衰成败，关系到“两个一百年”奋斗目标的能否实现，关系到中华民族伟大复兴历史使命的能否完成。因此，我们在重新学习恩格斯的《反杜林论》时，应该认真去体会恩格斯关于思维方式创新的思想，尽快自觉地使自己的思维方式适应时代发展的需要，适应完成所肩负的历史使命的需要。

（二）立足现实基础探索中国特色社会主义发展道路

马克思主义三个组成部分是有机联系的统一整体。马克思主义哲学即辩证唯物主义和历史唯物主义，揭示了自然界、人类社会和思维运动

① 《列宁全集》第38卷，人民出版社1959年版，第386—387页。

的普遍规律，是建立在实践基础上的革命性和科学性高度统一的学说，是无产阶级及其政党的科学世界观和方法论体系，是整个马克思主义的理论基础。马克思主义政治经济学是研究资本主义社会以及共产主义社会生产关系的本质和运动规律的科学，是马克思主义理论最深刻、最全面、最详细的证明和运用，从而构成马克思主义的主要内容。科学社会主义则是以马克思主义哲学和政治经济学为理论依据，论证无产阶级解放斗争的性质、条件以及目的的学说，直接体现了无产阶级的利益和共产主义的理想，是整个马克思主义的核心。由此可见，科学社会主义不是从某种道德原则或人类理性出发而构建的理论体系，而是立足于现实社会基础、为解决当时社会面临的重大理论和实践问题而总结概括出来的。这也是科学社会主义与空想社会主义的主要区别之点。

今天，我们要坚持和发展科学社会主义理论，并在实践中应用科学社会主义理论指导我们的伟大事业，同样也要立足于当代中国的现实。所谓立足现实，就是要破除对“本本”的迷信，对外国教条的迷信，对已有经验的迷信，从中国的实践出发，探索适合中国实际情况的社会主义发展道路，不断丰富中国特色社会主义的实践特色、理论特色、民族特色和时代特色。所谓实践特色，是说中国特色社会主义不是马克思主义书本理论的再现，不是外国社会主义模式的照搬，不是改革开放前中国社会主义经验的硬套，而是中国共产党人带领中国人民正确把握当代世界的主题，从中国社会主义初级阶段的基本国情出发，抓住人民日益增长的美好生活需要和不平衡不充分的发展之间的矛盾，在解决改革开放过程中所面临的一系列重大理论和实践问题的过程中，不断回答中国之问、世界之问、人民之问、时代之问的过程中，总结、概括、丰富、发展起来的。所谓理论特色，就是要更加注重在实践基础上的理论创新。在科学世界观方法论的指导下，以改革开放和现代化建设的实际问题、以我们正在做的事情为中心，着眼于马克思主义理论的运用，着眼于对实际问题的理论思考，着眼于用发展着的马克思主义指导新的实践，在认识和解决重大社会实践问题的过程中，使中国特色社会主义在理论内容上，更加深刻地反映中国特色社会主义建设的规律；在理论体系上，更加全面、更加系统；在理论作用上，更加具有解释力、说服力、影响力和引导力；在理论形态上，更加保持旺盛的生命力，从而使中国特色社会主义在理论上日益获得新的升华。所谓民族特色，就是既要学习和借鉴人类创造的一切文明成果，又不能生吞活剥照搬照抄别国经验和模式；既要以开放的心态面向世界，虚心学习世界其他民族的长处，又要继承和发扬中华民族的优良传统，从祖国源远流长、博大精深的灿烂文化中汲取营养；大力培养民族自尊、民族自信、民族道德和民族精神，使中国特色社会主义理论日益契合中华民族优良传统，充分展示出绚丽多彩的民族色彩。所谓时代特色，就是要更加高扬时代主旋律，正视瞬息万变的世情、国情、党情，紧贴时代脉搏，顺应时代潮流，吸纳时代精华，使中国特色社会主义充满时代气息，以此来保证中国特色社会主义面对世界大调整、大变革、大发展的局面，能够不断汲取新鲜经验和理论素养而适应时代发展的要求，始终处于引领时代的先进状态。

恩格斯：《家庭、私有制和国家的起源》导读

《家庭、私有制和国家的起源》是一部以马克思主义哲学为指导，系统研究和阐述家庭、私有制和国家起源问题的经典著作。列宁曾经说：“我希望你们在研究国家问题的时候看看恩格斯的著作《家庭、私有制和国家的起源》。这是现代社会主义的基本著作之一，其中每一句话都是可以相信的，每一句话都不是凭空说的，而是根据大量的史料和政治材料写成的。”① 如果说恩格斯在《劳动在从猿到人的转变过程中的作用》一文中，科学地论证和阐述了人类起源的理论；那么，这部著作则运用大量当时最新发现的人类古代史的材料，科学地论证和阐述了家庭、私有制和国家起源的理论。这两部著作大体勾画出人类早期社会形成和发展的完整图画，初步揭开了人类社会发展的奥秘，回击了资产阶级思想家在国家起源问题上所制造的各种混乱，为马克思、恩格斯关于人类社会发展规律的学说奠定了坚实的史学基础。

一、历史背景和写作原因

恩格斯在第一版序言中明确指出，写作这部著作在某种程度上是执行马克思的遗言，即用唯物主义历史观研究所得出的结论来阐述摩尔根的研究成果，完成马克思的未竟之业。早在 19 世纪 40 年代，马克思、

① 《列宁选集》第 4 卷，人民出版社 1995 年版，第 26—27 页。

恩格斯就对原始社会史发生兴趣。在《德意志意识形态》中，他们就曾探讨过原始社会所有制结构与社会结构问题。1877 年，摩尔根的《古代社会》一书出版。他根据自己在美国印第安人部落长期调查研究所获得的大量第一手资料，论述了人类早期的婚姻、家庭和社会组织的情况，以自己的方式，“重新发现了 40 年前马克思所发现的唯物主义历史观，并且以此为指导，在把野蛮时代和文明时代加以对比的时候，在主要点上得出了与马克思相同的结果”①。马克思对这部著作十分重视，进行了认真的研究，写下了十分详细的摘要，作了重要的批注，并准备根据这些材料写一部关于原始社会的著作。可惜他未能完成自己的计划就与世长辞了。恩格斯在整理马克思的书籍和遗稿的过程中，发现了他 1880—1881 年间对摩尔根的《古代社会》一书所作的详细摘要、许多批语和论述和其他补充材料，确信摩尔根的《古代社会》一书证实了他们制定的唯物主义历史观和对原始社会的看法；当然，摩尔根的著作也存在着诸多不足之处。因此，恩格斯提出有必要利用马克思的批语和摩尔根著作中某些结论和实际材料，来写一部专门研究人类社会发展史的著作。

恩格斯的研究和写作同当时的革命斗争有着密切关系。从 19 世纪末到 20 世纪初，是世界资本主义相对和平发展的时期，也是自由资本主义向垄断资本主义过渡的时期。此时，资本主义制度内部所固有的各种矛盾日益暴露和尖锐化，无产阶级队伍不断壮大，组织程度不断提高，正在酝酿着一场新的革命风暴。特别是马克思主义在欧美各国得到广泛传播，并被广大工人阶级所接受。这种情况引起一些资产阶级思想家的恐慌，他们利用当时人们对原始社会史方面材料不足、研究不够的情况，散布各种错误理论，在私有财产制度、婚姻家庭形式、国家起源等问题上制造混乱，力图推翻马克思主义关于人类社会发展规律的科学

① 《马克思恩格斯文集》第 4 卷，人民出版社 2009 年版，第 15 页。

理论。因此，能否运用历史唯物主义观点来研究和说明人类原始社会发展过程中这些带有根本性的问题，成为历史唯物主义能否成为科学理论的关键，也成为当时能否赢得思想界理论界斗争胜利的关键。

恩格斯的研究和写作是为用唯物主义历史观研究古代社会，进一步揭示人类社会各个发展阶段共同遵循的基本规律。马克思晚年十分重视对古代社会史的研究，先后写出《科瓦列夫斯基〈公社土地占有制，其解体的原因、进程和结果〉一书摘要》《摩尔根〈古代社会〉一书摘要》《拉伯克〈文明的起源和人类原始状态〉一书摘要》等；恩格斯也十分关注原始社会史方面的问题，并对欧洲几个民族的早期社会作过系统深入的研究，先后撰写过《爱尔兰史》《论日尔曼人的古代历史》《法兰克时代》《马尔克》等著作和论文，对古代希腊和罗马的历史也进行过专门研究。摩尔根的《古代社会》一书，为恩格斯原始社会史的研究工作“提供了前所未有的事实根据”。因此，恩格斯充分利用摩尔根的发现，力图通过自己的研究来填补人类古代社会史研究的空白，阐明人类古代社会史的基本特征，揭示从原始社会到资本主义社会以及共产主义社会的发展规律，同时也用这些新的研究成果进一步阐明唯物主义历史观的普遍意义。

恩格斯的研究和写作也是为了回应当时思想界和学术界对家庭、私有制和国家等热点问题的研究。在马克思主义诞生以前，由于各种原因，有的学者否认原始社会是人类历史发展的一个阶段，是历史科学研究的对象；有的学者力图用“文明史”来代替全部人类历史，把阶级社会所特有的一些现象看成人类社会永恒存在的普遍现象。随着人们对印度、俄国、日耳曼、爱尔兰古代农村公社陆续有了新的发现，对原始社会史的研究取得许多重大成果，出版一系列重要著作，特别是《古代社会》一书，开辟了原始社会史研究的新时代。这些研究成果尽管极大地推动了原始社会史和婚姻家庭史的研究，但是其中存在着许多错误的观点和荒诞的传说。因此，用历史唯物主义的观点来研究和揭示人类史前史的任务，就责无旁贷地落到马克思主义创始人肩上。

由此可见，马克思和恩格斯在摩尔根的著作出版以前，就对原始社会及其历史进行过独立的研究，并提出过许多颇有价值的观点。《起源论》可以说是两位思想家近 40 年共同研究的理论结晶，是马克思主义发展史上一部十分重要的文献。

二、逻辑结构和主要内容

全书由两篇序言和九章正文构成。

《1884 年第一版序言》和《1891 年第四版序言》，主要说明写作该著作的目的和修改、补充、再版该著作的必要性。恩格斯科学评价了摩尔根的研究成果："摩尔根的伟大功绩，就在于他在主要特点上发现和恢复了我们成文史的这种史前的基础，并且在北美印第安人的血族团体中找到了一把解开希腊、罗马和德意志上古史上那些极为重要而至今尚未解决的哑谜的钥匙。"① 恩格斯系统阐述了马克思主义关于两种生产的理论，这是对历史唯物主义基本原理的极大丰富和发展。

第一章谈史前各文化阶段。包括蒙昧时代、野蛮时代两个部分，从总体上阐述原始社会各文化阶段及其基本特征。这里所讲的"文化"，是泛指人类所创造的物质文明成果和精神文明成果在内的整个社会发展状态。"史前各文化阶段"指原始社会发展的各个历史阶段。

第二章谈家庭。依据历史唯物主义的基本原理，着眼于家庭关系与社会经济发展的密切关系，把家庭关系作为一个历史范畴来加以考察，提出血缘家庭、普那路亚家庭、对偶制家庭、专偶制家庭四种主要家庭形式产生的原因、存在的条件和基本特点，系统研究了人类家庭的起源

① 《马克思恩格斯文集》第 4 卷，人民出版社 2009 年版，第 16 页。

和发展的历史。

第三章谈易洛魁人的氏族。针对资本主义学者用唯心主义虚构来歪曲人类原始社会史，以便为资本主义制度存在的合理性和永恒性做认证的做法，主要以北美印第安人部落易洛魁人氏族为例，全面揭示了氏族制度的产生、基本特征和主要职能，分析了私有制的产生和原始社会瓦解的过程，有力地驳斥了资产阶级的观点。

第四章谈希腊人的氏族。说明就社会发展阶段来说，希腊人的氏族已经站在文明时代的门槛上了，描述了国家产生之前父系氏族时期的社会状况和基本特点。

第五章谈雅典国家的产生。说明雅典国家是国家产生的典型形式，即它是氏族制度内部矛盾斗争的必然结果，而没有外来力量的干涉；探讨了国家机关代替氏族组织的一般进程，也揭示了国家机关与氏族组织之间的历史联系和本质区别。

第六章谈罗马的氏族和国家。分析了罗马氏族制度瓦解和国家形成过程的特点。

第七章谈凯尔特人和德意志人的氏族；第八章谈德意志人国家的形成。这两章通过分析凯尔特和德意志氏族制度瓦解的过程，说明氏族制度被国家所代替的必然性。

第九章谈野蛮时代和文明时代。是全书的理论总结，探讨人类社会从无阶级社会向阶级社会过渡的内在原因，阐述了社会三次大分工理论，揭示了国家产生、发展和消亡的规律，指出阶级社会向无阶级的高级社会发展的历史必然性。

阅读和学习这部著作要把握的基本内容有：

（一）物质资料生产和人口繁殖理论

马克思、恩格斯研究人类社会的历史是以“人”为出发点的，是以活生生的、有血有肉的、有着各种需要的“人”为出发点的。他们在早年合作撰写的《德意志意识形态》中就初步提出两种生产的观点，即生产决不单单是物质资料的生产，还有一种生产，即种的繁殖。他们说：“每日都在重新生产自己生命的人们开始生产另外一些人，即繁殖。这就是夫妻之间的关系，父母和子女之间的关系，也就是家庭。这种家庭起初是唯一的社会关系，后来，当需要的增长产生了新的社会关系而人口的增多又产生了新的需要的时候，这种家庭便成为从属的关系了。”① 可以说，两个生产理论构成马克思、恩格斯研究人类社会历史的基础，也是贯穿唯物主义历史观的主线。

恩格斯在《起源论》中，通过对新发现的人类古代史大量史料的充分研究，更加精练完整地概括出关于两种生产的理论。他说：“根据唯物主义观点，历史中的决定性因素，归根结底是直接生活的生产和再生产。但是，生产本身又有两种。一方面是生活资料即食物、衣服、住房以及为此所必需的工具的生产；另一方面是人自身的生产，即种的繁衍。”② 这就是说，人类社会的发展不仅仅是物质资料的生产，而且也是人口自身的生产；前者表现为物质资料的生产过程，后者表现为家庭发展的过程。物质资料的生产和人口的生产作为人类社会的两种基本生产过程，存在于人类社会发展的始终，构成人们从事生产活动的两种基本形式。物质资料的生产和人口的生产相互依赖、相互制约、相互作用，共同推动着人类社会的发展。当然，人们在进行两种生产的过程中，必须注意把握好两种生产发展的适当比例，否则会给人类社会的发展带来严重的社会后果。

恩格斯以唯物主义历史观为指导，以两种生产为主线，描绘出人类社会发展的图式。恩格斯指出，与物质资料的生产和人口的生产相适

---

① 《马克思恩格斯文集》第 1 卷，人民出版社 2009 年版，第 532 页。
② 《马克思恩格斯文集》第 4 卷，人民出版社 2009 年版，第 15—16 页。

应，一定历史时代和一定地区内的人们生活于其下的社会制度，也受到两种生产的制约：一方面受劳动发展阶段的制约，即受到生产力发展水平的制约；另一方面受家庭的发展阶段的制约。当然，在人类社会发展史上，两种生产对社会制度的制约作用并不是等量齐观。在人类社会早期，劳动越不发展，生产力水平越是低下，劳动产品的数量或者说是社会财富越受限制，社会制度就越在较大程度上受血族关系的支配。也恰恰是在以血缘关系为基础的社会结构中，随着生产力的提高，劳动生产率日益发展起来，出现了剩余产品；与此同时，私有制和交换的发展，促使人们的财产出现了多寡的差别，从而导致使用他人的劳动力成为可能。一些手中掌握大量财富的人便去奴役或剥削一些穷苦的人们，阶级对立作为新的社会成分也日益发展起来。这些新的社会成分在历史发展过程中竭力使旧的社会制度适应新的经济发展要求，直到两者的不相容性最后导致一个彻底的变革为止。以血缘团体为基础的旧社会，由于新形成的各社会阶级的冲突而被炸毁；代之而起的是组成为国家的新社会，而国家的阶层组织单位已经不是血族团体，而是地区团体了。在这种社会中，家庭制度完全受所有制的支配，阶级对立和阶级斗争从此自由开展起来，这种阶级对立和阶级斗争构成了直到今日的全部成文史的内容。由此可见，在人类社会发展进程中，人口生产的作用呈现出逐步减弱的态势；而物质资料的生产的作用则不断加强，最后完全取代了人口的生产，成为社会制度的决定因素。

恩格斯关于两种生产的理论，阐述了物质资料生产和人口生产的相互关系，揭示了二者在社会发展过程中的作用，极大地深化了对生产概念的理解，完善了人类社会发展史的内容，是对历史唯物主义基本原理的丰富和发展，也为研究家庭问题提供了理论基础。

（二）原始社会各文化阶段及其基本特征理论

恩格斯在开篇就肯定了摩尔根的研究成果。他说：“摩尔根是第一个具有专门知识而尝试给人类的史前史建立一个确定的系统的人；他所提出的分期法，在没有大量增加的资料要求作出改变以前，无疑依旧是有效的。”① 摩尔根把原始社会划分为三个时代：蒙昧时代、野蛮时代、文明时代。他研究的主要是前两个时代以及向第三个时代的过渡。他根据生产方式的进步，把这两个时代又分为低级阶段、中级阶段和高级阶段。蒙昧时代的低级阶段是人类的童年，人类以自然生长的果实、坚果、根为食物，有了音节清晰的语言；中级阶段从采用鱼类作为食物和使用火开始；高级阶段从弓箭的发明开始。野蛮时代的低级阶段从学会制陶术开始；中级阶段在东大陆是从驯养家畜开始，在西大陆是从靠灌溉之助栽培食用植物以及在建筑上使用土坯和石头开始；高级阶段是从铁矿石的冶炼开始，并由于拼音文字的发明及其应用于文献记录而过渡到文明时代。

恩格斯把摩尔根的分期概括为：蒙昧时代是以获取现成的天然产物为主的时期；人工产品主要是用作获取天然产物的辅助工具。野蛮时代是学会畜牧和农耕的时期，是学会靠人的活动来增加天然产物生产的方法的时期。文明时代是学会对天然产物进一步加工的时期，是真正的工业和艺术的时期。恩格斯充分利用摩尔根的研究成果，批判了资产阶级学者把“史前史”排除在人类历史之外的观点，肯定原始社会是人类社会发展的一个阶段，是人类社会生产方式的第一种类型，是全部人类历史发展的基础和出发点。

从恩格斯对人类史前史文化研究的表述可以得出以下重要结论：一是生产工具的发明和利用，在人类社会发展过程中起着重要作用，是人类社会发展的根本动力，也是人类社会发展史分期的重要标志；随着生产工具的发明和人类智力水平的提高，社会的发展是以加速度的方式前进的。二是地理环境对人类社会发展的作用与人类社会发展过程是成反

① 《马克思恩格斯文集》第4卷，人民出版社2009年版，第32页。

比的，就是说，越是在人类社会的早期，地理环境对人类社会发展的影响越大，而随着人类社会的进步，科学技术的发展，人的智力水平的提高，地理环境对人类社会的影响会越来越小。三是随着生产力的发展和分工的细化，社会生活出现许多新的领域，人们的生活状态从物质生活到精神生活日益丰富，人类社会呈现出由低级到高级发展的态势。

（三）人类家庭的起源及其发展理论

针对资产阶级把家庭关系看作是永恒的、固定不变的唯心主义和形而上学的观点，恩格斯依据历史唯物主义的基本原理，着眼于家庭关系与社会经济发展的密切关系，把家庭关系作为一个历史范畴来加以考察；他研究了人类家庭的起源和发展的历史，指出家庭是在人类社会一定发展阶段上产生的、以两性关系和血缘关系为基础的、受物质资料生产方式制约的人类生活的社会组织形式，阐述了马克思主义关于家庭的基本理论。

恩格斯指出，最初的人类是生活在原始人集团中，没有夫妻、父母、子女关系，也没有家庭。随着原始社会的发展，产生了家庭，并相继出现四种家庭形式：血缘家庭、普那路亚家庭、对偶制家庭和专偶制家庭。血缘家庭是人类历史上最早出现的一种家庭形式，它把婚姻关系限制在同辈人之间，严格禁止不同辈分的人通婚。普那路亚家庭在血缘家庭的基础上进一步排除了兄弟姊妹之间的通婚。这在一定意义上说是自然选择的结果，也是社会经济发展的必然要求。血缘家庭和普那路亚家庭都是群婚制，是与人类尚处于蒙昧时代的发展状况相适应的。对偶制家庭是群婚制向一夫一妻制过渡的婚姻家庭形式，表现为一男一女在或长或短的时期内很不牢固地结合。在这种家庭中，妇女居于支配地位，享有崇高的社会地位，相当于母权制的发展阶段。对偶婚制是与人类尚处于野蛮时代的发展状况相适应的。专偶制家庭“是在野蛮时代的中级阶段和高级阶段交替的时期从对偶制家庭中产生的；它的最后胜利乃是文明时代开始的标志之一”①。这种家庭形式完全受私有规律的支配，个体家庭已经成为社会的经济单位。

恩格斯揭示了专偶制家庭的本质、特点和内部矛盾，批判了资产阶级的婚姻家庭观念，指出资产阶级的家庭总是权衡利弊的婚姻，“妻子和普通娼妓的不同之处，只在于她不是像雇佣女工做计件工作那样出租自己的身体，而是把身体一次永远出卖为奴隶”②。只有推翻资本主义制度，建立社会主义制度，才能从根本上消除资产阶级家庭的一切丑恶现象，实现广大妇女的自由解放，才能建立起真正意义上的一夫一妻制家庭。

（四）氏族制度理论

针对资产阶级学者用唯心主义的虚构来歪曲人类原始社会史，以便为资本主义制度存在的合理性和永恒性做论证的企图，恩格斯以摩尔根发现的北美印第安人部落易洛魁人氏族为例，并运用已获得的古代希腊人、罗马人、克尔特人和德意志人氏族的大量历史材料，说明了原始社会的一般特点，分析私有制的产生和原始社会的瓦解过程，有力地驳斥了资产阶级的观点。

恩格斯肯定摩尔根发现氏族制度的意义。摩尔根证明，美洲印第安人部落内部用动物名称命名的血族团体，实质上是与希腊人的氏族、罗马人的氏族相同的。这个发现的重大意义在于：首先，证明了氏族制度的普遍性，说明它是全人类各民族所共同经历的一个历史发展阶段，驳斥了资产阶级学者的错误见解。其次，说明了希腊和罗马上古史中最困难的地方，澄清了一些史学家由于缺乏资料或主观偏见所造成的理论混

---

① 《马克思恩格斯文集》第 4 卷，人民出版社 2009 年版，第 73 页。
② 《马克思恩格斯文集》第 4 卷，人民出版社 2009 年版，第 84—85 页。

乱现象，“在北美印第安人的血族团体中找到了一把解开希腊、罗马和德意志上古史上那些极为重要而至今尚未解决的哑谜的钥匙”[①]。最后，阐明国家产生之前原始时代的基本社会制度就是氏族制度，氏族制度是当时社会普遍存在的基本制度；这就“在主要特点上发现和恢复了我们成文史的这种史前的基础”[②]。恩格斯指出，摩尔根关于氏族制度的发现，“至少与他根据亲属制度恢复原始家庭形式有着同等重要的意义”[③]。正是由于这两大发现，使摩尔根得以在原始社会史的研究方面开辟了一个时代。

恩格斯充分利用摩尔根所提供的丰富材料，进一步研究了氏族的本质、习俗和基本职能；分析了“这种十分单纯质朴的氏族”的“美妙”之处和局限性。易洛魁人社会制度的“美妙”之处：首先，这里没有国家机器。没有士兵、宪兵和警察，没有贵族、国王、总督、地方官和法官，没有监狱，没有诉讼，而一切都是有条有理的。一切争端和纠纷，都由当事人的全体即氏族或部落来解决，或者由各个氏族相互解决。其次，原始共产制的经济基础。家户经济是由一组家庭按照共产制共同经营的，土地是全部落的财产，仅有小小的园圃归家户经济暂时使用。最后，大家都是平等、自由的，包括妇女在内。没有奴隶，也没有奴役异族的事情。恩格斯强调：“在没有分化为不同的阶级以前，人类和人类社会就是如此。”[④]

恩格斯接着指出：“但我们不要忘记，这种组织是注定要灭亡的。”[⑤] 因为它有其自身无法克服的局限性：首先，氏族制度具有狭隘性。部落始终是人们的界限，无论对其他部落的人来说或者对他们自己

① 《马克思恩格斯文集》第 4 卷，人民出版社 2009 年版，第 16 页。
② 《马克思恩格斯文集》第 4 卷，人民出版社 2009 年版，第 16 页。
③ 《马克思恩格斯文集》第 4 卷，人民出版社 2009 年版，第 82 页。
④ 《马克思恩格斯文集》第 4 卷，人民出版社 2009 年版，第 112 页。
⑤ 《马克思恩格斯文集》第 4 卷，人民出版社 2009 年版，第 112 页。

来说都是如此：部落、氏族及其制度，都是神圣不可侵犯的，都是自然所赋予的最高权力，个人在感情、思想和行动上始终是无条件服从的。这就必然导致氏族社会缺乏创造的活力和进步的动力。其次，氏族制度具有封闭性。它没有超出部落的范围，而氏族或部落之间由于不受法律保护而没有明确的和平条约，使之经常发生战争，而这种战争的残酷性是其他动物所不能相比的。氏族制度对这种残酷的战争却无能为力，必然促使其灭亡。再次，氏族制度不能适应生产力进一步发展的需要。因为，全盛时期的氏族制度，"其前提是生产极不发展，因而广大地区内人口极度稀少；因此，人类差不多完全受着同他异己地对立着的、不可理解的外部大自然的支配"①。随着生产力的发展，产品逐渐有了剩余，便产生了占有和剥削他人劳动的可能性，氏族制度就不可避免地被打破，而且也确实被打破了。然而，打破氏族制度的并不是某种崇高的势力，"它是被那种使人感到从一开始就是一种退化，一种离开古代氏族社会的纯朴道德高峰的堕落的势力所打破的。最卑下的利益——无耻的贪欲、狂暴的享受、卑劣的名利欲、对公共财产的自私自利的掠夺——揭开了新的、文明的阶级社会；最卑鄙的手段——偷盗、强制、欺诈、背信——毁坏了古老的没有阶级的氏族社会，把它引向崩溃"②。在这里，恩格斯深刻地揭示了历史发展的辩证法：既赞赏了氏族制度的美妙，又说明其自身存在的局限性导致其必然灭亡；既批判了私有制和私有观念的罪恶，又肯定其在社会发展过程中产生的必然性和历史作用。最后，恩格斯揭露了文明时代的实质：在其整整 2500 系年的存在期间，只不过是一幅区区少数人靠牺牲被剥削和被压迫的大多数人而求得发展的图画罢了，而这种情形，在资本主义社会比从前更加厉害了。这就揭露出资本主义社会依然是私有制社会，是少数人剥削和奴役大多数人的

① 《马克思恩格斯文集》第 4 卷，人民出版社 2009 年版，第 112 页。

② 《马克思恩格斯文集》第 4 卷，人民出版社 2009 年版，第 113 页。

社会，戳穿了资产阶级思想家对资本主义制度的粉饰和维护。

（五）父系氏族社会瓦解和国家产生理论

恩格斯描述了希腊人氏族的概况，说明在史前时期，希腊人像美洲印第安人一样已经建立起氏族、胞族、部落等社会组织。但是，希腊人出现在历史舞台上的时候，已经站在文明时代的门槛上了；群婚的痕迹正开始显著地消失，母权制已经让位给父权制。这是正在产生的私有制在氏族制度上打开的第一个缺口。第二个缺口是第一个缺口的自然结果：由于在实行父权制以后，富有的女继承人的财产在她出嫁时应当归她的丈夫所有，从而归别的氏族所有，这样便摧毁了整个氏族制度的基础。因此，为了把少女的财产保留在氏族以内，不仅容许少女在氏族内出嫁，而且也规定要这样做。这就破坏了氏族实行外婚制的原则，对氏族制度打开第二个缺口。恩格斯进一步研究了希腊人胞族的主要职能，特别是研究了希腊人部落和“小民族”的权力机关，即议事会、人民大会、军事首长职能逐渐削弱的过程，说明人类社会发展至此时，必然出现这样一个机关，它不仅保障单个人新获得的财富不受氏族制度的共产制传统的侵犯，不仅使以前被轻视的私有财产神圣化，并宣布这种神圣化是整个人类社会的最高目的，而且还给相继发展起来的获得财产从而不断加速财富积累的新的形式，盖上社会普遍承认的印章；它不仅使正在开始的社会分裂为阶级的现象永久化，而且使有产者阶级剥削无产者阶级的权力以及前者对后者的统治永久化。这个机关就是国家。

恩格斯肯定雅典国家是国家产生的典型形式，即它是氏族制度内部矛盾斗争的必然结果，而没有外来力量的干涉。恩格斯说：“国家怎样靠部分地改造氏族制度的机关，部分地用设置新机关来排挤掉它们，并且最后完全以真正的国家机关来取代它们而发展起来；与此同时，受这些国家机关支配的，因而也可以被用来反对人民的、武装的‘公共权力’，又怎样代替了氏族、胞族和部落中自己保卫自己的、真正的‘武装的人民’——关于这一切，至少是它的初始阶段，最好是从古雅典来加以研究。”[①] 这种凌驾于社会之上的武装的“公共权力”一旦确立，就标志着国家的正式产生。恩格斯这段话，既概括了国家机关代替氏族组织的一般进程，也揭示了国家机关与氏族组织之间的历史联系和本质区别。

恩格斯特别强调研究国家产生问题的方法论原则。这就是要坚持唯物史观的基本立场、观点和方法，着重对国家产生问题进行经济根源方面的论证，用经济关系的变化来说明国家上层建筑的变革。只有这样，才能真正揭示国家产生的根源及其本质，才是认识国家问题的唯一科学方法。恩格斯正是运用这样一种科学的研究方法，考察了发生在雅典的三次著名改革：提修斯改革、梭伦改革和克利斯提尼改革，分析其改革的社会条件，说明其改革的内容，说明每一次改革在氏族制度瓦解和国家形成过程中的作用。

（六）人类社会三次大分工理论

恩格斯概括说明人类社会由野蛮时代过渡到文明时代的一般经济条件，重点阐明三次社会大分工及其后果。

第一次社会大分工是游牧部落从其余的野蛮人群中分离出来，即畜牧业与原始农业开始脱离，成为一个主要劳动部门。随着第一次社会大分工的实现，促使交换的经常化和商品货币的出现，牲畜由于其自身的特点，不仅成为财富的标志，而且获得了货币的职能，从而刺激了人们对商品货币的需求愿望；第一次社会大分工也产生了第一次社会大分裂，出现主人和奴隶、剥削者和被剥削者两个阶级；随着畜群和其他新财富的出现，在家庭中也发生了革命，男子成了一切财富的主人，原先

① 《马克思恩格斯文集》第 4 卷，人民出版社 2009 年版，第 126 页。

女人享有崇高地位的家庭关系完全颠倒过来。母权制让位于父权制，对偶婚制逐步过渡到专偶婚制。这样，在古代氏族制度中就出现了一个裂口：个体家庭已经成为一种力量，并且以威胁的姿态起来与氏族对抗了。

第二次社会大分工是手工业和农业的分离。随着第二次社会大分工的实现，出现了直接以交换为目的的生产，即商品生产；随着商品交换范围迅速扩大，贵金属开始成为占优势的和普遍性的货币商品；奴隶制进一步发展，阶级分化日益加剧，除了自由民和奴隶的差别外，又出现了富人和穷人的差别；共同耕地逐渐变成私人财产，个体家庭开始成为社会的经济单位；酋长和军事首长由同一家庭选举制逐渐变为世袭制，世袭王权和世袭贵族的基础奠定下来了；氏族制度开始转化为自己的对立物，出现了一个独立的统治和压迫机关。这时，人类已经走到文明时代的门槛了，私有制、阶级和国家的确立都成为不可避免的事情了。

第三次社会大分工是文明时代所特有的、有决定性意义的一次分工：它创造了一个不再从事生产而只从事产品交换的阶级——商人。商人根本不参与生产，但完全夺取了生产的领导权，并在经济上使生产者服从自己；它成了每两个生产者之间的不可缺少的中间人，并对他们双方都进行剥削。在可以使生产者免除交换的辛劳和风险，可以使他们的产品的销路扩展到遥远的市场，而自己因此就成为居民当中最有用的阶级的借口下，一个寄生阶级，真正的社会寄生虫阶级形成了，它从国内和国外的生产上榨取油水，作为对自己的非常有限的实际贡献的报酬，它很快就获得了大量的财富和相应的社会影响；正因为如此，它在文明时期便取得了越来越荣誉的地位和对生产的越来越大的统治权，直到它自己也生产出自己的产品——周期性的商业危机为止。至此，一个更高的、凌驾于各种力量之上的权力就要登上历史舞台。

（七）国家的起源、特征、本质及其消亡的必然性理论

恩格斯通过对雅典国家、罗马国家、德意志国家三种主要形式研

究，提出了国家起源的一般理论。他指出，国家决不是从外部强加于社会的一种力量，国家是社会在一定发展阶段上的产物；国家是承认：这个社会陷入了不可解决的自我矛盾，分裂为不可调和的对立面而又无力摆脱这些对立面。而为了使这些对立面，这些经济利益互相冲突的阶级，不至于在无谓的斗争中把自己和社会消灭，就需要有一种表面上凌驾于社会之上的力量，这种力量应当缓和冲突，把冲突保持在“秩序”的范围以内；这种从社会中产生但又自居于社会之上并且日益同社会相异化的力量，就是国家。

恩格斯把国家机构与氏族组织进行比较研究，提出国家几个基本特征：一是按地区来划分它的国民，这是一切国家所共有的特征。二是公共权力的设立，拥有代替居民自动武装的特殊的武装队伍，即常备军、宪兵、警察等，以及物质附属物，如监狱、法庭等各种强制机关。三是公民要缴纳的捐税，这是维持公共权力所必需的。四是有一支掌握着公共权力和征税权的专门的官吏队伍，他们作为同社会相异化的力量的代表，必须用特别的法律来取得尊敬，凭借这种法律，他们享有了特殊神圣和不可侵犯的地位。

恩格斯指出：“由于国家是从控制阶级对立的需要中产生的，由于它同时又是在这些阶级的冲突中产生的，所以，它照例是最强大的、在经济上占统治地位的阶级的国家，这个阶级借助于国家而在政治上也成为占统治地位的阶级，因而获得了镇压和剥削被压迫阶级的新手段。”①简言之，国家是经济上占统治地位的阶级用来镇压和剥削被压迫阶级的工具。

国家的产生就必然有灭亡。恩格斯说：“国家并不是从来就有的。曾经有过不需要国家，而且根本不知国家和国家权力为何物的社会。在经济发展到一定阶段而必然使社会分裂为阶级时，国家就由于这种分裂

① 《马克思恩格斯文集》第4卷，人民出版社2009年版，第191页。

而成为必要了。现在我们正在以迅速的步伐走向这样的生产发展阶段，在这个阶段上，这些阶级的存在不仅不再必要，而且成了生产的真正障碍。阶级不可避免地要消失，正如它们从前不可避免地产生一样。随着阶级的消失，国家也不可避免地要消失。在生产者自由平等的联合体的基础上按新方式来组织生产的社会，将把全部国家机器放到它应该去的地方，即放到古物陈列馆去，同纺车和青铜斧陈列在一起。”[①] 这段话说明，国家作为一种历史现象，不是从来就有的，也不会永恒存在下去；国家消亡和阶级消亡一样，都是历史发展的必然；国家消亡要求具备一定的社会条件，如生产力的高度发展，阶级的彻底消灭，社会结构是一种自由平等的联合体，社会经济活动是按照新的方式来组织的。

（八）“文明时代”为共产主义时代所代替的必然性理论

恩格斯阐述了文明时代的主要特征：一是商品生产得到充分的发展，完全改变了整个社会。不仅生产者丧失了对全部生产的支配权，商人也不能掌握这种支配权，生产及其产品都任凭偶然性摆布；但是，在这种偶然性的背后有着实现自身的内在的必然性和规律性，整个文明时期都在这些规律的支配之下，最后在周期性商业危机的风暴中显示着自己的作用。二是人的劳动力成了商品，因为人的劳动力能够提供大大超过维持生产者生存所需要的产品了，如果把人变成奴隶，人的劳动力也是可以交换和消费的，不管人们愿意不愿意。三是随着奴隶制的出现，就发生了社会分成剥削阶级和被剥削阶级的第一次大分裂，这种分裂继续存在于整个文明期，继之而来的是中世纪的农奴制和近代的雇佣劳动制，这是文明时代的三大时期所特有的三大奴役形式。四是经济上出现金属货币、货币资本、利息和高利贷，作为生产者之间的中间阶级的商人，土地私有制和抵押，奴隶劳动成为占统治地位的生产形式。五是出

① 《马克思恩格斯文集》第4卷，人民出版社2009年版，第193页。

现专偶制家庭形式，个体家庭成为社会经济单位。六是出现了国家，它在一切典型的时期毫无例外地都是统治阶级的国家，并且在一切场合其本质上都是镇压被压迫被剥削阶级的机器。

恩格斯揭露了文明时代的本质。由于文明时代的基础是一个阶级对另一个阶级的剥削，所以它的全部发展都是在经常的矛盾中进行的。生产的每一个进步，同时也就是被压迫阶级即大多数人的生活状况的一个退步；一个阶级的任何新的解放，必然是对另一个阶级的新的压迫。文明时代是用激起人们的最卑劣的冲动和情欲，并且以损害人们的其他一切禀赋为代价而使之变本加厉的办法来完成这些事情的。鄙俗的贪欲是文明时代从它存在的第一日起直至今日的起推动作用的灵魂；追求财富是文明时代唯一的、具有决定意义的目的。如果说在文明时代的怀抱中科学曾经日益发展，艺术高度繁荣的时期一再出现，那也不过是因为现代的一切积聚财富的成就不这样就不可能获得罢了。文明时代统治者的统治方法是伪善的，他们为了掩盖自己与社会的对立，想方设法把自己与整个社会等同起来，宣称凡对统治阶级好的，对整个社会也应该是好的；如果被剥削阶级不懂得这一点，甚至想要造反的话，那就是对行善的人即对剥削者的一种最卑劣的忘恩负义行为。

恩格斯说明共产主义时代取代文明时代的必然性。他在著作的最后引用了摩尔根的一段话作为结束语，说明两人在这个问题的认识上具有一致性。摩尔根说："自从进入文明时代以来，财富的增长是如此巨大，它的形式是如此繁多，它的用途是如此广泛，为了所有者的利益而对它进行的管理又是如此巧妙，以致这种财富对人民说来已经变成了一种无法控制的力量。人类的智慧在自己的创造物面前感到迷惘而不知所措了。然而，总有一天，人类的理智一定会强健到能够支配财富，一定会规定国家对它所保护的财产的关系，以及所有者的权利的范围。社会的利益绝对地高于个人的利益，必须使这两者处于一种公正而和谐的关系之中。只要进步仍将是未来的规律，像它对于过去那样，那么单纯追求财富就不是人类的最终的命运了。自从文明时代开始以来所经过的时间，只是人类已经经历过的生存时间的一小部分，只是人类将要经历的生存时间的一小部分。社会的瓦解，即将成为以财富为唯一的最终目的的那个历程的终结，因为这一历程包含着自我消灭的因素。管理上的民主，社会中的博爱，权利的平等，教育的普及，将揭开社会的下一个更高的阶段，经验、理智和科学正在不断向这个阶段努力。这将是古代氏族的自由、平等和博爱的复活，但却是在更高级形式上的复活。"①

恩格斯关于家庭、私有制和国家的起源的分析，无论是从哲学、史学、社会学还是从文学的角度来看，都是十分精彩的。整篇文章一气呵成，神采飞扬，材料翔实，分析透彻，令人信服，值得我们认真研读。

三、当代启示和重要意义

《起源论》可以说是内容博大精深，理论体系恢宏，今天读来依然可以从多个方面得到启发。

（一）科学理解国家的本质和功能

恩格斯在《起源论》中把国家问题作为重点，系统分析了国家的起源、实质、特征及其消亡。列宁曾经指出："我所以提到这部著作，是因为它在这方面提供了正确观察问题的方法。它从叙述历史开始"②。恩格斯从国家产生和存在的物质基础发展的必然性来提出问题和解决问题的。他使用的历史唯物主义的研究方法，从生产力和生产关系、经济基础和上层建筑的矛盾入手来分析社会发展的历史进程，最终揭示国家

① 《马克思恩格斯文集》第 4 卷，人民出版社 2009 年版，第 197—198 页。

② 《列宁选集》第 4 卷，人民出版社 1995 年版，第 27 页。

产生、发展和消亡的内在规律。同时，应该清醒认识到，国家消亡是一个相当长期的历史过程，是随着各项客观条件的成熟而实现的。这是一个新质因素的逐渐积累和旧质因素的逐渐减少、消失的过程。无产阶级取得革命胜利后当然要建立国家，同时要创造各种条件为国家的消亡做好准备。

恩格斯系统研究了国家的功能，明确指出国家的功能具有二重性：国家不仅是阶级斗争的暴力工具，同时也具有公共权力的职能。以前在谈到马克思主义的国家观时，我们往往过于强调阶级斗争的暴力工具这一方面，而对公共权力的研究和重视不够。近年来越来越多的学者从《起源论》中得到启示，结合当今世界发展的现实，冷战时代已经结束，和平、发展和合作、共赢成为时代的主题，认真研究国家职能的问题。党的二十大提出，我们的中心任务是全面建设社会主义现代化国家。在这一种社会条件下，国家的政治职能，是维护政治秩序和社会稳定，反对一切形式的分裂主义，维护祖国统一；包括依法打击极少数敌对势力、敌对分子的破坏和分裂活动、犯罪活动和健全社会主义民主制度两个方面；国家的经济职能主要是进行经济调节、市场监管、社会管理和公共服务。国家的文化职能，包括组织文化建设，确保社会主义经济建设的正确发展方向，为经济建设提供精神动力、智力支持和思想保证。社会公共服务职能，即为国家发展创造良好的社会环境和自然环境，包括搞好社会治安，保护公共财物，建立和健全社会保障制度，兴办公共工程，保护环境等。随着对国家职能的重新认识，政府职能也必须随之进行转变。因此，在全面建设社会主义现代化国家的过程中，特别是在制度设计过程中强调国家职能的全面运用和充分发挥，这对于深入把握马克思主义的国家观以及丰富和完善社会发展理论是十分重要的。

（二）正确处理物质生产和人口生产的关系

恩格斯在《起源论》的第一版序言中提出两种生产的理论。恩格斯指出："历史中的决定性因素，归根结底是直接生活的生产和再生产。但是，生产本身又有两种。一方面是生活资料即食物、衣服、住房以及为此所必需的工具的生产；另一方面是人自身的生产，即种的繁衍。一定历史时代和一定地区内的人们生活于其下的社会制度，受着两种生产的制约：一方面受劳动的发展阶段的制约，另一方面受家庭的发展阶段的制约。"[①] 这段话至少表达了三个意思。其一，两种生产是历史发展的最终决定性因素。这个观点与马克思、恩格斯关于"生产力是推动历史发展的决定性因素"的观点并不矛盾，而是可以相互说明的。因为生产力本身就是由物的因素和人的因素两方面构成的。其二，两种生产是指同一生产过程，即"直接生活的生产和再生产"过程的两个不同的方面，而并非说这是两种各自独立的、互不相干的生产。所以，当我们考察生产在历史发展进程中的决定性作用时，不能简单地抛开一种生产而去孤立地考察另一种生产。其三，两种生产相互依存，物质资料的生产发展离不开一定数量的人口，特别是直接从事物质资料生产的劳动者数量；同时，在人类社会发展的任何一个阶段，人口因素的增加或减少都是和生产力以及生产资料的生产交织在一起的，即人口生产规律及其对社会制度的作用，是受生产力发展水平制约的。应该说，恩格斯两个生产的理论完整表述了物质生产和人口生产在社会发展过程中的决定性作用，可以说是对唯物史观的重要补充和完善。

恩格斯关于两种生产的理论对于当前如何处理好物质生产和人口生产的关系问题具有重要的指导意义。我们必须充分认识到，物质生产对于社会的进步和发展无疑具有决定性作用，同时，我们也不可忽视人口生产对社会的制约作用。人是生产者，也是消费者，我们必须从这两个方面来制定人口政策。当前，随着我国经济社会的快速发展，人口方面出现许多新情况新问题，如生育率降低，年轻人不想、不愿、不敢生孩

① 《马克思恩格斯文集》第4卷，人民出版社2009年版，第15—16页。

子，人口素质反淘汰倾向，城市和农村都出现空巢化问题，未富先老现象加剧，大量失独家庭的存在等等，可以说人口因素已成为制约我国经济、社会持续稳定发展的重要因素之一。党的十九届五中全会通过的《中共中央关于制定国民经济和社会发展第十四个五年规划和二〇三五年远景目标的建议》中提出："实施积极应对人口老龄化国家战略。制定人口长期发展战略，优化生育政策，增强生育政策包容性，提高优生优育服务水平，发展普惠托育服务体系，降低生育、养育、教育成本，促进人口长期均衡发展，提高人口素质。"[①] 因此，我们必须从当代中国经济社会发展的实际出发，认真总结我国实行计划生育政策所取得的成功经验，积极借鉴国外在解决人口问题上所获得的文明成果，逐步完善我国的人口政策，适应我国人口总量和结构变动趋势，统筹解决好人口数量、素质、结构和分布问题，促进人口长期均衡发展。

① 《中国共产党第十九届中央委员会第五次全体会议文件汇编》，人民出版社2020年版，第60页。

恩格斯：《路德维希·费尔巴哈和德国古典哲学的终结》导读

《路德维希·费尔巴哈和德国古典哲学的终结》是一部马克思主义哲学经典著作。在这部著作中，恩格斯总结了马克思一生进行哲学研究所取得的思想成果，着重说明马克思主义哲学同它的先驱即德国古典哲学，特别是黑格尔哲学和费尔巴哈哲学的关系，揭示了马克思主义哲学的理论来源；系统阐述了马克思主义哲学的基本原理，特别是历史唯物主义的基本原理；并指出马克思主义哲学的创立是人类认识史上的伟大变革，为无产阶级革命提供了强大的思想武器。因此，这部著作在马克思主义哲学发展史上具有里程碑式的意义，是马克思、恩格斯阶段总结性的成果。因此，它受到许多马克思主义经典作家的高度评价。恩格斯本人就多次谈到这本书，认为在这部著作和《反杜林论》里“对历史唯物主义作了就我所知是目前最为详尽的阐述”①。列宁也曾指出：“这两部著作同《共产党宣言》一样，都是每个觉悟工人必读的书籍。”②

一、历史背景和写作原因

恩格斯在 1888 年单行本“序言”中从三个方面讲述了写作这部著作的背景和原因。

---

① 《马克思恩格斯文集》第 10 卷，人民出版社 2009 年版，第 593 页。

② 《列宁选集》第 2 卷，人民出版社 1995 年版，第 310 页。

为了实现历史的夙愿，即全面系统地阐明马克思主义哲学同德国古典哲学的关系。马克思主义哲学是马克思、恩格斯对其从前信仰的德国古典哲学，主要是在黑格尔哲学和费尔巴哈哲学的批判中创立的。早在1845年，马克思、恩格斯就决定“共同阐明”马克思主义哲学和德国古典哲学的关系，以便把他们“从前的哲学信仰清算一下”，为此写了《德意志意识形态》一书。但是，这部著作由于多种原因没有能够出版。这样一来，直到恩格斯写作《费尔巴哈论》时，在40多年的时间里，不论马克思还是恩格斯，“都再没有机会回到这个题目上来”。因此，恩格斯借着撰写这部著作的机会，全面系统地阐述马克思主义哲学同德国古典哲学的关系，实现了马克思的历史夙愿。

为了适应当时激烈思想斗争的需要，为无产阶级解放运动提供科学的世界观和方法论。马克思主义哲学从19世纪40年代产生起，经历了近半个世纪的风风雨雨，此时的思想战线已经发生了很大变化。一方面，马克思主义哲学得到广泛传播，其著作被翻译成多种文字大量出版。另一方面，资产阶级又拿不出新的哲学来同马克思主义哲学相抗衡，只好复活德国古典哲学，对德国工人运动产生了很坏的影响。因此，恩格斯认为：“在这种情况下，我感到越来越有必要把我们同黑格尔哲学的关系，我们怎样从这一哲学出发又怎样同它脱离，作一个简要而又系统的阐述。”①

直接原因是应德国社会民主党《新时代》杂志编辑部的邀请为丹麦社会学家施达克的著作写书评。施达克于1885年写了《路德维希·费尔巴哈》一书，批判德国哲学界对费尔巴哈的攻击。这是值得肯定的。但是，由于施达克不懂得区分唯物主义和唯心主义的根本标准，错误地认为费尔巴哈“相信人类进步”，追求“理想的目的”，是唯心主义者，对费尔巴哈哲学做出了错误的评价。正是在这一种时代背景下，恩格斯

① 《马克思恩格斯文集》第4卷，人民出版社2009年版，第266页。

以评论施达克的著作为缘由，写作了这部经典哲学著作。

二、逻辑结构和主要内容

全书分四章和一个结束语。第一章，系统阐述马克思主义哲学与黑格尔哲学的关系；第二章，主要分析费尔巴哈唯物主义自然观，说明其哲学的贡献和缺陷；第三章，主要分析费尔巴哈宗教哲学和伦理哲学，揭示其唯心主义历史观；第四章，全面阐述马克思主义哲学的创立，论证其在人类认识史上所发生的伟大变革。结束语，说明马克思主义哲学在实践基础上的革命性和科学性的高度统一。

学习和阅读这部著作要把握的主要内容有：

（一）辩证的发展观

哲学是时代精神的精华，任何哲学都是特定的社会历史时代的产物。因此，对任何一个哲学的分析和批判，都必须将其置于当时的历史语境中加以考量和分析。恩格斯开篇指出："我们面前的这部著作使我们返回到一个时期，这个时期就时间来说离我们不过一代之久，但是它对德国现在的一代人却如此陌生，似乎已经相隔整整一个世纪了。"[①]这里所说的"这部著作"，指施达克的《路德维希·费尔巴哈》一书；"这个时期"指欧洲1848年革命酝酿和爆发的时期。当时的德国是一个由38个君主国和自由市组成的联邦国家，封建的生产关系和政治制度仍然占据统治地位。这种四分五裂、邦国林立的状况严重阻碍了德国资本主义的发展。所以，德国资产阶级革命的主要任务，是打破各邦割据的分裂局面，消灭封建专制制度，实现德国的统一，为资本主义发展进一步扫清障碍。然而，与英国和法国的资产阶级相比较，德国资产阶级

① 《马克思恩格斯文集》第4卷，人民出版社2009年版，第267页。

无论是经济上还是政治上都表现得十分软弱和怯懦，既渴望革命，又害怕人民。德国资产阶级的两面性决定着他们“不相信自己，不相信人民，在上层面前嘟囔，在下层面前战栗，对两者都持利己主义态度，并且意识到自己的这种利己主义；对于保守派来说是革命的，对于革命派来说却是保守的”[①]。然而，历史的发展是不依任何阶级的意志为转移的，德国资产阶级革命艰难地进行着。1840年开始反对封建专制制度的革命，1867年成立北德意志联邦，1871年德国统一，设立帝国议会，颁布宪法。所以，从欧洲1848年革命到恩格斯撰写《费尔巴哈论》的时间（1886年），也就是38年的时间。经过1848年资产阶级革命的洗礼，德国社会发生了剧烈的变化。这也是恩格斯所说的：“它对德国现在的一代人却如此陌生，似乎已经相隔整整一个世纪了。然而这终究是德国准备1848年革命的时期；那以后我国所发生的一切，仅仅是1848年的继续，仅仅是革命遗嘱的执行罢了”[②]。黑格尔哲学正是产生于这样的历史背景之下，并且精准地再现了德国资产阶级的两面性。

指出了德国古典哲学的阶级实质和作用。19世纪的德国和18世纪的法国一样，哲学革命也作了政治变革的前导。但不同的是，法国哲学家是唯物主义者。虽然他们在反对封建制度和宗教统治的激烈斗争中受到了种种迫害，却最终把法国国王推上断头台，表现出哲学革命和政治革命的一致性。相反，德国资产阶级具有两面性：一方面不满意于封建专制统治，表示出革命的愿望；另一方面又害怕发生暴力革命，害怕无产阶级和劳动群众。这种政治上的双重性表现为哲学体系的内在矛盾性、语言的笨拙枯燥性、内容的迂腐晦涩性。黑格尔哲学集中体现了德国资产阶级哲学的特点。

那么，这样一种哲学能够具有革命性吗？恩格斯用黑格尔的著名命

---

① 《马克思恩格斯文集》第2卷，人民出版社2009年版，第76页。

② 《马克思恩格斯文集》第4卷，人民出版社2009年版，第267页。

题来举例说明。“凡是现实的都是合乎理性的，凡是合乎理性的都是现实的。”由于把命题中的“现实”误读成“现存”，“这显然是把现存的一切神圣化”，人们普遍认为这是为普鲁士现存秩序作辩护的，因此引起“近视的政府的感激”和“同样近视的自由派的愤怒”。所谓“近视”就是只看到文字表面的意思，没有读懂这个文字背后所体现的逻辑规则的意义。

恩格斯运用逻辑规则对这个命题进行深入的分析。首先，“现存”不等于“现实”。在黑格尔看来，决不是一切“现存”的都无条件地也是“现实”的。现存是指当下存在的一切事物；现实性这种属性仅仅属于那些是必然的、合乎规律的事物。其次，“现实”的东西也不会永远都是“现实”的。在发展进程中，以前一切现实的东西都会因条件的变化而丧失其必然性和合理性；一种新的、富有生命力的现实的东西就会代替正在衰亡的现实的东西。最后，由此得出结论：这样一来，黑格尔的这个命题，由于黑格尔的辩证法本身，就转化为自己的反面：“凡是现存的，都一定要灭亡。”看看，多么精彩的分析！一个让政府感激、让自由派愤怒的命题，恩格斯按照黑格尔的逻辑进行了三段论的分析，却得出了完全革命的结论。

恩格斯分析黑格尔“两个命题”的目的，在于揭示其辩证法的“合理内核”，阐述辩证发展观的基本思想。恩格斯指出：“黑格尔哲学的真实意义和革命性质，正是在于它彻底否定了关于人的思维和行动的一切结果具有最终性质的看法。”[①] 就人的认识来看，真理不是一堆现成的、一经发现就只要熟读死记的教条，而是在科学长期发展中获得并随着科学的发展而不断从低级阶段向高级阶段的上升的过程。就社会发展来看，社会发展是一个永恒发展的过程，不会达到一种完美的最终状态而结束；完美的社会和国家只是在幻想中才存在，而现实的社会和国家总

① 《马克思恩格斯文集》第4卷，人民出版社2009年版，第269页。

有其不完美的一面；人类社会是不断地由低级向高级的无穷发展进程，其中任何一个历史阶段都具有暂时性；每一历史阶段都有自己存在的理由，但最终都要被新的更高的阶段所取代；历史阶段的更替是社会内部条件发展的结果，是由“它自己内部逐渐发展起来的新的、更高的条件”造成的。

恩格斯在对黑格尔辩证法思想批判改造的基础上，进一步阐述了辩证发展观的基本内容。第一，一切事物都是不断发展变化的，其总趋势是前进的上升的运动。“在它面前，不存在任何最终的东西、绝对的东西、神圣的东西；它指出所有一切事物的暂时性；在它面前，除了生成和灭亡的不断过程、无止境地由低级上升到高级的不断过程，什么都不存在。”① 这就和形而上学划清了界限。第二，主观辩证法是客观辩证法的反映。主观辩证法是指思维的辩证法，是客观世界的辩证发展过程在人们头脑中的反映。这样就把黑格尔的辩证法颠倒过来，不是用头立地，而是重新用脚立地了。这就和唯心主义划清了界限。第三，在事物的发展过程中，运动是绝对的，静止是相对的。“诚然，它也有保守的方面：它承认认识和社会的一定阶段对它那个时代和那种环境来说都有存在的理由，但也不过如此而已。这种观察方法的保守性是相对的，它的革命性质是绝对的——这就是辩证哲学所承认的唯一绝对的东西。”② 所谓“保守性”是指辩证法承认事物发展一定阶段的相对稳定性或静止状态，“革命性”是指运动的绝对性。这就和相对主义划清界限。

（二）哲学基本问题理论

为了正确评价费尔巴哈哲学的性质，恩格斯精辟地论述了哲学基本问题，确立了划分唯物主义哲学和唯心主义哲学的根本标准。

---

① 《马克思恩格斯文集》第 4 卷，人民出版社 2009 年版，第 270 页。
② 《马克思恩格斯文集》第 4 卷，人民出版社 2009 年版，第 270 页。

在马克思主义哲学创立之前，尽管唯物主义和唯心主义的概念已被广泛使用，但是区分二者的标准却没有确立，导致了哲学研究的混乱，严重影响了哲学学科的发展。恩格斯借评价费尔巴哈哲学的机会，精辟论述了哲学基本问题的原理。他指出："全部哲学，特别是近代哲学的重大的基本问题，是思维和存在的关系问题。"① 这是恩格斯总结人类认识史的经验，在哲学史上第一次得出的科学结论。

为什么说思维和存在或者精神和物质是哲学的基本问题呢？一是这个问题是哲学的最高问题，是哲学作为从总体上把握世界的理论体系所必须回答的问题；二是这个问题是一切哲学家都不能回避的问题，也是人们从事一切实践活动都不能回避的问题；三是这个问题是哲学家回答其他一切哲学问题的前提和基础，决定着哲学的性质和基本方向。

哲学基本问题根源于蒙昧时代的愚昧无知的观念，随着人类社会的发展和自我意识的提高，特别是在欧洲人从基督教中世纪的长期冬眠中觉醒后，才被十分清楚地提了出来，才获得了它的完全意义。

哲学基本问题包含两个方面的内容。一方面是，思维与存在、精神与物质何者为本原的问题，这是区分唯物主义和唯心主义的唯一标准。恩格斯说："哲学家依照他们如何回答这个问题而分成了两大阵营。凡是断定精神对自然界说来是本原的，从而归根到底承认某种创世说的人，组成唯心主义阵营。凡是认为自然界是本原的，则属于唯物主义的各种学派。"② 另一方面是，思维能不能认识世界的问题，即世界的可知性问题，也叫作思维和存在的同一性问题。绝大多数哲学家都对这个问题作了肯定的回答。唯物主义认为人的认识是对客观世界的反映，自然也就承认世界的可知性。彻底的唯心主义者也认为世界是可知的。有少数哲学家否认认识世界的可能性，或者至少否认彻底认识世界的可能

① 《马克思恩格斯文集》第 4 卷，人民出版社 2009 年版，第 277 页。
② 《马克思恩格斯文集》第 4 卷，人民出版社 2009 年版，第 278 页。

性，这就是不可知论者。康德和休谟是其主要代表人物。

康德是一位在各个领域都引发了“哥白尼式革命”的人物，在哲学领域同样如此。当时欧洲哲学界唯理论和经验者争论不休，争论的焦点是“上帝是否存在”。唯理论者不能证明上帝的存在，经验论者也不足以否定上帝的存在。康德认为，他们的共同错误是没有考察人的认识能力到底有多大，即没有考察“理性”能力的范围和限度。因此，他的任务是在认识之前“批判”地考察人的认识能力。他把人的认识能力分成感性、知性、理性三个阶段；人要达到理性认识阶段，要想追求无限的、绝对的东西，而人的认识是有限的、相对的，因此就必然陷入自我矛盾之中，出现“二律悖反”。因此，理性是上帝的智慧。“为了给信仰留地盘，就必然拒绝知识。”康德的哲学贡献在于把人类哲学的思路从本体论研究转到认识论研究，同时也把人们研究的关注点从对客体的研究转到对主体的研究。然而，康德哲学也存在着不可克服的矛盾和缺陷。他对人的认识能力进行了充分的研究，却把其看作是脱离具体的认识活动而一成不变的东西；他肯定存在着“自在之物”，又认为“自在之物”不可知；他认为主体与客体是完全对立的，又认识到不把二者统一起来便不可能产生认识，更找不到把二者统一起来的途径。康德留下的哲学矛盾和缺陷，成为后人必须解决的哲学课题。

恩格斯运用辩证唯物主义的实践观点，对不可知论进行了彻底的批判。他认为，对不可知论最有力的批判是实践，由此阐明了实践是检验真理的唯一标准的观点。他指出：“对这些以及其他一切哲学上的怪论的最令人信服的驳斥是实践，即实验和工业。既然我们自己能够制造出某一自然过程，按照它的条件把它生产出来，并使它为我们的目的服务，从而证明我们对这一过程的理解是正确的，那么康德的不可捉摸的‘自在之物’就完结了。”[①] 历史证明，从笛卡儿开始的近代哲学，前进

① 《马克思恩格斯文集》第4卷，人民出版社2009年版，第279页。

的动力不是纯粹的思想的力量，而是自然科学和工业的强大而日益迅猛的进步。马克思主义第一次把实践的观点引进认识论。正是在实践的基础上把主体和客体统一起来，才使人的认识具有可能性；坚持实践是认识的来源、是检验认识真理性的标准；人的认识能力是在实践中产生、发展、完善的；社会生活在本质上是实践的。马克思主义认识论不仅彻底批判了唯心主义和不可知论，而且克服了旧唯物主义认识论的缺陷。

恩格斯特别强调："唯心主义和唯物主义这两个用语本来没有任何别的意思，它们在这里也不是在别的意义上使用的。"① 如果给这两个用语附加以政治或其他的意思，就会造成极大的混乱。

（三）唯物主义经历一系列发展阶段理论

恩格斯把如何回答哲学基本问题作为评价标准，在全面分析了费尔巴哈唯物主义的基础上，阐述了唯物主义经历一系列发展阶段的思想。

恩格斯确定费尔巴哈哲学的性质是唯物主义。因为，费尔巴哈势所必然地终于认识到："黑格尔的'绝对观念'之先于世界的存在，在世界之前就有的'逻辑范畴的预先存在'，不外是对世界之外的造物主的信仰的虚幻残余；我们自己所属的物质的、可以感知的世界，是唯一现实的；而我们的意识和思维，不论它看起来是多么超感觉的，总是物质的、肉体的器官即人脑的产物。物质不是精神的产物，而精神本身只是物质的最高产物。这自然是纯粹的唯物主义。"② 他同黑格尔唯心主义彻底决裂后得出的结论主要有三点：一是指出黑格尔的绝对观念是上帝的别名；二是认为物质的、可感知的世界是唯一现实的世界；三是指出意识和思维是人脑的产物。"这自然是纯粹的唯物主义"，是费尔巴哈哲学的"合理内核"。然而，很遗憾的是，费尔巴哈不能克服通常的哲学

---

① 《马克思恩格斯文集》第 4 卷，人民出版社 2009 年版，第 278 页。
② 《马克思恩格斯文集》第 4 卷，人民出版社 2009 年版，第 281 页。

偏见，即不反对事情本身，而反对唯物主义这个名称。他错误地将“唯物主义”一词与庸俗唯物主义混为一谈，因而拒绝把自己的理论称为唯物主义，而称为“人本主义”。

恩格斯讲了一段著名的话：“像唯心主义一样，唯物主义也经历了一系列的发展阶段。甚至随着自然科学领域中每一个划时代的发现，唯物主义也必然要改变自己的形式；而自从历史也得到唯物主义的解释以后，一条新的发展道路也在这里开辟出来了。”① 大致说来，唯物主义主要经历了三个发展阶段：一是古代朴素的唯物主义，二是近代的形而上学唯物主义，三是马克思主义的辩证唯物主义和历史唯物主义。

恩格斯着重分析了 18 世纪唯物主义的三个局限性。一是机械性。由于自然科学中力学的完善，导致人们把力学的思维方式上升到哲学的高度，把世界上的一切运动都归结为机械运动，企图用力学来解释一切自然现象，甚至把人也看作是一部机器。二是形而上学性。用孤立、静止、片面的观点去看待世界，不能把世界理解为一种处在不断的历史发展中的过程；这是同当时的自然科学状况以及与此相联系的形而上学的即反辩证法的哲学思维方法相适应的。三是历史领域中的非历史的观点，即唯心史观。他们出于反对中世纪残余的需要而把中世纪看作是历史的简单的中断，而看不到中世纪所包含的巨大进步；把历史看作毫无联系的偶然事件的堆积，否认历史发展的客观规律性。

恩格斯认为，18 世纪唯物主义哲学之所以具有上述局限性是受到社会历史条件的制约；费尔巴哈并没有真正超越旧唯物主义哲学的局限性。原因有二：其一，在穷乡僻壤中过着农民式的孤陋寡闻的生活，缺乏对外部世界的了解，特别是缺乏对自然科学发展的最新成果的了解。封闭使人变得保守，使聪明人变得愚蠢。其二，哲学上的不彻底性。因而导致其自然观是唯物主义，历史观是唯心主义。

---

① 《马克思恩格斯文集》第 4 卷，人民出版社 2009 年版，第 281—282 页。

（四）宗教观

宗教是在西方社会长期占据着统治地位的意识形态，几乎所有的思想家要研究社会问题必定要研究宗教问题。费尔巴哈虽然批判了基督教，但并不打算废除宗教，而是希望把宗教完善化。他有两个重要的观点：一是把宗教同人与人的感情混为一谈，二是把全部人类历史说成是宗教变迁史。恩格斯在批判费尔巴哈宗教观的过程中，揭露其为剥削阶级辩护的反动实质，阐述了马克思主义宗教观。

恩格斯针对费尔巴哈把宗教同人与人之间的感情关系混为一谈的观点，明确指出："人与人之间的，特别是两性之间的感情关系，是自从有人类以来就存在的"①。这是与人类共存亡的社会现象。宗教是人类社会发展到一定阶段的产物，并随着生产力和科学文化的高度发展以及阶级的彻底消灭而最终被消灭。所以，把这二者混为一谈是错误的。费尔巴哈力图把人类感情关系宗教化，实际上是"想以一种本质上是唯物主义的自然观为基础建立真正的宗教，这就等于把现代化学当作真正的炼金术"②。

恩格斯运用历史事实批判了费尔巴哈把人类历史说成是宗教变迁史的错误观点。他指出，并不是所有的历史的转变，都一定伴随着宗教的变迁；历史上只有佛教、基督教和伊斯兰教这三大宗教，才在人类历史上起过较大的作用，至于其他宗教对历史发展并没有多大的影响。而三大宗教虽然在世界历史上起过重大的作用，但这种作用也只是影响，而不是决定作用。因此，从人类历史发展的进程来看，不是宗教的变迁决定历史的发展，而是历史的发展决定宗教的变迁。

恩格斯深入分析了费尔巴哈唯心主义宗教观的危害。指出，在阶级

① 《马克思恩格斯文集》第4卷，人民出版社2009年版，第287页。
② 《马克思恩格斯文集》第4卷，人民出版社2009年版，第288页。

对立的社会里，把纯粹的人类感情关系尊崇为宗教，不仅是不可能的，而且是反动的。在阶级社会里，纯粹的人类感情已经被破坏得差不多了，把这种感情尊崇为宗教，只会使其更加不可能。在被剥削阶级需要进行反对剥削阶级的斗争时，这种爱的宗教只能起反动的作用，只能模糊“对历史上的重大的阶级斗争的理解”①。

（五）伦理观

费尔巴哈从抽象的人出发，认为追求幸福的欲望是人生来就有的，是人应享有的平等权利，这是一切道德的基础；“对己以合理的节制，对人以爱”，是道德的基本原则。

恩格斯以现实的、具体的人为出发点，批判了费尔巴哈的伦理学。恩格斯把费尔巴哈伦理学与黑格尔伦理学进行比较，认为费尔巴哈的伦理学是贫乏而肤浅的。因为，黑格尔的伦理学在形式上是唯心主义的，但在内容上却是非常现实的。而费尔巴哈的伦理学在形式上是现实的，但在内容上却是非常抽象的。他不谈人生活于其中的世界，而把人看作是不分时代、不分社会、不分阶级，甚至不分性别的人，因而是抽象的人。尽管费尔巴哈也提出过一些正确的命题，如“皇宫中的人所想的，和茅屋中的人所想的是不同的”，这非常接近历史唯物主义关于人们的经济地位决定人们的思想意识的观点。但是，由于是以抽象的人为出发点，完全不知道用这些命题去干什么，因而始终停留在空谈上。

恩格斯以伦理学的重要概念“善恶”为例进一步揭示费尔巴哈伦理学的唯心主义本质。黑格尔重视“恶”在历史发展中的作用。恩格斯肯定黑格尔关于“恶是历史发展动力”的思想，批评费尔巴哈忽视恶的作用的做法。恩格斯认为，恶是历史发展的动力，主要有两层意思：恶是一种否定的力量，新事物取代旧事物往往采取恶的形式，亵渎神圣事

---

① 《马克思恩格斯文集》第4卷，人民出版社2009年版，第289页。

物，叛逆现存秩序；在阶级社会中，人的恶劣的情欲是历史发展的杠杆。因此，仅仅依据道德的标准来看待或评价历史的发展，很容易导致唯心主义。

恩格斯对费尔巴哈所主张的道德基础和道德基本原则进行分析批判。针对费尔巴哈主张一切道德的基础是“追求幸福的欲望是人生来就有的”观念，恩格斯指出，人虽然有追求幸福的欲望，但是这需要和外部世界发生关系，需要有满足这些欲望的手段，否则，追求幸福的欲望就不可能得到实现。针对费尔巴哈主张“对己以合理的节制，对人以爱”是道德的基本原则，恩格斯指出，在阶级社会里，费尔巴哈的道德基本原则更显示出空想性；在阶级社会里，关于他人追求幸福的平等权利，对于被剥削阶级来说，或者根本得不到承认，或者说口头上得到承认而事实上根本无法享有。由此恩格斯提出了一个非常重要的思想：“追求幸福的欲望只有极微小的一部分可以靠观念上的权利来满足，绝大部分却要靠物质的手段来实现”①。这里所讲的“物质手段”至少包括两层含义：其一，通过发展经济增加社会财富，来满足广大人民群众追求幸福的欲望；其二，无产阶级只有通过革命手段来推翻资产阶级制度，才能实现追求幸福生活的理想；无产阶级决不能寄希望于资产阶级思想家所呻吟的那样，靠理性、爱，甚至无人身的理性来拯救自己。

恩格斯在对费尔巴哈的伦理学观点进行批判的基础上，阐述了马克思主义关于道德的一些基本观点。首先，一切道德原则都是具体的、历史的，是随着社会历史发展而不断变化的；那种适用于一切时代，一切民族，一切情况的永恒道德原则是根本不存在的。其次，在阶级社会中，每一个阶级、每一个行业都有自己的道德，道德具有阶级性。最后，泛爱的道德在阶级社会中只能导致有害的结果。

恩格斯特别指出，费尔巴哈没有完成的历史使命，是必定要有人来

① 《马克思恩格斯文集》第4卷，人民出版社2009年版，第293页。

完成的。马克思超越费尔巴哈最根本的一步，是用“关于现实的人及其历史发展的科学来代替”对抽象的人的崇拜，从而创立了历史唯物主义。

（六）唯物辩证法理论

马克思主义哲学是在批判继承黑格尔辩证法和费尔巴哈唯物主义的合理部分的基础上建立起来的。费尔巴哈是在黑格尔学派解体过程中出现的“杰出的”唯物主义哲学家。但是，其唯物主义具有严重的局限性：他像以前的哲学家一样，把自己的哲学看成“科学的科学”；自然观是唯物主义的，社会历史观则是唯心主义的；对待黑格尔哲学不是批判地克服，而是简单地全盘抛弃；其唯物主义哲学的内容是非常贫乏的。这是费尔巴哈给后来的哲学家留下四大问题。后人如果能够解决这四大问题，就是哲学理论的重大创新，就意味着哲学发展进入新的阶段；否则，就只是德国古典哲学的余绪罢了。

马克思主义哲学也是从回归唯物主义开始的。恩格斯指出，创立新的唯物主义哲学的根本出发点是：“人们决心在理解现实世界（自然界和历史）时按照它本身在每一个不以先入为主的唯心主义怪想来对待它的人面前所呈现的那样来理解；他们决心毫不怜惜地抛弃一切同事实（从事实本身的联系而不是从幻想的联系来把握的事实）不相符合的唯心主义怪想。”① 也就是说，一是按照世界的本来面目来认识世界和反映世界，二是抛弃一切与事实不相符合的唯心主义偏见。这是彻底的唯物主义观点。恩格斯说：“在这里第一次对唯物主义世界观采取了真正严肃的态度，把这个世界观彻底地（至少在主要方面）运用到所研究的一切知识领域里去了。”② 也就是说，不仅要在自然观上坚持唯物主义，

① 《马克思恩格斯文集》第 4 卷，人民出版社 2009 年版，第 297 页。
② 《马克思恩格斯文集》第 4 卷，人民出版社 2009 年版，第 297 页。

而且在社会历史观上也要坚持唯物主义。同时，历史唯物主义不仅是一种知识体系，而且是一种方法，是研究一切领域里的各种问题的根本方法。恩格斯指出，正是运用这种科学的世界观和方法论为指导，马克思批判地改造了黑格尔哲学，吸收了大量的、最新的自然科学成果，创立了辩证唯物主义哲学；马克思研究资本主义社会发展过程，找到了资本家剥削工人的秘密，揭示了人类社会发展的一般规律，使社会主义由空想变成科学。

恩格斯全面阐述了马克思对黑格尔唯心辩证法的改造过程，说明这种改造的实质就是把黑格尔所本末倒置的辩证法再颠倒过来，“重新唯物地把我们头脑中的概念看做现实事物的反映，而不是把现实事物看做绝对概念的某一阶段的反映”[①]。这样就产生了唯物主义辩证法，即“关于外部世界和人类思维的运动的一般规律的科学”。

恩格斯论述了客观辩证法和主观辩证法的关系：“这两个系列的规律在本质上是同一的，但是在表现上是不同的”[②]，一个是自发的，一个是自觉的；一个具有客观形式，一个具有主观形式。客观辩证法是主观辩证法的基础，主观辩证法是对客观辩证法的反映。这就摆正了两种辩证法的关系，把黑格尔被颠倒了的辩证法重新颠倒过来，不是用头立地而是重新用脚立地了。

恩格斯精辟地表述了唯物辩证法的基本思想：“一个伟大的基本思想，即认为世界不是既成事物的集合体，而是过程的集合体，其中各个似乎稳定的事物同它们在我们头脑中的思想映象即概念一样都处在生成和灭亡的不断变化中，在这种变化中，尽管有种种表面的偶然性，尽管有种种暂时的倒退，前进的发展终究会实现”[③]。这就是说，在唯物辩

① 《马克思恩格斯文集》第4卷，人民出版社2009年版，第298页。
② 《马克思恩格斯文集》第4卷，人民出版社2009年版，第298页。
③ 《马克思恩格斯文集》第4卷，人民出版社2009年版，第298页。

证法看来，客观世界不是彼此孤立和一成不变的事物的简单堆积，而是普遍联系和永恒发展的过程的统一体；人的思想作为客观世界在人们头脑中的反映，也是不断运动、变化、发展的；客观世界和人类思想的发展有其内在的必然规律，不以各种表面偶然性为转移；在世界发展变化中尽管有表面的偶然性和暂时倒退，但前进的总趋势是不可阻挡的。恩格斯还指出，真正坚持辩证法的基本思想是不容易的，因为“口头上承认这个思想是一回事，实际上把这个思想分别运用于每一个研究领域，又是一回事”，突出强调要在广泛的社会实践中坚持唯物辩证法的思想。

恩格斯得出在实际工作中始终坚持唯物辩证法必然得出的五点结论：第一，“关于最终解决和永恒真理的要求就永远不会提出了”①。客观世界是不断发展的，人们的认识是永无止境的，不可能由于绝对真理的发现而无事可干，不可能最终解决一切问题。第二，“人们就始终会意识到他们所获得的一切知识必然具有的局限性，意识到他们在获得知识时所处的环境对这些知识的制约性”②。人在某一阶段的认识总是不完善，因为一是要受主体认识能力和认识水平的局限，二是要受客观条件的制约。第三，不存在不可克服的对立，对立面不仅是相互矛盾、相互斗争的，而且也相互联系，相互转化。第四，真理和错误的对立只有相对的意义，“今天被认为是合乎真理的认识都有它隐蔽着的、以后会显露出来的错误的方面，同样，今天已经被认为是错误的认识也有它合乎真理的方面，因而它从前才能被认为是合乎真理的”③。第五，必然性由大量偶然性所构成，偶然性中隐藏着必然性，要善于从偶然性的研究中寻找出必然性的、规律性的东西来。

---

① 《马克思恩格斯文集》第 4 卷，人民出版社 2009 年版，第 299 页。
② 《马克思恩格斯文集》第 4 卷，人民出版社 2009 年版，第 299 页。
③ 《马克思恩格斯文集》第 4 卷，人民出版社 2009 年版，第 299 页。

（七）唯物主义历史观

社会发展有没有规律性？马克思主义创立之前许多思想家都在研究却没有找到正确答案。恩格斯指出，如同自然界的历史发展过程一样，社会历史的发展也有自己的客观规律。历史唯物主义的任务就是要发现社会历史领域中的现实的联系，“发现那些作为支配规律在人类社会的历史上起作用的一般运动规律”[①]。

恩格斯阐述了社会历史发展规律的客观性。他指出，社会历史的发展和自然界的发展确实存在着显著的差别。在自然界中，全是没有意识的、盲目的力量在彼此发生作用，而一般规律就表现在这些力量的相互作用之中；没有任何事情是作为预期的自觉的目的发生的。相反，在社会历史领域内，进行活动的是具有意识的、经过思虑或凭激情行动的、追求某种目的的人；任何事情的发生都是具有自觉的意图，有预期的目的的。正是这一本质的差别，直接影响到社会历史的进程，也影响到人们对社会历史规律的认识。尽管我们肯定人的活动是有计划有目的的，但“它丝毫不能改变这样一个事实：历史进程是受内在的一般规律支配的”[②]。这是因为，虽然人们“行动的目的是预期的，但是行动实际产生的结果并不是预期的”[③]。这说明社会历史发展有着不以人们主观意志为转移的客观规律。同时，在社会历史领域里，表面上也要受到偶然性的支配，但是“在表面上是偶然性在起作用的地方，这种偶然性始终是受内部的隐蔽着的规律支配的，而问题只是在于发现这些规律”[④]。

那么，通过什么样的途径来探究和发现社会历史发展的规律呢？恩格斯承认，历史是人创造的，是人的活动的结果；而人的活动是由动机

---

① 《马克思恩格斯文集》第 4 卷，人民出版社 2009 年版，第 301 页。
② 《马克思恩格斯文集》第 4 卷，人民出版社 2009 年版，第 302 页。
③ 《马克思恩格斯文集》第 4 卷，人民出版社 2009 年版，第 302 页。
④ 《马克思恩格斯文集》第 4 卷，人民出版社 2009 年版，第 302 页。

引起的。旧唯物主义停留在动机这个层次上，“它按照行动的动机来判断一切”，没有去探索这种动机背后的动因是什么。黑格尔的历史哲学比旧唯物主义深刻的地方在于，认为历史人物的动机背后有更深刻的动力，但是他不是到历史本身中去寻找动力，而是到历史之外去寻找动力，结果找到了神秘的“绝对观念”，把历史当作绝对观念的实现。恩格斯指出，必须注意研究人们历史活动的思想动机，但又决不能仅仅停留在思想动机上，更重要的是要研究隐藏在历史人物的动机背后并构成历史动因的真正的“动力的动力”。而要做到这一点，必须研究使广大群众、使整个民族，并且在每一民族中间又是使整个阶级行动起来的动机；必须研究在社会发展中持久的、引起重大历史变迁的动机；必须研究反映在行动着的群众及其领袖头脑中的各种各样的动机。“这是能够引导我们去探索那些在整个历史中以及个别时期和个别国家的历史中起支配作用的规律的唯一途径。”①

恩格斯全面揭示了社会发展的基本规律，概述了历史唯物主义的基本原理。

首先，阶级斗争是阶级社会发展的直接动力。恩格斯指出，在资本主义社会以前的各个时期探究历史发展的动因是很困难的，因为动因和结果的关系是混乱而隐蔽的。随着资本主义的发展，经济关系和阶级关系开始明朗化和简单化，“因而人们有可能揭开这个谜了”。自 1830 年以来，无产阶级开始作为一支独立的政治力量登上历史舞台，成为为争夺统治权而斗争的第三个战士。所以，恩格斯指出：“只有故意闭起眼睛的人才看不见，这三大阶级的斗争和它们的利益冲突是现代历史的动力，至少是这两个最先进国家的现代历史的动力。”②

其次，生产方式的内在矛盾运动是社会发展的基本动力，生产方式

① 《马克思恩格斯文集》第 4 卷，人民出版社 2009 年版，第 304 页。
② 《马克思恩格斯文集》第 4 卷，人民出版社 2009 年版，第 304—305 页。

的内在矛盾运动在阶级社会必然表现为阶级和阶级斗争。恩格斯以资产阶级和无产阶级为例指出："这两大阶级的起源和发展是由于纯粹经济的原因。"两大阶级之间的斗争，"首先是为了经济利益而进行的，政治权力不过是用来实现经济利益的手段"①。资本主义社会的基本矛盾表现为生产的社会化和生产资料私人占有之间的矛盾，"这个矛盾必然要求通过改变生产方式来使生产力摆脱桎梏"②，建立与社会化大生产相适应的新的生产关系。

再次，经济基础决定上层建筑。恩格斯分析了政治斗争、阶级斗争和经济解放的关系，说明经济基础决定政治、法律上层建筑。在现代历史中，一切政治斗争都是阶级斗争，而一切争取解放的阶级斗争归根到底都是围绕着经济解放进行的。因此，"国家，政治制度是从属的东西"，"经济关系的领域是决定性的因素"。

最后，恩格斯分析了哲学、宗教等与经济基础的关系，进一步说明经济基础决定思想上层建筑。哲学、宗教作为远离经济基础的意识形态，同物质存在条件的联系越来越复杂，越来越被一些中间环节所模糊。但是这一联系确实是存在的。恩格斯运用大量案例说明，意识形态归根到底是由经济基础决定的。

由于恩格斯当时主要批判历史唯心主义的观点，确立历史唯物主义的思想，所以在此书中重点论述经济基础对上层建筑的决定作用，而对上层建筑对经济基础的反作用论述不够。恩格斯晚年关于历史唯物主义的书信中则重点讲上层建筑对经济基础反作用。

总之，马克思、恩格斯总结了工人运动的经验，概括了自然科学的最新成就，批判地吸取和改造了人类认识史上特别是德国古典哲学中的优秀成果，把唯物论和辩证法结合起来，把辩证唯物主义的自然观和历

① 《马克思恩格斯文集》第 4 卷，人民出版社 2009 年版，第 305 页。
② 《马克思恩格斯文集》第 4 卷，人民出版社 2009 年版，第 306 页。

史观结合起来，创立了马克思主义哲学，使哲学第一次真正获得了科学的性质，实现了人类认识史上的伟大变革。从此以后，无论是在自然领域还是在社会历史领域，“都不再是从头脑中想出联系，而是从事实中发现联系了”[①]。

三、当代启示和重要意义

今天重新学习这部著作，把握其精神实质，对于我们在新的历史条件下，如何坚持科学的唯物论和辩证法，坚持党的实事求是的思想路线，建设中国特色的富强民主文明和谐的社会主义国家，具有重要的启示。

（一）中国共产党必须坚持以马克思主义为指导思想

学习恩格斯的《路德维希·费尔巴哈和德国古典哲学的终结》，可以帮助我们了解和把握马克思主义的产生及其所实现的伟大创新，坚定不移地以马克思主义作为党的指导思想。马克思主义的产生有着深刻的历史必然性，决不是某些人通过个人迷信而树立起来的；“一切划时代的体系的真正的内容都是由于产生这些体系的那个时期的需要而形成起来的。”[②] 马克思主义的产生和发展，既体现了时代发展所提出的彻底变革资本主义社会的历史要求，又适应了开展无产阶级革命运动和完成无产阶级历史使命的时代需要；同时，它的产生和发展也依托于时代发展所积累与提供的经济、阶级、思想与科学等社会条件，由此决定马克思主义具有鲜明的特点。首先，马克思主义的全部理论都是与无产阶级的解放事业联系在一起的，是工人阶级及其政党领导广大人民群众为推翻资本主义和一切剥削制度、为争取社会主义革命和社会主义建设的胜

① 《马克思恩格斯文集》第 4 卷，人民出版社 2009 年版，第 312 页。
② 《马克思恩格斯全集》第 3 卷，人民出版社 1960 年版，第 544 页。

利而斗争的思想武器。公开声明为无产阶级和人民大众的根本利益服务，公开申明自己的阶级性、革命性和党性，是马克思主义区别于其他社会思潮的一个显著特征。其次，马克思主义是一个彻底而严整的科学理论体系，包含着极为丰富的内容，几乎涵盖了社会科学的全部研究领域。马克思主义哲学、政治经济学和科学社会主义作为马克思主义理论体系中不可分割的三个组成部分，从不同的侧面概括和分析了人类社会的生产方式、社会结构与阶级关系，从不同角度论证了无产阶级的社会地位、伟大作用和历史使命。最后，马克思主义之所以能够保持旺盛的生命力，是因为它重视实践，同社会实践保持着密切的联系，在实践中不断进行理论创新。创新的关键在于，把理论与新的实践活动结合起来，及时把握新情况与总结新经验，勇于突破原有的认识，不断作出新的理论概括。纵观马克思主义发展史，可以清楚地看到，把马克思主义同具体的革命实践相结合，既是工人阶级的解放事业取得胜利的必由之路，也是坚持和发展马克思主义的可靠途径。当前，中国特色社会主义伟大事业面临着重大发展机遇，也面临着严峻挑战；能否抓住发展机遇，积极应对严峻挑战，直接关系到中华民族的未来。因此，当代中国共产党人坚持以马克思主义为指导思想，最根本的任务就是积极探索和开拓中国特色社会主义的新境界，并在这个过程中不断丰富和发展马克思主义。

（二）解放思想、实事求是是马克思主义的基本原则

解放思想、实事求是是马克思主义者一贯坚持的基本原则。恩格斯在第一章通过分析黑格尔“两个凡是”命题而得出一个结论性的认识：辩证法的“真实意义和革命性质，正是在于它彻底否定了关于人的思维和行动的一切结果具有最终性质的看法”①。在第四章中，恩格斯把马

① 《马克思恩格斯文集》第4卷，人民出版社2009年版，第269页。

克思创立“新唯物主义”哲学概括为“两个决心”，即“人们决心在理解现实世界（自然界和历史）时按照它本身在每一个不以先入为主的唯心主义怪想来对待它的人面前所呈现的那样来理解；他们决心毫不怜惜地抛弃一切同事实（从事实本身的联系而不是从幻想的联系来把握的事实）不相符合的唯心主义怪想。”[①] 很显然，这里讲的“两个决心”，一是按照世界的本来面目来认识世界，二是抛弃一切与事实不相符合的唯心主义偏见；一立一破，破立结合。这两句话简明扼要地概括了唯物主义的基本观点，已经包含了我们今天所说的解放思想、实事求是的思想路线的基本含义。什么是解放思想？邓小平同志指出：“我们讲解放思想，是指在马克思主义指导下打破习惯势力和主观偏见的束缚，研究新情况，解决新问题。”[②] 这有三个要素：一是指导思想即马克思主义为指导，二是破除对象即习惯势力和主观偏见，三是实际结果即研究新情况，解决新问题。这是对解放思想的科学界定，也是对马克思、恩格斯有关思想的发展。这样的解放思想是和实事求是完全一致的。所以邓小平同志指出：“解放思想，就是使思想和实际相符合，使主观和客观相符合，就是实事求是。”[③] 十一届三中全会重新确立了党的正确的思想路线，是对马克思主义经典作家有关思想的重大发展。当然，我们不应该只局限于思想与实践的一时的、静态的符合。客观现实是变动不居的，主体的要求、认识能力和实践能力也是变动不居的。所以，实事求是、主观与客观相符合是一个长期的历史过程。过去符合，今天可能不符合；今天符合，明天可能不符合，这是辩证唯物主义的基本观点。如果把思想和实践在一时、一地地符合绝对化，甚至当作放之四海而皆准的普遍标准，这是形而上学的机械唯物主义。

---

① 《马克思恩格斯文集》第 4 卷，人民出版社 2009 年版，第 297 页。
② 《邓小平文选》第 2 卷，人民出版社 1994 年版，第 279 页。
③ 《邓小平文选》第 2 卷，人民出版社 1994 年版，第 364 页。

（三）用物质手段来满足人民群众追求幸福的欲望

马克思、恩格斯历来重视人民群众的物质利益。恩格斯在批判费尔巴哈唯心主义的伦理观时明确提出：“追求幸福的欲望只有极微小的一部分可以靠观念上的权利来满足，绝大部分却要靠物质的手段来实现”①。这实际上提出了重视物质利益的原则，也就是要给人民群众看得见的物质利益，切实满足人民群众对物质利益的诉求。

中国共产党人在领导中国特色社会主义事业的过程中，要以马克思主义的利益原则为依据，构建科学合理的利益观。首先，人民群众的利益至高无上是根本原则。人民的利益是我们一切工作的根本出发点和落脚点，坚持人民利益高于一切，个人利益、集体利益无条件地服从人民利益。毛泽东曾指出：“全心全意地为人民服务，一刻也不脱离群众；一切从人民的利益出发，而不是从个人或小集团的利益出发；向人民负责和向党的领导机关负责的一致性；这些就是我们的出发点。”② 在改革开放过程中，邓小平反复强调要把“人民拥护不拥护”，“人民赞成不赞成”，“人民高兴不高兴”，“人民答应不答应”作为制定各项政策的出发点和归宿。习近平指出，人民是历史的创造者，是决定党和国家前途命运的根本力量。必须坚持人民主体地位，坚持立党为公、执政为民，践行全心全意为人民服务的根本宗旨，把党的群众路线贯彻到治国理政全部活动之中，把人民对美好生活的向往作为奋斗目标，依靠人民创造历史伟业。其次，全心全意为人民谋利益是利益观的集中体现。中国共产党是代表中国工人阶级和最广大人民群众的根本利益的先进执政党，因此，必须坚持以人为本，执政为民，通过我们每一个人的辛勤工作，给予人民更好的教育、更稳定的工作、更满意的收入、更可靠的社会保

---

① 《马克思恩格斯文集》第 4 卷，人民出版社 2009 年版，第 293 页。

② 《毛泽东选集》第 3 卷，人民出版社 1991 年版，第 1094—1095 页。

障、更高水平的医疗卫生服务、更舒适的居住条件、更优美的环境，向全世界展示了中国共产党人的执政理念和高尚情操。最后，每一个共产党员特别是党的领导干部要以为人民谋利益作为价值追求和人生信念。为什么人谋利益的问题，既是世界观、人生观和价值观，又是利益观、权力观和政绩观的根本性问题。每一个共产党员都要把人民利益高于一切，作为约束自身行为的最高准则；把全心全意为人民谋利益，作为一切言行的根本出发点和落脚点；把是否符合人民利益，能否切实解决人民利益问题，真正带领人民群众谋幸福，作为判断工作得失成败的根本标准。

恩格斯：《自然辩证法》（节选）导读

《自然辩证法》是恩格斯于1873—1882年撰写的一部由论文、札记和片段组成的未完成的手稿。在这部手稿中，恩格斯运用辩证唯物主义的世界观和方法论，概括了19世纪中叶自然科学的最新成就，论述了自然科学和哲学的关系，揭示了唯物辩证法的基本规律，批判了自然科学研究中的形而上学和唯心主义观点，为马克思主义自然辩证法学科奠定了理论基础。

一、历史背景和写作原因

恩格斯曾说："马克思和我，可以说是唯一把自觉的辩证法从德国唯心主义哲学中拯救出来并运用于唯物主义的自然观和历史观的人。可是要确立辩证的同时又是唯物主义的自然观，需要具备数学和自然科学的知识。"[①] 可以说，马克思、恩格斯从创立自己学说的时候起，就一直关注着自然科学的发展；而促使恩格斯下定决心撰写《自然辩证法》一书的原因是多方面的。

适应当时思想斗争的需要。19世纪70年代，西欧各主要国家正处于大工业蓬勃发展的时期，资本主义开始由自由竞争时期向垄断时期过渡，引起了社会阶级矛盾的尖锐化。西欧各国的工人阶级在巴黎公社失败后，总结其经验教训，先后建立了社会主义的工人政党。同时，各国

① 《马克思恩格斯文集》第9卷，人民出版社2009年版，第13页。

资产阶级为了维护自己的统治地位，不仅在政治上镇压和迫害无产阶级，同时在思想上企图瓦解无产阶级的革命意志，在理论上攻击和污蔑马克思主义哲学。而无产阶级政党内部的机会主义派别，也从内部分裂无产阶级的革命队伍。这些人除了打着各种“社会主义”的幌子，散布浅薄庸俗的折中主义和调和矛盾的改良主义之外，还歪曲自然科学的最新成果，制造许多荒谬的“理论根据”。他们用机械论和庸俗进化论来对抗革命的辩证法，用唯心主义、神秘主义和新康德主义来对抗历史唯物主义。因此，如何阐明马克思主义哲学是对人类社会发展规律的概括和总结，同时也是对自然界普遍存在的发展规律的概括和总结，加快自然辩证法学科的创立，是摆在马克思、恩格斯面前的重要任务。

适应当时自然科学研究的需要。在这个时期，自然科学的最新发展成果已经为新的辩证自然观的诞生提供了越来越多的科学依据。天文学和地质学研究说明了天体包括地球的演化和发展的过程；物理学研究说明了自然界实际上是一种运动形式向另一种运动形式不断转化的过程；化学研究说明了自然界中各种物质形态的有机统一性；生物学研究说明了整个生物界共同的发生和发展规律，等等。这些领域的最新研究成果，不仅揭示了自然界中各个领域内的过程之间的联系，而且也揭示了各个领域之间的联系，展示出整个自然界是一幅永恒运动、有机联系和不断发展的辩证图景。然而，形而上学的自然观仍然统治着自然科学领域，多数自然科学家的头脑仍然被牢牢地禁锢在形而上学的思维方式之中。自然科学中的辩证内容与顽固的形而上学思维方式的矛盾，使科学家们的理论思维处于极度混乱之中。这一切严重地侵蚀着自然科学，极大地阻碍了自然科学的进一步发展。

是恩格斯对自己多年自然科学研究成果的总结。早在 19 世纪 50 年代，恩格斯就已经注意到能量守恒与转化定律和细胞学说的伟大成就。1859 年，达尔文的《物种起源》刚刚问世，他立即阅读称赞它是一部

“证明自然界的历史发展”的大规模的尝试。1870年9月，他开始把主要精力投入研究自然科学，并下决心写作《自然辩证法》。1873年5月30日，他在写给马克思的信中谈道：“今天早晨躺在床上，我脑子里出现了下面这些关于自然科学的辩证思想。”① 这些思想主要是：物体与运动不可分的思想；只有在运动中才能认识物体的思想；物体不同运动形式是自然科学的主要对象的思想；不同运动形式的辩证转化引起各门科学辩证过渡的思想。这封信可以看作是他写作《自然辩证法》的全面构思，也是他准备写《自然辩证法》一书的起点。从1873年至1876年，恩格斯搜集了大量的自然科学材料，写了两篇论文和许多札记。1876年5月28日，他在给马克思的信中说，已经“有相当的自由和把握”在自然科学领域中进行活动，连《自然辩证法》“这部著作的最终的全貌也已经开始呈现在我的面前”②。可是，正在恩格斯准备专心致志地研究自然辩证法问题时，出现了杜林在思想理论上对社会主义运动的干扰。为了革命斗争的需要，恩格斯不得不把这一切都搁下来而去收拾“无聊的”杜林，写作了《反杜林论》一书。此后，才回过头来继续从事自然辩证的研究和写作。直到1883年3月，写完了八篇论文和许多札记，以及两个计划草案。遗憾的是，马克思突然于1883年3月14日逝世。恩格斯为了整理出版马克思的《资本论》第二、三、四卷的遗稿和领导国际工人运动，不得不中止了《自然辩证法》一书的写作。

二、逻辑结构和主要内容

我们在《马克思恩格斯文集》中读到的《自然辩证法》是节选本，包括“1878年计划”“历史导论”“黑格尔以来的理论发展进程。——

① 《马克思恩格斯选集》第4卷，人民出版社1995年版，第614页。
② 《马克思恩格斯全集》第34卷，人民出版社1972年版，第20页。

哲学和自然科学”“辩证法作为科学”“物质的运动形式以及各科学的联系”“各门科学的辩证内容”“自然界和社会”等论文、札记和片段等。

在“1878年的计划”中，恩格斯表述了探索建立自然辩证法理论新体系的构想，确定了著作的整体结构。

在“历史导论”中，恩格斯从世界历史发展的角度阐述了现代自然科学产生的历史背景，说明唯物辩证自然观代替形而上学自然观的必然性。

在“黑格尔以来的理论发展进程。——哲学和自然科学”中，恩格斯全面阐述了辩证哲学对于推动自然科学发展的重要作用，说明自然科学家一定要受到哲学的影响。

在“辩证法作为科学”中，恩格斯以丰富的自然科学材料，论述了唯物辩证法的一般性质和基本规律，考察了辩证法的几对重要范畴；阐述了辩证逻辑和认识论的基本原理以及认识自然界的科学方法论。

在“物质的运动形式以及各科学的联系”中，恩格斯从自然科学辩证法的研究对象是“运动着的物质”命题出发，阐明了物质、物质运动及其形式的基本原理，确立科学分类的基本原则，概括出自然科学辩证法的基本内容，同时批判了机械论的物质观和运动观。

在“各门科学的辩证内容”中，恩格斯把唯物辩证法应用于各门基础科学之中，深刻分析了其中蕴含的丰富的辩证内容，进一步论证了辩证思维是自然科学唯一正确的思维形式。

在“自然界和社会”中，恩格斯在《劳动在从猿到人转变过程中的作用》等论文中，提出了“劳动创造人”的著名命题，实现了由分析自然界的辩证法到分析人类起源和人类社会的辩证法问题的转变。

阅读和学习这部著作要把握的主要内容有：

（一）唯物辩证的自然观代替形而上学自然观理论

从什么样的视角去阐释现代自然科学的产生和发展，是马克思主义与各种资产阶级学说的根本区别。恩格斯从世界历史发展的角度阐述了现代自然科学产生的历史背景。他认为，现代自然科学研究，不同于古代人的天才的直觉，也不同于阿拉伯人的非常重要的、但是零散的并且大部分都无果而终的发现，它是唯一得到科学的、系统的、全面的发展的自然研究。现代自然科学研究开始于15世纪下半叶，直到伟大的文艺复兴运动全面展开，旧的世界的界限被打破了，生活在世界各个角落的人们逐步建立了联系，这才第一次真正地发现了地球。而这种普遍联系的建立，奠定了以后的世界贸易以及从手工业过渡到工场手工业的基础，而工场手工业则构成现代大工业的起点。在这个过程中，教会精神的独裁被摧毁了，自由思想越来越深地扎下了根，为18世纪的唯物主义做了准备。恩格斯高度评价了这个时代："这是人类以往从来没有经历过的一次最伟大的、进步的变革，是一个需要巨人并且产生了巨人的时代，那是一些在思维能力、激情和性格方面，在多才多艺和学识渊博方面的巨人。"[①] 这些人物都不同程度地体现了那种勇于冒险的时代特征。尤其突出的是，他们不仅仅是理论家、思想家，而且几乎全都置身时代运动中，在实际斗争中意气风发，站在这一方面或那一方面进行斗争，有人用舌和笔，有人用剑，有些人则两者并用。因此，他们具有成为全面的人的那种性格上的丰富和力量。

正是在这样一种历史条件下，现代自然科学在火与血的洗礼中诞生了。恩格斯指出，自然研究当时也在普遍的革命中发展着，而且它本身就是彻底革命的，因为它必须为争取自己的生存权利而斗争。自然研究同开创了近代哲学的意大利伟大人物携手并进，并使自己的殉道者被送到火刑场和宗教裁判所的牢狱。但是，自然科学的研究在当时也有自己的独立宣言，即哥白尼的《天体运行论》一书问世。哥白尼用这本著作向自然事物方面的教会权威提出了挑战，虽然它当时还有些胆怯，甚至

① 《马克思恩格斯文集》第9卷，人民出版社2009年版，第409页。

可以说直到临终之际才采取了这一行动。但是，自然科学便开始从神学中解放出来，大踏步地向前迈进，而且很有力量。

恩格斯指出，当时自然科学的发展尚处在收集材料阶段，与之相应的便产生了形而上学的自然观。因为，在自然科学刚刚开始的时期，主要工作是掌握现有的材料，其突出特征是形成了一种独特的总观点，其核心是自然界绝对不变的看法。在18世纪上半叶，发展得最充分、最成熟的部门是研究机械运动的力学，最常用的研究方法是对事物作分门别类研究的分析方法。由于人们把这种方法绝对化，习惯于把事物分解为各个独立部分而孤立地考察，于是就在哲学上产生形而上学的思维方法和自然观。这种观点认为自然界绝对不变，不管自然界的事物是怎样产生的，只要它一旦存在就永远如此。它只承认自然界在空间上的多样排列，而否认时间上的历史发展。形而上学和机械论的自然观在牛顿那里得到了集中体现，后来导致宗教神秘主义的错误。这个时期自然科学所达到的最高的普遍的思想，是关于自然界的安排的合目的性的思想。根据这种理论，猫被创造出来是为了吃老鼠，老鼠被创造出来是为了给猫吃，而整个自然界被创造出来是为了证明造物主的智慧。恩格斯说："哥白尼在这一时期之初向神学下了挑战书；牛顿却以神的第一推动这一假设结束了这个时期。"①

恰恰是自然科学的研究成果突破形而上学自然观，要求确立与之相适应的辩证法的自然观。恩格斯充分肯定了辩证唯物主义的哲学思想在加速形而上学的自然观的瓦解、唯物辩证法的自然观的产生和形成过程起了至关重要的作用。他从五个方面论述了18—19世纪自然科学取得的巨大成就在旧的形而上学自然观上所形成的突破口。其一，康德的"星云假说"在天文学领域给形而上学自然观打开了第一个突破口，说明自然界有自己发展的历史，有自己的运动规律，这是符合唯物主义和

① 《马克思恩格斯文集》第9卷，人民出版社2009年版，第413页。

辩证法原则的。其二，赖尔等人在地质学、古生物学领域里取得的研究成果给形而上学的自然观打开了第二个突破口，说明地球表面和各种生存条件的逐渐改变，直接导致有机体的逐渐改变和它们对变化着的环境的适应，导致物种的变异。其三，维勒等人在有机化学领域里取得的研究成果给形而上学自然观打开了第三个突破口，他们第一次用人工方法从无机物中合成有机物，用科学实验证明了适用于无机物的化学定律同样适用于有机物，有机物和无机物之间没有不可逾越的鸿沟，说明并不存在着任何超自然的“生命力”。其四，迈尔、焦耳等人在物理学领域里取得的研究成果给形而上学的自然观打开了第四个突破口，这就是能量守恒和转化定律的发现。其五，达尔文等人在生物学领域取得的研究成果给形而上学自然观打开了第五个突破口，说明整个有机界的发展史和单个机体的发展史之间存在着令人信服的一致。

恩格斯说：“新的自然观就其基本点来说已经完备：一切僵硬的东西溶解了，一切固定的东西消散了，一切被当做永恒存在的特殊的东西变成了转瞬即逝的东西，整个自然界被证明是在永恒的流动和循环中运动着。”[①] 这样似乎又回到古希腊人所创立的辩证法那里，不过两者之间有着本质的差别：“在希腊人那里是天才的直觉，在我们这里则是以实验为依据的严格科学的研究的结果，因而其形式更加明确得多。”[②] 用唯物辩证的自然观代替形而上学自然观已经成为一种历史的必然。

（二）自然界无限发展的辩证图景理论

恩格斯按照当时自然科学取得的最新成就，运用唯物辩证的观点，详细考察了自然界中包括从原始星云、地球到人类社会的产生和发展过程，为我们描绘出一幅自然界普遍联系和无限发展的辩证图景。

---

① 《马克思恩格斯文集》第 9 卷，人民出版社 2009 年版，第 418 页。
② 《马克思恩格斯文集》第 9 卷，人民出版社 2009 年版，第 418 页。

恩格斯运用当时公认为正确的康德——拉普拉斯星云假说，论述了恒星和星系的产生和发展的历史；说明随着天体温度的冷却，化学亲和性开始起作用，以前化学上没有区分的元素现在彼此在化学上区分开来，获得了化学性质，相互发生化合作用；经过复杂的演变过程，产生了生命，并最终产生了人。恩格斯运用了较大的篇幅论述了人类起源的问题。他认为，人也是由分化而产生的。就个体人来说，是从一个单独的卵细胞分化为自然界所产生的最复杂的有机体。就人类起源来说，经过多少万年的努力，手脚的分化，直立行走，最后终于确定下来，于是人和猿区别开来，于是奠定了分音节的语言的发展和人脑的巨大发展的基础，这种发展使人和猿之间的鸿沟从此不可逾越了。手的专门化意味着工具的出现，而工具意味着人所特有的活动，意味着人对自然界的改造，意味着生产。随着手的发展，头脑也一步一步发展起来，首先产生了对取得某些实际效益的条件的意识，而后产生对制约着这些条件的自然规律的理解。随着自然规律知识的迅速增加，人改造自然界的手段不断增加，能力不断增强。那么，随同人的产生和发展，我们进入了历史。动物也有一部历史，即动物的起源和逐渐发展到今天这样的状态的历史。但是对于动物来说，这部历史是被创造出来的，如果说动物也参与了创造，那也是不自觉和不自愿的。相反，人离开狭义的动物越远，就越是有意识地自己创造自己的历史，未能预见的作用、未能控制的力量对这一历史的影响越小，历史的结果和预定的目的就越加符合。如果用这个尺度来衡量人类的历史，甚至衡量现代最发达的民族的历史，我们就会发现：在这里，预定的目的和达到的结果之间还总是存在着极大的出入。我们在最先进的工业国家中已经降服了自然力，迫使它为人们服务，我们的生产能力大大提高，结果是过度劳动日益增加，群众日益贫困，每十年发生一次经济危机。因此，只有把生产资料归社会所有，建立起有计划地生产和分配的自觉的社会生产组织，才能在社会方面把人从其余的动物中提升出来，正像一般生产曾经在物种方面把人从其余的动物中提升出来一样。历史的发展使这种社会生产组织日益成为必要，也日益成为可能。一个新的历史时期将从这种社会生产组织开始，在这个时期中，人自身以及人的活动的一切方面尤其是自然科学，都将突飞猛进，使以往的一切都黯然失色。

恩格斯得出结论，一切产生出来的东西，都注定要灭亡。也许经过多少亿年，多少万代生了又死，死了又生。这是物质运动的一个永恒的循环。在这个循环中，最高发展的时间，即有机生命的时间，尤其是具有自我意识和自然界意识的人的生命的时间，如同生命和自我意识的活动空间一样，是极为有限的；在这个循环中，物质的每一有限的存在方式，都是暂时的，而且除了永恒变化着的、永恒运动着的物质及其运动和变化的规律以外，再没有什么永恒的东西了。恩格斯确信："物质在其一切变化中仍永远是物质，它的任何一个属性任何时候都不会丧失，因此，物质虽然必将以铁的必然性在地球上再次毁灭物质的最高的精华——思维着的精神，但在另外的地方和另一个时候又一定会以同样的铁的必然性把它重新产生出来。"①

（三）自然科学研究必须依靠辩证哲学指导理论

恩格斯详细阐述了自然科学的发展与辩证哲学的关系，强调辩证哲学对自然科学的发展有着重要作用，同时也强调自然科学家在研究自然科学的过程中一定会受到相关哲学的影响，哲学思维的正确与否往往决定着科学研究的成败。

恩格斯认为，自然科学的发展迫切要求运用理论思维对之进行概括和总结。他从批判杜林"大肆自我吹嘘却根本不值一提的体系"入手，说明当时德国理论界、学术界到处流行着"放肆的伪科学"，充斥着

① 《马克思恩格斯文集》第 9 卷，人民出版社 2009 年版，第 426 页。

“高超的胡说”；而自然科学家不论愿意与否，都不可抗拒地被迫关心理论上的一般结论；同时，每个从事理论研究的人也不可抗拒地被迫接受现代自然科学的成果。经验的自然研究已经积累了庞大数量的实证的知识材料，因而迫切需要在每一研究领域中系统地和依据其内在联系来整理这些材料；同样也迫切需要在各个知识领域之间确立正确的关系。于是，自然科学便进入理论领域，而在这里经验的方法不中用了，而只有理论思维才管用。“但是理论思维无非是才能方面的一种生来就有的素质。这种才能需要发展和培养，而为了进行这种培养，除了学习以往的哲学，直到现在还没有别的办法。”①

恩格斯指出，每一个时代的理论思维，包括我们这个时代的理论思维，都是一种历史的产物，它在不同的时代具有完全不同的形式，同样具有完全不同的内容。因此，关于思维的科学，也和其他各门科学一样，是一种历史的科学，是关于人的思维的历史发展的科学。首先，思维规律的理论并不像庸人的头脑所想象的那样，是一种一劳永逸地完成的“永恒真理”，而是一种发展过程，经历了多个发展阶段，呈现不同的发展形态。而对于现今的自然科学来说，辩证法恰好是最重要的思维形式，因为只有辩证法才为自然界中出现的发展过程，为各种普遍的联系，为一个研究领域向另一个研究领域过渡提供类比，从而提供说明方法。其次，认识人的思维的历史发展过程，认识不同时代所出现的关于外部世界的普遍联系的各种见解，对理论自然科学来说也是必要的，因为这种认识可以为理论自然科学提出的理论提供一种尺度。然而，在理论自然科学中，往往非常明显地暴露出其缺乏哲学史的认识。恩格斯说了一段非常著名的话：“一个民族要想站在科学的最高峰，就一刻也不能没有理论思维。”② 可是，正当自然过程的辩证性质以不可抗拒的力

① 《马克思恩格斯文集》第 9 卷，人民出版社 2009 年版，第 435—436 页。
② 《马克思恩格斯文集》第 9 卷，人民出版社 2009 年版，第 437 页。

量迫使人们承认它，只有辩证法能够帮助自然科学战胜理论困难的时候，人们却把辩证法同黑格尔派一起抛进大海，因而又无可奈何地陷入旧的形而上学。最终的结果是理论思维现在处处表现出杂乱无章。而这种杂乱无章又严重地影响着自然科学家，并且现今流行的所谓哲学又决不可能使他们找到出路。“在这里，既然没有别的出路，既然无法找到明晰思路，也就只好以这种或那种形式从形而上学思维向辩证思维复归。”①

恩格斯研究了两种形态的辩证法，即古代希腊朴素辩证法和黑格尔唯心主义辩证法。古代希腊辩证法是以原始的朴素的形式出现的。它把自然界当作整体的、从总体上进行观察的对象，但没有在细节上证明自然现象总的联系。这是希腊哲学的缺陷所在，也是希腊哲学比它以后的所有形而上学对手高明之处。这就是我们在哲学上以及在其他许多领域中不得不一再回到这个小民族的成就上来的原因之一，这个民族的无所不包的才能和活动使他们在人类发展史上享有任何其他民族都不能企求的地位。另一个原因是在希腊哲学的多种多样的形式中，几乎可以发现以后所有看法的胚胎、萌芽，因此，理论自然科学要想追溯它的今天的各种一般原理的形成史和发展史，也不得不回到希腊人那里去。黑格尔的辩证法是从完全错误的出发点阐发的，认为精神、思维、观念是本原的东西，而现实世界只是观念的摹写。因此，学习黑格尔的辩证法，决不是要捍卫其出发点，也不是要保持黑格尔体系的独断的内容，而是要进行批判的改造工作。“必须把它倒过来，以便发现神秘外壳中的合理内核”。

在研究两种形态的辩证法的基础上，恩格斯进一步从理论上阐明自然科学家一定要受到哲学的支配。当时不少自然科学家相信，只有忽视哲学或侮辱哲学，才能从哲学的束缚中解放出来。他们一味吹捧经验，

---

① 《马克思恩格斯文集》第9卷，人民出版社2009年版，第438页。

极端蔑视理论思维，出现了所谓神灵世界各种各样荒唐的东西。恩格斯列举了大量的事例说明，“这里已经看得一清二楚，究竟什么是从自然科学走向神秘主义的最可靠的道路。这并不是过度滋蔓的自然哲学理论，而是蔑视一切理论、怀疑一切思维的最肤浅的经验。”[①] 证明神灵存在的并不是那种先验的必然性，而是某种经验的观察。实际上，蔑视辩证法是不能不受到惩罚的。对一切理论思维尽可以表示那么多的轻视，可是没有理论思维，的确无法使自然界中的两件事实联系起来，或者洞察二者之间的既有的联系。在这里，问题只在于思维正确或不正确，而轻视理论显然是自然主义地进行思维，因而是错误地进行思维的最可靠的道路。但是，根据一个自古就为人们所熟知的辩证法规律，错误的思维贯彻到底，必然走向出发点的反面。所以，经验主义者蔑视辩证法便受到惩罚：连某些最清醒的经验主义者也陷入最荒唐的迷信中，陷入现代唯灵论中去了。这样看来，经验要摆脱降神者的纠缠，就不得不借助于理论的思考，而不再依靠经验性的实验。

恩格斯指出：“自然科学家尽管可以采取他们所愿意采取的态度，他们还得受哲学的支配。问题只在于：他们是愿意受某种蹩脚的时髦哲学的支配，还是愿意受某种建立在通晓思维历史及其成就的基础上的理论思维形式的支配。”“而那些对哲学家辱骂得最厉害的人恰好成了最蹩脚的哲学家的最蹩脚的庸俗残渣的奴隶。”[②] 只有当自然科学接受了辩证法的时候，才能摆脱旧哲学的羁绊而走上蓬勃发展的康庄大道。

（四）辩证法基本规律理论

恩格斯以丰富的自然科学材料，论述了唯物辩证法的一般性质和基本规律，并考察了辩证法的几对重要范畴，为研究自然界提供了科学方法。

① 《马克思恩格斯文集》第9卷，人民出版社2009年版，第451页。
② 《马克思恩格斯文集》第9卷，人民出版社2009年版，第460页。

恩格斯全面阐述辩证法的三大基本规律，说明辩证法的基本规律对自然科学来说是充分有效的。恩格斯指出："辩证法的规律是从自然界的历史和人类社会的历史中抽象出来的。辩证法的规律无非是历史发展的这两个方面和思维本身的最一般的规律。"[①] 由此可见，辩证法的基本规律是对自然界、人类社会和人的思维最一般规律的概括和总结。包含三个基本规律：量转化为质和质转化为量的规律、对立面的相互渗透的规律、否定之否定的规律。然而，所有这三个规律都曾经被黑格尔按照其唯心主义的方式当作纯粹的思维规律而加以阐明。黑格尔的错误在于，这些规律是作为思维规律强加于自然界和历史的，而不是从它们中推导出来的。由此就产生了整个牵强并且常常是令人震惊的结构：世界，不管它愿意与否，必须适应于某种思想体系，而这种思想体系本身又只是人类思维的某一特定发展阶段的产物。如果我们把事情顺过来，那么一切都会变得很简单，在唯心主义哲学中显得极端神秘的辩证法规律就会立即变得简单而朗若白昼了。恩格斯从唯物论的立场出发，批判地改造了黑格尔的哲学，全面阐述了唯物主义辩证法的三大基本规律。

首先，详细阐述了质量互变规律。恩格斯把此规律表述为："在自然界中，质的变化——在每一个别场合都是按照各自的严格确定的方式进行的——只有通过物质或运动（所谓能）的量的增加或减少才能发生。"[②] 自然界中一切质的差别，或是基于不同的化学构成，或是基于运动的不同的量或不同的形式，或同时基于这两者。所以，没有物质或运动的增加或减少，即没有有关物体的量的变化，是不可能改变这个物体的质的。对于有生命的物体，这个规律也适用，但它是在非常复杂的条件下起作用的，而且现在我们还往往无法进行量的测定。针对有的人诽谤质量互变规律是神秘主义和不可理解的先验主义，恩格斯针锋相对

① 《马克思恩格斯文集》第 9 卷，人民出版社 2009 年版，第 463 页。
② 《马克思恩格斯文集》第 9 卷，人民出版社 2009 年版，第 464 页。

地指出："第一次把自然界、社会和思维的发展的一个一般规律以其普遍适用的形式表述出来，这毕竟是一项具有世界历史意义的勋业。"①

其次，论述了否定之否定规律。恩格斯指出："在历史上进步表现为现存事物的否定"②。他多次引述黑格尔著作中有关否定之否定的论点，如自相矛盾的东西，不是化为零，不是化为抽象的无，而是化为对自己的特定内容的否定；当鲜花开放时蓓蕾消失了，也可以说，蓓蕾被花推翻了；同样，当果实出现时，可以说花是植物的虚假的存在，而果实作为植物的真实取代了花。这些论断已在《反杜林论》中得到系统而全面的阐发。

最后，论述了对立统一规律。恩格斯认为，矛盾双方互以对方作为自己存在的条件，而且在一定条件下可以相互转化。从这个意义上说，绝对分明和固定不变的界限是不存在的。"辩证的思维方法同样不承认什么僵硬和固定的界限，不承认什么普遍绝对有效的'非此即彼!'，它使固定的形而上学的差异互相转移，除了'非此即彼!'，又在恰当的地方承认'亦此亦彼!'，并使对立的各方相互联系起来；这样的辩证思维方法是唯一在最高程度上适合于自然观的这一发展阶段的思维方法。"③矛盾是普遍存在的，但在不同领域中矛盾的表现又是特殊的。例如部分与整体的矛盾、简单与复合的矛盾，曾在无机界是适用的，但在有机界中却失去了意义，变得越来越不够了。

恩格斯分析了客观辩证法与主观辩证法的区别和联系，指出："所谓的客观辩证法是在整个自然界中起支配作用的，而所谓的主观辩证法，即辩证的思维，不过是在自然界中到处发生作用的、对立中的运动的反映，这些对立通过自身的不断的斗争和最终的互相转化或向更高形

---

① 《马克思恩格斯文集》第 9 卷，人民出版社 2009 年版，第 469 页。
② 《马克思恩格斯文集》第 9 卷，人民出版社 2009 年版，第 470 页。
③ 《马克思恩格斯文集》第 9 卷，人民出版社 2009 年版，第 471 页。

式的转化，来制约自然界的生活。”[①] 这就是说，主观辩证法是客观辩证法的反映，主观辩证法和客观辩证法相互作用、相互影响、相互转化，展示为无限发展的过程。

恩格斯进一步提出辩证思维方法的基本特征。辩证法是和形而上学对立的，是关于普遍联系和永恒发展的科学，辩证的思维方法同样不承认什么僵硬和固定的界限。它不像形而上学那样在绝对的对立中思维，而是在区别中看到联系，在对立中看到统一。它不仅“非此即彼”，即承认事物之间的区别，而且也承认“亦此亦彼”，即承认事物之间的联系。因此，辩证思维方法是唯一在最高程度上适合于自然观的这一发展阶段的思维方法。恩格斯运用辩证思维方法，探讨了同一性和差异性、偶然性和必然性、原因和结果等重要的哲学范畴。

恩格斯特别重视认识的辩证法，认为自然界和精神是统一的，思维规律与自然规律也是统一的，它们统一的基础是人们改造自然的实践。人类对自然的认识是一个过程，“人的全部认识是沿着一条错综复杂的曲线发展的”[②]。虽然自然界是可认识的，人们也有能力去认识它，但是“我们只能在我们时代的条件下去认识，而且这些条件达到什么程度，我们就认识到什么程度”[③]。随着时代和实践的向前发展和条件的不断变化，人们的认识也将相应地不断地深入发展。

（五）从自然界向人类社会过渡的辩证法理论

恩格斯在《自然辩证法》的最后部分专门分析有关人类起源的问题，从而把自然辩证法由分析自然界的辩证法转到分析人类起源和人类社会的辩证法。

---

① 《马克思恩格斯文集》第 9 卷，人民出版社 2009 年版，第 470 页。
② 《马克思恩格斯文集》第 9 卷，人民出版社 2009 年版，第 493 页。
③ 《马克思恩格斯文集》第 9 卷，人民出版社 2009 年版，第 494 页。

恩格斯强调，劳动是从猿转变到人的根本条件，第一次提出“劳动创造人类”的著名论断，从而解决了达尔文未能解决的关于人类如何演化而来的大问题。他指出，政治经济学家说：劳动是一切财富的源泉。其实，劳动和自然界在一起才是一切财富的源泉，自然界为劳动提供材料，劳动把材料转变为财富。但是劳动的作用还远不止于此。劳动是整个人类生活的第一个基本条件，而且达到这样的程度，以至于我们在某种意义上不得不说：劳动创造了人本身。

恩格斯运用丰富的历史资料和合理的逻辑推理，给我们描绘出由猿到人的转变过程。在好几十万年以前，在热带的某个地方，生活着一个异常高度发达的类人猿的种属。由于把在攀援时出现手和脚分工的生活方式带到平地上来，使他们越来越习惯于以直立姿势行走。由此就迈出了从猿过渡到人的具有决定意义的一步：手变得自由了，并能不断掌握新的技能，而由此获得的更大的灵活性便遗传下来，并且一代一代地增加着。所以，手不仅是劳动的器官，而且还是劳动的产物。只是由于劳动，由于总是要去适应新的动作，由此引起的肌肉、韧带以及经过更长的时间引起的骨骼的特殊发育遗传下来，而且由于这些遗传下来的灵巧性不断以新的方式应用于新的越来越复杂的动作，人的手才达到这样高度的完善，以致像施魔法一样产生了拉斐尔的绘画、托瓦森的雕刻和帕格尼尼的音乐。

按照达尔文所称的生长相关律，手的发展必然对机体的其他的部分产生影响。一方面，随着手的发展，随着劳动而开始的人对自然的支配，扩大了人的眼界，加深了人对自然现象的认识。另一方面，劳动的发展必然促使社会成员更加紧密地互相结合起来，互相支持和共同协作的场合增多了。一句话，这些正在生成中的人已经达到彼此间不得不说些什么的地步了。需要也就造成了自己的器官：猿类的不发达的喉头，由于音调的抑扬顿挫的不断加多，缓慢地然而肯定地得到改造，而口部的器官也逐渐学会发出一个接一个的清晰的音节。恩格斯说："首先是劳动，然后是语言和劳动一起，成了两个最主要的推动力，在它们的影响下，猿脑就逐渐地过渡到人脑"①。随着脑的进一步发育，脑的最密切的工具，即感觉器官也进一步发育起来。正如语言的逐渐发展必然伴随有听觉器官的相应的完善化一样，脑的发育也总是伴随着所有感觉器官的完善化。鹰比人看得远得多，但是人的眼睛识别东西远胜于鹰。狗比人具有敏锐得多的嗅觉，但是它连被人当作各种物的特定标志的不同气味的1%也辨别不出来。至于触觉，在猿类中刚刚处于最原始的萌芽状态，只是由于劳动才随着人手本身而一同形成。同时，脑和为它服务的感官、越来越清楚的意识以及抽象能力和推理能力的发展，又反作用于劳动和语言，为这二者的进一步发展不断提供新的推动力。

恩格斯从人类演化进程的角度提出，劳动也是人类社会区别于猿群的基本特征。经过几十万年的演化过程，人类社会终于出现了。"人类社会区别于猿群的特征在我们看来又是什么呢？是劳动。"② 猿群没有劳动。猿群仅仅利用外部自然界，满足于把自己占得的觅食地区的食物吃光；为了获得新的觅食地区，它们进行迁徙和战斗，但除了无意中用自己的粪便肥沃土地以外，没有能力从觅食地区索取比自然界的赐予更多的东西；它们对待食物非常浪费，并且常常毁掉还处在胚胎状态中的食物。然而，动物的这种"掠夺行为"在物种的进化过程中起了重要作用，因为这种行为强迫动物去适应不同于惯用食物的食物，其血液就获得了和过去不同的化学成分，整个身体的结构也渐渐变得不同了，而从前某个时候固定下来的物种也就灭绝了。总之，就是食物越来越多样化，随之摄入身体内的物质，即向人转变的化学条件，也越来越多样化。但是，这一切还不是真正的劳动。

① 《马克思恩格斯文集》第9卷，人民出版社2009年版，第554页。
② 《马克思恩格斯文集》第9卷，人民出版社2009年版，第555页。

恩格斯明确指出，劳动是从制造工具开始的。我们发现的最古老的工具是打猎的工具和捕鱼的工具，而前者同时又是武器。但是打猎和捕鱼的前提是从只吃植物过渡到同时也吃肉，而这又是转变成人的重要的一步。肉类食物为人提供了身体的新陈代谢所必需的各种最重要的物质，大大缩短了消化过程，提高了各方面的能力。“这种正在生成中的人离植物界越远，他超出动物界的程度也就越高。”① 最重要的是，肉食为人脑的本身的发育提供了更多营养和发展所必需的物质，因而它能够一代一代更迅速更完善地发育起来。肉食还引起两个新的有决定意义的进步，即火的使用和动物的驯养。前者更加缩短了消化过程，因为它为人提供了可说是已经半消化了的食物；后者使肉食更加丰富起来，因为它在打猎之外开辟了新的更经常性的肉食来源。这样对于人来说，这两种进步就直接成为新的解放的手段。

劳动作为满足人类需要的基本手段，构成人类社会的基础。劳动本身经过一代又一代变得更加不同、更加完善和更加多方面了。除打猎和畜牧外，又有了农业，农业之后又有了纺纱、织布、冶金、制陶和航海。伴随着商业和手工业，最后出现了艺术和科学；从部落发展成了民族和国家；法和政治发展起来了；宗教作为人间事物在人的头脑中的虚幻反映，也发展起来了；由于对作为劳动的手和头脑的作用的认识的颠倒，人们已经习惯于用他们的思维而不是用他们的需要来解释他们的行为，便产生了唯心主义世界观。这种世界观到现在还非常有力地统治着人的头脑，甚至达尔文学派的唯物主义自然科学家们对于人类的产生也不能提出明确的看法，因为他们认识不到劳动在这中间所起的作用。“动物仅仅利用外部自然界，简单地通过自身的存在在自然界中引起变化；而人则通过他所作出的改变来使自然界为自己的目的服务，来支配自然界。这便是人同其他动物的最终的本质的差别，而造成这一差别的

① 《马克思恩格斯文集》第9卷，人民出版社2009年版，第556页。

又是劳动。”[①]

恩格斯强调，人类的劳动要尊重自然界的规律，正确运用自然规律。他指出，虽然劳动使人类从动物界提升上来，在实践中逐渐认识和应用了自然规律，并积累了向自然界作斗争的经验和知识，“但是我们不要过分陶醉于我们人类对自然界的胜利。对于每一次这样的胜利，自然界都对我们进行报复。每一次胜利，起初确实取得了我们预期的结果，但是往后和再往后却发生完全不同的、出乎预料的影响，常常把最初的结果又消除了”[②]。如美索不达米亚、希腊、小亚细亚的居民，为了得到耕地，毁灭了森林，但是他们做梦也想不到，这些地方今天竟因此而成为不毛之地，因为他们使这些地方失去了森林，也就失去了水分的积聚中心和贮藏库。因此，我们必须逐步学会比较正确地理解自然规律，并学会估计我们对自然界的改造所带来的较近的或较远的影响。

恩格斯指出，如果说我们需要经过几千年的劳动才多少学会估计我们的生产行为和较远的自然方面的影响，那么我们想学会预见这些行为的较远的社会方面的影响就更加困难得多了。现实生活中人们的出发点与结果相背离的例子太多了。特别是在17世纪和18世纪，人们制造蒸汽机是为了减轻劳动强度，提高劳动生产率，增加社会财富；但是，在欧洲却由于财富集中在少数人一边，而另一边的绝大多数人则一无所有，起初使资产阶级赢得社会的和政治的统治，尔后使资产阶级和无产阶级之间发生阶级斗争，而这一阶级斗争的结局只能是资产阶级的垮台和一切阶级对立的消灭。但是，就是在这一领域中，我们也经过长期的、往往是痛苦的经验，经过对历史材料的比较和研究，渐渐学会了认清我们的生产活动的间接的、较远的社会方面的影响，从而有可能去控制和调节这些影响。但是，要实行这种调节，仅仅有认识还是不够的。

---

① 《马克思恩格斯文集》第9卷，人民出版社2009年版，第559页。

② 《马克思恩格斯文集》第9卷，人民出版社2009年版，第559—560页。

“为此需要对我们的直到目前为止的生产方式，以及同这种生产方式一起对我们的现今的整个社会制度实行完全的变革”①，建立理想的共产主义的社会制度，人类才能实现从必然王国到自由王国的飞跃，才能在社会关系方面把人从其余的动物中提升出来，正像生产曾经在物种方面把人从其余的动物中提升出来一样。

恩格斯由此阐明了从自然界到人类社会的过渡，阐明了从自然界的辩证法到社会历史辩证法的过渡，从而阐明了从自然科学到社会科学的过渡，从自然科学的辩证法到社会科学的辩证法的过渡，并把辩证唯物主义的自然观与辩证唯物主义的历史观有机地结合起来，把自然科学与社会科学紧密地联系起来。正是通过《自然辩证法》与《家庭、私有制和国家的起源》《资本论》有机地衔接起来，充分表达了马克思主义理论体系中自然观与历史观的结合与联系。

三、当代启示和重要意义

自然辩证法的创立，是人类自然观、自然科学方法论和科学技术发展中的划时代的变革。今天重读恩格斯的《自然辩证法》依然会有许多新的感受和启迪。

（一）树立辩证唯物主义的自然观和科学技术观

通过学习和阅读《自然辩证法》可以使我们深刻地意识到，马克思、恩格斯正是树立了辩证唯物主义的自然观和科学技术观，才为马克思主义奠定了坚实的自然科学基础。在自然观方面，马克思、恩格斯克服了古代自然观由于缺乏科学认识基础所造成的直观、感性的局限性，吸取了古代自然哲学关于自然界运动、发展和整体联系的思想，以近代

① 《马克思恩格斯文集》第9卷，人民出版社2009年版，第561页。

自然科学对自然界认识的最新成就为依据，批判了形而上学和机械论，深刻揭示了自然界本身发展的辩证法，从而建立了一种反映自然界本来面目、符合自然科学发展需要的辩证唯物主义自然观。辩证唯物主义自然观的产生，标志着从古代的辩证思维到近代的形而上学思维再发展到现代辩证思维的否定之否定过程的完成。

在科学认识论和方法论方面，马克思、恩格斯克服了培根经验论中的形而上学的缺陷和笛卡儿唯理论中的唯心主义倾向，把他们的归纳法和演绎法辩证地结合起来；批判了康德的“先验论”和黑格尔的“理念论”的唯心主义观点，并对他们尤其是黑格尔关于思维的能动作用的观点加以唯物主义的改造；第一次把社会实践放到认识论和方法论的首要地位，阐述了在实践基础上科学认识发展的辩证法，从而创立了辩证唯物主义的科学认识论和科学方法论。

在科学技术观方面，马克思、恩格斯不仅深刻揭示了科学技术自身发展的内在逻辑，而且把科学技术的发展作为一种社会现象来考察，并由此提出了许多崭新的思想：自然科学属于一般社会生产力的范畴；科学技术进入生产过程就能转变为直接的生产力；社会实践的需要，首先是经济、生产的需要，是科学技术发展的基本动力；科学技术又是推动社会历史前进的革命力量。这样，就把辩证唯物主义和历史唯物主义贯穿于对科学技术的认识之中，深刻地揭示了科学技术的实质及其发展的辩证规律，创造了崭新的马克思主义的科学技术观。

（二）哲学的发展离不开自然科学，自然科学的发展需要哲学

辩证唯物主义作为适用于自然界、社会和人类思维的最一般的发展规律的科学，是在自然科学对自然界的认识、社会科学对社会的认识和思维科学对思维的认识的基础上总结和概括出来的，它也必须随着这些科学的发展不断丰富、更新自己的内容并改变自己的形态。哲学是时代

精神的精华。马克思主义哲学要充分体现时代的精神，就必须从当代迅速发展的自然科学中汲取营养，也就必须重视自然辩证法的研究，这是显而易见的。如果自然辩证法的研究被冷落，马克思主义哲学联系科学技术的纽带就会被阻断，哲学的发展就会失去其最重要的基础之一，也就难以摆脱陷于贫困的危机。

恩格斯早就指出："一个民族要想登上科学的高峰，究竟是不能离开理论思维的。"① 在科学发展的过程中，哲学的促进作用就更为明显。哲学可以启迪科学家的思维，开阔科学家的思路，为科学研究提供科学的世界观和方法论。如果说用唯物辩证法武装我们科学家的头脑，使之变得更加高明，对于推动我国科学技术的发展是十分重要的；那么，以唯物辩证法为指导，真正在切实掌握科学技术发展客观规律的基础上制定国家层面发展科学技术的方针和政策就更为重要。因为，对于一个国家来说，这种方针政策的指导是否正确将从根本上决定科学家个人努力的成败。自然辩证法对科学技术观的研究，可以为科学技术方针政策的制定、科学技术发展的规划、科学技术工作的领导和管理提供科学基础，其重要性正日益突出。

（三）坚持全面、协调、可持续的发展观

辩证唯物主义的自然观认为，自然界的事物相互依存、普遍联系，构成一个统一整体，并处于永无休止的演化和发展过程中。自然环境创造了人，人也创造自然环境。人是自然链条中的重要环节。恩格斯在《自然辩证法》一书中曾深刻地警告我们："不要过分陶醉于我们人类对自然界的胜利。对于每一次这样的胜利，自然界都对我们进行报复。每一次胜利，起初确实取得了我们预期的结果，但是往后和再往后却发生

① 《马克思恩格斯选集》第 4 卷，人民出版社 1995 年版，第 285 页。

完全不同的、出乎预料的影响，常常把最初的结果又消除了。”[1] 对自然界的过分索取和各种主观随意性及短期行为，破坏了自然界自身的调节机制，使人类遭到自然界的一系列报复。20 世纪中叶以来，人口的爆炸式增长与各种自然资源日益减少之间的矛盾日趋尖锐，粮食短缺、“水荒”迭起、环境质量日益恶化、生态失衡、沙化蔓延、自然灾害频繁等等，对人类的生存发展造成严重威胁。

人类要生存、要发展，就是要协调人与自然的关系，建设生态文明，实施可持续发展战略，这是自然、社会和人类持续健康发展的迫切要求。可持续发展战略应该以生态的可持续发展为前提，以经济的可持续发展为基础，以提高人类生活质量、实现人的全面发展和社会的全面进步为最高目标。因此，我们通过学习马克思主义辩证唯物主义自然观，提高实施可持续发展战略的自觉性，牢固树立环境忧患意识，强化环境保护观念，按照生态发展规律开发利用自然资源，在中国式现代化建设中坚持经济效益、社会效益和生态环境效益的有机统一，更加自觉地树立和落实以人为本、全面、协调、可持续的科学发展观。

---

① 《马克思恩格斯选集》第 4 卷，人民出版社 1995 年版，第 383 页。

马克思、恩格斯：历史唯物主义书信导读

马克思、恩格斯的书信是其著作的重要组成部分。这些书信既包括马克思和恩格斯之间的通信，也包括他们和其他人之间的通信。马克思、恩格斯以书信的形式，探讨了一系列重要的理论问题，回答了人们对其理论的疑惑，也深化了一些基本理论的研究。列宁曾经指出，这些通信的科学价值和政治价值是非常大的。不仅马克思和恩格斯在这些通信里使读者可以特别明显地了解他们的全貌，而且马克思主义的极其丰富的理论内容也阐述得非常清楚，因为马克思和恩格斯在通信中一再地谈到他们学说的各个方面，强调并且说明了——有时是共同讨论和互相说服——最新的（就对先前的观点来说）、最重要的和最困难的问题。马克思、恩格斯的这些书信，以简明的语言、灵活的方式，总结了无产阶级革命实践的新鲜经验，概括了同形形色色错误思想进行斗争的理论成果，阐述和发展了历史唯物主义的基本原理。因而，在马克思主义哲学发展史上，这些书信占有特殊重要的地位，是马克思主义理论宝库中的珍宝。

我们精选了马克思关于历史唯物主义的两封书信，即《致帕・瓦・安年柯夫（1846 年 12 月 28 日）》和《致约・魏德迈（1852 年 3 月 5 日）》，恩格斯关于历史唯物主义的三封书信，即《致约瑟夫・布洛赫（1890 年 9 月 21 [—22] 日）》《致康・施米特（1890 年 10 月 27 日）》《致瓦・博尔吉乌斯（1894 年 1 月 25 日）》和大家一起学习。

一、马克思关于历史唯物主义的两封书信

马克思在这两封信中，系统论述了历史唯物主义的基本原理。第一

封信着重论述社会基本矛盾理论；第二封信则着重论述了阶级和阶级斗争理论。

（一）历史背景和写作原因

先来谈谈马克思致安年柯夫的信的写作背景和写作原因。帕维尔·瓦西里耶维奇·安年柯夫（1812—1887 年）是俄国的一个自由派作家。他多次游历欧洲，与马克思相识。他曾向俄国读者介绍过蒲鲁东等法国小资产阶级改良主义者的思想。皮埃尔·约瑟夫·蒲鲁东（1809—1865 年）是法国小资产阶级思想家，无政府主义的创始人之一。他出生在一个农民兼手工业者家庭里。由于受资本主义大工业的冲击，家庭手工业破产，从 12 岁起就被迫独立谋生。这种经历使他痛恨资本主义剥削制度，同情穷人的疾苦，并参加了工人运动。1848 年当选为法国国会议员。由于发表激烈的革命言论，曾被捕入狱；后又因反对教会而被驱逐出法国。在欧洲近代革命史上，曾经是个轰动一时的人物。1840 年，他出版第一本理论著作《什么是财产?》，尖锐批判了私有财产，提出“财产就是盗窃”的名言，获得了很大的声望。但是，由于他是从法权关系即财产在法律上的表现来研究财产问题，因此不可能真正把握私有财产的本质。1846 年，他又出版《贫困的哲学》（全名《经济矛盾的体系——贫困的哲学》）一书，集中反映了当时小生产者的改良主义思想。他认为，资本主义经济体系是一种制造贫困的哲学，是不符合“人类普遍理性”的。为了解决经济矛盾的体系所造成的贫困，他借助于黑格尔的唯心主义，臆造出一套政治经济学的范畴体系，如分工、机器、竞争、垄断、捐税、贸易平衡、信贷、所有制、共产主义、人口等，并把每一个范畴都说成是既有“好的”一面，又有“坏的”一面；只要对这些范畴进行某些调整和改造，消除其“坏的”一面，保留其“好的”一面，便可以消除资本主义的弊病，实现社会的改造，建立起公平合理的、符合“人类普遍理性”的社会。正是基于这样一种改良主义立场，他公开表示反对用革命手段来建立新的社会制度，特别是反对工人阶级的政治斗争，反对无产阶级革命和无产阶级专政。毫无疑问，蒲鲁东主义在法国工人运动中产生了很坏的影响。1846 年 11 月，安年柯夫给马克思写信，谈对蒲鲁东的《贫困的哲学》一书的看法，并征求马克思的意见。马克思于 1846 年 12 月 28 日写了这封回信，对蒲鲁东社会改良主义思想和唯心史观的哲学基础进行了严肃的批判。1847 年，马克思又写成著名的《哲学的贫困》一书，进一步对蒲鲁东主义进行了清算。

魏德迈（1818—1866 年）出生于德国，是一位杰出的工人运动活动家，马克思、恩格斯的忠实朋友。1847 年参加共产主义者同盟，积极参加了 1848 年德国民主革命。革命失败后流亡美国，同马克思、恩格斯保持着密切的通信联系。针对当时在美国的德国小资产阶级思想家对马克思主义阶级斗争学说的攻击，他于 1852 年 1 月 29 日在《纽约民主主义者报》上发表批判文章。马克思看到这篇文章后，于 3 月 5 日写了这封著名的回信。马克思在信中高度评价了魏德迈的文章，称赞其“写得既泼辣又细腻，这种巧妙的结合称得上是名副其实的论战”，并全面阐述了关于阶级和阶级斗争问题的基本观点。

（二）逻辑结构和主要内容

马克思在致安年柯夫的中，通过对蒲鲁东唯心史观和经济理论的批判，系统论述了历史唯物主义的基本原理。特别着重论述了生产力是人类全部历史的基础，生产力决定生产关系，并最终决定包括上层建筑在内的整个社会关系的原理，说明社会历史的发展是具有客观规律的自然历史过程。马克思在致魏德迈的信中，主要论述关于阶级和阶级斗争的理论，阐明其存在、发展和消灭的条件和规律，构建起马克思主义阶级和阶级斗争的理论框架。

1. 社会是基于人们交互活动而形成的客观存在的有机整体理论

马克思为了阐明唯物史观关于社会历史本质的看法，揭示社会发展的最终决定力量和客观发展规律，在信中首先说明什么是社会：社会——不管其形式如何——是“人们交互活动的产物”，即人们在现实的实践活动中所形成的相互联系、相互依存的有机整体，这个有机整体具有自己的要素和结构。马克思说：“在人们的生产力发展的一定状况下，就会有一定的交换和消费形式。在生产、交换和消费发展的一定阶段上，就会有相应的社会制度、相应的家庭、等级或阶级组织，一句话，就会有相应的市民社会。有一定的市民社会，就会有不过是市民社会的正式表现的相应的政治国家。”① 这里所说的“交换和消费的形式”，以及后面提到的“交往方式”等，是马克思和恩格斯在创立唯物史观过程中用来表达“生产关系”概念内容的替代性概念。从 1847 年 7 月出版的《哲学的贫困》开始，马克思逐步使用更加规范的“生产关系”概念。这里所说的“市民社会”，其本来的含义是指一个社会的财产关系或经济关系的总和，也就是后来正式确定的“经济基础”的替代性概念。这里所说的“政治国家”，是指政治和法律制度等上层建筑。由此，马克思完整地勾画出社会有机体的要素和结构。社会有机体的基本要素是：生产力、生产关系、经济基础、上层建筑；基本要素的结构是：生产力是社会有机体的最基础的要素，并对社会发展起着最终的决定作用；生产力发展的一定状况，决定着与之相适应的生产关系，有什么样的生产力就有什么样的生产关系。建立在一定生产力基础上的生产关系的总和构成一定社会的经济基础；有什么样的经济基础，就相应地有什么样的上层建筑以及其他各种社会形式。正因为社会有机体具有自己的要素、结构和发展规律，因此，人们不能自由选择社会形式。

---

① 《马克思恩格斯选集》第 4 卷，人民出版社 1995 年版，第 532 页。

2. 生产力是人类“全部历史的基础”和社会发展根本动力理论

马克思进一步论述了在社会有机体中，生产力是人类全部历史的基础，说明人们不能自由选择自己的生产力。

第一，生产力是一种既得的客观物质力量，是人们进行历史活动的前提和出发点。生产力是人们改造自然的实践能力，是人类以往活动的产物；它的客观性，不仅表现在它是由劳动资料、劳动对象和劳动者等物质要素构成的，更重要的在于它是一种不以人们意志为转移的既得的物质力量。“任何生产力都是一种既得的力量，是以往的活动的产物”①。任何时代的人当其走上历史舞台时，都会遇到前人所创造的既得的生产力，人们只能以此为前提和出发点，并在此基础上开展自己的创造活动。生产力的这种客观性质，决定着人们所从事的一切历史活动都要受到一定的生产力发展状况的制约，而不可能脱离这一客观条件而凭主观愿望进行。

第二，生产力发展的继承性是形成人类历史发展过程的连贯性的客观基础。人类社会的发展过程就是物质资料生产的发展过程；而人们所进行的物质资料的生产总是要从已有的生产力出发，在继承前人生产力的基础上不断把生产力提高到新的水平。正是由于生产力发展的这种世代相继的性质，“就形成人们的历史中的联系，就形成人类的历史，这个历史随着人们的生产力以及人们的社会关系的越益发展而越益成为人类的历史”②，即基于生产力的发展的历史继承关系而形成的人们世代相传而又广泛联系的世界历史过程。

第三，由生产力所决定的生产关系是一切社会关系的物质基础。马克思针对蒲鲁东的唯心史观指出：“人们的社会历史始终只是他们的个

① 《马克思恩格斯选集》第 4 卷，人民出版社 1995 年版，第 532 页。
② 《马克思恩格斯选集》第 4 卷，人民出版社 1995 年版，第 532 页。

体发展的历史，而不管他们是否意识到这一点。”① 就是说，人类的历史是和个人分不开的，社会历史始终是人们自己的历史，而不是如蒲鲁东所说的那样与个人“毫不相干”，更不是什么“普遍理性的自我表现”。但是，这里所说的个人，并不是抽象的孤立的个人，而是处于一定社会关系中的具体的历史的个人，人们之间的种种社会关系，是以一定的物质关系为基础的，而这种物质关系又是由一定的生产力所决定的。因此，社会历史的发展虽然离不开有目的有意识的人的活动，但它又是一个不以人的意志为转移的客观历史过程。在社会历史发展过程中，生产力决定生产关系并最终决定人们的一切社会关系，从而成为人们全部历史的基础。

马克思以欧洲从封建社会向资本主义社会转变的过程为例，说明正是随着生产力的发展，生产力与生产关系的矛盾运动推动着社会经济形态的变革，从而引起社会革命。因为，社会革命的最根本的原因在于生产力的进一步发展，要求打破束缚其发展的旧的生产关系。马克思说：“人们永远不会放弃他们已经获得的东西，然而这并不是说，他们永远不会放弃他们在其中获得一定生产力的那种社会形式。恰恰相反。为了不致丧失已经取得的成果，为了不致失掉文明的果实，人们在他们的交往方式不再适合于既得的生产力时，就不得不改变他们继承下来的一切社会形式。”② 随着生产力的发展必然导致生产关系的改变，生产关系具有暂时的和历史的性质。人们在生产中结成的物质关系即生产关系尽管是“他们的一切关系的基础”，但它只是人们生产活动借以实现的社会形式。人们永远不会放弃所取得的生产力，但却不会永远保存生产力借以实现的那种形式，当生产力发展到一定程度时，人们必然会改变生产关系。所以，马克思说：“人们借以进行生产、消费和交换的经济形

① 《马克思恩格斯选集》第 4 卷，人民出版社 1995 年版，第 532 页。

② 《马克思恩格斯选集》第 4 卷，人民出版社 1995 年版，第 532—533 页。

式是暂时的和历史性的形式。随着新的生产力的获得，人们便改变自己的生产方式，随着新的生产力的获得，人们便改变自己的生产方式，而随着生产方式的改变，他们便改变所有不过是这一特定生产方式的必然关系的经济关系。”① 生产关系的暂时性和历史性，决定了生产关系必然要随着生产力的发展而改变。生产关系是整个社会关系的基础，生产关系的变革必然引起整个社会关系包括全部上层建筑的变革。归根到底，人类社会是在生产力的推动下，不断地由低级向高级发展的。在阶级社会，生产关系的变革是通过社会革命来实现的。马克思指出，自原始社会解体以来，社会一直是在阶级斗争中发展的。在阶级社会，生产力与生产关系的矛盾冲突必然表现为阶级矛盾和阶级斗争。而这种阶级矛盾和阶级斗争，往往表现为“一个民族内各个阶级间以及各个民族彼此间准备着的可怕的战争”；而唯一能够解决这种冲突途径是通过“群众的实践和暴力的行动”，而这又是“一广阔的、持久的和复杂的运动”。② 随着大工业的发展，无产阶级必然通过政治革命，彻底消灭资本主义制度。

3. 阶级和阶级斗争学说

“阶级”这个概念并不是马克思发明的。在马克思主义创立之前，一些资产阶级思想家就已经明确提出阶级和阶级斗争的问题。但是他们的共同局限性在于：一是没有科学地揭示阶级的起源和本质。二是只承认资产阶级反对封建贵族的斗争的合理性，而否认甚至反对无产阶级反对资产阶级的斗争。三是把资本主义制度理想化，把阶级区分永恒化。

马克思针对资产阶级思想家的这种理论上的局限性指出：“我所加上的新内容就是证明了下列几点：(1) 阶级的存在仅仅同生产发展的一定历史阶段相联系；(2) 阶级斗争必然导致无产阶级专政；(3) 这个专

① 《马克思恩格斯选集》第4卷，人民出版社1995年版，第533页。
② 《马克思恩格斯选集》第4卷，人民出版社1995年版，第540页。

政不过是达到消灭一切阶级和进入无阶级社会的过渡……”① 我们分析这三句话：第一，阶级的存在仅仅同生产发展的一定历史阶段相联系。这个论断阐明了阶级产生的根源和实质。阶级产生有两个前提：剩余产品的出现和私有制的形成。在原始社会，由于生产力水平极其低下，没有剩余产品，没有私有制，没有人剥削人的制度，也就没有阶级的存在。随着生产力的发展，出现了剩余产品，这就为一些人能够剥削别人的劳动提供了可能性。随着社会分工和交换的发展，出现了生产资料私有制，使一部分人能够利用手中所掌握的生产资料去占有别人的劳动，这就使阶级的产生具有了现实性。最初的阶级是从氏族内部分化出来的。随着社会分工和私有制的发展，氏族内部的财产不平等现象也发展起来，导致两极分化。奴隶最初来源于战俘，后来氏族或部落内部的一些穷人也逐步沦为奴隶。在人类历史上先后出现的奴隶主和奴隶、地主和农民、资本家和无产阶级等阶级及其斗争，都是同生产发展的一定历史阶段相联系的。而到了未来共产主义社会，由于生产力的高度发达，社会物质和文化产品的极大丰富，随着私有制的消失，阶级也必然消失，阶级斗争也就不存在了。所以，阶级和阶级斗争是一种历史现象，是和社会生产发展的一定阶段相联系的。

第二，阶级斗争必然要导致无产阶级专政。这个论断揭示了阶级斗争发展的客观趋势和无产阶级专政的历史必然性。资本主义社会的基本矛盾表现为生产的社会化同生产资料资本家私人占有之间的矛盾，其阶级表现就是无产阶级和资产阶级的斗争，最终必然发展为以夺取政权为中心的无产阶级革命。无产阶级取得革命胜利之后，面临着镇压资产阶级和一切剥削阶级的反抗、建立崭新的社会主义经济制度和政治制度、组织社会主义经济建设和科学文化教育建设，以及防御外敌的侵略和颠覆等任务。无产阶级要完成这项艰巨而复杂的历史任务，只有彻底摧毁

① 《马克思恩格斯选集》第 4 卷，人民出版社 1995 年版，第 547 页。

旧的国家机器，用无产阶级专政代替资产阶级专政才能实现。因此，建立无产阶级专政是无产阶级反对资产阶级的阶级斗争的必然产物。

第三，无产阶级专政不过是达到消灭一切阶级和进入无阶级社会的过渡。这个论断揭示了无产阶级专政的历史使命。无产阶级建立自己的政治统治并不是目的，而是作为消灭一切阶级进入共产主义社会的根本手段。阶级的产生是个自发的进程，而阶级的消灭则不能自发地实现，必须经过无产阶级专政。所谓消灭阶级包含两个既相互联系又相互区别的任务。一个是消灭剥削阶级，即在无产阶级取得革命胜利后，利用无产阶级专政的国家政权采取各种形式在经济上剥夺剥削阶级的生产资料，消灭剥削阶级赖以存在的基础。另一个则是完全消灭阶级，即消灭一切阶级差别，从根本上创造阶级既不能产生又不能存在的条件。这是一个长期而艰巨的任务。只有在无产阶级专政条件下，大力发展生产力，建设高度的物质文明和精神文明才能实现。只有当社会物质财富的极大丰富和人们思想觉悟的极大提高，阶级才能完全消灭，人类才能进入无阶级的社会——共产主义社会。那时，无产阶级专政也就最终完成了自己的历史使命而自行消亡。

马克思所论述的三点是相互联系不可分割的，它科学地揭示了阶级和阶级斗争同生产力发展之间、阶级斗争同无产阶级专政之间以及无产阶级专政同消灭阶级之间的内在联系，从总体上系统地阐明了阶级和阶级斗争的产生、发展和消灭的客观规律性，从而，划清了马克思主义阶级斗争理论同资产阶级的阶级斗争理论的界限，同时也划清了马克思主义同机会主义者的界限。

二、恩格斯关于历史唯物主义的书信

历史唯物主义是马克思主义理论中最重要的两大理论发现之一。然而，“历史唯物主义”作为一个专门的科学概念，却是恩格斯在19世纪90年代第一次使用的。1892年，恩格斯在《〈社会主义从空想到科学的发展〉英文版导言》中指出：用“历史唯物主义”这个名词来表达一种关于历史过程的观点。“这种观点认为，一切重要历史事件的终极原因和伟大动力是社会的经济发展，是生产方式和交换方式的改变，是由此产生的社会之划分为不同的阶级，是这些阶级彼此之间的斗争。”[①] 马克思、恩格斯在创立历史唯物主义理论体系的过程中，各个时期的理论重点是不一样的。在理论创新的前期，针对在漫长的人类历史发展过程中一直占据着人们头脑的唯心史观，他们理论创新的重点是强调唯物主义的现实基础，强调生产力对生产关系、经济基础对上层建筑的决定作用。随着历史唯物主义的广泛传播，敌对势力和一些别有用心的人故意歪曲历史唯物主义理论，造成了人们思想的混乱。所以，恩格斯在晚年书信中，面对理论界和思想界出现的新情况，深入总结工人运动实践所创造的新经验，吸取自然科学发展所取得的新成果，全面阐述了生产关系对生产力、上层建筑对经济基础的反作用，从而坚持了历史唯物主义的科学性和整体性。

（一）历史背景和写作原因

19世纪90年代，随着马克思主义的广泛传播和工人运动的蓬勃发展，在德国出现一股反对马克思主义的思潮。这股思潮把矛头主要指向马克思、恩格斯创立的历史唯物主义。这股思潮来自两个方面：一方面是德国社会民主党内部；另一方面是资产阶级思想家。前者以文艺批评家保尔·恩斯特为主要代表；后者以资产阶级社会学家保尔·巴尔特为主要代表。

当时，马克思主义在实践上和理论上已经占据思想界的统治地位，

① 《马克思恩格斯文集》第3卷，人民出版社2009年版，第509页。

许多人以谈马克思主义为时髦。不少大学生、文学家和没落的年轻资产者，纷纷涌入党内，宣称自己是马克思主义的“拥护者”，从而在党内形成一个所谓“青年派”。这些人用从大学院墙里搬运出来的零碎知识拼凑自己的科学体系。他们不是把历史唯物主义当作研究社会问题的指南，而是教条主义地把它当作“标签”或“套语”庸俗地到处滥用；他们单纯用经济因素来解释社会发展的复杂过程，机械地理解经济因素在社会发展进程中的决定作用，忽视上层建筑的各因素的相对独立性及其对经济发展进程所具有的反作用。

资产阶级思想家则利用唯心史观攻击唯物史观，把唯物史观庸俗化为单方面的“经济决定论”“经济唯物主义”，否定上层建筑对经济基础的反作用；以便为反对无产阶级革命和无产阶级专政，宣传“和平长入”社会主义的谬论作论证。

这两股思潮在无产阶级和广大青年中产生了极其恶劣的影响，在理论上和实践上引起惊人的混乱。所以，当施米特、布洛赫等人给恩格斯写信，提出一些有关历史唯物主义的基本理论问题时，因为这些问题具有一定代表性和针对性，年过七旬的恩格斯便认真给他们写了回信。

布洛赫（1871—1936 年）是《社会主义月刊》杂志的编辑。他在给恩格斯的信中提出，根据唯物史观应该如何考察社会发展动力和原因，在历史进程中经济是不是唯一决定性因素的问题。

康拉德·施米特（1863—1932 年）是德国经济学家和哲学家，德国社会民主党人。19 世纪 80 年代后期开始同恩格斯接近并建立通信联系。他同德国社会民主党的“青年派”有着密切的联系。恩格斯曾希望他在政治上同“青年派”彻底决裂，同时对其成员施以好的影响。但是，他辜负了恩格斯的期望，后来竟与“青年派”同流合污，一起反对马克思主义了。

博尔吉乌斯是一位德国大学生，他于 1894 年 1 月 19 日给恩格斯写信，原因是他在学校举办的一个关于政治科学讨论会上作了关于“经济唯物主义”的报告，引起了激烈的争论。争论主要围绕着两个问题展开：第一，从最严格的意义上说，应该把“经济关系”理解为什么？第二，如何看待在社会发展进程中经济关系与其他关系的关系？博尔吉乌斯错误地认为马克思主义就是“经济唯物主义”，希望“真正弄清楚您和您那位已故的朋友的著作里所阐述了最初的‘经济唯物主义’坚持的是什么样的观点”①。恩格斯在信中全面阐述了社会历史发展中必然性和偶然性的关系，肯定社会历史进程是受内在的经济发展的一般规律所支配的。

（二）逻辑结构和主要内容

阅读和学习恩格斯的三封信，要把握的主要内容：

1. 经济因素决定作用和上层建筑反作用理论

恩格斯明确指出，关于经济因素在人类历史发展中最终起决定作用的观点是唯物史观的最基本的观点。他说：“根据唯物史观，历史过程中的决定性因素归根到底是现实生活的生产和再生产。”② 这个思想是他和马克思早就一再肯定的东西，也是唯物史观的基石。所谓“归根到底”，是从本源的、基础的、总的发展趋势的意义上来讲的，表明经济因素具有最终的根源性。恩格斯在肯定经济因素在社会发展过程中是最终的决定性因素的同时，又明确反对那种“说经济因素是唯一决定性的因素”的观点。他认为，决定历史发展的不只是经济因素，还有上层建筑的各种因素。上层建筑各种因素对社会历史发展的决定作用主要表现为两点：一是它们对历史斗争的进程发生影响，即对历史发展的进程可以起加速或延缓作用；二是它们可以决定历史斗争的具体形式，如历史

① 杨金海主编：《马克思主义研究资料》第27卷，中央编译出版社2015年版，第163页。
② 《马克思恩格斯选集》第4卷，人民出版社1995年版，第695页。

斗争具体是采取政治的还是宗教的、和平的还是武装的，政权的具体组织形式是君主的还是共和的等。就是说，上层建筑各种因素的决定作用，可以影响历史发展的进程，但不能决定历史发展的根本方向和总的趋势；可以决定历史斗争的形式，但不能决定历史斗争的内容。因此，不论上层建筑各种因素的作用有多大，仍然属于反作用的范畴。

在历史发展进程中，既有经济基础与上层建筑之间的相互作用，也有经济基础内部和上层建筑内部各因素的相互作用，这是一个非常复杂的作用体系，这样就出现偶然性和必然性的问题。但其中归根到底是经济因素起着决定性作用，表现为一种必然的不以人的意志为转移的力量。经济运动是必然性的东西，而这种必然性正是通过一系列偶然性来实现的。正是这种偶然性的东西才使社会发展进程呈现出五光十色、丰富多彩的外貌。

恩格斯的这个表述精确地表达了历史唯物主义的基本原理，既同唯心史观划清了界限，也同所谓“经济唯物主义”划清了界限。

2. 社会发展的“历史合力”理论

我们大家都知道，社会是由人组成的，人是有思想、有意识的；那么，有思想、有意识的人是如何创造历史的呢？有思想、有意识的人创造的历史有规律吗？有思想、有意识的人在创造历史的过程中是如何实现规律的呢？这是很多思想家都关心的问题，也是历史唯物主义必须回答的问题。

恩格斯科学分析了历史发展进程中客观规律和个人意志的关系，系统阐述了“历史合力”思想，从两个方面来回答人们怎样创造历史的问题。

第一，就人作为“类主体”来说，人们创造历史的活动是在十分确定的前提和条件下进行的。恩格斯指出：“我们自己创造着我们的历史，但是第一，我们是在十分确定的前提和条件下创造的。其中经济的前提和条件归根到底是决定性的。但是政治等等的前提和条件，甚至那些萦回于人们头脑中的传统，也起着一定的作用，虽然不是决定性的作用。”① 这里包含三层意思：首先，人类社会的历史是人创造的，不是神创造的，不是“绝对精神”等创造的。这是研究人类社会历史的前提。其次，人们创造自己的历史不是随心所欲的，不是在自己选定的前提和条件下创造的，而是在既定的、从过去继承下来的生产力和生产关系、经济基础和上层建筑的条件下进行创造活动的。最后，在这些前提和条件中，经济因素归根到底起着决定性作用，政治甚至传统等因素也起着重要的作用。

第二，就人作为社会的个体来说，历史是通过无数单个的意志形成的总的合力而创造的。这就是恩格斯著名的“历史合力”思想。由于每个人特殊的生活条件、文化背景，使每个人的意识都是具体的。这些具体的意识相互作用、相互影响、相互制约，便形成无数个力的平行四边形，由此便产生一个“合力”，即历史结果，而这个结果则可以看作是一个作为整体的、不自觉地和不自主地起着作用的力量的产物。“因为任何一个人的愿望都会受到任何另一个人的妨碍，而最后出现的结果就是谁都没有希望过的事物。”② 这个事实一方面说明，任何个人的意志在历史发展进程中都起着一定的作用，每个人对合力都有所贡献，个人意志不等于零；但是，任何个人的意志都不能决定历史的命运。另一方面说明，历史发展是不以人们的意志为转移的，它有自己固有的客观规律性。人们各种意志和力量的相互作用，表面上似乎是偶然性在起作用，但是，这种偶然性始终是受内部隐藏着的必然性支配的。因此，历史发展的总的“合力”及其趋势，归根到底是受经济运动的必然性支配的。

---

① 《马克思恩格斯选集》第4卷，人民出版社1995年版，第696页。

② 《马克思恩格斯选集》第4卷，人民出版社1995年版，第697页。

3. 上层建筑对经济发展的反作用理论

恩格斯全面分析了政治上层建筑与经济运动的相互关系。他认为，经济运动对于国家和政治斗争的影响具有决定性的意义。就国家的产生来看，“从分工的观点来看问题最容易理解”①。国家是由于社会内部的分工而产生的一个新部门，是社会职能独立化的表现。而生产力的发展是决定分工进一步发展的根本因素；生产和分工导致了社会的分裂，即分裂为压迫阶级和被压迫阶级，这是国家这个新的社会部门产生的深刻基础。国家产生以后作为一个独立的部门虽然具有相对独立性，但它仍然受经济运动的制约，国家的形式随着经济基础的改变也必然跟着变化。任何国家都意味着使用暴力，而使用暴力的原因和目的是维护本国掌握暴力的阶级的经济利益，或掠夺别国人民。因此，国家的实质是掌握国家的阶级即统治阶级，利用国家这一暴力工具去压迫和剥削被统治阶级，以获得并维护自己的物质利益。因此，恩格斯指出：国家“照例是最强大的、在经济上占统治地位的阶级的国家，这个阶级借助于国家而在政治上也成为占统治地位的阶级，因而获得了镇压和剥削被压迫阶级的新手段”②。但是，在社会发展进程中，本来政府和反对派之间的斗争是社会中各个阶级和阶层之间经济利益相互冲突的反映，这种斗争归根到底是由各个阶级经济利益的不同所引起的，但它往往并不直接表现为维护某一阶级经济利益的斗争，却表现为维护某些政治观念和原则的斗争，政治运动总是以“头足倒置”的方式来表现它同经济运动的关系，似乎政治运动纯粹是由某些政治原则所引起的，并为维护某些政治原则而进行的，跟经济运动毫不相干的一种运动。几千年来，唯心主义思想家都一直坚持这种观点并积极宣传这种观点，使这种观点深入人心。直到马克思、恩格斯创立的唯物史观才揭示了历史的本来面目，把

① 《马克思恩格斯选集》第4卷，人民出版社1995年版，第700页。
② 《马克思恩格斯选集》第4卷，人民出版社1995年版，第188页。

这种颠倒的关系再颠倒过来，指出经济运动是一切政治斗争的基础，政治运动的根源毫无例外地在于一定阶级的经济利益，它必定要受经济的制约。这就是恩格斯说的“以致需要经过上千年我们才终于把它的真相识破”[①] 这句话的含义。

恩格斯指出：“国家权力对于经济发展的反作用可以有三种：它可以沿着同一方向起作用，在这种情况下就会发展得比较快；它可以沿着相反方向起作用，在这种情况下，像现在每个大民族的情况那样，它经过一定的时期都要崩溃；或者是它可以阻止经济发展沿着既定的方向走，而给它规定另外的方向——这种情况归根到底还是归结为前两种情况中的一种。但是很明显，在第二和第三种情况下，政治权力会给经济发展带来巨大的损害，并造成人力和物力的大量浪费。”[②] 这里蕴含着一个深刻的思想，即评价政治上层建筑的标准是看其能否适应经济的发展。当一种政治上层建筑能够适应经济的发展，从而对经济的发展起积极的推动作用时，就是先进的、具有存在的合理性的政治上层建筑，否则就是反动的、落后的、失去其存在的合理性的政治上层建筑。

4. 意识形态相对独立性理论

所谓意识形态的相对独立性，是指意识形态相对于经济基础来说具有一定的独立性，表现为各种意识形态由于分工一经形成就具有自己的特点和自身特殊的发展规律。但这种独立性是相对的，因为它的产生和发展归根到底要受经济基础的决定。

意识形态的相对独立性主要表现为：首先，意识形态的发展具有历史继承性。恩格斯指出：“每一个时代的哲学作为分工的一个特定的领域，都具有由它的先驱传给它而它便由此出发的特定的思想材料作为前

① 《马克思恩格斯选集》第4卷，人民出版社1995年版，第701页。
② 《马克思恩格斯选集》第4卷，人民出版社1995年版，第701页。

提。”[1] 这就是说，每一历史时期的社会意识形态都同以往的意识形态有着密切的联系，每一历史时期的思想家在反映现实社会生活时都要利用前人所创造的思想资料和思想成果，并根据当时社会实践的需要进行创新。但是，思想家继承哪些思想资料和思想成果，怎样继承这些思想资料和思想成果，归根到底是由社会的经济关系决定的。

其次，意识形态的发展同社会经济发展水平的不平衡。恩格斯指出：“经济上落后的国家在哲学上仍然能够演奏第一小提琴”[2]。就是说，先进的社会意识形态不一定就产生于经济发展水平高的国家，经济较落后的国家在意识形态方面也可以走在世界的前列。恩格斯分析了欧洲近代哲学发展的历史，说明哲学这种意识形式同经济发展不平衡的情况尤其突出。但是，意识形态的发展最终与经济的发展是分不开的，不论在法国或是在德国，哲学的繁荣归根到底“是经济高涨的结果”，“是各种经济影响对先驱所提供的现有哲学材料发生的作用”。[3]

最后，各种意识形式之间的相互影响和相互制约。由于社会分工的缘故，使得每种意识形式成为各具特色的思想领域，但它们彼此不是孤立隔绝的，而是互相影响、互相联系的。恩格斯指出：“对哲学发生最大的直接影响的，则是政治的、法律的和道德的反映”[4]。又说：“政治、法、哲学、宗教、文学、艺术等等的发展是以经济发展为基础的。但是，它们又都互相作用并对经济基础发生作用。”[5] 其实，各种意识形式之间的相互作用，其中特别是政治和哲学对其他意识形式的发展所具有的重大作用，只要深入具体地考察每一个社会是不难发现的。所以，承认意识形式之间的相互作用和相互影响，才能进一步说明意识形

① 《马克思恩格斯选集》第 4 卷，人民出版社 1995 年版，第 703—704 页。
② 《马克思恩格斯选集》第 4 卷，人民出版社 1995 年版，第 704 页。
③ 《马克思恩格斯选集》第 4 卷，人民出版社 1995 年版，第 704 页。
④ 《马克思恩格斯选集》第 4 卷，人民出版社 1995 年版，第 704 页。
⑤ 《马克思恩格斯选集》第 4 卷，人民出版社 1995 年版，第 732 页。

态的丰富性和多样性。

5. 社会发展进程中必然性和偶然性理论

恩格斯把经济关系看作是一个具有丰富内容的、多层次的复杂系统，大体包括以下内容：一是人们用以生产生活资料和彼此交换产品的方式，即人们通常所说的体现生产力和生产关系辩证统一的生产方式；二是地理基础，即地理环境，这是社会赖以存在和发展的必要条件；三是由于传统和惰性而在一定时期内保存下来的旧经济的残余；四是某一特定社会的外部条件，如国际经济联系等。在经济关系这个系统中，社会生产力的水平和社会生产关系的性质决定着对地理环境的利用和改造，最终决定着旧经济残余的命运，以及根据生产方式发展的需要选择国际经济联系的具体途径和形式。生产方式决定着整个社会的面貌和社会制度的性质；生产方式的变更决定着社会的发展。总之，生产方式是决定社会存在和发展的基本力量。

恩格斯特别谈到科学和生产技术的关系以及科学在整个生产力中的地位和作用，并提出一个著名论断："社会一旦有技术上的需要，这种需要就会比十所大学更能把科学推向前进。"① 科学同物质生产有着密切的联系：一方面，物质生产的发展决定着自然科学的产生和发展。主要表现为：物质生产和技术需要是推动科学发展的根本动力，物质生产为科学的发展提供物质条件和技术手段，生产实践是检验科学理论的真理性的重要标准，科学发展的方向、规模和速度，归根到底要受物质生产的制约。另一方面，科学对生产发展具有巨大的推动作用。主要表现为：科学通过物化到生产力诸实体性要素之中转化为直接的生产力，推动物质生产的发展；科学技术的发展推动了生产的分化和整体化，促进了生产力水平的提高；科学是使物质生产力得以继承的纽带。

正是因为社会是一个复杂的、多因素构成的系统，这使社会发展呈

① 《马克思恩格斯选集》第4卷，人民出版社1995年版，第732页。

现出必然性和偶然性的统一。在马克思主义产生之前，有的思想家也企图从必然性和偶然性的角度去探讨社会历史的发展规律。但由于唯心史观的局限，他们或者是从唯意志论出发，把历史看作是杰出人物的意志的产物，是偶然事件的堆积，根本否认社会发展的客观必然性；或者是宣扬历史宿命论，把社会发展看作是由某种神秘力量决定的，完全否认人及其意志的作用，否认偶然因素的存在。这两种认识都从不同方面割裂必然性和偶然性的关系，其共同特点在于掩盖了社会发展的经济根源，否认隐藏在社会内部的客观必然性。

恩格斯指出，在人类社会发展进程中，“都是那种以偶然性为其补充和表现形式的必然性占统治地位。在这里通过各种偶然性而得到实现的必然性，归根到底仍然是经济的必然性”①。必然性和偶然性是事物发展中两个相互联系的方面。必然性是事物的联系和发展中带有规律性的、确定不移的趋势，在事物发展中居支配地位，决定着事物的性质和发展方向。偶然性是事物的联系和发展中的不确定的趋势，在事物发展中不居于支配地位，对事物的发展只起加速或延缓的作用，至多也只能决定事物的局部特征。必然性和偶然性是相互依存的。没有脱离偶然性的纯粹必然性，也没有脱离必然性的纯粹偶然性。

在社会历史发展进程中，必然性指经济的必然性，它表现为：经济因素是不以人的意志为转移的客观存在，是整个上层建筑赖以建立的基础，是人们的思想动机产生的物质根源；经济的发展决定社会发展的总方向，经济发展规律是社会发展的根本规律，社会历史进程是受内在的经济发展的一般规律所支配的。但是，经济运动及其发展规律是通过人的活动来实现的，这就使经济发展规律的实现必然带上偶然性。恩格斯举例说明，伟大人物的出现、唯物史观的产生都是必然性和偶然性的统一。

---

① 《马克思恩格斯选集》第4卷，人民出版社1995年版，第733页。

为了便于说明问题，恩格斯用“曲线的中轴线”来概括历史发展中的经济必然性和偶然性的关系。他把偶然性比作曲线，把经济必然性比作曲线的中轴线，强调曲线在中轴线上下摆动，偶然性表现为经济的必然性。就社会历史发展进程中的某个时刻来看，各种社会现象似乎都是偶然发生的，无规律可循。但就研究领域而言，越是远离经济就越不易看到经济对它的最终决定作用。就研究的时间和范围而言，研究的时间越短、范围越小，人们看到的偶然性就越多；反之，人们就越易把握经济的最终决定作用。所以，恩格斯说：“如果您划出曲线的中轴线，您就会发现，所考察的时期越长，所考察的范围越广，这个轴线就越同经济发展的轴线接近于平行。”① 因此，我们要善于揭示政治、思想现象所反映的经济关系，善于从整体的、从全过程中去探求社会发展中的经济的必然性。

三、当代启示和重要意义

尽管马克思、恩格斯这几封信是在一百多年前写的，但信中所阐述的有关唯物主义的基本原理，对于指导我们今天全面建设社会主义现代化国家仍然具有重要意义。

（一）人们不能自由地选择自己的社会形式

马克思关于人们不能自由地选择社会形式的原理，是分析我国建立社会主义制度的历史必然性、批判“中国社会主义是早产儿”谬论的有力武器。研究中国建立社会主义制度的历史必然性，需要回答两个问题：一是为什么中国不能走上资本主义道路？二是中国没有经历独立的资本主义发展阶段，是否具有建立社会主义制度的客观基础？

---

① 《马克思恩格斯选集》第4卷，人民出版社1995年版，第733页。

中国没有走上资本主义道路，不是某些人根据自己的主观意志所做出的选择，而是由中国社会发展的历史条件所决定的。近代中国由于政治、经济、文化的落后，逐步沦落为半殖民地半封建社会。尽管中国社会在明朝中叶已经产生了资本主义经济的萌芽，帝国主义的入侵打断了中国资本主义发展的历史进程，不允许中国成为独立的资本主义国家。而中国封建势力的强大，更不容许中国发展资本主义。因此，西方帝国主义勾结中国的封建势力，努力保存封建剥削形式，限制民族资本的发展，使民族资本主义的发展经历了极其艰难和曲折的过程。中国民族资产阶级经济上的软弱性，必然导致其政治上的软弱性，使之不能完成领导中国人民进行资产阶级民主革命的任务，也不可能为民族资本主义的发展开辟道路。这就注定中国不可能顺利走向资本主义道路。

马克思、恩格斯曾设想，社会主义制度是在否定资本主义制度的基础上产生的。中国尽管没有经历独立的资本主义发展阶段，但当时中国社会的发展已经为社会主义制度的建立准备了各方面的条件。当时的国际条件，俄国十月社会主义革命的胜利，为殖民地半殖民地人民展示了一条寻求民族独立和阶级解放的道路。当时的国内条件，在第一次世界大战期间，中国民族资本主义乘西方帝国主义国家间互相厮杀之机有了较大的发展。陈独秀等人高举民主和科学的旗帜，向封建主义旧文化发起猛烈冲击，兴起新文化运动，为其后马克思主义的传播做了必要的思想准备。随着帝国主义侵略的加剧和民族资本主义的发展，中国无产阶级迅速成长起来。特殊的生存环境使中国无产阶级不仅具有一般无产阶级的基本优点，而且具有许多特殊的优点。它从产生那天起，就同帝国主义、封建主义和官僚资本主义进行不屈不挠的斗争。正是在这样的国际国内条件下，“十月革命一声炮响，给我们送来了马克思列宁主义”[①]。1919 年春召开的“巴黎和会”、俄国十月革命的胜利和马克思列

① 《毛泽东选集》第 4 卷，人民出版社 1991 年版，第 1471 页。

宁主义的直接影响，导致“五四运动”爆发，从而把新文化运动推向新阶段，并促使一大批先进人物实现了世界观的转变。而“五四运动”又促进了马克思主义与中国工人运动相结合，为中国共产党的成立做了必要的准备。因此，中国共产党成立后，立即领导中国人民浴血奋战，推翻帝国主义、封建主义和官僚资本主义三座大山，取得了新民主主义革命的胜利。在这样一种历史条件下，中国人民只能在中国共产党的领导下，以马克思主义为指导思想，高举毛泽东思想的伟大旗帜，坚定不移走社会主义道路，而不可能再回头去搞资本主义，这是历史的必然性。

我们现在面临的任务是，必须把马克思主义与中国实际相结合、与中华优秀传统文化相结合，以马克思主义世界观和方法论为指导，来研究和解决中国式现代化过程中所遇到的一系列重大理论和实践问题，不断推进中国特色社会主义伟大事业；同时，在研究和解决中国式现代化的重大理论和实践问题的过程中，不断丰富和发展马克思主义。

（二）正确理解阶级和阶级斗争理论

毋庸置疑，马克思在致魏德迈的信中所阐述的三个观点，是马克思主义关于阶级和阶级斗争理论的最基本的观点，是历史唯物主义的重要内容，为无产阶级认识和把握社会发展客观规律，积极开展反对资产阶级的斗争、消灭阶级对立和阶级差别提供了思想武器，并在实践中指导被压迫民族和被压迫阶级取得了革命的胜利。

但是，我们应该承认，自世界上第一个社会主义国家诞生后，近一个世纪以来社会主义国家在这个问题上尽管取得一些认识上的突破，获得一些理论成果，但也曾犯过严重的错误，有着深刻的教训。历史事实证明，如何认识阶级和阶级斗争问题，是无产阶级政党制定正确的路线、方针和政策的根本依据；能否科学认识阶级和阶级斗争问题，直接关系到无产阶级革命事业的兴衰成败。因此，在当今的社会历史条件下，社会实践在飞速发展，利益格局在急剧变化，各种矛盾不断出现且交错复杂，令人目不暇接。这就更需要我们保持清醒的头脑，既不能简单地否定阶级和阶级斗争的存在，盲目乐观高枕无忧；也不能盲目夸大社会上出现的消极东西，把其一概视之为阶级斗争新动向，再犯阶级斗争扩大化的错误。我们应该按照马克思主义关于阶级和阶级斗争的基本观点，重新分析当今中国社会的阶级和各阶级的状况，特别注意分析和研究各阶层的状况，正确把握中国社会阶级和阶层存在的规律，为全面推进中国特色社会主义伟大事业的顺利发展提供理论依据。

（三）科学把握经济因素在社会发展进程中的决定作用

如何理解和把握经济因素在社会发展进程中的决定作用，是能否全面理解和把握马克思主义唯物史观的重要问题。但是，以往我们在理解生产力决定生产关系的原理时，往往带有一种形而上学的思想方法，认为既然生产力决定生产关系，那么，只要生产力变化了，生产关系就必然随着发生变化，生产力与生产关系呈现出一种简单的直线对应关系。带着这样一种观点来看待现实生活，有人就产生了许多疑问，如美国的生产力发展水平很高，而生产关系却没有随之发展；中国生产力发展水平比较低，但生产关系却是先进的，等等。对于诸如此类的问题，有人甚至怀疑是马克思主义关于历史唯物主义的基本原理错了；有人则认为中国人民选择社会主义道路是历史性的错误，等等。

我们在理解生产力决定生产关系这个基本原理时，一定要坚持唯物辩证的观点。既要看到生产力对生产关系归根到底起着决定作用，同时，也要看到生产关系的发展和变化也受着上层建筑诸因素的影响和制约，这就使生产力和生产关系往往不是简单的直线对应关系，而是呈现出错综复杂的情况，必须对具体情况作具体分析，否则就会犯教条主义的错误。只有坚持唯物辩证的观点来理解生产力决定生产关系的原理，我们才能正确认识当代资本主义发展的历史进程，既要肯定当代资本主义社会所取得的新发展，又要看到其基本矛盾并没有最终得到解决；只有坚持唯物辩证的观点来理解生产力和生产关系的原理，我们才能科学地理解中国人民选择社会主义道路的历史必然性，才能坚定不移地坚持社会主义道路，把社会主义的伟大事业推向前进。

列宁：《唯物主义和经验批判主义》导读

列宁在《唯物主义和经验批判主义》一书中，回击了马赫主义学派对马克思主义的攻击，并在总结当时革命斗争经验和自然科学发展最新成果的基础上，系统阐述了辩证唯物主义和历史唯物主义的基本原理，着重阐发了辩证唯物主义认识论的重要原则，从而使其成为马克思主义哲学发展史上列宁阶段的代表性著作之一。

一、历史背景和写作原因

在 1905 年俄国革命之后，列宁之所以特别重视马克思主义哲学的研究，集中精力撰写《唯物主义和经验批判主义》一书，有着深刻的国际和国内背景。

19 世纪末 20 世纪初，世界进入了一个新的时代，即帝国主义和无产阶级革命时代。主要资本主义国家由于工农业的巨大增长，把全世界都卷入资本主义的罗网，形成世界资本主义经济体系。自然科学的发展也进入一个新阶段，如量子力学和相对论相结合，构成现代物理学的基础；化学和物理学相结合，形成原子核化学、结构化学、高分子合成化学等新领域；生物学从细胞水平逐步向分子水平深入，产生了分子生物学；电子计算机的研制也已经开始。随着工农业和自然科学突飞猛进地发展，很多国家由自由资本主义开始向帝国主义过渡，西方资本主义进入和平发展时期。资产阶级在对工人阶级和广大人民群众继续推行暴力镇压等强制性措施外，也实行了某些让步和改良政策。在这样一种大环境下，以伯恩施坦为代表的第二国际修正主义错误地认为，马克思主义的科学社会主义是空想主义、教条主义，提出要放弃政治斗争，主张通过议会斗争实行社会改革，使资本主义和平长入社会主义。如何既坚持马克思主义的基本原则，又善于把马克思主义基本原理与本国实际相结合，找到一条符合俄国国情的革命道路，这是摆在以列宁为代表的俄国布尔什维克派面前的艰巨任务。

俄国原来是一个封建军事国家，沙皇是俄国农奴主的最高代表。尽管 1861 年宣布废除农奴制度，俄国资本主义得到迅速发展，但其经济面貌与西欧和美国相比还是落后很多。1905—1907 年俄国资产阶级革命失败后，俄国进入了斯托雷平反动时期，沙皇政府开始残酷镇压革命者和广大人民群众，整个社会陷入“白色恐怖”之中。统治阶级千方百计地利用宗教迷信和唯心主义麻痹人民的革命斗志，在全社会掀起了一股批判、谴责马克思主义的思潮。面对反动派的疯狂进攻，革命的一些“同路人”产生悲观和动摇的情绪，甚至公然背弃革命。布尔什维克内部出现了形“左”实右的小资产阶级知识分子派别，即召回派，要求召回党在杜马中的代表，号召立即举行武装起义，进行无产阶级革命。适应这种政治和思想斗争的需要，马赫主义开始在俄国流行起来。

马赫主义的代表人物之一是恩斯特·马赫（1838—1916 年）。他是奥地利著名的物理学家和哲学家，在声学、热力学、光学、感官生理学等方面取得一定研究成果，也是经验批判主义的创始人；另一个代表人物是阿芬那留斯（1843—1896 年），德国哲学家。经验批判主义实际上是实证主义的一个变种，其核心思想是马赫的“世界要素说”和阿芬那留斯的“原则同格说”。他们继承并进一步发挥了贝克莱和休谟的唯心主义经验论和不可知论，利用自然科学的最新成果，试图创立一种自然科学的“最新哲学”。马赫的“世界要素说”认为，物质的和精神的、物理的和心理的东西，本质上是相同的，都是感觉的要素，这些要素的相互联系构成整个世界，而探索这些要素的联系方式就是哲学的任务。阿芬那留斯的“原则同格说”则认为，自我与环境、物理要素和心理要素是不可分离的，在原则上是同格的；从这个理论出发，标榜自己的理论是超越唯物主义和唯心主义之上的“中立哲学”，指责传统的唯物主义和唯心主义都是些所谓的“形而上学”，应该加以拒斥或摒弃。这些思想不仅影响了第二国际的一些领导人，提出要用马赫主义来填补马克思主义在认识论方面的空缺，作为工人阶级运动的理论基础；同时也在俄国工人运动中产生了极坏的影响，造成了相当程度的思想混乱和信仰动摇。特别是在 1908 年，俄国马赫主义者出版了《关于马克思主义哲学的概论》《唯物主义和批判实在论》《从现代认识论来看辩证法》《马克思主义的哲学体系》等四本著作，尽管这些书的作者分属不同的政治派别，但就在“改善”马克思主义哲学和宣扬马赫主义方面达成了统一战线。

因此，无论是从国际工人运动的健康发展，还是俄国思想战线上的严峻形势来看，都把如何加强哲学研究、提高无产阶级政党哲学斗争能力摆到了首要位置。正如列宁所说：“在俄国，在革命以前，特别突出的是马克思的经济学说在我国实际中的运用；在革命时期，是马克思主义的政治；在革命以后，是马克思主义的哲学。”① 他为了批判马赫等唯心主义哲学，揭露哲学修正主义对马克思主义的歪曲，系统总结俄国工人运动的经验教训，吸收自然科学的最新研究成果，进行了大量的科学研究工作；不仅深入研究马克思、恩格斯的著作，而且大量阅读马赫主义者的著作，于 1908 年 2 月到 10 月，前后用了 8 个月的时间撰写了《唯物主义和经验批判主义》一书，出色地完成了当时历史所赋予的使命。这部著作不仅为广大党员进行马克思主义哲学教育提供了一部优秀读物，而且其中所提出的哲学观点为十月革命的爆发提供了充

---

① 《列宁全集》第 20 卷，人民出版社 1989 年版，第 129 页。

分的理论准备。

二、逻辑结构和主要内容

《唯物主义和经验批判主义》由两个序言、代绪论、六章正文以及一个简短的结论组成。

第一版序言，列宁提出了马赫主义者出版的四部著作，指出他们完全背弃了辩证唯物主义即马克思主义；提出“我在本书中给自己提出的任务是：探索那些在马克思主义的幌子下发表一种非常混乱、含糊而又反动的言论的人是在什么地方失足的”①；说明写作本书的目的是揭示马赫主义唯心主义和形而上学的哲学基础。

第二版序言，列宁阐述了第二版的修改情况，希望这部著作“作为一本介绍马克思主义哲学即辩证唯物主义以及介绍从自然科学的最新发现中所得出的哲学结论的参考书，将有所裨益”②。

代绪论，某些“马克思主义者”在1908年和某些唯心主义者是怎样驳斥唯物主义的。正如题目所说的，列宁在此处提出了巴扎罗夫、波格丹诺夫、尤什凯维奇、瓦连廷诺夫以及其他马赫主义者用来攻击唯物主义的那些论据，其目的是为撰写这部著作提供批判的靶子。

第一章，经验批判主义的认识论和辩证唯物主义的认识论（一）。主要是介绍马赫主义的“世界要素说”、原则同格和“素朴实在论”等错误观点，提出两条认识论的基本路线的区别；指出马赫主义实质上是唯心主义和形而上学的哲学。

第二章，经验批判主义的认识论和辩证唯物主义的认识论（二）。揭露了马赫主义者对马克思主义哲学的歪曲和攻击，提出了思维和存在

① 《列宁选集》第2卷，人民出版社2012年版，第13—14页。
② 《列宁选集》第2卷，人民出版社2012年版，第15页。

的关系问题是哲学的基本问题；批判了马赫主义者关于认识论的错误观点，提出物质是标志着客观实在的哲学范畴的著名论断；驳斥马赫主义者在绝对真理和相对真理问题上所持有的折中主义，阐述了马克思主义的辩证真理观；批判了马赫主义者在认识判断标准问题的混乱认识，确立实践是检验认识是否正确的根本标准。

第三章，辩证唯物主义的认识论和经验批判主义的认识论（三）。批驳马赫主义者在物质和经验概念上所制造的混乱，提出“哲学上有唯物主义路线和唯心主义路线”；批判了马赫主义者关于因果性和必然性的错误观点，指出其唯心主义的不可知论；揭露马赫主义者所谓“思维经济原则”和“世界的统一性”观点的荒谬性，阐述了马克思主义对于空间和时间、自由和必然的基本观点。

第四章，作为经验批判主义的战友和继承者的哲学唯心主义者。主要考察马赫主义发展的历史进程，探讨马赫主义与其他哲学派别的相互关系，主要是和康德主义哲学、波格丹诺夫的“经验一元论”、杜林哲学等的关系。

第五章，最近的自然科学革命和哲学唯心主义。探讨自然科学特别是现代物理学的高度发展给哲学学科带来的危机和挑战，说明自然科学的发展为哲学的发展提供了素养和源泉；同时，自然科学工作者是否拥有正确的哲学思维直接决定着自然科学的研究方向和结果。

第六章，经验批判主义和历史唯物主义。揭露了马赫主义者打着马克思主义的旗帜，实际上是企图修正和歪曲马克思主义的。

结论，列宁指出马克思主义者评价经验批判主义的四个角度，指出经验批判主义实际上帮助敌对势力反对一般唯物主义，特别是反对历史唯物主义。

要注意的是，《唯物主义和经验批判主义》作为一部论战性著作，列宁主要是在批判马赫主义的基础上展开自己的理论阐述的，中国的读者读起来会感觉有些困难；但是，若能静下心来细细品读，必然会收获多多。

学习这部著作要掌握的主要内容有：

（一）认识论上两条根本对立的哲学基本路线

恩格斯在《路德维希·费尔巴哈和德国古典哲学的终结》中有一个著名论断：全部哲学，特别是近代哲学的重大的基本问题，是思维和存在的关系问题。这是恩格斯的一大哲学贡献。然而，围绕着什么是存在、什么是物质的问题，哲学界一直争论不休。马赫主义者认为，“物”是“感觉的复合”，“世界仅仅由我们的感觉构成”，从根本上歪曲了马克思主义唯物主义哲学。列宁提出：“唯物主义和唯心主义是按照如何解答我们认识的泉源问题即认识（和一般‘心理的东西’）同物理世界的关系问题而区分开来的”[①]。这就是说，所谓本原问题，不仅仅应该从本体论的意义上了解世界的本原、根源、始基，而且应该从认识论的意义上了解为认识的泉源、根源、出发点等；因为，归根到底，世界的本体就是人类认识的最终的泉源或出发点。这就可以理解为，列宁认为哲学基本问题既是世界观的基本问题，也是认识论的基本问题，从而把世界观和认识论统一起来了。

正是从这样一个基本认识出发，列宁认为，不仅在认识上存在着唯物主义和唯心主义两个基本派别，而且同样存在着两条根本对立的哲学基本路线，“从物到感觉和思想呢，还是从思想和感觉到物？恩格斯坚持第一条路线，即唯物主义的路线。马赫坚持第二条路线，即唯心主义的路线。”[②] 所谓从物到感觉和思想，就是认为物质是认识的对象和出发点，感觉或思想是主体对物质的反映；所谓从思想和感觉到物，就是

① 《列宁选集》第2卷，人民出版社2012年版，第191页。
② 《列宁选集》第2卷，人民出版社2012年版，第37页。

否认思想和感觉的客观基础，认为物质是思想和感觉的产物。马赫主义企图回避本体论问题而只谈认识论问题，认为这样就可以超越“唯物”“唯心”的羁绊，但最终仍然陷入了唯心主义。

为了彻底坚持马克思和恩格斯所倡导的唯物主义认识路线，列宁提出了物质概念。应该说，在全部哲学史上，“物质”是全部唯物主义的理论基石，也是唯心主义者集中攻击的对象。但是，旧唯物主义把物质概念建立在古代朴素唯物论的基础上，把它归结为某种原始的实体，如把水、木、土、火等看作世界的本原；近代形而上学唯物主义者根据当时的自然科学成就，认为原子是物质的最小单位，它具有不可分性、不可入性、质量不变等特性。毫无疑问，这种物质观在当时有力地反对了唯心主义，但把哲学的物质范畴和物体的具体形态混为一谈，有着诸多的局限性。到19世纪末20世纪初，随着现代物理学的发展，某些元素的放射性现象和电子等比原子更小的微粒的被发现，这就推翻了原子是物质的最小单位的观念。以此为由，马赫主义者认为，“物质消失了”，唯物主义的物质观破产了。针对这种情况，列宁从哲学角度对物质范畴作出新的概括和阐述。他写道：“物质是标志客观实在的哲学范畴，这种客观实在是人通过感觉感知的，它不依赖于我们的感觉而存在，为我们的感觉所复写、摄影、反映。”[①] 这个定义，首先指出物质是不依赖于人的意识而存在的，坚持了物质第一性、意识第二性的唯物主义观点，这和唯心主义划清了界限；认为物质是可以被主体所认识和把握的，这和不可知论划清了界限；认为尽管物质的具体形态和特性是多种多样的，但其共同属性是客观实在性，这和以往那些把物质的某种具体特性作为物质本质特征的旧唯物主义划清了界限。应该说，辩证唯物主义的物质概念的确立，为科学的不断发展提供了正确的哲学指导，为反对各种各样的唯心主义哲学提供了锐利的理论武器。

---

① 《列宁选集》第2卷，人民出版社2012年版，第89页。

（二）辩证唯物主义认识论的三个重要结论

由于马赫主义者在认识论上遵循的是从贝克莱到休谟的唯心主义经验论路线，便集中攻击唯物主义的反映论。因此，列宁在《唯物主义和经验批判主义》中，把实践和辩证法引入认识论，提出了辩证唯物主义认识论的三个重要结论。

第一个结论："物是不依赖于我们的意识，不依赖于我们的感觉而在我们之外存在着的。因为，茜素昨天就存在于煤焦油中，这是无可怀疑的；同样，我们昨天关于这个存在还一无所知，我们还没有从这茜素方面得到任何感觉，这也是无可怀疑的。"[①] "茜素"是恩格斯在《路德维希·费尔巴哈和德国古典哲学的终结》中，为了说明实践是认识的来源时提到的一种物质。茜素是一种色素，以前是从茜草根中提取的，随着科学技术的发展，现在可以用便宜得多、简单得多的方法从煤焦油中提炼出来了。这就是说，实践作为认识的来源，随着实践和工业的发展，人们可以越来越多、越来越深刻地认识客观事物的本质了。恩格斯由此得出结论："对这些以及其他一切哲学上的怪论的最令人信服的驳斥是实践，即实验和工业。既然我们自己能够制造出某一自然过程，按照它的条件把它生产出来，并使它为我们的目的服务，从而证明我们对这一过程的理解是正确的，那么康德的不可捉摸的'自在之物'就完结了。"[②] 然而，俄国马赫主义者却认为，恩格斯批判康德的"自在之物"，就是要否定"自在之物"的客观性和可知性，由此成为一个不可知论者。因此，列宁批驳了俄国马赫主义者的这种歪曲，认为恩格斯对"自在之物"的批判，揭示了康德、休谟等人不知论的实质；并明确指

---

① 《列宁选集》第 2 卷，人民出版社 2012 年版，第 77 页。

② 《马克思恩格斯文集》第 4 卷，人民出版社 2009 年版，第 279 页。

出："辩证唯物主义认识论的基础是承认外部世界及其在人脑中的反映"①。可以说，坚持反映论，即承认外部世界及其在人脑中的反映，这是所有唯物主义认识论的共同原则。为了夯实这个认识论的理论基础，列宁强调："对象、物、物体是在我们之外、不依赖于我们而存在着的，我们的感觉是外部世界的映象。这个结论是由一切人在生动的人类实践中作出来的，唯物主义自觉地把这个结论作为自己认识论的基础。"② 而"心理的东西、意识等等是物质（即物理的东西）的最高产物，是叫作人脑的这样一块特别复杂的物质的机能"③。列宁坚持了唯物主义的认识路线，正确地回答了思维和存在的关系问题。

第二个结论："在现象和自在之物之间决没有而且也不可能有任何原则的差别。差别仅仅存在于已经认识的东西和尚未认识的东西之间。"④ 这就是说，在承认认识的对象是物质世界，意识、感觉不过是对外部世界的反映的基础上，强调认识是一个不断深化的过程，是一个透过现象不断把握本质的过程；而推动认识过程前进的动力是实践。列宁指出："只要你们抱着人的认识是由不知发展起来的这一观点，你们就会看到：千百万个类似在煤焦油中发现茜素那样简单的例子，千百万次从科学技术史中以及从所有人和每个人的日常生活中得来的观察，都在向人表明'自在之物'转化为'为我之物'。"⑤ 就是说，对于世代发展的人类来说，世界上决不存在不可能认识的东西，只有已被认识的东西和未被认识的东西之分；今天没有认识的东西，随着实践和科学的发展，明天可以被认识，"自在之物"可以转化为"为我之物"，从而实现从必然王国进入自由王国。列宁又提出"生活、实践的观点，应该是认

① 《列宁选集》第 2 卷，人民出版社 2012 年版，第 10 页。
② 《列宁选集》第 2 卷，人民出版社 2012 年版，第 78 页。
③ 《列宁选集》第 2 卷，人民出版社 2012 年版，第 170 页。
④ 《列宁选集》第 2 卷，人民出版社 2012 年版，第 77 页。
⑤ 《列宁选集》第 2 卷，人民出版社 2012 年版，第 77—78 页。

识论的首要的和基本的观点”[1]，把马克思主义的认识论建立在实践基础之上，成为能动的反映论，从而把马克思主义唯物主义的能动反映论与各种旧唯物主义的直观反映论划清了界限。

第三个结论：“在认识论上和在科学的其他一切领域中一样，我们应该辩证地思考，也就是说，不要以为我们的认识是一成不变的，而要去分析怎样从不知到知，怎样从不完全的不确切的知到比较完全比较确切的知。”[2] 这一结论坚持了认识的辩证性，即强调必须把辩证法运用于认识论之中，把认识看是一个由浅入深、由低级到高级、从不全面到比较全面、从不确切到比较确切、从不深刻到比较深刻的曲折前进的过程。列宁这一结论的提出，除了吸收旧唯物主义的机械论、形而上学的思维教训之外，也汲取了普列汉诺夫的思维教训。普列汉诺夫是当时俄国马赫主义者的攻击对象，也是最早反驳马赫主义的哲学家，然而其成效并不大，原因在于普列汉诺夫对马赫主义还停留在一般唯物主义的层面，没有把辩证法与唯物论结合起来、把辩证法运用于认识论，使之对马赫主义的批判很难深入下去。列宁指出：“当我们不知道自然规律的时候，自然规律是在我们的认识之外独立地存在着并起着作用，使我们成为‘盲目的必然性’的奴隶。一经我们认识了这种不依赖于我们的意志和我们的意识而起着作用的（如马克思千百次反复说过的那样）规律，我们就成为自然界的主人。在人类实践中表现出来的对自然界的统治是自然现象和自然过程在人脑中客观正确的反映的结果，它证明这一反映（在实践向我们表明的范围内）是客观的、绝对的、永恒的真理。”[3] 由此可见，列宁把辩证法引入认识论，运用辩证法的思维方式探讨了认识过程中物质、感觉、经验、因果性、必然性、自由和必然的

---

① 《列宁选集》第 2 卷，人民出版社 2012 年版，第 103 页。

② 《列宁选集》第 2 卷，人民出版社 2012 年版，第 77 页。

③ 《列宁选集》第 2 卷，人民出版社 2012 年版，第 152—153 页。

关系等问题，大体构建起一个包括认识的泉源、对象、本质、内容、目的和检验标准等在内的辩证唯物主义反映论的理论框架。列宁的这个观点，既克服了抽象地发挥人的主观能动性的唯心主义的片面性，也克服了忽视人的主观能动性的旧唯物主义的机械反映论的片面性，创立了辩证的唯物主义的能动反映论。

（三）相对真理和绝对真理之间没有不可逾越的鸿沟

真理问题是认识论中的一个重大问题，也是马克思主义同修正主义、马赫主义斗争的焦点问题。马赫主义者在真理问题上散布了许多主观主义和相对主义的观点，是赤裸裸的唯心主义。列宁的做法是，详细摘录和引用马克思、恩格斯的有关论述，在批驳马赫主义认识论的过程中，阐述了真理的客观性、绝对性和相对性等理论，坚持和发展了马克思主义真理观。

批判唯心主义真理论，阐述真理的客观性。在真理问题上，马赫主义认为“真理是思想形式，是人类经验的组织形式”，并认为“马克思主义否定任何真理的绝对客观性”，不承认“有绝对意义的客观真理”。列宁问道：“有没有客观真理？就是说，在人的表象中能否有不依赖于主体、不依赖于人、不依赖于人类的内容？”① 当然是有的。“自然科学关于地球存在于人类之前的论断是真理，对于这一点，自然科学是不容许怀疑的。这一点和唯物主义的认识论是完全符合的：被反映者不依赖于反映者而存在（外部世界不依赖于意识而存在）是唯物主义的基本前提。自然科学关于地球存在于人类之前的论断，是客观真理。”② 波格丹诺夫以真理形式的主观性为借口，否认真理的客观性，其结果是陷入了主观唯心主义。因为，在马克思主义看来，真理就是对客观事物及其

① 《列宁选集》第2卷，人民出版社2012年版，第81—82页。
② 《列宁选集》第2卷，人民出版社2012年版，第82—83页。

规律的正确反映。真理的形式是主观的，但其内容却是客观的。所以，在马克思主义者看来，“认为我们的感觉是外部世界的映象；承认客观真理；坚持唯物主义认识论的观点，——这都是一回事”[①]。

批判相对主义真理论，阐述真理的绝对性和相对性。列宁在确定存在着客观真理的基础上马上问道：“如果有客观真理，那么表现客观真理的人的表象能否立即地、完全地、无条件地、绝对地表现它，或者只能近似地、相对地表现它？这第二个问题是关于绝对真理和相对真理的相互关系问题。”[②] 马赫主义者否定了真理的客观性，又从相对主义出发否定真理的绝对性，认为“一切都是相对的”。列宁摘录了恩格斯的有关论述，从四个方面阐述了真理的绝对性和相对性的辩证关系。其一，承认客观真理就是承认绝对真理。列宁指出：“当一个唯物主义者，就要承认感官给我们揭示的客观真理。承认客观的即不依赖于人和人类的真理，也就是这样或那样地承认绝对真理。”[③] 所谓绝对真理或真理的绝对性，主要指的是真理的客观实在性和存在的无条件性。其二，绝对真理是由相对真理构成的。列宁认为，所谓相对真理或真理的相对性，是指“我们的知识向客观的、绝对的真理接近的界限是受历史条件制约的”[④]，因此，任何一种真理性认识都有它的局限性。但是，无数相对真理的总和又构成了绝对真理，真理是一个从相对走向绝对的过程。其三，相对真理和绝对真理之间没有不可逾越的鸿沟。列宁指出，绝对真理和相对真理是对立统一的。我们的认识向绝对真理的接近无疑要受到主客观条件的限制。但是，就人类整体的认识能力和本性而言，认识向绝对真理的接近是无条件的，是绝对的。相对真理中包含有绝对真理，绝对真理存在于相对真理之中，二者之间没有不可逾越的鸿沟。

---

① 《列宁选集》第 2 卷，人民出版社 2012 年版，第 89—90 页。
② 《列宁选集》第 2 卷，人民出版社 2012 年版，第 82 页。
③ 《列宁选集》第 2 卷，人民出版社 2012 年版，第 92 页。
④ 《列宁选集》第 2 卷，人民出版社 2012 年版，第 96 页。

其四，相对真理和绝对真理的区分是既确定又不确定的。所谓二者区分的确定性，是指绝对真理也即真理的绝对性，是说真理所反映的内容是客观的，其存在是无条件的；而相对真理也即真理的相对性，是指真理的具体性、条件性和有限性；搞清楚二者之间的区别，才可能同唯心主义和相对主义划清界限。所谓二者区分的不确定性，是指相对真理包含着绝对真理的颗粒，绝对真理又是由相对真理构成的；我们不能把已经获得的真理性认识绝对化，变成凝固的教条。如果只承认真理的绝对性而否认真理的相对性，看不到二者之间的内在联系，就会把一切都看成绝对的，陷入教条主义和独断论。

总之，列宁认为，在真理问题上必须坚持唯物论和辩证法的统一，正确认识真理的客观性、绝对性和相对性及其相互关系，反对唯心主义和相对主义。

（四）实践标准的确定性和不确定性

实践的观点作为马克思主义哲学的核心观点，必然成为马赫主义者攻击的重要目标。他们围绕着实践和认识的相互关系、实践在认识论中的地位和作用、实践标准等问题，提出了一系列错误观点，向马克思主义认识论发起全面进攻。列宁则针对马赫主义这些错误观点，进行了全面的驳斥。

实践的观点是认识论的首要的和基本的观点。马赫主义者把实践与认识割裂开来，认为实践是一回事，认识又是另一回事；认为真理“是生物学上有用的心理体验”，“只有成功才能把认识和谬误区别开来”，否认实践是检验认识是否正确的标准。列宁指出，马克思主义把实践引入认识论，认为实践是人们自觉地改造客观世界的物质活动，是沟通主观和客观的桥梁。只有通过实践，才能实现主观对客观的正确反映；也只有通过不断实践，人们对客观事物的认识才能逐渐深化，并在实践中不断得到检验和丰富。通过实践，人们不仅可以认识客观世界，而且可以能动地改造世界，实现从理论到实践的飞跃。所以，实践不仅是认识的基础，而且“整个活生生的人类实践是深入到认识论本身之中的，它提供真理的客观标准”①。列宁又说：“实践高于（理论的）认识，因为它不仅具有普遍性的品格，而且还具有直接现实性的品格。”② 实践的优点，是它能够成为检验认识真理性标准的内在根据。所谓实践的普遍性，是说人类社会生活本质上是实践的；所谓实践的直接现实性，是说实践是人们自觉的有目的的活动，整个实践过程就是实践主体能动地使自己的目的物化或对象化的过程。这样，实践过程也就成为从主体认识到客观存在之间的过渡、转化的桥梁，从而使人们可以判明一种认识或思想正确与否。正是在这个意义上，列宁说：“如果把实践标准作为认识论的基础，那么我们就必然得出唯物主义”③，就可以彻底驳倒一切哲学怪论，并彻底贯彻唯物主义的认识论路线。

列宁在提出实践是检验真理的标准时，又特别提出实践标准具有确定性和不确定性。因为，实践是一个不断发展着的过程，它作为检验真理的客观标准，是绝对和相对、确定性和不确定性的统一。一方面，实践作为沟通主观和客观的桥梁，它是检验真理的唯一标准。经过实践检验，凡是与客观实际相符合的认识，就是真理。而任何被实践证明与客观实际不相符合的观点，不管说得多么头头是道，都只是谬误。所以，实践作为区别真理和谬误的唯一标准，是确定不移的、绝对的。另一方面，实践又是一个不断发展的过程，就是说，实践在其发展的每一具体历史阶段上因历史条件的限制总是有局限性的，它不可能立即完全地证实或推翻任何一种观念；即使已为实践所证实的理论，它和客观实际的

① 《列宁选集》第 2 卷，人民出版社 2012 年版，第 152 页。
② 《列宁全集》第 55 卷，人民出版社 2017 年版，第 183 页。
③ 《列宁选集》第 2 卷，人民出版社 2012 年版，第 100 页。

符合也只具有近似的性质。我们不能期望经过一次实践就可以肯定性地或否定性地判别一种认识的正确与否，而必须经过长期的多次实践的反复检验，在不断发展的实践中检验认识的真理性，不能把实践标准绝对化。正确地理解和掌握实践标准的这种辩证性质，在实际生活中有重要意义。

列宁在肯定实践在认识过程中的重要作用的同时，也强调理论能够而且必须指导实践。无产阶级在艰巨的革命斗争中，必须高度重视理论的作用。马克思的理论是为社会的伟大实践所证实了的正确的理论，是无产阶级的世界观和方法论。“坚持唯物主义观点的科学的道路是走向这种真理的唯一的道路”①。实践证明，“沿着马克思的理论的道路前进，我们将愈来愈接近客观真理（但决不会穷尽它）；而沿着任何其他的道路前进，除了混乱和谬误之外，我们什么也得不到”②。

三、当代启示和重要意义

今天来重新阅读列宁的《唯物主义和经验批判主义》，依然会有诸多的启示和心得。

（一）自觉坚持实事求是、一切从实际出发的唯物主义立场

毫无疑问，中国共产党人以马克思主义为指导思想。然而，学马克思主义学什么？学马克思主义怎么学？这个问题一直困惑着广大党员干部。邓小平说：“马克思、恩格斯创立了辩证唯物主义和历史唯物主义的思想路线，毛泽东同志用中国语言概括为‘实事求是’四个大字。”③

---

① 《列宁选集》第2卷，人民出版社2012年版，第103页。

② 《列宁选集》第2卷，人民出版社2012年版，第103—104页。

③ 《邓小平文选》第2卷，人民出版社1994年版，第278页。

马克思主义哲学是科学的世界观和方法论，是整个马克思主义的理论基础。列宁、毛泽东都是运用这个科学的世界观方法论来指导解决本国社会问题的典范。邓小平深得马克思列宁主义、毛泽东思想的真谛。他在各种场合反复强调，实事求是是“马克思主义的精髓”，是“毛泽东思想的精髓”。他总结中国革命和建设的经验得出结论说：“实事求是，是无产阶级世界观的基础，是马克思主义的思想基础。过去我们搞革命所取得的一切胜利，是靠实事求是；现在我们要实现四个现代化，同样要靠实事求是。”[①] 邓小平在博大精深的马克思列宁主义、毛泽东思想的体系中，明确指出实事求是是其基础和精髓，这就抓住了理论的根本点，对于我们学习和运用马克思列宁主义、毛泽东思想具有极为重要的指导意义。

中国共产党艰苦奋斗的历史告诉我们，我们党是靠实事求是起家和兴旺发展起来的。实事求是作为党的思想路线，始终是中国共产党人认识世界和改造世界的根本要求，是我们党的基本思想方法、工作方法和领导方法，是党带领人民推动中国革命、建设、改革事业不断取得胜利的重要法宝。什么时候坚持实事求是，党就能够形成符合客观实际、体现发展规律、顺应人民意愿的正确路线方针政策，党和人民事业就能够不断取得胜利；反之，离开了实事求是，党和人民事业就会受到损失甚至严重挫折。实践反复证明，坚持实事求是，就能兴党兴国；违背实事求是，就会误党误国。这就要求我们，无论何时何地务必坚持一切从实际出发、实事求是、具体问题具体分析的原则，反对主观主义和教条主义，力戒空谈和长官意志；要大力倡导调查研究的风气，深入群众，深入实践，清醒地认识和准确地把握我们所面对的新任务、新矛盾、新问题，突出问题意识，创造性地解决发展起来以后所面临的各种错综复杂的社会矛盾。

---

① 《邓小平文选》第 2 卷，人民出版社 1994 年版，第 143 页。

（二）坚持实事求是的思想路线，必须提高哲学素养

什么是哲学？自古以来，哲学一直被看成“爱知慧”的学问，研究哲学的人被称为“爱智慧的人”。在古希腊人看来，“爱智慧的人”与“有智慧的人”是不一样的：前者把追求真理作为理想，作为信仰，作为生存方式；而后者则是把哲学当作辩论技巧，靠炫耀辩论技巧来赚钱，哲学成了挣钱的工具。在我国，“哲”字最早出现在《尚书·皋陶谟》：“知人则哲，能官人。安民则惠，黎民怀之。”很显然，有智慧、能安民，是对治理国家的领导者的根本要求。

为什么一定要学习马克思主义哲学呢？马克思主义哲学是理论化、系统化的世界观，属于意识形态范畴。世界观是每个人站在特定的立场上、从特定的角度对于世界的总的看法和根本观点。可以说，一个人有什么样的世界观，就决定着他有什么样的眼界、胸怀、理想和追求，也就决定着他的人生的基本格局。所以，哲学作为关于世界观的学问，其最重要的是解决人生的格局问题。而一个人的格局是在认识世界，处理人和世界、人与人、自己的灵与肉关系的过程当中展示出来的。要注意的是，马克思主义不仅揭示了自然界、社会和人的思维发展的最一般规律，使我们能够从宏观上正确认识和全面理解人与自然、人与社会、人与自身的关系，而且把这种理论作为观察和研究一切事物的科学方法，从而成为无产阶级和人民群众认识世界、改变世界的强大认识工具。如实事求是方法、矛盾分析方法、过程分析方法、主客体方法、社会基本矛盾方法、阶级和阶层分析方法、群众路线和群众观点方法等，为我们构建了一个完整的方法论系统，真正实现了科学的世界观和科学的方法论的高度统一。

中国共产党是以学习哲学起家的。毛泽东早在 1937 年就指出：“辩证唯物论对于指导革命运动的干部人员，尤属必修的科目，因为主观主

义与机械观这两种错误的理论与工作方法，常常在干部人员中间存在着，因此常常引导干部人员违反马克思主义，在革命运动中走入歧途。要避免与纠正这种缺点，只有自觉地研究与了解辩证法唯物论，把自己的头脑重新武装起来。”① 在毛泽东的倡导和带动下，延安时期全党掀起了空前规模的学习哲学的高潮，极大地增强了全党的理论素养，广大党员干部提升了坚持一切从实际出发的思想路线、实事求是的自觉性，提高了分析问题和解决问题的能力，破除了经验主义、主观主义和教条主义的束缚，为夺取中国革命胜利奠定了坚实的思想理论基础。可以说，学哲学拓展人生格局，用方法提升工作能力。所以，真正学懂一些哲学理论，掌握一些哲学方法，无论是对于领导干部还是对于有理想有抱负的青年人，都是非常有用的。

（三）坚持实践是检验真理的唯一标准，为人民办好事、办实事

在判断真理标准问题上，特别是在判断社会主义制度优越性的标准问题上，中国共产党人是有着深刻的经验教训的。正是真理标准问题的大讨论，从理论上恢复了党的思想路线，从实践上推动了党的工作重心转移到经济建设上来，从而打开了中国历史发展进步的思想闸门，使中国共产党和中华民族焕发出勃勃生机。在全面开创中国特色社会主义伟大事业的进程中，邓小平以其高超的政治智慧和博大的政治胸怀，围绕着实践标准问题进行了一系列理论创新。他说：“我们是社会主义国家，社会主义制度优越性的根本表现，就是能够允许社会生产力以旧社会所没有的速度迅速发展，使人民不断增长的物质文化生活需要能够逐步得到满足。按照历史唯物主义的观点来讲，正确的政治领导的成果，归根结底要表现在社会生产力的发展上，人民物质文化生活的改善上。”②

---

① 《毛泽东著作专题摘编》上，中央文献出版社 2003 年版，第 343 页。

② 《邓小平文选》第 2 卷，人民出版社 1994 年版，第 128 页。

在南方谈话时明确提出“三个有利于”的判断标准，这是科学性与价值性相统一的标准，体现了中国共产党人“实事求是”的科学性追求与“为人民服务”的价值性追求的统一。

我们在全面建设社会主义现代化国家的过程中，面临着许多新情况、新问题，必须更加强调把坚持实事求是精神同全心全意为人民服务的根本宗旨统一起来，要敢于为了人民的利益而坚持真理、修正错误。我们要有光明磊落、无私无畏、以事实为依据、敢于说出事实真相的勇气和正气，及时发现和纠正思想认识上的偏差、决策中的失误、工作中的缺点，及时发现和解决存在的各种矛盾和问题，使我们的思想和行动更加符合客观规律、符合时代要求、符合人民愿望。

列宁：《国家与革命》导读

《国家与革命》是一部在马克思主义国家学说发展史上具有里程碑意义的著作。在这部著作中，列宁运用辩证唯物主义和历史唯物主义的基本观点，深入研究了国家的产生、本质和发展趋势等诸多问题，驳斥了当时流行的特别是第二国际机会主义者对马克思主义国家学说和共产主义社会形态理论的歪曲，并系统阐发了马克思主义关于国家与革命的理论，为世界无产阶级革命运动提供了强大的理论武器。

一、历史背景和写作原因

19 世纪末 20 世纪初，资本主义在世界范围内进入帝国主义阶段，其所固有的各种矛盾进一步加深和激化，最终导致爆发第一次世界大战；而帝国主义时代迅速发展的社会生产力和高度集中的垄断经济形式，则为社会主义的诞生创造了物质前提和阶级力量。正如列宁所说，帝国主义已是无产阶级进行社会主义革命的前夜。由于沙皇俄国在第一次世界大战中屡遭失败，力量消耗殆尽，经济濒于崩溃，使俄国人民遭受着更加残酷的压迫和剥削，导致人民为争取和平、面包、自由的斗争更加激烈，俄国成为社会主义革命的前沿阵地。

革命的根本问题是国家政权问题。在当时的革命形势下，怎样认识国家的起源、本质、特征和发展过程？对这些问题的认识直接关系无产阶级要不要建设国家、要建立怎样的国家等重大理论和实践问题。遗憾的是，恰恰这些最重要的问题却被资产阶级和小资产阶级思想家、形形色色的社会主义者和无政府主义者搅得十分混乱。特别是第二国际的机会主义领袖伯恩施坦、考茨基等人打着马克思主义的旗帜，严重歪曲和篡改马克思主义的国家学说。他们攻击俄国十月革命，反对无产阶级专政；认为无产阶级不破坏资产阶级国家机器也能夺取政权，就是简单地在议会斗争中获取多数，作为反对党去改变现在的国家；要求社会民主党应该争取改变国家政权内部力量对比的变动，应该为获得议会多数或者“全权议会”而奋斗。甚至俄国早期的马克思主义传播者普列汉诺夫等人在国家问题上，也产生了一系列模糊的认识。

在列宁看来，第二国际中的代表性人物，基本上都公开否认无产阶级专政，认为无产阶级专政违背了所谓的“民主”，与小资产阶级民主派在对待革命和民主问题上的立场没有什么重大区别，实质上是露骨的机会主义。这种理论必然导致他们在第一次世界大战爆发后，虽然口头上都声称是社会主义的，但是实际上却是社会沙文主义的；看不到大多数资本主义大国在剥削和奴役弱小民族，他们所发动的战争性质是为了瓜分世界的帝国主义战争；因此，他们不但不反对自己的国家以及自己国家发动的战争，反而去支持自己的民族国家（实质上是资产阶级国家）以及自己国家发动的战争。实际上，他们对自己国家的迎合和支持就是对资产阶级及其国家的迎合和支持，而不是站在国际无产阶级和广大劳动人民群众的立场去判断是非，最终沦为资产阶级利益的辩护士。因此，为了使广大人民群众摆脱资产阶级意识形态的影响和束缚，真正认识到自己的阶级利益和明确自己的阶级立场，必须在国家这个问题上反对机会主义，此时研究国家问题就显得特别有实践意义。

为了完成这个重大的时代课题，恢复被第二国际机会主义歪曲的马克思主义国家学说的本来面貌，使工人阶级正确认识资产阶级国家机器的实质，从而指导工人阶级和无产阶级政党正确地开展革命斗争，列宁在1916年秋和1917年初在瑞士苏黎世开始系统地研究马克思主义的国家学说，做了很多关于国家问题的研究笔记，取名为《马克思主义论国家》。这实际上是为撰写《国家与革命》而准备的材料。1917年3月，俄国爆发了推翻沙皇专制政府的二月革命，国内形成了工兵代表苏维埃和资产阶级临时政府双重政权并存的局面。同年4月，列宁回国，先后发表了《论无产阶级在这次革命中的任务》《远方来信》《论两个政权》等重要文章，冷静地科学地分析了二月革命后的情况，并提出从资产阶级民主革命有可能和平过渡到社会主义革命的思想。然而，由于在当时苏维埃中占统治地位的社会革命党和孟什维克却对资产阶级临时政府采取妥协投降的政策，致使政权完全落入反革命资产阶级手中。资产阶级临时政府妄图用战争消灭革命。当"七月流血事件"发生以后，以克伦斯基为首的联合政府对革命群众和布尔什维克开始进行疯狂镇压，布尔什维克开始转入地下活动，两个政权并存局面不复存在，革命和平发展的可能性也不复存在，武装夺取政权的问题提上了日程。在这种情况下，研究国家与革命的问题并且用来指导革命斗争变得十分必要而且非常迫切。1917年8—9月，列宁利用上述笔记的材料，同时结合俄国革命的经验，在俄国和芬兰交界的边境地区拉兹里湖畔的草棚中开始撰写著名的《国家与革命》。

这样一种国际国内的大环境决定着列宁的写作具有明显的特点：一是强调要从时代的特征和俄国革命发展的需要，来研究国家与革命这个最现实、最迫切需要解决的问题，以确立第一次世界大战引起的无产阶级革命在对待国家态度上的基本原则，而不是一般地进行理论阐述。二是为了揭露机会主义者"忘记、抹杀和歪曲"马克思主义国家学说"革命灵魂"的可恶行径，"在对马克思主义的种种歪曲空前流行的时候，我们的任务首先就是要恢复真正的马克思的国家学说。为此，必须大段大段地引证马克思和恩格斯本人的著作”，以便“使读者能够独立地了解科学社会主义创始人的全部观点以及这些观点的发展”。[①] 三是列宁在研究国家与革命问题的过程中，始终坚持运用马克思主义的唯物史观和历史发展观，以便与机会主义者在国家问题的唯心主义和形而上学方法划清界限。列宁原计划撰写七章，由于 10 月前各种事务繁多，这个计划没有完成。虽然这是一部未完稿，但是它的逻辑非常严谨，结构非常清晰，论证极为严密，完整准确地向我们展现了马克思主义国家学说的基本原理，并根据俄国革命经验将其向前推进了一大步，从而成为我们不可不读的马克思主义关于国家理论的经典著作。

二、逻辑结构和主要内容

全文包括两个序言，六章正文和第七章的标题以及第一版的跋。

第一版序言，阐明了研究国家问题的紧迫性和重要性，简单介绍了本书的写作内容安排。列宁开篇就说：“国家问题，现在无论在理论方面或在政治实践方面，都具有特别重大的意义。”[②] 要向群众说明，为了使自己从资本的枷锁下解放出来，他们在最近的将来应当做些什么。

第二版序言，说明本次出版，文字几乎没有变动。

第一章，阶级社会和国家。共四节。列宁根据恩格斯著作中的相关思想，阐述了马克思、恩格斯关于国家的起源和本质、基本特征和职能、消亡与暴力的关系等基本理论问题。

第二到第四章，列宁按照历史顺序，叙述了从 1847 年到 1894 年马克思和恩格斯关于国家问题的研究成果和基本观点。在第二章中，列宁主要介绍了马克思、恩格斯在 1848 年革命爆发之前撰写的《哲学的贫

① 《列宁选集》第 3 卷，人民出版社 2012 年版，第 112—113 页。
② 《列宁选集》第 3 卷，人民出版社 2012 年版，第 109 页。

困》《共产党宣言》中关于国家的观点；阐述马克思在《路易·波拿巴的雾月十八日》中如何运用唯物史观总结1848—1851年革命的经验；介绍了马克思给魏德迈的关于阶级斗争的著名书信中关于国家学说的观点。在第三章中，列宁阐述了马克思对公社社员英雄主义的首创精神的肯定，并且根据公社运动的经验说明了：工人阶级不能简单地掌握现成的资产阶级国家机器并运用它达到自己的目的，而是必须将其打碎；强调胜利后的无产阶级必须用公社代替资产阶级国家机器的思想；强调必须废除资产阶级社会特权象征和腐败工具的议会制，公社不应当是议会制的机构而是兼有立法和行政的机构的观点；强调用公社来组织民族的统一，主张采用无产阶级的集中制而不是主张联邦制；说明从社会主义和政治斗争的全部历史中得出国家一定会消亡的结论的思想。在第四章中，列宁阐述了恩格斯关于无产阶级只有取得了政权才可以解决住宅问题的思想；阐述了恩格斯对无政府主义思潮的驳斥，强调权威和自治是相对的范畴，胜利后的无产阶级应该掌握国家政权镇压剥削阶级的反抗；介绍了恩格斯对社会党在国家结构问题上的机会主义倾向严厉批判，说明总结了历次资产阶级革命的经验后得出的结论；指出在未来社会将没有必要对任何人使用暴力，不会再有个人或者集体之间的服从和压迫现象的思想。

第五章，国家消亡的经济基础。列宁阐明了专政和民主的关系、无产阶级国家消亡和经济基础的关系，强调马克思和恩格斯对国家和国家消亡问题的看法是完全一致的，驳斥机会主义者把马克思和恩格斯相关思想对立起来的观点；介绍了马克思和恩格斯关于过渡时期存在的必然性和必要性，论述了“共产主义社会的第一个阶段”的基本特征，驳斥了机会主义者对这个观点的歪曲；说明共产主义社会不是一蹴而就的，而是必须不断地经历一个发展和完善的过程的思想，并认为这种认识完全符合辩证法的规律和整个发展理论。

第六章，马克思主义被机会主义者庸俗化。列宁揭露了机会主义者把马克思主义庸俗化的行径，表明“要同机会主义者决裂；整个觉悟的无产阶级将同我们一起进行斗争，不是去争取‘力量对比的变动’，而是去推翻资产阶级，破坏资产阶级的议会制，建立公社类型的民主共和国或工兵代表苏维埃共和国，建立无产阶级的革命专政”①。

第七章，1905 年和 1917 年俄国革命的经验。本章只有一段文字：“这一章的题目非常大，可以而且应当写几卷书来论述它。这本小册子自然就只能涉及与无产阶级在革命中在对待国家政权方面的任务直接有关的最主要的经验教训了。”② 可以看出，在列宁的写作计划里，这一章是最重要的。如果说前面几章主要是阐述马克思和恩格斯关于国家问题的理论观点，批判资产阶级思想家在国家问题上所制造的混乱，这一章是要运用马克思、恩格斯的国家理论为指导，来研究俄国革命过程中所呈现出来的国家问题。很遗憾，正如第一版跋中说的：“这一章除了题目以外，我连一行字也没有来得及写，因为 1917 年十月革命前夜的政治危机‘妨碍’了我。对于这种‘妨碍’，只有高兴。”“做出‘革命的经验’是会比论述‘革命的经验’更愉快、更有益的”③。可见，列宁不仅是一位伟大的革命理论家，更是一位伟大的革命实践家。

阅读和学习这部著作要把握的主要内容有：

（一）国家起源和国家本质理论

国家起源问题是一个被资产阶级、小资产阶级思想家搞得十分混乱的问题，对这个问题的认识无不打上鲜明的阶级烙印。列宁根据马克思和恩格斯的相关论述指出，人类社会最初并没有国家，而是在阶级出现

① 《列宁选集》第 3 卷，人民出版社 2012 年版，第 219 页。
② 《列宁选集》第 3 卷，人民出版社 2012 年版，第 220 页。
③ 《列宁选集》第 3 卷，人民出版社 2012 年版，第 221 页。

之后，由于阶级矛盾和阶级斗争的尖锐化，才出现了国家。他引述了恩格斯在《家庭、私有制和国家的起源》中一段著名的论述："国家决不是从外部强加于社会的一种力量。国家也不像黑格尔所断言的是'伦理观念的现实'，'理性的形象和现实'。确切地说，国家是社会在一定发展阶段上的产物；国家是承认：这个社会陷入了不可解决的自我矛盾，分裂为不可调和的对立面而又无力摆脱这些对立面。而为了使这些对立面，这些经济利益互相冲突的阶级，不致在无谓的斗争中把自己和社会消灭，就需要有一种表面上凌驾于社会之上的力量，这种力量应当缓和冲突，把冲突保持在'秩序'的范围以内；这种从社会中产生但又自居于社会之上并且日益同社会相异化的力量，就是国家。"① 列宁强调："这一段话十分清楚地表达了马克思主义关于国家的历史作用和意义这一问题的基本思想。国家是阶级矛盾不可调和的产物和表现。在阶级矛盾客观上不能调和的地方、时候和条件下，便产生国家。反过来说，国家的存在证明阶级矛盾不可调和。"② 这里，列宁揭示了阶级和国家产生的历史顺序和逻辑关系，表明国家是一个历史范畴，不是从来就有的，而是随着阶级和阶级斗争的产生相伴而生的。一旦社会划分为阶级即剥削阶级和被剥削阶级，就必然会产生二者之间的对立和斗争，而经济利益上的根本矛盾决定了阶级斗争的不可调和性。因此，尽管国家在表面上是凌驾于社会之上，采取了超阶级的姿态，起着抑制和缓解阶级矛盾的作用，但它在本质上不是中立的阶级调和的机关，而是"阶级统治的机关"，是"一个阶级压迫另一个阶级的机关"。国家通过建立一种"秩序"来抑制和缓和阶级之间的冲突，以便把冲突保持在"秩序"的范围之内，从而使这种阶级统治合法化、固定化，以保持社会的稳定性、持久性。因此，国家必然是有阶级性的，是经济上占统治地位的阶

① 《列宁选集》第 3 卷，人民出版社 2012 年版，第 113 页。

② 《列宁选集》第 3 卷，人民出版社 2012 年版，第 113—114 页。

级的国家，是统治阶级压迫和剥削被统治阶级的国家机器。恰恰在这个问题上，马克思主义和机会主义者之间出现了原则上的分歧。一些资产阶级思想家和小资产阶级思想家，虽然承认国家是阶级矛盾和阶级斗争的产物，但是却又要“稍稍纠正”恩格斯的观点。他们“把国家说成是阶级调和的机关”；认为“秩序正是阶级调和，而不是一个阶级对另一个阶级的压迫；抑制冲突就是调和，而不是剥夺被压迫阶级用来推翻压迫者的一定的斗争手段和斗争方式”①。由此可见，机会主义者在国家起源上的认识是错误的，浸透着资产阶级和小资产阶级的市侩庸俗。

列宁进一步说明，统治阶级是依靠“特殊的武装队伍、监狱等等”国家机器的手段来维持自己的统治的。他引用恩格斯著作中的观点，国家与氏族是两种性质上根本不同的社会关系。氏族是靠血缘来维系的，而国家是按地域来划分的；氏族的公共权力的设立是同自己组织为武装力量的居民直接相符合的，而国家公共权力的设立不仅有武装的人，而且也有诸如监狱和强制机关之类的物质附属物。所以，列宁得出结论：“恩格斯在这里阐明了被称为国家的那种‘力量’的概念，即从社会中产生但又自居于社会之上并且日益同社会相异化的力量的概念。这种力量主要是什么呢？主要是拥有监狱等等的特殊的武装队伍。”② 正是因为特殊的武装队伍和监狱等体现了国家最本质的特征，所以，每次大革命在破坏国家机构的时候，都会看到赤裸裸的阶级斗争，看到统治阶级是如何力图恢复为它服务的特殊武装队伍；被压迫阶级又是如何力图建立一种不替剥削者服务，而替被剥削者服务的新型的同类组织。而随着国内阶级对立的尖锐化，随着彼此相邻的各国扩大和人口的增加，公共权力就日益加强，各国争夺世界霸权即由于瓜分赃物而进行的掠夺战争，使贪婪的国家政权对社会一切力量的“吞食”必定酿成大灾大难，

① 《列宁选集》第3卷，人民出版社2012年版，第114页。

② 《列宁选集》第3卷，人民出版社2012年版，第116页。

最终爆发第一次世界大战。列宁尖锐地批判道："社会沙文主义的恶棍们却用'保卫祖国'、'保卫共和国和革命'等等词句来掩盖他们维护'自己'资产阶级强盗利益的行为"①，这不仅仅是反动，甚至是无耻了。

在分析国家起源的基础上，列宁提出了对国家本质的基本看法。在马克思主义的话语体系中，国家历来都是某个阶级的国家，而不是所谓的"全民国家"。列宁从国家和阶级斗争的关系中提炼出精练的概括："国家是剥削被压迫阶级的工具"②。为了维持特殊的、站在社会之上的公共权力，就需要捐税和国债。"这里提出了作为国家政权机关的官吏的特权地位问题。"③ 机会主义者在这个问题上制造了一系列的混乱，歌颂资产阶级的"民主共和国"和"普选制"。列宁联系俄国的实际，揭露了资产阶级"民主共和国"的资产阶级实质，强调民主共和制是资本主义所能采用的最好的政治外壳，借助这个外壳，无论公共权力机构的人员、机构、政党如何更换，资本的权力都会是十分巩固和可靠的。与"民主共和制"相适应的"普选制"也是资产阶级的统治工具。机会主义者希望在资本主义国家普选制能够真正体现大多数劳动者的意志，并保证实现这种意志的想法，是十分荒谬的。

（二）国家消亡理论

无产阶级革命的首要问题是国家政权问题。列宁通过对国家起源和国家本质的分析，引申出无产阶级对待国家的态度问题，即通过革命打碎资产阶级旧的国家机器，建立无产阶级专政。他引述了恩格斯在《反杜林论》中的著名论断："无产阶级将取得国家政权，并且首先把生产资料变为国家财产，但是，这样一来它就消灭了作为无产阶级的自身，

① 《列宁选集》第3卷，人民出版社2012年版，第118页。
② 《列宁选集》第3卷，人民出版社2012年版，第118页。
③ 《列宁选集》第3卷，人民出版社2012年版，第119页。

消灭了一切阶级差别和阶级对立，也消灭了作为国家的国家。……当国家终于真正成为整个社会的代表时，它就使自己成为多余的了。当不再有需要加以镇压的社会阶级的时候，当阶级统治和根源于至今的生产无政府状态的生存斗争已被消除，而由此产生的冲突和极端行动也随着被消除了的时候，就不再有什么需要镇压了，也就不再需要国家这种实行镇压的特殊力量了。国家真正作为整个社会的代表所采取的第一个行动，即以社会的名义占有生产资料，同时也是它作为国家所采取的最后一个独立行动。那时，国家政权对社会关系的干预将先后在各个领域中成为多余的事情而自行停止下来。那时，对人的统治将由对物的管理和对生产过程的领导所代替。国家不是‘被废除’的，它是自行消亡的。”[①] 列宁指出，恩格斯这段关于国家消亡的论断，常常被机会主义者作了断章取义甚至是无理歪曲的解释。在机会主义者看来，和无政府主义的国家“废除”学说不同，按马克思的观点，国家是“自行消亡”的。这样就会留下一个模糊的观念，似乎“国家消亡”作为一个变化过程就是“缓慢的、平稳的、逐渐的，似乎没有飞跃和风暴，没有革命。对国家‘自行消亡’的普遍的、流行的、大众化的（如果能这样说的话）理解，无疑意味着回避革命，甚至是否定革命”[②]。就是说，在机会主义者看来，恩格斯所说的“国家自行消亡”就是指所有国家包括资产阶级的国家都是自行消亡的，而且这个过程是缓慢的、和平的、平静的，不用经过任何暴力、风暴和革命。列宁认为，这是对马克思主义国家消亡论最流行也是最庸俗的解释，实质上是否认和谋杀革命。机会主义者的解释之所以是错误的，这是因为他们没有看到恩格斯所讲的自行消亡的国家是无产阶级社会主义革命后的国家或者半国家，而资产阶级的国家是不会消亡的，必须用无产阶级的暴力革命来将其消灭。资本主

① 《列宁选集》第3卷，人民出版社2012年版，第122—123页。

② 《列宁选集》第3卷，人民出版社2012年版，第123页。

义国家是少数资产阶级对亿万人民群众实行镇压的工具，社会主义革命就是以社会的名义来剥夺资产阶级的生产资料，这势必引起资产阶级的激烈反抗。在帝国主义时代，无论是君主制国家还是民主共和制国家，资产阶级的国家机器都会空前地完备和加强起来，这个时候只有通过暴力革命才可以打碎它。机会主义者这样削减马克思主义，无疑是把马克思主义变成机会主义。

应该肯定，列宁当时系统研读了能够找到的马克思和恩格斯的著作，比较深刻地理解和把握了马克思和恩格斯关于国家学说的思想，特别是把握了马克思在《法兰西内战》中高度概括的巴黎公社的基本原则，即工人阶级不能简单地掌握现成的国家机器并运用它来达到自己的目的；只有无产阶级才能推翻资产阶级的统治，而无产阶级推翻资产阶级统治方式是通过阶级斗争，建立无产阶级专政。“国家是特殊的强力组织，是镇压某一个阶级的暴力组织。无产阶级要镇压的究竟是哪一个阶级呢？当然只是剥削阶级，即资产阶级。劳动者需要国家只是为了镇压剥削者的反抗，而能够领导和实行这种镇压的只有无产阶级，因为无产阶级是唯一彻底革命的阶级，是唯一能够团结一切被剥削劳动者对资产阶级进行斗争、把资产阶级完全铲除的阶级。”[①] 那么，无产阶级领导的革命，必然导致承认无产阶级的政治统治，无产阶级专政，即不与任何人分掌而直接依靠群众武装力量的政权。只有使无产阶级转化成统治阶级，从而能把资产阶级必然要进行的拼死反抗镇压下去，并组织一切被剥削的劳动群众去建立新的经济结构，才能推翻资产阶级。因此，列宁指出：“马克思学说中的主要之点是阶级斗争。人们时常这样说，这样写。但这是不正确的。根据这个不正确的看法，往往会对马克思主义进行机会主义的歪曲，把马克思主义篡改为资产阶级可以接受的东西。因为阶级斗争学说不是由马克思而是由资产阶级在马克思以前创立

① 《列宁选集》第3卷，人民出版社2012年版，第130页。

的，一般说来是资产阶级可以接受的。谁要是仅仅承认阶级斗争，那他还不是马克思主义者，他还可以不超出资产阶级思想和资产阶级政治的范围。把马克思主义局限于阶级斗争学说，就是阉割马克思主义，歪曲马克思主义，把马克思主义变为资产阶级可以接受的东西。只有承认阶级斗争、同时也承认无产阶级专政的人，才是马克思主义者。马克思主义者同平庸的小资产者（以及大资产者）之间的最深刻的区别就在这里。必须用这块试金石来检验是否真正理解和承认马克思主义。”[①] 毫无疑问，列宁的理解是符合马克思和恩格斯的本意的。

（三）社会主义发展阶段理论

马克思在《哥达纲领批判》中曾经指出，在资本主义社会和社会主义社会之间，有一个从前者变为后者的革命转变时期，称之为“从资本主义到共产主义的过渡时期”。此外，共产主义社会还分为第一阶段或低级阶段、共产主义社会的高级阶段。列宁结合俄国革命的实际情况，丰富和发展马克思和恩格斯关于社会主义发展阶段理论。

列宁摘引了马克思《哥达纲领批判》中的一段文字：“在资本主义社会和共产主义社会之间，有一个从前者变为后者的革命转变时期。同这个时期相适应的也有一个政治上的过渡时期，这个时期的国家只能是无产阶级的革命专政。”[②] 马克思、恩格斯早在《共产党宣言》中就指出，胜利后的无产阶级，“将利用自己的政治统治，一步一步地夺取资产阶级的全部资本，把一切生产工具集中在国家即组织成为统治阶级的无产阶级手里，并且尽可能快地增加生产力的总量”。在列宁看来，马克思、恩格斯所讲的“无产阶级专政”，这是“马克思主义在国家问题

---

① 《列宁选集》第 3 卷，人民出版社 2012 年版，第 139 页。
② 《列宁选集》第 3 卷，人民出版社 2012 年版，第 188 页。

上一个最卓越最重要的思想”。[①] 为什么会存在着一个“过渡时期”呢？列宁认为，这是由无产阶级和资产阶级两大阶级之间存在着不可调和的利益矛盾所决定的。因为，社会主义生产关系与以往社会生产关系的不同之处在于，它不能产生于资本主义社会的“母体”，它不是用一种私有制代替另一种私有制，而是要彻底消灭私有制。无产阶级为了翻身得解放，就必须推翻资产阶级政治统治，夺取政权建立自己的无产阶级专政，并运用无产阶级专政的力量实现向社会主义的过渡。这就是列宁所说的：“向共产主义发展，必须经过无产阶级专政，不可能走别的道路，因为再没有其他人也没有其他道路能够粉碎剥削者资本家的反抗”[②]。

所谓“无产阶级专政，即被压迫者先锋队组织成为统治阶级来镇压压迫者”[③]。无产阶级专政包括两个含义，一方面，无产阶级专政不仅扩大民主，而且使民主第一次成为穷人的、人民的民主制度；另一方面，无产阶级专政还要对压迫者、剥削者、资本家采取一系列剥夺自由的措施。所以，“人民这个大多数享有民主，对人民的剥削者、压迫者实行强力镇压，即把他们排斥于民主之外，——这就是民主在从资本主义向共产主义过渡时改变了的形态。”“只有在共产主义社会中，当资本家的反抗已经彻底粉碎，当资本家已经消失，当阶级已经不存在（即社会各个成员在同社会生产资料的关系上已经没有差别）的时候，——只有在那个时候，‘国家才会消失，才有可能谈自由’。只有在那个时候，真正完全的、真正没有任何例外的民主才有可能，才会实现。”[④] 因此，从资本主义到共产主义的过渡时期的国家必须是对无产阶级和一般劳动者实行民主和对资产阶级实行专政，是新型的民主和新型的专政相结合的国家。

---

① 《列宁选集》第 3 卷，人民出版社 2012 年版，第 129 页。
② 《列宁选集》第 3 卷，人民出版社 2012 年版，第 190 页。
③ 《列宁选集》第 3 卷，人民出版社 2012 年版，第 190 页。
④ 《列宁选集》第 3 卷，人民出版社 2012 年版，第 191 页。

列宁摘引了马克思关于共产主义第一阶段的相关论述，认为这是个“刚刚从资本主义脱胎出来的在各方面还带着旧社会痕迹的共产主义社会”[①]。在这个社会里，生产资料已经不是个人的私有财产，已经归全社会所有。社会的每一个成员完成一定份额的社会必要劳动，就从社会领得一张凭证；他根据这张凭证从消费品的社会存储中领取相应数量的产品。这样，扣除了用作社会基金的那部分劳动量，每个劳动者从社会领回的正好是他给予社会的。当然，在共产主义第一阶段还不能做到公平和平等，因为富裕的程度还会不同。但是，人剥削人已经不可能了，因为已经不能把工厂、机器、土地等生产资料攫为私有了；“不劳动者不得食”“对等量劳动给予选题产品”等社会主义原则已经实现了。同时，这个时期国家也呈现出两面性，一方面，“国家在保卫生产资料公有制的同时来保卫劳动的平等和产品分配的平等”[②]。另一方面，国家正在消亡，因为资本家已经没有了，阶级已经没有了，因而也就没有什么阶级可以镇压了。要使国家完全消亡，必须进入共产主义的高级阶段。

列宁继续摘引马克思著作中的重要段落：“在共产主义社会高级阶段，在迫使个人奴隶般地服从分工的情形已经消失，从而脑力劳动和体力劳动的对立也随之消失之后；在劳动已经不仅仅是谋生的手段，而且本身成了生活的第一需要之后；在随着个人的全面发展，生产力也增长起来，而集体财富的一切源泉都充分涌流之后，——只有在那个时候，才能完全超出资产阶级权利的狭隘眼界，社会才能在自己的旗帜上写上：‘各尽所能，按需分配’。”[③] 这段话实际上讲的是实现共产主义的四大条件。列宁完全同意马克思的观点，并进一步阐述为：“国家完全消亡的经济基础就是共产主义的高度发展，那时脑力劳动和体力劳动的

① 《列宁选集》第3卷，人民出版社2012年版，第194页。
② 《列宁选集》第3卷，人民出版社2012年版，第196页。
③ 《列宁选集》第3卷，人民出版社2012年版，第197页。

对立已经消失，因而现代社会不平等的最重要的根源之一也就消失，而这个根源光靠把生产资料转为公有财产，光靠剥夺资本家，是决不能立刻消除的。”① 所以，必须通过无产阶级专政和社会主义民主。列宁专门提醒我们：“我们只能谈国家消亡的必然性，同时着重指出这个过程是长期的，指出它的长短将取决于共产主义高级阶段的发展速度，而把消亡的日期或消亡的具体形式问题作为悬案，因为现在还没有可供解决这些问题的材料。”② 提出“社会主义国家”和“社会主义民主”的概念，是列宁对马克思主义国家理论的一大贡献。

三、当代启示和重要意义

阅读列宁的《国家与革命》一书，可以给我们的启示是多方面的。然而，大家经常问到的问题是，马克思、恩格斯所主张的共产主义和流行于欧洲的民主社会主义是什么关系？

恩格斯曾说：“我根本不把自己称做社会民主主义者，而称做共产主义者。这是因为当时在各个国家里那些自称是社会民主主义者的人根本不把全部生产资料转归社会所有这一口号写在自己旗帜上。”③ 这就明确告诉我们，马克思、恩格斯的共产主义与社会民主主义是完全不同的两个主义、两个思想体系，决不能混淆。

社会民主主义或民主社会主义是对起源于欧洲社会主义运动中的改良主义的一个统称。最初是指 19 世纪 40 年代法、德等国家社会民主工党或社会党等的主张。马克思、恩格斯在《共产党宣言》中指出：“这种社会主义按其实际内容来说，或者是企图恢复旧的生产资料和交换手

① 《列宁选集》第 3 卷，人民出版社 2012 年版，第 197 页。
② 《列宁选集》第 3 卷，人民出版社 2012 年版，第 198 页。
③ 《马克思恩格斯文集》第 4 卷，人民出版社 2009 年版，第 448 页。

段，从而恢复旧的所有制关系和旧的社会，或者是企图重新把现代的生产资料和交换手段硬塞到已被它们突破而且必然被突破的旧的所有制关系的框子里去。它在这两种场合都是反动的，同时又是空想的。”[①] 在马克思、恩格斯逝世之后，社会民主主义经历了曲折的发展过程。列宁时代社会民主主义改名为民主社会主义。1951 年 6—7 月，在德国法兰克福召开了国际社会党会议，宣告社会党国际正式成立，并通过了题为《民主社会主义的目标和任务》的基本纲领，把“民主社会主义”作为社会党国际的目标和宗旨。1989 年，社会党国际在瑞典的斯德哥尔摩召开会议，根据出现的新情况和新问题，提出新的观点和战略，通过了《社会党国际原则声明》，进一步强化了民主社会主义的基本原则，即出发点的伦理性，立足点的全球性，指导思想的多元性，政治立场的中立性。

通过对马克思、恩格斯所倡导的共产主义，即科学社会主义与民主社会主义进行比较研究，可以看出二者至少在以下七个方面是根本对立的：(1) 对生产资料所有制的态度：这是科学社会主义与民主社会主义的根本区别之点。科学社会主义认为，无产阶级取得政权后，必须根据生产力的发展要求，有步骤地“把全部生产资料转归社会所有”，以生产资料公有制代替资本主义私有制，不断提高劳动生产率，提高全体人民的物质和文化生活水平。民主社会主义不认为生产资料的社会占有是社会主义的必要条件和根本基础，甚至有人把资本主义私有制看作“民主的因素”和“自由的表现”，认为消灭私有制就等于消灭民主和自由。(2) 理论基础：科学社会主义以辩证唯物主义和历史唯物主义为理论基础。民主社会主义以人道主义为理论基础。他们从“人是目的，不是手段”出发，把“自由、平等、正义、友爱、互助”作为社会主义的基本内容。以此为基础所构建的理论体系必然是脱离工人阶级革命斗争的实

① 《马克思恩格斯选集》第 1 卷，人民出版社 2012 年版，第 426 页。

际，陷入一种混乱、多元、自相矛盾的状态。(3) 指导思想：科学社会主义始终坚持马克思主义的指导思想。民主社会主义主张指导思想的多元化、思想来源的多途径化，反对单一的思想理论基础。(4) 社会发展动力：科学社会主义主张社会基本矛盾的运动是社会发展的根本动力。民主社会主义主张伦理的必然性，认为“为所有的人争取平等的机会，使他们能在他们共同生活和劳动的一切领域发挥自己的个性，这是欧洲社会主义的原动力”[①]。(5) 社会前进目标：科学社会主义主张最高理想是共产主义。民主社会主义主张，要实现所有的人在一切生活领域的自决权。以此为社会目标，在经济上，“一种以全社会的利益为目标的经济计划和劳动者对经济的参与和决定是这一社会制度的特征”；政治上，国家要成为为全社会利益服务的工具，人们由于共同的利益联系在一起而能够互相关怀和互相帮助。很显然，在资本主义制度下，这只能是闪耀着绚丽色彩的肥皂泡。(6) 实现途径：科学社会主义强调用暴力革命推翻资本主义社会，摧毁旧的上层建筑及其维护的经济基础，建立与生产力发展要求相适应的新上层建筑和经济基础。但是，马克思、恩格斯从来不排除和平转变的可能性。民主社会主义反对革命尤其是反对暴力革命，主张和平过渡和议会道路。(7) 党的性质：科学社会主义强调无产阶级政党的阶级性。民主社会主义强调党的全民性，主张社会党的大门向一切承认民主社会主义的人们敞开。这是为了适应扩大党的群众基础，争取更多的选票，提高自己在议会中地位的需要。但是，这样的做法使党的性质发生了根本性变化，党“已经从一个工人阶级的政党变成了人民的政党”，不再是以领导无产阶级推翻资本主义、建设社会主义为历史使命的党，而成为政治多元化体制中的多个政党中的一员。这就完全否定了党的阶级性、革命性和先进性。

---

① 〔德〕托玛斯·迈尔著，殷叙彝译：《社会民主主义导论》，中央编译出版社 1996 年版，第 5 页。

不可否认，民主社会主义与科学社会主义在历史渊源上是有联系的。但是，随着社会主义运动的深入发展，民主社会主义把科学社会主义的基本原则都抛弃了，已经成了两个完全不同的思想体系。如果把两个思想体系混为一谈，甚至用民主社会主义取代马克思、恩格斯的科学社会主义，则是完全错误的。

列宁：《共产主义运动中的“左派”幼稚病》导读

《共产主义运动中的“左派”幼稚病》是一部关于无产阶级政党的战略和策略的重要著作。在这部著作中，列宁总结了俄国和国际共产主义运动的经验教训，批判了当时国际共产主义运动中的“左”倾思潮，系统阐述了无产阶级及其政党在革命运动中应当采取的正确策略，为国际共产主义运动的发展指明了方向。

一、历史背景和写作原因

在俄国十月革命的影响下，资本主义国家的无产阶级革命运动和殖民地半殖民地的民族解放运动迅速发展起来，许多国家成立了共产党和共产主义组织。随着第二国际的破产，无产阶级革命运动的发展把成立新的国际提到日程上来了。在列宁的领导下，1919 年 3 月作为世界各国共产党和共产主义团体的国际联合组织的共产国际即第三国际在莫斯科召开代表大会，参加大会的有来自 21 个国家的 35 个政党和团体的 52 名代表，会议通过了《告国际无产阶级宣言》《共产国际行动纲领》等文件。共产国际的成立有力推动了国际共产主义运动的发展。然而，有些新成立的共产党人或共产主义团体，由于缺乏斗争经验和理论素养，思想上受到资产阶级和小资产阶级思想的影响，导致其不善于把马克思列宁主义的基本原理、俄国十月革命的经验同本国的实际相结合，在许多重大问题上产生了“左”的思想和行动。他们对共产国际的一些决议不满意，对苏维埃的一些重大决策不理解，甚至提出一些十分荒唐的口号和观点，在当时国际共产主义运动中造成了极大的混乱。因此，1920年4—5月，在制定共产国际策略的共产国际第二次代表大会召开之前，列宁撰写了这部著作，从理论和实践两个方面深刻分析了“左派”幼稚病的形成原因，揭示其基本特征，阐述其可能给共产主义运动造成的危害，号召各国无产阶级政党和组织自觉克服“左派”幼稚病，以保证各国工人运动的健康发展。

二、逻辑结构和主要内容

全文由十章组成，系统阐述了无产阶级政党战略和策略思想。

第一章，在什么意义上可以说俄国革命具有国际意义？当时有人认为，落后的俄国同先进的西欧各国有巨大的差别，西欧各国的无产阶级革命同俄国革命将很少有相似之处，因此，否定俄国革命具有普遍性的国际意义。列宁针锋相对地指出：“所谓国际意义是指我国所发生过的事情在国际上具有重要性，或者说，具有在国际范围内重演的历史必然性，因此必须承认，具有国际意义的是我国革命的某些基本特点。”[①]我们既不要夸大这个意义，也不要像第二国际的“革命”领袖们那样，否认俄国革命的国际意义，成了最坏的机会主义和背叛社会主义行为的辩护人。

第二章，布尔什维克成功的基本条件之一。列宁强调了无产阶级专政的必然性和革命纪律的重要性，分析了无产阶级政党能够制定和维持铁的纪律的条件，阐述了无产阶级政党能够制定并实行极严格的集中制和铁的纪律的原因，并认为这是无产阶级政党能够取得革命胜利并成功维持政权的根本保证。

① 《列宁选集》第4卷，人民出版社2012年版，第132页。

第三章，布尔什维主义历史的几个主要阶段。列宁简要回顾了俄国十月革命前所发生的尖锐复杂斗争和基本特点，把这段历史分成六个主要阶段：即革命准备年代（1903—1905 年）、革命年代（1905—1907 年）、反动年代（1907—1910 年）、高潮年代（1910—1914 年）、第一次帝国主义世界大战（1914—1917 年）、俄国第二次革命（1917 年 2 月至 10 月），分析各个阶段的特点和布尔什维克党所做的一系列工作。

第四章，布尔什维主义是在反对工人运动内部哪些敌人的斗争中成长、壮大和得到锻炼的？列宁指出：布尔什维克党首先是而且主要是在反对机会主义的斗争中得到锻炼和成长的；同时，布尔什维克党也是同小资产阶级革命性作长期的斗争中得到锻炼和成长的。列宁详细分析了布尔什维克党内反对“左”倾斗争的经验，提出要坚持“原则上”反对妥协，也要善于根据实际情况做出必要的妥协。

第五章，德国“左派”共产党人。领袖、政党、阶级、群众间的相互关系。德国“左派”共产党人在他们的小册子里，把阶级、政党、领袖、群众对立起来，提出“是党专政、还是阶级专政？是领袖专政（领袖的党），还是群众专政（群众的党）?”等问题。列宁批判了这些观点，科学地论证了领袖、政党、阶级、群众之间的关系，指出“左派”共产党人把四者对立起来的观点是愚蠢和荒唐可笑的，在实践中会产生极大的危害。

第六章，革命家应当不应当在反动工会里做工作？列宁论述了无产阶级政党对工会等组织的领导地位和作用，批判德国“左派”共产党人拒绝在反动工会中工作的错误观点。说明工会在形式上是一种非党的组织，而实际上绝大多数工会的领导机构，都是由共产党员组成，执行党的一切指示，党要通过工会同本阶级和群众取得密切联系，赢得工会的热烈支持；否则，无产阶级专政的国家就不能维持。

第七章，参加不参加资产阶级议会？针对“左派”幼稚病对这个问题采取的极端鄙视和轻率的态度，列宁回答说：“参加资产阶级民主议会，不仅对革命无产阶级没有害处，反而会使它易于向落后群众证明为什么这种议会应该解散，易于把这种议会解散，易于促使资产阶级议会制‘在政治上过时’。”① 就是说，无产阶级政党可以参加资产阶级议会，并利用来教育人民，团结人民。

第八章，不作任何妥协吗？针对“左派”幼稚病的这个口号，列宁指出，社会革命党人坚持“原则上”反对妥协，不论什么妥协都一概加以反对，这简直是难于当真对待的孩子气。这无疑是以马克思主义者自居并且愿意做马克思主义者的人，竟忘记了马克思主义的基本真理，这实在使人感到可悲。“有各种各样的妥协。应当善于分析每一个妥协或每一种妥协的环境和具体条件。应当学习区分这样的两种人：一种人把钱和武器交给强盗，为的是要减少强盗所能加于的祸害和便于后来捕获、枪毙强盗；另一种人把钱和武器交给强盗，为的是要入伙分赃。这在政治上决不总是像这个极其简单的例子那样容易分辨。”② 因此，我们要准确地判断采取妥协的性质和时机，以灵活多样的策略赢得革命斗争的胜利。

第九章，英国“左派”共产主义者。列宁批判了英国“左派”共产主义者在对待妥协、是否参加议会和加入工党等问题上存在的错误观点，论证了无产阶级革命的规律，提出英国共产主义者争取革命胜利应当采取的策略。列宁告诫英国共产主义者，在伟大的革命斗争中，单凭情绪来领导群众是不够的；即使是对革命事业无限忠诚的人所要犯的或正在犯的这样那样的错误，也会给革命事业带来危害。“政治是一门科学，是一种艺术，它不是从天上掉下来的，不费力是掌握不了的；无产阶级要想战胜资产阶级，就必须造就出自己的、无产阶级的‘阶级的政

① 《列宁选集》第4卷，人民出版社2012年版，第169—170页。

② 《列宁选集》第4卷，人民出版社2012年版，第148页。

治家’，而这些政治家同资产阶级的政治家比起来应该毫不逊色。”[①]

第十章，几点结论。列宁根据俄国十月革命的经验，提出五点重要结论。一是指出苏维埃式的无产阶级专政具有国际性质，苏维埃的历史使命是充当资产阶级议会制以及整个资产阶级民主制的掘墓人、后继人和接替人。二是认为工人运动必然经历一种斗争，主要是同机会主义和社会沙文主义的斗争，同“左”倾共产主义的斗争。三是夺取无产阶级革命的胜利，必须要有先锋队的觉悟，还要依靠广大群众的同情和支持。“这是一切大革命的一条基本规律”[②]。四是为了把革命引向胜利，无产阶级政党必须坚持原则的坚定性与策略的灵活性的统一。五是应当设想不再重犯“左派”共产党人所犯的同样的错误。

阅读和学习这部著作要掌握的主要内容有：

（一）无产阶级政党要有极严格的铁的纪律

列宁指出，布尔什维克能够在极端严峻的情况下维持政权，主要原因是布尔什维克党具有极严格的真正铁的纪律。他认为：“无产阶级专政是新阶级对更强大的敌人，对资产阶级进行的最奋勇和最无情的战争。资产阶级的反抗，由于资产阶级被推翻（哪怕是在一个国家内）而凶猛十倍；资产阶级的强大不仅在于国际资本的力量，在于它的各种国际联系牢固有力，而且还在于习惯的力量，小生产的力量。这是因为世界上可惜还有很多很多小生产，而小生产是经常地、每日每时地、自发地和大批地产生着资本主义和资产阶级的。由于这一切原因，无产阶级专政是必要的，不进行长期的、顽强的、拼命的、殊死的战争，不进行需要坚持不懈、纪律严明、坚定不移、百折不挠和意志统一的战争，便

① 《列宁选集》第4卷，人民出版社2012年版，第189页。

② 《列宁选集》第4卷，人民出版社2012年版，第201页。

不能战胜资产阶级。”[①] 在这样一种艰苦卓绝的斗争中，如果无产阶级政党没有极其严格的真正铁的纪律，没有得到整个工人阶级全心全意的拥护，就是说，没有得到工人阶级中所有一切善于思考、正直、有自我牺牲精神、有威信并且能带领或吸引落后阶层的人的全心全意的拥护，那么布尔什维克的胜利是不可能的。列宁分析了无产阶级政党能够制定和维持铁的纪律的条件，阐述了无产阶级政党能够制定并实行极严格的集中制和铁的纪律的原因，并认为这是无产阶级政党能够取得革命胜利并成功维持政权的根本保证。

那么，无产阶级政党的纪律是靠什么来维持？一是靠无产阶级先锋队的觉悟和对革命的忠诚，是靠它的坚韧不拔、自我牺牲和英雄气概。二是靠它善于同最广大的劳动群众，首先是同无产阶级劳动群众，但同样也同非无产阶级劳动群众的密切联系。三是靠这个先锋队所实行的政治领导正确，靠它的政治战略和策略正确，而最广大的群众根据切身经验也确信其正确。如果没有这些条件，建立纪律的企图，就必然会成为空谈，成为漂亮话，成为装模作样。

列宁阐述了布尔什维克党能够建立真正铁的纪律的原因。一方面，由于布尔什维克党是马克思主义武装起来的。俄国的革命者经过半个世纪的时间，经受了闻所未闻的痛苦和牺牲，表现了空前未有的革命英雄气概，以难以置信的毅力和舍身忘我的精神去探索、学习和实验，经受了失败，进行了验证，参照了欧洲的经验，真是饱经苦难才找到了马克思主义这个唯一正确的革命理论。另一方面，在这个坚如磐石的理论基础上产生了布尔什维主义，有了 15 年（1903—1917 年）实践的历史，在合法的与非法的、和平的和激烈的、地下的和公开的、小组的和群众的、议会的和恐怖主义的极其复杂的斗争中，集中的现代社会一切阶级的各种斗争形式、特色和方法，并且在俄国的条件下发展成熟。

① 《列宁选集》第 4 卷，人民出版社 2012 年版，第 135 页。

因此，布尔什维克能够建立和实行严格的真正铁的纪律，领导革命取得胜利。

（二）正确处理群众、阶级、政党、领袖的关系

列宁讲了一段非常著名的话："谁都知道，群众是划分为阶级的；只有把不按照生产的社会结构中的地位区分的大多数同在生产的社会结构中占有特殊地位的集团对立时，才可以把群众和阶级对立起来；在通常情况下，在多数场合，至少在现代的文明国家内，阶级是由政党来领导的；政党通常是由最有威信、最有影响、最有经验、被选出担任最重要职务而称为领袖的人们所组成的比较稳定的集团来主持的。"① 这段话几乎出现在所有马克思主义哲学原理书中，可以说是对群众、阶级、政党、领袖关系的经典论述。主要包含以下几层意思：首先，群众是划分为阶级的。群众作为整体是由多个群体组成的，在存在阶级的社会必然会划分为不同的阶级。各个阶级由于其所处的经济地位不同，在历史上所起的作用也不相同；其中，先进阶级能够更好地代表群众的整体利益和长远利益，并为实现群众的整体利益和长远利益而奋斗。其次，阶级是由政党来领导的。一个阶级的政党通常是由该阶级中政治上最积极、最先进的分子所组成，因而成为该阶级政治上的组织者和领导者，成为该阶级经济利益的集中代表者。最后，政党作为一个政治组织，也需要有其领袖，而领袖通常是由最有威信、最有影响、最有经验、被选出担任最重要职务而称为领袖的人们所组成的比较稳定的集团来主持的。这就是群众、阶级、政党和领袖之间的一般关系。

在国际共产主义运动中，在处理群众、阶级、政党和领袖关系问题上，曾经出现两种片面性：一是夸大领袖的作用，突出表现为对领袖个人的盲目崇拜，从而在不同程度上否定群众或阶级的作用；二是夸大群

① 《列宁选集》第4卷，人民出版社2012年版，第151页。

众或阶级的作用，否定革命政党和革命领袖的领导，否认必要的权威，进而崇拜群众的自发性。这两种片面性都是违背马克思主义的基本原理的，都给无产阶级革命和社会主义建设事业造成了严重危害。

（三）无产阶级革命规律和策略理论

针对“左派”幼稚病抱着美好的愿望，认为只要有一批拥有革命激情和情绪的革命者，革命在任何时候都可以开始，并且能够很快取得胜利的幼稚看法，列宁指出，没有群众的革命情绪，没有促使这种情绪高涨的条件，革命的策略是不能变为行动的。但是，俄国过于长久的惨痛的血的经验，使我们确信这样一个真理：“决不能只根据革命情绪来制定革命策略。制定策略，必须清醒而极为客观地估计到本国的（和邻国的以及一切国家的，即世界范围内的）一切阶级力量，并且要估计到历次革命运动的经验。”[①] 只有这样，才能正确地决定革命阶段的内容，安排革命力量的配置，提出革命的任务，采取相应的革命举措，使用与该阶段相适应的斗争形式，从而领导革命取得胜利。

列宁总结俄国和世界革命的经验，提出了革命的基本规律。列宁说：“一切革命，尤其是20世纪俄国三次革命所证实了的一条革命基本规律就是：要举行革命，单是被剥削被压迫群众认识到不能照旧生活下去而要求变革，还是不够的；要举行革命，还必须要剥削者也不能照旧生活和统治下去。只有‘下层’不愿照旧生活而‘上层’也不能照旧维持下去的时候，革命才能获得胜利。这个真理的另一个说法是：没有全国性的（既触动被剥削者又触动剥削者的）危机，进行革命是不可能的。这就是说，要举行革命，第一，必须要多数工人（或至少是多数有觉悟、能思考、政治上积极的工人）充分认识到革命的必要性，并有为革命而牺牲的决心；第二，必须要统治阶级遭到政府危机，这种危机甚

① 《列宁选集》第4卷，人民出版社2012年版，第173页。

至把最落后的群众都卷入政治活动（一切真正的革命的标志，就是在以前不关心政治的被压迫劳动群众中，能够进行政治斗争的人成十倍以至成百倍地迅速增加），削弱政府的力量，使革命者有可能很快地推翻它。”[①] 列宁关于革命规律的总结，为世界各国共产党人在自己制定革命战略中正确估计无产阶级革命的客观条件和主观条件是否成熟指明了方向。列宁指出，可是在英国，这两个可以使无产阶级革命成功的条件显然正在成熟，但“左派”幼稚病却抱着一种不够认真、不够重视、不够自觉、不够慎重的态度，这是非常危险的。列宁提出，英国共产主义者应当根据第三国际的原则，在必须参加议会的条件下，把自己的四个党派合并成一个共产党，承担起领导无产阶级革命的历史使命。

列宁强调，要注意革命原则的坚定性和策略的灵活性的结合。他批判了当时一些人拒绝在黄色工会工作、认为议会制度在历史上已经过时以及不做任何妥协的观点和做法；主张虽然俄国无产阶级通过十月革命道路夺取了国家政权，但是，“在无产阶级进行了第一次社会主义革命之后，在一国内推翻了资产阶级之后，这个国家的无产阶级在很长时期内，依然要比资产阶级弱，这只是因为资产阶级有很广泛的国际联系，还因为在这个推翻了资产阶级的国家里，小商品生产者自发地、经常地使资本主义和资产阶级复活和再生。要战胜更强大的敌人，就必须尽最大的努力，同时必须极仔细、极留心、极谨慎、极巧妙地一方面利用敌人之间的一切‘裂痕’，哪怕是最小的‘裂痕’，利用各国资产阶级之间以及各个国家内资产阶级各个集团或各种类别之间利益上的一切对立，另一方面要利用一切机会，哪怕是极小的机会，来获得大量的同盟者，尽管这些同盟者可能是暂时的、动摇的、不稳定的、不可靠的、有条件的。谁不懂得这一点，谁就是丝毫不懂得马克思主义，丝毫不懂得现代

---

① 《列宁选集》第 4 卷，人民出版社 2012 年版，第 193 页。

的科学社会主义。”[①] 即在不违背原则的情况下，为了无产阶级的根本的革命利益有必要作出妥协、退让和让步。我们既要反对出卖原则的机会主义，也要反对否定灵活性的关门主义。

列宁还谈到革命发展进程中统一性与多样性的辩证法。“左派”幼稚病的一个重要特征是教条主义，他们只会依样画葫芦地机械照搬照抄十月革命的经验，而不会把普遍真理与具体实践相结合。针对这种错误倾向，列宁说：“只要各个民族之间、各个国家之间的民族差别和国家差别还存在（这些差别就是无产阶级专政在全世界范围内实现以后，也还要保持很久很久），各国共产主义工人运动国际策略的统一，就不是要求消除多样性，消灭民族差别（这在目前是荒唐的幻想），而是要求运用共产党人的基本原则（苏维埃政权和无产阶级专政）时，把这些原则在某些细节上正确地加以改变，使之正确地适应于民族的和民族国家的差别，针对这些差别正确地加以运用。”[②] 要求各国共产党要学会把马克思主义普遍真理和俄国十月革命的经验与本国的实际相结合，开创具有本国特色的革命和建设道路。

三、当代启示和重要意义

今天重读列宁的这部著作，可以给我们许许多多的启示。

（一）注意“左”倾错误的危害

列宁在这部著作中严肃批评了共产主义运动中的“左派”幼稚病，揭露其反动本质，揭示其犯错误的根源。列宁说：“共产党人要竭尽全力来指导工人运动以及整个社会发展沿着最直最快的道路走向苏维埃政

① 《列宁选集》第 4 卷，人民出版社 2012 年版，第 179—180 页。
② 《列宁选集》第 4 卷，人民出版社 2012 年版，第 200 页。

权在全世界的胜利，走向无产阶级专政。这是无可争辩的真理。然而，只要再多走一小步，看来像是朝同一方向多走了一小步，真理就会变成错误。”[①] 犯有“左派”幼稚病的人恰恰是只注意基本原则的坚定性而忽视其灵活性，注意发展道路的直线性而忽视发展道路的曲折性，注意与敌斗争的坚决性而忽视其必要的妥协性，等等，这是国际共产主义运动给我们提供的宝贵经验教训。

在中国共产党人历史上，我们也曾多次犯过严重的“左”倾错误，每一次错误都给中国革命和建设事业造成严重的危害。邓小平曾提出一个重要论断：中国要警惕右，但主要是防止“左”。“左”的东西之所以根深蒂固，就在于它有着深刻的思想认识根源。长期以来我们形成一个误区，总是把“左”与革命、先进等联系起来，把“右”与反动、落后联系起来，认为越“左”越革命，而“右”就必须被打倒。这种认知误区导致许多人在工作实践中，采取宁左勿右、宁快勿慢的工作方法或决策思路，致使出现“冒险主义”“激进主义”“大跃进”“文化大革命”等重大事件，给党和国家事业发展带来一系列的灾难性后果。更可怕的是，这种认知误区已经成为一种价值取向，进而成为一种评价标准，一种选择原则，一种活动方式，深深扎根于人们的思维深处。因此，只要稍有风吹草动，“左”的东西就泛滥成灾。而且很多时候大家明明知道这个东西错了，却谁也不想说、不能说、不敢说。邓小平正是在总结国际共产主义运动特别是中国共产党历史经验教训的基础上，意味深长地指出：“现在，有右的东西影响我们，也有‘左’的东西影响我们，但根深蒂固的还是‘左’的东西。有些理论家、政治家，拿大帽子吓唬人的，不是右，而是‘左’。‘左’带有革命的色彩，好像越‘左’越革命。‘左’的东西在我们党的历史上可怕呀！一个好好的东西，一下子被他搞掉了。右可以葬送社会主义，‘左’也可以葬送社会主义。中国

① 《列宁选集》第 4 卷，人民出版社 2012 年版，第 210—211 页。

要警惕右，但主要是防止‘左’。”[①] 今天我们更应该牢记国际共产主义和中国革命、建设和改革过程中所取得的这些经验教训，牢记马克思主义经典作家的谆谆教导，从中国式现代化建设的实际出发，坚持原则性与灵活性的统一，坚定性与妥协性的统一，前进性与曲折性的统一，积极推进全面建设社会主义现代化国家伟大事业。

（二）正确处理原则坚定性和策略灵活性的关系

坚持原则的坚定性和策略的灵活性是列宁在《共产主义运动中的“左派”幼稚病》中提出的一个重要思想，是马克思主义者解决实际问题的一个基本原则，是马克思主义唯物论和党的实事求是思想路线在实际工作中的具体运用。正确认识和理解原则的坚定性和策略的灵活性对于各级党政干部提高领导水平，增强执政能力，防范化解重大风险，把党的各项路线、方针、政策真正落到实处，具有重要的实践意义。

原则问题关系到中国共产党和中华民族的根本利益问题，在任何时候任何场合都不能含糊、不能动摇。坚持原则的坚定性是由党和国家的事业方向、目标任务决定的。如果放弃了原则，对于执政党来说，就可能意味着丧失理想信念信仰，失去前进的方向，甚至丢掉执政地位；对于个人来说，就可能意味着丧失人生的奋斗目标，陷入迷茫和混乱，甚至导致犯错误甚至犯罪。所谓策略的灵活性是在坚持原则坚定性的前提下，由于工作的复杂性、艰巨性和曲折性而采取的灵活多样的处理方式和方法。策略的灵活性表现为当遇到复杂情况时，要根据实际情况发展变化，实事求是地转变思想观念，调整工作思路，开动脑筋，灵活地加以应对，最终确保原则的贯彻和执行。

坚持原则的坚定性和策略的灵活性，是中国共产党人解决复杂问题的重要方法。应该肯定，邓小平是运用这个方法解决中国改革开放一系

---

① 《邓小平文选》第3卷，人民出版社1993年版，第375页。

列重大问题的高手。他认为，只讲原则性不讲灵活性不行，只有灵活性没有原则性也不行。原则的坚定性与策略的灵活性有机统一，这不是实用主义，而是真正的辩证唯物主义者。他曾说："马列主义、毛泽东思想的基本原则，我们任何时候都不能违背，这是毫无疑义的。但是，一定要和实际相结合，要分析研究实际情况，解决实际问题。按照实际情况决定工作方针，这是一切共产党员所必须牢牢记住的最基本的思想方法、工作方法。"①

习近平总书记不仅是坚持用原则的坚定性和策略的灵活性方法来处理改革开放过程中所遇到的大事、难事的高手，而且总结出运用好这个原则的基本规律：其一，坚持增强忧患意识和保持战略定力相统一。他反复强调："增强忧患意识，做到居安思危，是我们治党治国必须始终坚持的一个重大原则。"② 忧患意识是指党和政府、广大党政干部能够超越自身的利害、荣辱、成败，而将人类、国家、百姓的前途命运萦系于心，对人类、国家、百姓可能遭遇的困境和风险抱有的深切关注，并激发防范和化解风险的决心和意志。所谓政治定力，就是坚守理想信念信仰，在思想上政治上能够排除各种干扰、消除各种困惑，坚持正确的立场，保持正确的方向，忠诚于党、忠诚于人民、忠诚于马克思主义的能力。忧患意识和政治定力是一个问题的两个方面，统一于中国共产党人实现伟大历史使命的过程之中。其二，坚持战略判断和战术决断相统一。战略判断是从全局、整体、长远的角度来分析情况，围绕着发展战略、发展目标、发展重点、优先顺序、主攻方向、工作机制、推进方式等问题，提出总体方案、路线图、时间表等重大战略性决策。而战术决断是在战略判断的指导下，在详细分析主客观条件的基础上，坚持合目的性与合规律性统一的原则，选择实现战略判断的具体路径、措施和方

① 《邓小平文选》第 2 卷，人民出版社 1994 年版，第 114 页。
② 《习近平谈治国理政》第 1 卷，外文出版社 2018 年版，第 200 页。

法等。战略判断与战术决断的关系是复杂的。正确的战略判断并不意味着必然会形成正确的战术决断;即使有了正确的战略判断,如果战术决断是错误的,也不可能实现战略判断的意图。所以,各级党政干部一方面要认真学习和领会上级领导机关作出的战略判断,另一方面要深入实际研究本地区、本行业、本单位的实际情况,在上级战略判断的指导之下,拿出切实可行的行动方案,实现战略判断与战术决断的高度统一。

其三,坚持斗争过程和斗争实效相统一。马克思主义哲学告诉我们,事物是作为过程而存在的,世界是过程的集合体。坚持和发展中国特色社会主义是一个长期的历史过程,这个长期过程又可以分成不同阶段,而划分阶段的根本依据就是在不同历史时期我们面临着不同的时代课题,在解决时代课题的过程中,不断开拓道路,概括理论,完善制度,培育文化,推动经济社会的发展,提高人民群众的生活水平。随着改革开放事业的不断发展,党的目标体系的不断优化,人民群众的生活也越来越美好。习近平总书记说:“我们党在不同历史时期,总是根据人民意愿和事业发展需要,提出富有感召力的奋斗目标,团结带领人民为之奋斗。”①

① 《习近平谈治国理政》第1卷,外文出版社2018年版,第12页。

列宁：《论我国革命》导读

《论我国革命》是列宁在1922年底到1923年初口授的八篇文章中的一篇，是列宁对著名的孟什维克代表人物尼·苏汉诺夫的《革命札记》一书第三卷和第四卷的评论。列宁在文章中运用马克思主义的历史辩证法，总结了俄国十月革命和社会主义建设的经验教训，驳斥了俄国小资产阶级民主派和第二国际机会主义分子以俄国没有实行社会主义的客观经济前提为由进而否定俄国革命的错误论调；指出俄国革命的道路不同于西欧的道路，各国应该从自己的实际出发探索自己的发展道路，而世界历史发展的一般规律是以个别发展阶段在发展的形式或顺序上的特殊性为前提的；论证了经济文化落后国家先于发达资本主义国家进入社会主义革命的历史必然性。

一、历史背景和写作原因

1917年11月，俄国爆发了震撼世界的十月革命。这次革命在一个经济和文化相对落后的国家，通过无产阶级革命夺取了国家政权，建立了世界上第一个伟大的社会主义国家，从而使科学社会主义从理论变成了现实的社会制度。这是人类历史上划时代的伟大事件。然而，围绕着十月革命的胜利，国际国内却存在着诸多的质疑。例如，第二国际的伯恩施坦、考茨基等人就搬出马克思的观点，认定在经济和文化非常落后的俄国通过革命建立起来政权，注定只能是一个要夭折的“早产儿”。普列汉诺夫也认为，俄国的经济、文化和政治条件还没有成熟到实行社会主义革命的地步，俄国无产阶级也远远没有为掌握政权做好准备；在这种情况下过早地夺取政权，只能把他们“推上最大的历史灾难的道路”[①]。他们的这种观点也得到了俄国一些学者的赞同，尼·苏汉诺夫也站出来质疑十月革命。苏汉诺夫（1882—1940 年）是俄国革命运动参加者，经济学家和政论家。他在 1922—1923 年发表了七卷本的《革命札记》，指责列宁及其布尔什维克党没有对俄国社会主义革命的前提进行客观分析，宣扬俄国没有实现社会主义的经济基础。这些思想观点对于马克思和恩格斯关于社会主义革命的理论造成严重歪曲，对刚刚诞生的社会主义国家政权的稳定造成极大危害，对广大党员和人民群众的思想认识造成极度混乱。因此，能否从理论上说清楚俄国十月革命和俄国社会主义制度的建立有无可能性和必然性等一系列问题，是直接关系到俄国共产党人能否坚定共产主义信仰、能否坚持社会主义道路选择的重大理论和实践问题。

1922 年底，布尔什维克已经执政五年。列宁因为被刺受伤和工作过度劳累，身体受到严重损害。当年 5 月曾经中风，经过短暂休息后很快又投入繁重的工作。12 月中旬，他再次中风，被迫离开了工作岗位。他自己认为这是“因祸得福”，得以有机会从旁观察、冷静反思十月革命以来走过的道路，把自己认为最重要的想法公布出来，为俄国留下“我们的工作、我们的政策、我们的策略、我们的战略等等的总计划”[②]。1922 年底至 1923 年初，他在病床上阅读了苏汉诺夫的《革命札记》第三、四卷，并在 1923 年的 1 月 16 日和 17 日，分两次口授了《论我国革命》一文。在文章中，他运用马克思主义的世界观和方法论来分析世界历史的状况，把马克思主义普遍真理与俄国国情结合起来，力图解决在经济和文化落后的俄国能否通过社会主义道路来实现现代化

① 〔俄〕普列汉诺夫：《在祖国的一年》，生活·读书·新知三联书店 1980 年版，第 466 页。
② 《列宁选集》第 4 卷，人民出版社 2012 年版，第 797 页。

的这个时代课题。

二、逻辑结构和主要内容

《论我国革命》一文很短，分两个部分：第一个部分，批驳了第二国际和孟什维克代表人物否定俄国革命的论调，科学总结了十月革命以来的新鲜经验，运用辩证法阐述了俄国革命的历史必然性和合理性。第二个部分，提出了在人口众多、社会情况复杂的东方大国，今后的革命无疑会比俄国革命带有更多的特殊性，明确提出了马克思主义关于社会主义革命的普遍原理如何与本国革命实践相结合，开拓具有本国特色革命道路的问题。

阅读这篇文章要把握的基本原理是，马克思主义普遍真理要与各国实际相结合，开拓具有本国特色的社会主义道路。

应该讲，随着俄国社会主义革命和建设的曲折发展，面对第二国际和机会主义的质疑，列宁围绕着马克思主义与俄国十月革命关系的问题，一直在进行思考。1923 年 1 月，他在《论合作制》中说："我们不得不承认我们对社会主义的整个看法根本改变了"[①]。这里所说的"整个看法根本改变"，并不是指坚持马克思和恩格斯所创立的社会主义基本理论的看法发生了根本改变，而是对怎样坚持马克思和恩格斯所创立的社会主义基本理论的看法的根本改变；并不是指对马克思、恩格斯关于社会主义基本理论的看法的改变，而是对在马克思和恩格斯关于社会主义基本理论指导下，对俄国应该走什么样的社会主义发展道路的看法发生了根本改变。列宁以嘲讽的口气揭露了考茨基、苏汉诺夫等人在革命和历史发展问题上的迂腐之气。而所谓的"不得不承认"，一是来自理论的挑战，马克思和恩格斯创立了科学社会主义理论，但是马克思和

① 《列宁选集》第 4 卷，人民出版社 2012 年版，第 773 页。

恩格斯并没有创建社会主义国家的实践；怎么把理论形态的科学社会主义原则转变成实践形态的社会主义制度安排，这是俄国共产党人面临的难题之一；二是来自第二国际和机会主义者的挑战，这些人是打着马克思和恩格斯的旗帜，用被歪曲和篡改的社会主义理论来质疑甚至否定俄国的十月革命；怎么把坚持科学社会主义与发展科学社会主义结合起来，这是俄国共产党面临的第二个难题；三是来自实践的挑战，俄国社会主义建设已经五年了，其中经历了许多的曲折和艰辛；怎么把诞生于西方社会的科学社会主义理论与俄国社会主义实践结合起来，这是俄国共产党人面临的第三个难题。可以说，为了解决这些难题，列宁一直在苦苦地思考，甚至到了生命的最后时刻还希望能够找到答案。《论我国革命》就是列宁对于这些问题思考的初步结果。

首先，要用正确的态度对待马克思主义。列宁指出，这几天我翻阅了一下苏汉诺夫论革命的札记，特别引人注目的是我国一切小资产阶级民主派和第二国际全体英雄的"学究气"。他们都自命为马克思主义者，但是对马克思主义的了解却迂腐到了极点。"马克思主义中有决定意义的东西，即马克思主义的革命辩证法，他们一点也不理解。"[①] 他们完全不理解马克思说的"在革命时刻要有极大的灵活性"的直接指示。正是因为他们对马克思主义采取了僵化呆板的态度，所以，他们不能理解马克思主义关于社会主义革命理论的根本点，其结果是"他们到目前为止只看到过资本主义和资产阶级民主在西欧的发展这条固定道路。因此，他们不能想象到，这条道路只有作相应的改变，也就是说，作某些修正（从世界历史的总进程来看，这种修正是微不足道的），才能当作榜样"[②]。应该承认，在人类认识发展史上，马克思和恩格斯运用辩证唯物主义和历史唯物主义来研究人类社会，通过对资本主义生产方式内

① 《列宁选集》第4卷，人民出版社2012年版，第775页。
② 《列宁选集》第4卷，人民出版社2012年版，第776页。

在矛盾的分析说明资本主义被社会主义所取代的必然性，透过纷繁复杂的社会现象揭示了人类社会发展的一般规律。但是，他们对通过欧洲特别是德国研究所取得的认识成果，从来都持十分谨慎的态度，强调自己的理论不是僵化的教条，而是方法；各个国家和民族在实现历史发展的一般规律时，应坚持一般和特殊的辩证统一的原则，立足自己的特殊性，具体问题具体分析。列宁通过第二国际和机会主义者对待马克思和恩格斯的态度的分析，揭露了他们的反动面目："他们的一举一动都暴露出他们是些怯懦的改良主义者，唯恐离开资产阶级一步，更怕跟资产阶级决裂，同时又用满不在乎的空谈和大话来掩饰自己的怯懦。"①

其次，深入考察俄国革命的历史进程，深刻了解俄国的国情。列宁指出，第一，俄国革命"是和第一次帝国主义世界大战相联系的革命。这样的革命势必表现出一些新的特征，或者说正是由于战争而有所改变的一些特征，因为世界上还从来没有过在这种情况下发生的这样的战争"②。第一次世界大战是一场前所未有的战争，它在一定程度上改变了世界各国以及各阶级之间的原有关系。即使在战争之后，最富有国家的资产阶级也没有能够调整好国家之间、阶级之间的相互关系。特别是战争极速加剧了广大人民群众生活的苦难，他们只能奋起反抗，积极参加反抗帝国主义资产阶级的斗争中去，通过这种斗争"至少获得某种机会去为自己争得进一步发展文明的并不十分寻常的条件"③。第二，俄国革命具有历史必然性。列宁指出："世界历史发展的一般规律，不仅丝毫不排斥个别发展阶段在发展的形式或顺序上表现出特殊性，反而是以此为前提的。"④ 就是说，科学社会主义理论揭示了世界历史发展的一般规律。然而，这个一般规律在各国的实现过程决不是僵死呆板的、

① 《列宁选集》第 4 卷，人民出版社 2012 年版，第 776 页。
② 《列宁选集》第 4 卷，人民出版社 2012 年版，第 776 页。
③ 《列宁选集》第 4 卷，人民出版社 2012 年版，第 777 页。
④ 《列宁选集》第 4 卷，人民出版社 2012 年版，第 776 页。

整齐划一的，而是在各个国家发展进程中的形式或顺序表现出特殊性；世界历史的发展是统一性和多样性的统一。俄国革命的爆发恰恰是体现了这种统一。列宁分析指出，俄国是个介于文明国家和初次被这场战争最终卷入文明之列的整个东方各国之间的国家，所以俄国能够表现出而且势必表现出某些特殊性。从革命所需要具备的客观条件来说，当时俄国是一个军事封建帝国主义国家，是帝国主义时代各种矛盾的集合点，是欧洲的火药桶，也因此成为整个帝国主义链条中最薄弱的环节。从革命所需要具备的主观条件来说，俄国资产阶级比较软弱，而无产阶级政党则表现出了理论和实践上的成熟性，加上帝国主义战争造成的革命形势，因此，“像俄国这样的国家，开始社会主义革命，自然要比先进国家容易得多”①。当然，俄国的这些特殊性并没有超越和改变世界发展的总的路线。

列宁指出了考茨基、苏汉诺夫等人的缺陷：“他们在西欧社会民主党发展时期背得烂熟的一条论据，已成为他们万古不变的金科玉律，这条论据就是：我们还没有成长到实行社会主义的地步，或像他们中间各种‘博学的’先生们所说的那样，我们还没有实行社会主义的客观经济前提。”② 虽然他们承认历史发展的客观规律性，认为社会主义革命需要具备一定的客观经济前提，但是他们学究气十足，用简单、机械的进化观点看待历史发展，忽视了历史发展的特殊性。所以，“他们谁也没有想到问一问自己：面对第一次帝国主义大战所造成的那种革命形势的人民，在毫无出路的处境逼迫下，难道他们就不能奋起斗争，以求至少获得某种机会去为自己争得进一步发展文明的并不十分寻常的条件吗?”③ 读到这段话让我不由得想到我们中国人民的伟大领袖毛泽东。

---

① 《列宁全集》第 37 卷，人民出版社 1986 年版，第 372 页。

② 《列宁选集》第 4 卷，人民出版社 2012 年版，第 776—777 页。

③ 《列宁选集》第 4 卷，人民出版社 2012 年版，第 777 页。

毛泽东正是以第一次世界大战和俄国十月革命为标志，把中国资产阶级民主主义革命区分为旧民主主义革命和新民主主义革命；而新民主主义革命是由无产阶级领导的，是世界无产阶级革命的组成部分；在这个认识的基础上，毛泽东创立了新民主主义革命，描绘出新民主主义国家的宏伟蓝图。

最后，把科学社会主义的基本原则与俄国实际结合起来，开创俄国的社会主义道路。列宁运用马克思主义的唯物辩证法来分析俄国社会的特点。他指出："俄国是个介于文明国家和初次被这场战争最终卷入文明之列的整个东方各国即欧洲以外各国之间的国家，所以俄国能够表现出而且势必表现出某些特殊性，这些特殊性当然符合世界发展的总的路线，但却使俄国革命有别于以前西欧各国的革命，而且这些特殊性到了东方国家又会产生某些局部的新东西。"① 俄国革命是"用与西欧其他一切国家不同的方法来创造发展文明的根本前提"②，列宁的这一论述，既肯定了世界历史发展的一般规律性，又特别强调规律的一般性要通过各个国家和民族的特殊性表现出来，要以个别发展阶段在发展形式上的特殊性为前提。因此，要实现世界历史发展的一般规律，就必须更多地研究各个国家和民族的特殊性，而不是把西欧各国的革命道路当作固定不变的教条。只有这样，才是真正坚持了马克思的革命辩证法。

那么，在俄国的特殊国情之下，应该走什么样的发展道路？俄国无产阶级应该肩负什么样的历史责任？列宁认为，在帝国主义时代，无产阶级面临着革命与建设的双重任务。十月革命使社会主义从理论变为现实，接踵而来就要解决在经济文化落后的俄国如何更好地通向社会主义和建设社会主义的问题。在马克思主义看来，社会主义是比资本主义更优越、更发达、更文明的社会。在列宁看来："既然建立社会主义需要

---

① 《列宁选集》第4卷，人民出版社2012年版，第776页。
② 《列宁选集》第4卷，人民出版社2012年版，第777页。

有一定的文化水平（虽然谁也说不出这个一定的‘文化水平’究竟是什么样的，因为这在各个西欧国家都是不同的），我们为什么不能首先用革命手段取得达到这个一定水平的前提，然后在工农政权和苏维埃制度的基础上赶上别国人民呢？”[①] 这就是说，从俄国的实际出发，改变一下人类社会发展的历史顺序，首先通过无产阶级革命夺取国家政权，建立无产阶级专政，驱逐地主，驱逐资本家，然后利用政权的力量发展社会生产力，在这个基础上进一步建设社会主义。从这个角度来说，俄国十月革命仍然按照生产力决定生产关系、经济基础决定上层建筑这个社会发展基本矛盾运行规则来运行的，而且，在俄国解放和发展社会生产力的这一根本任务显得更加迫切和严峻；因为，不能快速发展社会生产力，就是不战胜资本主义制度，就不能巩固社会主义制度，就不可能抵抗帝国主义的侵略，那么无产阶级政权的稳定性就必然受到威胁。

事实证明，俄国没有经过资本主义充分发展阶段而建成人类历史上第一个社会主义国家，这是世界历史发展中的一般性和特殊性、民族性和世界性的辩证统一，对其他国家的革命具有重大的指导意义。列宁特别告诫：“在东方那些人口无比众多、社会情况无比复杂的国家里，今后的革命无疑会比俄国革命带有更多的特殊性”[②]。因此，这些国家更要从自己的实际出发，开创具有本国特色的发展道路，这是一项非常艰巨而漫长的任务。列宁的这些思想为落后国家探索社会主义革命和建设道路，留下了极其宝贵的精神财富。

三、当代启示和重要意义

应该说，如何处理科学社会主义基本原则与本国社会主义建设实际

① 《列宁选集》第 4 卷，人民出版社 2012 年版，第 777 页。
② 《列宁选集》第 4 卷，人民出版社 2012 年版，第 778 页。

的关系，开拓具有本国特色的社会主义道路，是所有共产党人面临的重大时代课题。列宁在《论我国革命》一文中，运用唯物辩证法的分析方法，通过总结经济和文化落后的俄国如何更好地开展社会主义革命和建设的新鲜经验，作出了初步的思考和创新性的回答。中国共产党人在带领人民开创了中国特色社会主义的过程中，面对中国社会主义建设曲折经历所提出的“什么是社会主义，怎样建设社会主义”这个重大理论和实践问题的重新思考，是面对国际共产主义曲折进程所提出的对实现社会主义现代化道路的重新选择，是面对国际国内局势变化所提出的对中国共产党担负历史使命的重新估量。中国特色社会主义植根于科学社会主义，借鉴了列宁主义的理论观点和俄国实践经验，汲取了毛泽东思想的丰富资源，更重要的是对社会主义探索时期，我们所犯的那种长期性、全局性、根本性的错误的深刻反思。当时犯错误的原因是多方面的，最根本的原因是没有搞清楚如何把科学社会主义基本原则与中国社会主义建设实际相结合，解决好“什么是社会主义、怎样建设社会主义”这个重大理论和实践问题。如何认识和解决这个问题，成为当时中国社会发展所面临的重大理论和实践问题，也成为中国共产党人所必须回答的重大理论和实践问题。中国共产党人以巨大的政治胸怀和理论勇气，自觉承担起探索和解决这个重大理论和实践问题的历史使命。

邓小平在中国共产党第十二次全国代表大会开幕词中提出：“把马克思主义的普遍真理同我国的具体实际结合起来，走自己的道路，建设有中国特色的社会主义，这就是我们总结长期历史经验得出的基本结论。”① 中国共产党在领导中国人民进行改革开放的过程中，围绕着“什么是社会主义，怎样建设社会主义”“建设什么样的党，怎样建设党”“实现什么样的发展，怎样发展”“坚持发展什么样的中国特色社会主义，怎样坚持和发展中国特色社会主义”等重大的理论和实践问题，

① 《邓小平文选》第3卷，人民出版社1993年版，第3页。

提出把全面建设社会主义现代化国家作为我们党的中心任务。中国特色社会主义开辟了马克思主义新境界，提高了对科学社会主义认识的新水平，拓展了治国理政的新视野，深化了对人类社会发展规律、社会主义建设规律、执政党建设规律的新认识，对科学社会主义的丰富和发展作出了巨大贡献，也为其他正在探索民族独立人民解放道路的国家和民族提供了中国智慧。

同样，作为普通领导干部，我们在工作中也经常会遇到怎样把普遍原理与具体实际相结合的问题，主要表现在如何把上级指示与本单位实际相结合，开创本单位工作新局面的问题。一般说来，上级指示代表“一般”，本单位的实际代表“个别”；对待上级的指示，既不能唯上，也不能违上；既不能一切从上级指示出发，也不能违背上级的指示要求，而是要努力使上级的指示要求与本单位的实际有机结合统一起来。

毛泽东对如何采取正确态度对待上级的指示要求有一段精彩的论述。他说：“我们说上级领导机关的指示是正确的，决不单是因为它出于‘上级领导机关’，而是因为它的内容是适合于斗争中客观和主观情势的，是斗争所需要的。不根据实际情况进行讨论和审察，一味盲目执行，这种单纯建立在‘上级’观念上的形式主义的态度是很不对的。为什么党的策略路线总是不能深入群众，就是这种形式主义在那里作怪。盲目地表面上完全无异议地执行上级的指示，这不是真正在执行上级的指示，这是反对上级指示或者对上级指示怠工的最妙方法。”① 这就是说，上级指示是在总结概括各单位经验、全面分析各方面情况的基础上形成和制定出来的，具有普遍性的意义。对于上级的指示，一方面要做到“不违上”，因为上级指示适合于“客观和主观情势”，指的是大局、是全局的实际；同时，服从上级的指示也是我们党的组织纪律，是党的集中统一、形成统一意志和行动的基础。领导干部决不能搞“上有政

① 《毛泽东著作选读》上册，人民出版社 1986 年版，第 50 页。

策，下有对策”。另一方面，上级的指示只是大致地概括了各个单位带有共性的情况，而不可能把各个单位的实际情况涵盖无遗。这就要求领导干部面对上级指示，要做到“不唯上”，即在正确理解上级指示精神实质的基础上，深入基层，接触实际，调查研究，思考问题，把上级指示与本单位工作的实际结合起来，开展创造性的工作，把上级指示具体化、可操作化，找到贯彻落实的具体措施和办法。领导干部在落实上级指示时，既不能“以文件落实文件、以会议落实会议”，当“传声筒”“收发室”，借口“对上负责”“贯彻上级精神不走样”，一切看上级眼色办事，因循守旧，害怕风险，无力担责，不敢创新；也不能背离上级指示，借口“搞地方特色”而独断专行，甚至胡思乱想，损害全局利益和长远利益。这两种倾向都要引起我们的高度重视。因此，每一位党员领导干部在实际工作中，都必须十分重视提高把普遍原理与具体实际相结合的真本领，这是中国特色社会主义事业能够顺利发展的重要保证，也是领导干部个人能够成为可堪大用、能担重任的栋梁之才的根本保证。

毛泽东：《反对本本主义》导读

《反对本本主义》，原题是《调查工作》，是毛泽东于1930年5月在中央苏区革命根据地时，为了反对红军中的教条主义而写的一篇马克思主义的重要哲学著作。那时没有用“教条主义”而用了“本本主义”的名称。

一、历史背景和写作原因

中国共产党领导中国各族人民勇敢奋斗进行革命、建设和改革的历史，就是把马克思主义与中国具体实际相结合，探索具有中国特色的革命、建设和改革道路的过程。应该肯定，先进的中国人在接受马克思主义之初，尽管对马克思主义的基本理论仅仅是一般了解，却已经明确意识到要把马克思主义与中国实际相结合。如李大钊在1919年发表的《我的马克思主义观》一文中就指出：“马克思的学说真是拯救中国的导星”[①]。但是，要使马克思主义真正成为指导中国革命的思想武器，必须处理好理论与实践或共性与个性的关系。他认为，马克思主义与各国革命具体情况相结合是“主义的本性”，马克思主义只有在与各国革命具体情况相结合的过程中，才能得到生存、丰富和发展。社会主义的“共性”要与中国的“特性”相结合。“共性是普遍性，特性是随时随地不同者。”[②] 他一再告诫人们：“一个社会主义者，为使他的主义在世界

① 《李大钊文集》下卷，人民出版社1984年版，第52页。
② 《李大钊文集》下卷，人民出版社1984年版，第376页。

上发生一些影响，必须要研究怎么可以把他的理想尽量应用于环绕着他的实境。"[①] 中国的马克思主义者要领导中国革命取得成功，就必须对中国的国情进行深入细致的调查研究。李达作为一位学者型的马克思主义者，不仅在20世纪20年代初期就写出了《唯物史观解说》《马克思经济学说》等著作，而且在《马克思还原》一文中，旗帜鲜明地批评了对待马克思主义的两种错误倾向："固守师说的人则拘泥不化，自作聪明的人就妄加修改，把一个马克思的真面目弄湮没了。"[②] 他认为，应该考虑到中国要比产生马克思主义理论的西方资本主义国家落后得多，中国干社会革命的人，应努力学习列宁的布尔什维克党善于应用马克思学说于落后的俄国的经验，"不必专受理论上的拘束，要努力在实行上去做"[③]。毫无疑问，李大钊、李达等人的这些论述，为中国的革命者学习、研究和应用马克思主义指明了方向。

"四一二"大屠杀，蒋介石用屠刀终结了轰轰烈烈的第一次大革命，也唤醒了年轻的中国共产党人。经过火与血的洗礼，中国共产党人开始总结经验和教训，并从理论到实践真正开始探索如何把马克思主义与中国革命实践相结合，开创中国式的民主主义革命道路。从理论研究方面来说，广大进步学者不畏国民党实行的法西斯文化"围剿"，大量翻译、出版马克思主义著作，宣传和普及马克思主义。从对中国国情的了解和把握方面来说，毛泽东在经过深入调查研究的基础上，于1925年撰写了《中国社会各阶级的分析》，精确地刻画出中国社会各阶级阶层的经济地位、政治态度的立体图卷。1927年初，他在实地考察湘潭、湘乡、衡山、醴陵、长沙等地的农民运动之后，撰写了《湖南农民运动考察报告》，有力地回答了一些人关于农民运动"好得很"还是"糟得很"的

① 《李大钊文集》下卷，人民出版社1984年版，第34页。
② 《李达文集》第1卷，人民出版社1980年版，第31页。
③ 《李达文集》第1卷，人民出版社1980年版，第56页。

问题。1928 年秋冬季节，他撰写了《中国的红色政权为什么能够存在?》《井冈山的斗争》等文章，专门分析中国国情的特殊性，积极探索中国革命的道路问题。

然而，以毛泽东为代表的年轻中国共产党人在积极探索如何把马克思主义基本原理与中国革命实际相结合以便开创中国革命发展道路的同时，党内和军内也出现了另外一种现象。瞿秋白在 1927 年 2 月发表的《中国革命中之争论问题》中，以辛辣的笔触揭露党内所存在的“书生式的革命观和政客式的政变观”：他们按照“先宣传，再组织、然后暴动”的死公式来干革命，“好像画着图样造房子似的”；甚至在日常生活中，“他们都以教师面孔对人。开会有一定公式……睡觉有一定姿势，上毛厕有一定步骤。如果人家不大懂得他们‘所教的书’，他们便说：你不懂科学的革命方法，你是反革命”①。瞿秋白还详细分析了这种“机械的”对待和理解马克思主义，将给革命斗争、组织纪律、宣传教育等方面所带来的危害。1929 年 3 月，王明回到中国。可以说他既不懂得真正的马克思主义理论，也不懂得中国的国情，却以“正统的马克思主义”自居，指责以毛泽东为代表的中国共产党人是“经验主义”。伍修权在《回顾革命史难忘毛泽东》一文中曾写道：“20 世纪 30 年代初，中国共产党内有过一种说法，叫‘山沟沟里出不了马列主义’。意思是指国内正在进行的无产阶级革命，不太符合‘正统’的马列主义，是山沟沟里的一些土知识分子和农民甚至‘山大王’们搞的一套。他们的代表人物就是出生于湖南山村韶山冲、正领着工农武装在山沟里打游击的毛泽东。”②

正是在这样一种情况下，党内主观主义、教条主义泛滥，给人们的思想造成极大的混乱。1929 年底，毛泽东在为中国共产党红军第四军

① 《瞿秋白选集》，人民出版社 1985 年版，第 333 页。

② 徐新民：《在毛泽东身边》，中共中央党校出版社 1993 年版，第 1 页。

第九次代表大会写的决议当中，在纠正党内各种错误思想中专门谈到纠正主观主义的两个方法：“（一）教育党员用马克思列宁主义的方法去作政治形势的分析和阶级势力的估量，以代替主观主义的分析和估量。（二）使党员注意社会经济的调查和研究，由此来决定斗争的策略和工作的方法，使同志们知道离开了实际情况的调查，就要堕入空想和盲动的深坑。”① 为了帮助大家学会和搞好调查研究，毛泽东在总结自己丰富的调查研究经验的基础上，于1930年5月撰写了《调查工作》一文，从理论和实践的高度系统讲述了调查研究的意义和方法等。

毛泽东非常喜欢这篇文章。由于各种原因，这篇文章长期处于遗失状态，直到1961年1月才找到。同年3月，毛泽东在广州召开的中共中央中南局、西南局、华东局负责人和这三个地区所属省市自治区党委负责人参加的工作会议上，专门谈到这篇文章。他说：“今年一月找出了三十年前我写的一篇文章，我自己看看觉得还有点道理，别人看怎么样不知道。‘文章是自己的好’，我对自己的文章有些也并不喜欢，这一篇我是喜欢的。”② “文章的主题是，做领导工作的人要依靠自己亲身的调查研究去解决问题。”③ 他提议请与会者研究一下，提出意见，哪些赞成，哪些不赞成，如果基本赞成，就照办，不用解释了。毛泽东在指示向会议印发这篇文章时，将题目改为《关于调查工作》。1964年编入《毛泽东著作选读（甲种本）》时，毛泽东将题目改为《反对本本主义》。

二、逻辑结构和主要内容

全文包括七个部分。（1）没有调查，就没有发言权。强调调查研究

---

① 《毛泽东选集》第1卷，人民出版社1991年版，第92页。
② 《毛泽东文集》第8卷，人民出版社1999年版，第252页。
③ 《毛泽东文集》第8卷，人民出版社1999年版，第253页。

的重要性和必要性。（2）调查就是解决问题。说明进行调查研究的目的。（3）反对本本主义。我们在实际工作中反对本本主义，并不意味着要抛弃“本本”，而应该以辩证的态度对待“本本”。（4）离开实际调查就要产生唯心的阶级估量和唯心的工作指导，那末，它的结果，不是机会主义，便是盲动主义。说明没有实际调查为依据的阶级估量和工作决策必然给党的事业带来的危害。（5）社会经济调查，是为了得到正确的阶级估量，接着定出正确的斗争策略。强调社会调查研究的核心内容是社会经济调查，并阐述了社会经济调查的目的和主要方法。（6）中国革命斗争的胜利要靠中国同志了解中国情况。以调查研究的基本理论为理论框架，集中研究中国共产党如何领导中国革命赢得胜利的问题，全面阐述了中国革命斗争的目的、任务、步骤和条件；特别强调无产阶级要取得革命胜利，就完全要靠共产党的斗争策略的正确和坚持；而共产党要作出正确而不动摇的斗争策略，必须时时了解社会情况，时时进行实际调查。毛泽东呼吁全党：“迅速改变保守思想！换取共产党人的进步的斗争思想！到斗争中去！到群众中作实际调查去！”[①]（7）调查的技术。从技术层面说明如何进行高效调查研究的具体方法。

阅读和学习这部著作要把握的主要思想有：

（一）没有调查，就没有发言权

没有调查，就没有发言权。说明调查研究对领导者实施正确领导、作出科学决策的重要性和必要性。毛泽东历来重视调查研究，并深入实际进行调查研究。早在1914年，他在湖南师范读书时就在课堂笔记《讲堂录》中写道：“闭门求学，其学无用。欲从天下国家万事万物而学之，则汗漫九垓，遍游四宇尚已。”这个认识成为他毕生坚守的理念。毛泽东在领导中国革命的实践过程中，特别是经历了各种不懂中国实际

① 《毛泽东选集》第1卷，人民出版社1991年版，第116页。

的主观主义和教条主义思潮给中国革命所造成的巨大损失，在血的教训中更加深刻意识到调查研究的重要性和必要性。所以，他在《反对本本主义》一文中开篇就说："你对于某个问题没有调查，就停止你对于某个问题的发言权。这不太野蛮了吗？一点也不野蛮。你对那个问题的现实情况和历史情况既然没有调查，不知底里，对于那个问题的发言便一定是瞎说一顿。瞎说一顿之不能解决问题是大家明了的，那末，停止你的发言权有什么不公道呢？许多的同志都成天地闭着眼睛在那里瞎说，这是共产党员的耻辱，岂有共产党员而可以闭着眼睛瞎说一顿的吗？"[①] 毛泽东回答：要不得！要不得！注重调查！反对瞎说！是啊，各种各样的主观主义者和教条主义者，不就是在不了解中国国情和中国革命特点的情况下，摆出领导者的姿态，自以为高明，指手画脚，实际上是闭着眼睛，瞎说一顿，这怎么可能引导中国革命事业走向胜利呢？此后，毛泽东在实践中进一步丰富和完善了关于调查研究重要性和必要性的思想。1931 年 1 月，他在《〈兴国调查〉前言》中指出："实际政策的决定，一定要根据具体情况，坐在房子里面想像的东西，和看到的粗枝大叶的书面报告上写着的东西，决不是具体的情况。倘若根据'想当然'或不合实际的报告来决定政策，那是危险的。过去红色区域弄出了许多错误，都是党的指导与实际情况不符合的原故。所以详细的科学的实际调查，乃非常之必需。"[②] 1931 年 4 月，他在《总政治部关于调查人口和土地状况的通知》中提出："一，不做调查没有发言权。二，不做正确的调查同样没有发言权。"[③] 这里实际是说，有正确的调查研究，也有不正确的调查研究；而能够获得发言权的调查研究，一定是建立在正确的调查研究的基础之上。这不仅强调革命的领导者要做调查研究，更

① 《毛泽东选集》第 1 卷，人民出版社 1991 年版，第 109 页。
② 《毛泽东文集》第 1 卷，人民出版社 1993 年版，第 254 页。
③ 《毛泽东文集》第 1 卷，人民出版社 1993 年版，第 267—268 页。

加强调要做正确的调查研究。每一位党员干部通过正确的调查研究掌握真实的实际情况，是进行科学决策的前提，是各项工作顺利开展的基础，是党的事业赢得胜利的根本保障。

调查研究的目的是为了解决问题。我们进行调查研究，不是为了调查而调查，更不是摆花架子、搞形式主义，而是为了解决问题。毛泽东说："你对于那个问题不能解决吗？那末，你就去调查那个问题的现状和它的历史吧！你完完全全调查明白了，你对那个问题就有解决的办法了。一切结论产生于调查情况的末尾，而不是在它的先头。"① 这就是说，调查问题与解决问题是二位一体的，不可分离的。毛泽东嘲笑一些"蠢人"，或者是一个人，或者邀集一堆人，不作调查，只是冥思苦想地"想办法""打主意"，其结果一定不能想出什么好办法、打出什么好主意的。换句话说，他们一定要产生错误的办法和错误的主意。毛泽东也告诫一些领导干部，如果任职于某个地方或新岗位，喜欢一到就宣布政见，看到一点表面、一个枝节，就指手画脚地说这也不对，那也错误。这种纯主观地"瞎说一顿"，实在是最可恶的。"他一定要弄坏事情，一定要失掉群众，一定不能解决问题。"② 毛泽东三个"一定"的说法，真实地体现了他关于调查研究的目的的思想，体现了他关于群众路线的思想，也体现了他关于反对主观主义和官僚主义的思想。

调查研究决不是简单、轻松的事情，而是艰苦的新思想、新办法的孕育过程。毛泽东说："调查就像'十月怀胎'，解决问题就像'一朝分娩'。调查就是解决问题。"③ 这就是说，调查研究是一个漫长的，甚至是很痛苦的过程，但也是一个不断积淀、孕育新生命的过程。只要我们坚持不懈、深入细致地了解情况，就一定能够找到工作中出现各种问题

① 《毛泽东选集》第 1 卷，人民出版社 1991 年版，第 110 页。
② 《毛泽东选集》第 1 卷，人民出版社 1991 年版，第 110 页。
③ 《毛泽东选集》第 1 卷，人民出版社 1991 年版，第 110—111 页。

的原因，探索出解决工作中的各种问题的办法，使我们的事业欣欣向荣且充满活力。毛泽东总结了中国革命遭受严重挫折的教训，明确指出："离开实际调查就要产生唯心的阶级估量和唯心的工作指导，那末，它的结果，不是机会主义，便是盲动主义。"要求"必须洗刷唯心精神，防止一切机会主义盲动主义错误出现，才能完成争取群众战胜敌人的任务"。同时强调："必须努力作实际调查，才能洗刷唯心精神"。[①] 从哲学的高度阐述了机会主义盲动主义的根源，阐述了没有实际调查为依据的阶级估量和工作决策给革命事业所必然带来的危害。

调查研究中最重要的内容是进行社会经济调查。毛泽东在《中国社会各阶级分析》一文中提出，谁是我们的敌人，谁是我们的朋友，这个问题是中国的首要问题。只有通过社会经济调查，才能得到正确的阶级估量，从而制定出正确的斗争策略。他说："作为我们社会经济调查的对象的是社会的各阶级，而不是各种片断的社会现象。""我们的主要目的，是要明了社会各阶级的政治经济情况。我们调查所要得到的结论，是各阶级现在的以及历史的盛衰荣辱的情况。""我们调查工作的主要方法是解剖各种社会阶级，我们的终极目的是要明了各种阶级的相互关系，得到正确的阶级估量，然后定出我们正确的斗争策略，确定哪些阶级是革命斗争的主力，哪些阶级是我们应当争取的同盟者，哪些阶级是要打倒的。"[②] 毛泽东批评了一些持有错误调查方法的人，说明调查的结果就像挂了一篇狗肉账，像乡下人上街听了许多新奇故事，又像站在高山顶上观察人民城郭。"这种调查用处不大，不能达到我们的主要目的。"[③] 毛泽东特别提醒大家，我们从前的调查还有一个极大的缺点，就是偏于农村而不注意城市；强调"我们要了解农村，也要了解城市，

---

① 《毛泽东选集》第 1 卷，人民出版社 1991 年版，第 112 页。

② 《毛泽东选集》第 1 卷，人民出版社 1991 年版，第 113、113—114 页。

③ 《毛泽东选集》第 1 卷，人民出版社 1991 年版，第 113 页。

否则将不能适应革命斗争的需要”[①]。进行调查研究工作应该是全面的、深入的、细致的，才能掌握真实的材料，为决策提供科学的依据。

（二）中国革命斗争的胜利要靠中国同志了解中国情况

中国同志是中国革命斗争的领导者、组织者和实践者，要赢得中国革命斗争的胜利当然要依靠中国的同志，而不能寄希望或依靠外部的其他什么人或力量。但是，能够领导中国革命斗争赢得胜利的中国同志，一定是对中国情况有着深入细致的了解，对中国革命的基本问题有着精准切实的把握；而不是一些照搬书本、照搬外国经验的本本主义者、脱离实际凭空想象的主观主义者、把自己的所谓革命经验当作普遍真理的经验主义者、无视内容一味追求形式的形式主义者。

毛泽东从领导中国人民完成中国革命斗争任务的角度，说明中国革命斗争的胜利只能依靠无产阶级政党的领导，而不能依靠其他的政党。他指出：“我们的斗争目的是要从民权主义转变到社会主义。我们的任务第一步是，争取工人阶级的大多数，发动农民群众和城市贫民，打倒地主阶级，打倒帝国主义，打倒国民党政权，完成民权主义革命。由这种斗争的发展，跟着就要执行社会主义革命的任务。这些伟大的革命任务的完成不是简单容易的，它全靠无产阶级政党的斗争策略的正确和坚决。倘若无产阶级政党的斗争策略是错误的，或者是动摇犹豫的，那末，革命就非走向暂时的失败不可。”[②] 这实际上是中国共产党领导中国革命斗争取得胜利所必须坚持的基本原则，即“独立自主”思想的初步酝酿和提出。

毛泽东强调，无产阶级政党要领导中国革命斗争取得胜利，必须制定出合乎实际的斗争策略，而合乎实际的斗争策略只能通过深入细致的

① 《毛泽东选集》第1卷，人民出版社1991年版，第114—115页。
② 《毛泽东选集》第1卷，人民出版社1991年版，第115页。

调查研究才能获得。他说："共产党的正确而不动摇的斗争策略，决不是少数人坐在房子里能够产生的，它是要在群众的斗争过程中才能产生的，这就是说要在实际经验中才能产生。因此，我们需要时时了解社会情况，时时进行实际调查。"[①] 毛泽东把这种深入实际调查研究的做法归结为"共产党人从斗争中创造新局面的思想路线"，可见党的实事求是的思想路线已经跃然纸上。毛泽东批评了"那些具有一成不变的保守的形式的空洞乐观的头脑的同志们"，指出认为现在的斗争策略已经是再好没有了，只要遵守既定办法就无往而不胜利的想法，是完全错误的，是一种保守路线。这种保守路线如果不根本丢掉，就会给中国革命事业造成很大的损失，也会害了这些同志自己。毛泽东大声疾呼：迅速改变保守思想！换取共产党人的进步的斗争思想！到斗争中去！到群众中作实际调查去！

（三）学习"本本"必须同我国的实际情况相结合

毛泽东以尖锐的笔触揭露出中国社会和中国共产党内普遍存在的"本本"崇拜现象，提出我们在实际工作中应该以辩证的态度对待"本本"。他说："以为上了书的就是对的，文化落后的中国农民至今还存着这种心理。不谓共产党内讨论问题，也还有人开口闭口'拿本本来'。我们说上级领导机关的指示是正确的，决不单是因为它出于'上级领导机关'，而是因为它的内容是适合于斗争中客观和主观情势的，是斗争所需要的。不根据实际情况进行讨论和审察，一味盲目执行，这种单纯建立在'上级'观念上的形式主义的态度是很不对的。"[②] 为什么党的策略路线总是不能深入群众，就是这种形式主义在那里作怪。盲目地表面上完全无异议地执行上级的指示，这不是真正地执行上级的指示，这

① 《毛泽东选集》第 1 卷，人民出版社 1991 年版，第 115 页。
② 《毛泽东选集》第 1 卷，人民出版社 1991 年版，第 111 页。

是反对上级指示或者对上级指示怠工的最妙方法。

针对以王明为代表的教条主义者，把马克思主义某些言词作为否定中国共产党人理论创新和实践探索的大棒，进而把马克思主义僵化和教条化的倾向，毛泽东全面系统地阐述了自己的马克思主义观。马克思主义作为我们党的指导思想，其“本本”是要学习的，而且要认真学习。但是，“我们说马克思主义是对的，决不是因为马克思这个人是什么‘先哲’，而是因为他的理论，在我们的实践中，在我们的斗争中，证明了是对的。我们的斗争需要马克思主义。我们欢迎这个理论，丝毫不存什么‘先哲’一类的形式的甚至神秘的念头在里面。读过马克思主义‘本本’的许多人，成了革命叛徒，那些不识字的工人常常能够很好地掌握马克思主义。马克思主义的‘本本’是要学习的，但是必须同我国的实际情况相结合。我们需要‘本本’，但是一定要纠正脱离实际情况的本本主义”①。中国共产党必须坚持以马克思主义为指导思想，同时，要把马克思主义基本原理同中国革命实际相结合，在火热的中国革命斗争实践中不断汲取新素养、总结新经验、概括新思想，日益得到丰富和发展。

（四）关于调查研究的方法

毛泽东基于自己丰富的调查研究实践，提出做好调查的技术性要求，共七个要点，实际上构建起调查研究的方法论体系。

第一，要开调查会做讨论式的调查。这是对调查会的会议方式做出的规定。要注意调查会不是领导做报告、发表重要指示的会议，也不能只有一个方案搞唯一性选择，或者是空泛地议论一番就散会；而是所有与会者进行平等、自由、畅所欲言、并最终得出结论的讨论式会议，只有这样才能得出正确的或近于正确的结论。

① 《毛泽东选集》第1卷，人民出版社1991年版，第111—112页。

第二，调查会到些什么样的人？这是对调查会与会者做出的规定。毛泽东要求，与会者应该是“能够深切明了社会经济情况的人”；调查会务必多听各方面的意见，听的意见越多、情况了解得越全面，越有利于得出正确的结论。当然，和调查主题无关的人不必在座。

第三，开调查会人多好还是人少好？这是对调查会人数做出的规定。毛泽东认为，调查会议人数的确定，要看调查人的指挥能力，依调查人的情况决定。人多有人多的好处，当然人多也有人多的坏处。

第四，要定调查纲目。这是对调查会的程序做出的规定。调查纲目要事先准备好，不仅要有大纲，还要有细目；调查人按照调查纲目提出问题，以避免调查会变成空泛议论或避重就轻的无主题会议。

第五，要亲自出马。这是对领导干部参与调查会做出的规定。领导者只有亲自参加调查会，才能和被调查者进行面对面的交流，有问题可以随时提问；同时，调查者和被调查者不仅有语言的交流，还有眼神、肢体等的交流；毫无疑问，这种交流是双向的、多维的，可以使调查者从中把握更多的信息，掌握更真实的情况。而“书面报告”往往是报告者根据自己的诉求和理解，对各种材料进行选择过滤、加工润色而形成的，是单向的信息输送。所以，毛泽东说，调查会和书面报告“二者是两回事”。

第六，要深入和深切。这是对调查会的程度做出的规定。毛泽东用了两个重要概念，即“深入”和“深切”。所谓“深入”是指调查研究不能浮在表面，只看现象，不看本质，人云亦云，只有深入事物的内部才能抓住事物发展的规律；所谓“深切”是指调查研究者要有真情实感，与被调查者要有深切的情感交流和思想沟通，来探索事物发展的内在规定性和必然性。调查者在调查研究的过程中做到“深入”和“深切”，不仅会正确认识事物的本质，把握事物的发展规律，找到科学解决问题的方法；而且会掌握调查研究的规律，为其他问题的调查研究提供指导。

第七，要自己做记录。这是对调查者的行为做出的规定。毛泽东要求：在做社会调查的时候，不但要自己当主席，适当地指挥调查会的到会人；而且要自己做记录，把调查的结果记下来；把记录工作假手于人是不行的。这实际上是要求调查人员在调查过程中，一定要亲自动脑、动嘴、动手，才能获得真实的材料，从而得出正确的结论。任何一个环节都不能假手于他人。

总之，毛泽东是农民的儿子，对中国社会有着深刻的了解。在领导中国革命和建设的各个时期，都十分重视深入实际调查，力图真正掌握中国社会的发展规律，以便从中国社会实际出发，开创具有中国特色的革命和建设的道路。毛泽东关于调查研究的理论和方法，处处体现其一切从实际出发、实事求是的思想，体现其相信群众、依靠群众的观念，体现其体恤民情、关爱民生的情怀，是他留给我们的宝贵精神遗产，直到今天依然值得我们学习和运用。

三、当代启示和重要意义

我们今天重读这篇文章，最重要的启示依然是要充分认识调查研究的必要性，学习调查研究的基本理论，掌握调查研究的基本方法。

（一）深入实际调查研究是中国共产党人的优良传统

回顾中国共产党的百年奋斗史，我们可以清晰地看到，每当我们的事业顺利发展、工作平稳推进的时候，往往是我们能够通过调查研究对中国国情有着正确认识和科学把握；反之，每当我们的事业遭受挫折的时候，往往是我们对中国国情缺乏正确的了解，脱离了中国社会发展的实际。而每一次遭受重大挫折之后，我们都会重新强调调查研究，注重一切从实际出发，从而纠正错误，开创事业发展的新天地。新民主主义革命时期是这样，社会主义建设时期和中国特色社会主义新时代也是这样。

在新民主主义革命时期，毛泽东所创立的调查研究理论和调查研究方法，对于中国共产党正确认识中国半殖民地半封建社会的性质、确定中国革命的领导力量、同盟关系、打击对象，进而赢得中国新民主主义革命的胜利起到至关重要的作用。新中国成立后，年轻的执政党在探索社会主义道路的过程中，取得了巨大的成就，也经历了50年代末的重大曲折。毛泽东在回顾这段历史、总结其经验教训时沉痛地说："过去这几年我们犯错误，首先是因为情况不明。情况不明，政策就不正确，决心就不大，方法也不对头。""最近几年吃情况不明的亏很大，付出的代价很大。"他批评在场的领导干部说："大家做官了，不做调查研究了"；他又自我检讨说："我做了一些调查研究，但大多也是浮在上面看报告"。[①] 因此，他要求高级领导干部重新讨论学习《反对本本主义》一文，切实深入实际搞调查研究，搞一个"实事求是年"，把实事求是的精神恢复起来。很遗憾的是，由于国内外局势的重大变化，年轻的执政党对中国国情的判断、对中国社会主要矛盾的把握、对经济社会发展方式的思考，还是出现重大失误。这恰恰证明了毛泽东的一个重要论断：不做调查没有发言权，不做正确的调查同样没有发言权。

习近平总书记更加重视调查研究工作，不仅深入中国社会各个领域进行了大量的调查研究，而且根据自己调查研究的经验和体会系统阐述了调查研究的理论。2021年9月1日，习近平总书记在中共中央党校（国家行政学院）中青年干部培训班开班式上的讲话中指出："坚持一切从实际出发，是我们想问题、作决策、办事情的出发点和落脚点……坚持从实际出发，前提是深入实际、了解实际，只有这样才能做到实事求

① 《毛泽东文集》第8卷，人民出版社1999年版，第253页。

是。要了解实际，就要掌握调查研究这个基本功。要眼睛向下、脚步向下，经常扑下身子、沉到一线，近的远的都要去，好的差的都要看，干部群众表扬和批评都要听，真正把情况摸实摸透……既要‘身入’基层，更要‘心到’基层，听真话、察真情，真研究问题、研究真问题，不能搞作秀式调研、盆景式调研、蜻蜓点水式调研……要在深入分析思考上下功夫，去粗取精、去伪存真，由此及彼、由表及里，找到事物的本质和规律，找到解决问题的办法。”[①] 2023年春，中共中央办公厅印发了《关于在全党大兴调查研究的工作方案》，全面阐述了大兴调查研究的重要意义、总体要求、调研内容、办法步骤和工作要求。毫无疑问，这是在党的二十大召开之后，全党全国各族人民迈上全面建设社会主义现代化国家新征程、向第二个百年奋斗目标进军的关键时刻，向全党发出的大兴调查研究，分析实现中国式现代化所面临的新情况、新问题，探索解决这些新情况、新问题的新思路的集结号；是党的调查研究的优良传统在新的历史条件下的继承和弘扬；是加强党的作风建设，增强党的自我革命精神，有效防范和化解重大风险的有效措施；是对党的调查研究理论的极大丰富和发展。

（二）通过调查掌握真实情况是顺利开展工作的关键因素

进行深入细致的调查研究是我们党的优良传统，也是我们制定路线方针政策正确性的根本保证。没有调查研究就没有发言权，没有正确的调查研究就没有决策权。这就要求我们必须不断对实际情况作深入系统而不是粗枝大叶的调查研究，使思想、行动、决策符合客观实际。全体党员领导干部要身体力行真正深入基层，真正和民众打成一片，听到真实声音，了解真实情况，把握真实材料；然后运用科学方法对所调查的材料去粗取精、去伪存真，由此及彼、由表及里，为进行科学决策提供

① 《习近平谈治国理政》第4卷，外文出版社2022年版，第526—527页。

可靠依据。

调查研究的目的是正确认识和把握事物的发展规律。规律是事物本质的、必然的、稳定的联系。对事物客观规律的认识，只能在调查研究的实践过程中完成。通过调查研究来了解情况，探索事物发展本质、进行理论概括升华，再用以指导实践、推动实践，在实践中使认识得到检验、修正、丰富和发展，这是认识客观规律的根本途径，也是把握客观规律的必由之路。从这个意义上说，能否通过调查研究正确把握实际，能否按客观规律办事，这是决定我们的工作特别是领导工作有无主动权和得失成败的关键所在。

调查研究的根本途径是坚持党的群众路线。党的群众路线是一切为了群众、一切依靠群众，从群众中来、到群众中去。群众路线是我们党的根本工作路线，它同党的实事求是的思想路线是相辅相成、在本质要求上完全统一的。我们要把坚持实事求是的思想路线与坚持从群众中来、到群众中去的根本工作路线紧密结合和统一起来，把对上级负责与对群众负责紧密结合和统一起来，坚持一切从人民根本利益出发，深入基层了解情况，深入群众听取意见，使各项决策和各方面工作符合实际情况、符合客观规律、符合人民意愿。这样，我们的工作，党和人民事业，就会无往而不胜。

当然，我们所处的网络时代呈现出“人人手持麦克风、人人都是新华社”的现象，“网红”“博主”似乎可以左右社会舆论。怎么办？面对这种新情况新问题，我们依然要牢记“一切从实际出发”的方法，网民来自老百姓，老百姓上了网，民意也就上了网。我们必须学会从网上去了解民意，从民意中去了解民心。正如习近平总书记所要求：“各级党政机关和领导干部要学会通过网络走群众路线，经常上网看看，潜潜水、聊聊天、发发声，了解群众所思所愿，收集好想法好建议，积极回应网民关切、解疑释惑。善于运用网络了解民意、开展工作，是新形势下领导干部做好工作的基本功。各级干部特别是领导干部一定要不断提高这项本领。”① 可见，随着网络技术的发展，调查研究的方法也要与时俱进。

（三）正确的调查研究是完成党的中心任务的根本保证

想问题、作决策、办事情，是从实际出发，还是从本本出发、从主观愿望出发，这是辩证唯物主义与唯心主义的主要区别，也是决定着工作成败的根本因素。

党的二十大报告提出："从现在起，中国共产党的中心任务就是团结带领全国各族人民全面建成社会主义现代化强国、实现第二个百年奋斗目标，以中国式现代化全面推进中华民族伟大复兴。”② 所谓中国式现代化不是照搬欧美式的现代化，不是资本主义化，而是具有中国特色的现代化。“中国式现代化，是中国共产党领导的社会主义现代化，既有各国现代化的共同特征，更有基于自己国情的中国特色。”③ 中国式现代化具有五大基本特征：中国式现代化是人口规模巨大的现代化；中国式现代化是全体人民共同富裕的现代化；中国式现代化是物质文明和精神文明相协调的现代化；中国式现代化是人与自然和谐共生的现代化；中国式现代化是走和平发展道路的现代化。这五大基本特征共同组成中国式的现代化，缺少其中任何一条都不行。中国式现代化的本质规定是：坚持中国共产党领导，坚持中国特色社会主义，实现高质量发展，发展全过程人民民主，丰富人民精神世界，实现全体人民共同富裕，促进人与自然和谐共生，推动构建人类命运共同体，创造人类文明

---

① 《习近平谈治国理政》第 2 卷，外文出版社 2017 年版，第 336 页。

② 习近平：《高举中国特色社会主义伟大旗帜　为全面建设社会主义现代化国家而团结奋斗——在中国共产党第二十次全国代表大会上的报告》，人民出版社 2022 年版，第 21 页。

③ 习近平：《高举中国特色社会主义伟大旗帜　为全面建设社会主义现代化国家而团结奋斗——在中国共产党第二十次全国代表大会上的报告》，人民出版社 2022 年版，第 22 页。

新形态。由此可见，全面建设社会主义现代化国家，是一项伟大而艰巨的事业，前途光明，任重道远，准备经受风高浪急甚至惊涛骇浪的重大考验。这个中心任务就是我们这一代中国共产党人所面临的最大实际。如何完成这个中心任务，依然需要通过调查研究来把握，探索中国式现代化的发展规律。

同理，我们在日常工作中，必须通过深入细致的调查研究，才能真正了解和把握自己工作的性质、需要完成的任务、考核的标准体系等，了解和把握自己工作的重点、难点和热点，了解和把握自己的工作能力、自身的优势和缺失，进而确定自己的工作方法，树立人生目标，在工作中不断完善自己、提升自己各方面的能力，实现人生的美好理想。

毛泽东：《实践论》导读

《实践论》是毛泽东系统阐述马克思主义认识论的著作。在这部著作中，毛泽东深刻把握了实践和认识这一认识过程的基本矛盾，紧密结合中国革命的经验，系统阐述了认识对实践的依赖关系，具体分析了认识发展的辩证过程，科学揭示了认识运动的总规律，深刻揭露了中国共产党内主观主义，特别是教条主义错误的认识论的根源，从而极大丰富和发展了马克思主义的认识论。《实践论》和《矛盾论》共同构成了马克思主义哲学史上具有鲜明特色的中国阶段，成为毛泽东哲学思想形成和系统化的标志。

一、历史背景和写作原因

新中国成立后，毛泽东曾说过，《实践论》和《矛盾论》是“适应于当时的需要而不能不写的著作”①。当时的需要是什么？中国共产党从 1921 年成立到 1937 年抗日战争爆发，经历了第一次国内革命战争和土地革命战争，革命道路艰难而曲折，既有成功的经验，也有失败的教训。而在诸多经验教训中，最根本一条是能否从中国革命实际出发，结合自己的具体实践经验，创造性地运用马克思主义，找到适合中国实际的革命道路和革命方法，这是关系到中国革命事业兴衰成败的关键所在。可是，教条主义者把马克思主义教条化，把共产国际决议和苏联经

① 《毛泽东文集》第 8 卷，人民出版社 1999 年版，第 109 页。

验神圣化，无视中国的具体国情和中国革命的实践，“唯上”“唯书”，生吞活剥马克思主义著作中的只言片语，动辄搬用“国际指示”借以吓人。王明就是这种教条主义的主要代表人物。在教条主义盛行的同时，党内还存在着经验主义倾向。教条主义和经验主义，是主观主义的两种不同表现形式。主观主义，特别是教条主义曾经使中国革命遭受极大损失。因此，1935 年 10 月中央红军长征到达陕北后，以毛泽东为代表的中国共产党人，面对中国革命正处于由国内战争向抗日战争转变，国内外各种矛盾纷繁复杂，斗争尖锐曲折的局面，集中精力来研究中国革命的实际，探索中国革命发展的规律，以便把马克思主义与中国革命实际相结合，开创中国式的革命道路。首先是通过总结土地革命战争的经验教训，从政治上和军事上批判了“左”倾路线的错误，系统阐述了中国革命和战争的一系列重大理论原则问题。接着，又从哲学的高度概括和总结了中国革命的经验特别是土地革命时期的经验，从思想路线的高度清算党内的主观主义特别是教条主义的错误，以便提高全党同志和广大干部的思想理论水平，帮助大家掌握马克思主义普遍真理同中国革命具体实践相结合的正确方向，学会观察、分析和解决各种矛盾的科学方法，从而为迎接和指导抗日战争的伟大斗争，并争取抗日战争的伟大胜利奠定坚实的基础。毛泽东把这些思考写成《辩证法唯物论（讲授提纲）》，并于 1937 年 7、8 月间为延安抗日军事政治大学讲授。《实践论》是其中的一部分，于 1950 年 12 月 29 日在《人民日报》全文发表。

二、逻辑结构和主要内容

《实践论》的篇幅并不长，全文一气呵成，文字简练，逻辑清晰，内容丰富，理论联系实际，说理性极强。

引言部分，毛泽东开宗明义指出："马克思以前的唯物论，离开人的社会性，离开人的历史发展，去观察认识问题，因此不能了解认识对社会实践的依赖关系，即认识对生产和阶级斗争的依赖关系。"① 这不仅指出解决认识和实践关系问题的重要性，而且指明研究认识和实践关系问题的基本思路。

第一部分，阐述马克思主义的实践观。毛泽东继承马克思主义关于实践的基本观点，创造性地概括出实践的形式，包括生产活动、阶级斗争、政治生活、科学和艺术活动等。

第二部分，系统阐述了实践在认识过程的地位和作用。毛泽东提出人类生产活动是最基本的实践活动，是人的认识发展的基本来源，是人的认识发展的动力，是判断人的认识是否正确的标准，是认识的目的；说明马克思主义认识论是能动的反映论。

第三部分，通过对实践和认识矛盾运动过程的考察，全面论述了认识发展的辩证过程，即在社会实践的基础上，从感性认识上升到理性认识，从理性认识回到革命实践，这是认识过程的两个阶段、两次能动的飞跃；说明马克思主义认识论是辩证的发展论。

最后，基于上述的分析和研究，揭示认识运动的多次反复和无限发展，科学地总结出人类认识发展的总过程和总规律。

阅读和学习这部著作要把握的主要内容有：

（一）实践在认识过程中的地位和作用理论

毛泽东开宗明义指出："马克思以前的唯物论，离开人的社会性，离开人的历史发展，去观察认识问题，因此不能了解认识对社会实践的依赖关系，即认识对生产和阶级斗争的依赖关系。"② 这不仅指出解决

① 《毛泽东选集》第1卷，人民出版社1991年版，第282页。

② 《毛泽东选集》第1卷，人民出版社1991年版，第282页。

认识和实践关系问题的重要性，而且指明研究认识和实践关系问题的基本思路。

马克思、恩格斯第一次把科学的实践观引入自己的哲学体系，创立了马克思主义的科学世界观方法论，实现了人类认识史上的伟大变革。他们把自己称作“实践的唯物主义者”，突出马克思主义哲学的实践性特征。列宁也曾强调：“生活、实践的观点，应该是认识论的首要的和基本的观点。”[①] 毛泽东继承马克思、恩格斯和列宁关于实践的基本观点，并根据中国革命实践的需要，作了进一步的阐述和发挥。

对社会实践的内容和形式作出完整的概括。毛泽东指出：“马克思主义者认为人类的生产活动是最基本的实践活动，是决定其他一切活动的东西”；当然，“人的社会实践，不限于生产活动一种形式，还有多种其他的形式，阶级斗争，政治生活，科学和艺术的活动，总之社会实际生活的一切领域都是社会的人所参加的”。[②] 在毛泽东看来，社会实践的内容是极其丰富的，领域是非常广泛的，形式是多种多样的。其中，物质资料的生产、阶级斗争和科学实验则是三种基本的实践形式。毛泽东的这个认识，不仅对社会实践的内容和形式给予明确的概括，而且深刻揭示了社会实践最重要的内容，使实践作为哲学基本概念的内涵更加丰富、深刻和具体。

毛泽东系统阐述了实践在认识过程中的地位和作用。首先，社会实践是人的认识的基本来源。毛泽东指出，人的认识主要地依赖于物质的生产活动，在这个过程中逐渐地了解自然的现象、自然的性质、自然的规律性、人和自然的关系，而且经过生产活动，也在各种不同程度上逐渐地认识了人和人的一定的相互关系。一切这些知识，离开生产活动是不能得到的。在没有阶级的社会中，每个人以社会一员的资格，同其他

---

① 《列宁选集》第2卷，人民出版社2012年版，第103页。

② 《毛泽东选集》第1卷，人民出版社1991年版，第282、283页。

社会成员协力，结成一定的生产关系，从事生产活动，以解决人类物质生活问题。在各种阶级的社会中，各阶级的社会成员，则又以各种不同的方式，结成一定的生产关系，从事生产活动，以解决人类物质生活问题。这是人的认识发展的基本来源。

其次，社会实践是人的认识发展的根本动力。毛泽东指出，人类社会的生产活动是一步一步地由低级向高级发展，因此，人们的认识，不论对于自然界方面，对于社会方面，也都是一步又一步地由低级向高级发展，即由浅入深，由片面到更多的方面。在很长的历史时期内，大家对于历史只能限于片面的了解，这一方面是由于剥削阶级的偏见经常歪曲社会的历史，另一方面，则由于生产规模的狭小，限制了人们的眼界。人们能够对于社会历史的发展作全面的历史的了解，把对于社会的认识变成了科学，这只是到了伴随巨大生产力——大工业而出现近代无产阶级的时候，这就是马克思主义的科学。

再次，社会实践是判断人们的认识正确与否的标准。毛泽东强调，人们要想得到工作的胜利即得到预想的结果，一定要使自己的思想合于客观外界的规律性，如果不合，就会在实践中失败。人们经过失败之后，也就从失败取得教训，改正自己的思想使之适合于外界的规律性，人们就能变失败为胜利，所谓“失败者成功之母”，“吃一堑长一智”，就是这个道理。“辩证唯物论的认识论把实践提到第一的地位，认为人的认识一点也不能离开实践，排斥一切否认实践重要性、使认识离开实践的错误理论。”① 判定认识或理论之是否是真理，不是依主观上觉得如何而定，而是依客观上社会实践的结果如何而定。因此，判断真理的标准只能是社会的实践。

最后，毛泽东在论述认识过程第二个飞跃的过程中，反复强调认识的目的是为了指导人们的社会实践。他说：“马克思主义的哲学认为十

① 《毛泽东选集》第1卷，人民出版社1991年版，第284页。

分重要的问题，不在于懂得了客观世界的规律性，因而能够解释世界，而在于拿了这种对于客观规律性的认识去能动地改造世界。”“在马克思主义看来，理论是重要的，它的重要性充分地表现在列宁说过的一句话：‘没有革命的理论，就不会有革命的运动。’然而马克思主义看重理论，正是，也仅仅是，因为它能够指导行动。如果有了正确的理论，只是把它空谈一阵，束之高阁，并不实行，那末，这种理论再好也是没有意义的。”①

当然，毛泽东在强调社会实践的重要性的同时，并没有否认学习书本和接受间接知识的重要性，问题在于要正确认识和处理直接经验和间接经验、当下的实践和前人的实践的关系。他指出：“就知识的总体说来，无论何种知识都是不能离开直接经验的。任何知识的来源，在于人的肉体感官对客观外界的感觉，否认了这个感觉，否认了直接经验，否认亲自参加变革现实的实践，他就不是唯物论者。”②

（二）认识发展的辩证过程

列宁运用辩证方法考察人类认识的运动过程，指出：“从生动的直观到抽象的思维，并从抽象的思维到实践，这就是认识真理、认识客观实在的辩证的途径。”③ 毛泽东在总结中国革命经验的基础上，对认识发展的辩证过程作了具体而深刻的分析，进行了科学的抽象和概括。他认为，在社会实践的基础上，从感性认识上升到理性认识，从理性认识回到革命实践，是认识过程的两个阶段、两次能动的飞跃。

毛泽东以较多的篇幅说明感性认识和理论认识及其辩证统一关系。所谓感性认识是对于事物的片面的、现象的和外部联系的认识，属于感

① 《毛泽东选集》第1卷，人民出版社1991年版，第292页。
② 《毛泽东选集》第1卷，人民出版社1991年版，第288页。
③ 《列宁全集》第38卷，人民出版社1959年版，第181页。

觉和印象的阶段。所谓理性认识是对于事物全体的、本质的、内部联系的认识，属于概念、判断和推理的阶段。感性认识是认识的低级阶段，理性认识是认识的高级阶段，二者在实践的基础上统一起来。一方面，理性认识依赖于感性认识；另一方面，感性认识又有待于发展到理性认识。实现由感性认识飞跃到理性认识必须具备两个基本条件：一是感觉的材料十分丰富和合于实际，而不是零碎不全或某种错觉；二是必须经过思考作用，将丰富的感觉材料加以去粗取精、去伪存真，由此及彼、由表及里的改造制作工夫。从感性认识到理性认识，人们逐步认识客观事物的内部矛盾，把握客观事物的规律性，也就实现了第一个飞跃。

毛泽东特别强调理性认识回到革命实践，即认识过程的第二个能动飞跃的伟大意义。他认为，在实践基础上从感性认识能动地发展理性认识，是认识过程的第一个飞跃。但是，“辩证唯物论的认识运动，如果只到理性认识为止，那末还只说到问题的一半。而且对于马克思主义的哲学说来，还只说到非十分重要的那一半。”“认识的能动作用，不但表现于从感性的认识到理性的认识之能动的飞跃，更重要的还须表现于从理性的认识到革命的实践这一个飞跃”。[①] 这是因为，认识世界的目的是改造世界，理性认识只有回到改造世界的实践中去，才能够达到指导人们能动地改造世界的实践活动的最终目的，并且只有回到实践中去才能得到检验和发展。人类认识的历史告诉我们，许多理论的真理性是不完全的，经过实践的检验而纠正其错误。所以，从理性认识到革命实践的飞跃，既是理论指导实践的过程，也是在实践中检验理论和发展理论的过程，是整个认识过程的继续。正是从这个意义上，毛泽东认为认识过程的第二次飞跃比第一次飞跃更重要，意义更伟大。

---

① 《毛泽东选集》第1卷，人民出版社1991年版，第292页。

（三）人类认识发展的总过程和总规律

毛泽东揭示认识运动的多次反复和无限发展，科学地概括出人类认识发展的总过程和总规律。认识从实践中来，又到实践中去，如果能够在实践中达到预期的结果，那么对这一具体过程的认识运动就算完成了。但是，一般说来，要获得对一个具体事物的正确认识，往往需要经过由实践到认识，又由认识到实践多次的反复才能达到。毛泽东说："一个正确的认识，往往需要经过由物质到精神，由精神到物质，即由实践到认识，由认识到实践这样多次的反复，才能够完成。"[①] 这是因为，人们在认识的过程中，常常受到来自许多方面的限制，主要受到客观事物发展过程的客观条件和人的认识能力、知识水平、价值诉求等主观条件的限制；所以要获得一种正确的认识，往往需要经过由实践到认识、由认识到实践的多次反复，在反复中经过成功和失败的比较，不断总结经验，纠正错误，坚持真理，才能得到。正是在这种多次反复的认识过程中，人们才能获得对于客观事物真理性的认识。毛泽东说："在绝对的总的宇宙发展过程中，各个具体过程的发展都是相对的，因而在绝对真理的长河中，人们对于在各个一定发展阶段上的具体过程的认识只具有相对的真理性。无数相对的真理之总和，就是绝对的真理。客观过程的发展是充满着矛盾和斗争的发展，人的认识运动的发展也是充满着矛盾和斗争的发展。一切客观世界的辩证法的运动，都或先或后地能够反映到人的认识中来。社会实践中的发生、发展和消灭的过程是无穷的，人的认识的发生、发展和消灭的过程也是无穷的。根据于一定的思想、理论、计划、方案以从事于变革客观现实的实践，一次又一次地向前，人们对于客观现实的认识也就一次又一次地深化。客观现实世界的

① 《毛泽东文集》第8卷，人民出版社1999年版，第321页。

变化运动永远没有完结，人们在实践中对于真理的认识也就永远没有完结。”①

毛泽东在全文的结论中用十分简洁明晰的语言，科学地揭示了人类认识发展的总过程和总规律。毛泽东说：“通过实践而发现真理，又通过实践而证实真理和发展真理。从感性认识而能动地发展到理性认识，又从理性认识而能动地指导革命实践，改造主观世界和客观世界。实践、认识、再实践、再认识，这种形式，循环往复以至无穷，而实践和认识之每一循环的内容，都比较地进到了高一级的程度。这就是辩证唯物论的全部认识论，这就是辩证唯物论的知行统一观。”②

（四）教条主义和经验主义的认识论根源

毛泽东以辩证唯物论的知行统一观为理论基础，揭露和批判了哲学史上的“唯理论”和“经验论”，指出“唯理论”和“经验论”是党内存在的教条主义和经验主义的认识论根源。教条主义者只承认理性的实在性，不承认经验的实在性，认为只有理性靠得住，而感觉经验是靠不住的；在革命实践过程中，奉“本本”为圭臬，导致闭目塞听，不深入实际了解情况，反而把亲身参加革命实践而有着丰富直接经验的同志诬为“狭隘经验论”。经验主义者认为，认识可以停留在低级的感性认识阶段，认为只有感性认识可靠，而理性认识是靠不住的；在革命实践中，表现出满足于自己局部的、片面的经验，不了解感性认识上升到理性认识的必要性，否认理性认识对实践的指导作用，因而不能通观客观过程的全体，缺乏明确的方针，没有远大的前途，沾沾自喜于一得之功和一孔之见。毛泽东指出：“理性认识依赖于感性认识，感性认识有待于发展到理性认识，这就是辩证唯物论的认识论。哲学上的‘唯理论’

① 《毛泽东选集》第1卷，人民出版社1991年版，第295—296页。
② 《毛泽东选集》第1卷，人民出版社1991年版，第296—297页。

和‘经验论’都不懂得认识的历史性或辩证性，虽然各有片面的真理，但在认识论的全体上则都是错误的。”“这种人如果指导革命，就会引导革命走上碰壁的地步。”[①] 因此，我们的结论是主观和客观、理论和实践、知和行的具体的历史的统一，反对一切离开具体历史的各种错误思想。毛泽东的这个结论是对中国革命乃至国际共产主义运动经验的科学总结，对于指导我们探索中国特色社会主义道路具有极其重要的理论意义和实践意义。

三、当代启示和重要意义

毛泽东在《实践论》中提出的许多重要思想观点，今天读来依然感到春风拂面，令人掩卷深思。

（一）确立实践思维，做实践的有心人

在实际工作中，能不能确立实践思维，做一个实践的有心人，工作效果可能是完全不一样的。作为党政领导干部和有志青年，更要确立实践思维，做实践的有心人，积极开创中国特色社会主义事业。尤其是在当今，世界正处在大变革大调整之中，和平与发展仍然是时代的主题，和平、发展、合作、共赢已经成为不可阻挡的时代潮流。中国社会主义改革开放事业深入发展所呈现出的阶段性特征是，经济体制深刻变革，社会结构深刻变动，利益格局深刻调整，思想观念深刻变化，发展机遇前所未有，挑战也前所未有；许多复杂的事物需要认识，许多重大问题需要解决，许多未曾认识的领域需要开拓。因此，在新的历史条件下，我们深入中国特色社会主义建设的实践，积极探索中国特色社会主义发展规律，探索中国共产党执政规律，探索人类社会发展规

① 《毛泽东选集》第1卷，人民出版社1991年版，第291页。

律，大胆吸收和借鉴人类所创造的一切优秀文明成果，不断研究新情况，解决新问题，总结新经验，概括新观念，创造新理论，使中国特色社会主义不断在实践中汲取营养，焕发出强大的生命力、创造力和感召力。

（二）确立实践思维，开创工作新局面

如何对待马克思主义，是从“本本”出发，还是用马克思主义的立场观点方法来研究和解决中国特色社会主义现代化建设过程中出现的问题，这是两种根本对立的思维方法和工作方法。尽管我们一直坚持反对教条主义，积极倡导马克思主义实践观点和实践方法，但是这个问题没有得到彻底解决，教条主义在许多人头脑中深深扎根，只要气候适宜，便会泛滥成灾。我们必须认识到，伟大的思想家从他们各自的社会实践出发，把握时代脉搏，集中群众智慧，回答了实践提出的一系列重大问题，创立了科学的思想体系，为工人阶级的解放事业指明了方向。但是，经典作家是人不是神，他们不可能穷尽对真理的认识，他们的思想也需要在实践中接受检验得到发展。

当然，在实际工作中确立实践思维，坚持一切从实际出发，有时会遇到困难，个人甚至会付出代价。所以，早在 1992 年，邓小平在南方谈话中鼓励大家，在改革开放的伟大实践中，“胆子要大一些，敢于试验，不能像小脚女人一样。看准了的，就大胆地试，大胆地闯。深圳的重要经验就是敢闯。没有一点闯的精神，没有一点‘冒’的精神，没有一股气呀、劲呀，就走不出一条好路，走不出一条新路，就干不出新的事业。”[①] 40 多年改革开放的伟大事业，我们在实践中发现问题，在实践中探索解决问题的方法，在实践中总结理论、开创道路、完善制度，实践是推动改革开放伟大事业的根本动力，勇于实践、敢于创新是取得

---

① 《邓小平文选》第 3 卷，人民出版社 1993 年版，第 372 页。

改革开放伟大成绩的重要经验。俗话说，做人一世，为官一任，治理一方。在全面深化改革、实现转型升级的当代中国，广大党员干部无论身处什么地位，干什么工作，都要有不畏风险的开拓精神，不惧挫折的创新精神，不怕困苦的担当精神，要勇于实践、敢于实践；要树立奋勇当先、勇攀高峰的精神，知难而进、攻坚克难、逢山开路、遇水架桥；要有超越前人、超越自己的勇气，用不怕失败、百折不挠的顽强意志、坚毅笃行的干劲，推动各项工作的开展。

（三）确立实践思维，克服唯理论和经验论

毛泽东在《实践论》中以辩证唯物论的知行统一观为理论基础，揭露和批判了哲学史上的“唯理论”和“经验论”，指出“唯理论”和“经验论”是党内存在的教条主义和经验主义的认识论根源。教条主义者只承认理性的实在性，不承认经验的实在性，认为只有理性靠得住，而感觉经验是靠不住的；在革命实践过程中，奉“本本”为圭臬，导致闭目塞听，不深入实际了解情况，反而把亲身参加革命实践而有着丰富直接经验的同志诬为“狭隘经验论”。经验主义者认为，认识可以停留在低级的感性认识阶段，认为只有感性认识可靠，而理性认识是靠不住的；在革命实践中，表现出满足于自己局部的、片面的经验，不了解感性认识上升到理性认识的必要性，否认理性认识对实践的指导作用，因而不能通观客观过程的全体，缺乏明确的方针，没有远大的前途，沾沾自喜于一得之功和一孔之见。这是毛泽东对中国革命乃至国际共产主义运动经验的科学总结，对于指导我们探索中国特色社会主义道路具有极其重要的理论意义和实践意义。

我们必须认识到，人的大脑不是一块白板，人的认识总是建立在已有的概念、经验或知识之上。这些概念、经验或知识既有可能成为获得新知识的起点或工具，又有可能成为人们获取新知识的束缚或障碍。因

此，要实现新的发现、发明和创造，首先必须解放思想，摆脱各种精神枷锁的束缚，学会独立思考，用批判的理性的态度重新审视已有的一切，实现自我超越。实现中华民族伟大复兴是一项光荣而艰巨的事业，需要一代又一代中国人共同努力。空谈误国，实干兴邦。我们这一代共产党人应当承前启后、继往开来，把我们的党建设好，团结全体中华儿女把我们的国家建设好，把我们的民族发展好，继续朝着中华民族伟大复兴的目标奋勇前进。

毛泽东：《矛盾论》导读

《矛盾论》是一部集中论述唯物辩证法的经典著作，它完整而严谨地阐述了对立统一规律及其在辩证法体系中的核心地位。这部著作和《实践论》不仅为确立党的正确思想路线、统一和提高全党的思想理论水平，以及为夺取抗日战争和整个中国革命的胜利奠定了坚实的理论基础，而且在理论上极大地丰富和发展了马克思主义的辩证法和认识论。因此，《矛盾论》和《实践论》标志着毛泽东哲学思想的成熟。

一、历史背景和写作原因

1937 年 7 月抗日战争全面爆发，中国社会处于历史转折的紧急关头，国内外各种矛盾纷繁复杂，斗争尖锐曲折。有中华民族与日本帝国主义以及其他帝国主义国家之间的民族矛盾，有无产阶级和人民大众与汉奸、亲日派之间的阶级矛盾，有抗日民族统一战线内部各个阶级之间的矛盾，还有日本帝国主义与美英等帝国主义国家之间的矛盾。这样一个空前错综复杂的政治形势，要求我们党必须对中国社会状况做出全新的分析，对中国革命的基本问题做出全新的判断，以便制定出适应革命形势发展要求的正确的路线、方针和政策，领导全国人民去夺取抗日战争的伟大胜利。要完成这样一个历史使命，就要求全党必须真正树立马克思主义的世界观方法论，克服党内长期存在着的严重的主观主义特别是教条主义，从中国社会的实际出发，认识和把握中国社会矛盾的特殊性。正是基于这样一种客观要求，毛泽东写作了《辩证法唯物论（讲授提纲）》，并于1937年7、8月间到延安抗日军事政治大学讲授。《矛盾论》是其中一个部分，原题目为《矛盾统一法则》。1952年4月1日在《人民日报》正式发表时名为《矛盾论》。

二、逻辑结构和主要内容

《矛盾论》分八个部分：导言部分，说明本文所要研究的主要问题是事物的矛盾法则，即对立统一的法则，这是唯物辩证法最根本的法则。

第一节谈两种宇宙观。作为全文的总论，毛泽东指出，在人类的认识史中，从来就有两种关于宇宙的见解，一种是形而上学的见解，一种是辩证法的见解，形成了互相对立的两种宇宙观；强调学习和掌握辩证法宇宙观的重要性。

第二至第六节构成文章的主体，从不同维度来研究矛盾问题，包括矛盾的普遍性、矛盾的特殊性、主要的矛盾和主要的矛盾方面、矛盾诸方面的同一性和斗争性、对抗在矛盾中的地位等部分。

第七节是结论。毛泽东指出："如果我们经过研究真正懂得了上述这些要点，我们就能够击破违反马克思列宁主义基本原则的不利于我们的革命事业的那些教条主义的思想；也能够使有经验的同志们整理自己的经验，使之带上原则性，而避免重复经验主义的错误。这些，就是我们研究矛盾法则的一些简单的结论。"①

可以说这部著作逻辑清晰，结构严谨，文字流畅，举例生动，读起来朗朗上口，令人掩卷深思。

阅读和学习这部著作要把握的主要内容有：

---

① 《毛泽东选集》第1卷，人民出版社1991年版，第337页。

（一）唯物辩证法和形而上学是两种根本对立的宇宙观

毛泽东开宗明义提出："事物的矛盾法则，即对立统一的法则，是唯物辩证法的最根本的法则。"① 列宁常称这个法则为辩证法的本质，又称之为辩证法的核心。因为，在研究这个法则的时候，不得不涉及广泛的方面，不得不涉及许多的哲学问题。如果将这些问题都弄清楚了，就在根本上懂得了唯物辩证法。毛泽东特别强调，我们现在哲学研究工作，应当以扫除教条主义思想为主要目标。

在马克思主义哲学发展史上，马克思、恩格斯、列宁都曾尝试着用特定的范畴来概括辩证法和形而上学。恩格斯在《反杜林论》中将其概括为"两种思维方式"的对立，并用形象的语言描述其基本特征；列宁在《哲学笔记》中将其概括为"两种发展观"的对立，并初步揭示其对立的根源。毛泽东则从更高的层面将其概括为"两种宇宙观"的对立，并系统地论述了二者对立的根源，描述各自的思维特征。

毛泽东指出，在人类的认识史上，从来就有关于宇宙发展法则的两种见解，一种是形而上学的见解，一种是辩证法的见解，形成了互相对立的两种宇宙观。所谓形而上学的宇宙观，就是用孤立的、静止的和片面的观点去看世界，把世界上的一切事物，一切事物的形态和种类，都看成是永远彼此孤立和永远不变化的。如果说有变化，也只是数量的增减和场所的变更。而这种增减和变化的原因，不在事物的内部而在事物的外部，即是由于外力的推动。因此，他们不能解释事物的质的多样性，不能解释一种质变为他种质的现象。与此相反，辩证法的宇宙观则主张，从事物的内部、从一事物对他事物的关系去研究事物的发展，即把事物的发展看作是事物内部的必然的自己的运动，而每一事物的运动都和它的周围其他事物互相联系着和互相影响着。事物发展的根本原

① 《毛泽东选集》第1卷，人民出版社1991年版，第299页。

因，不是在事物的外部而是在事物的内部，在于事物内部的矛盾性。任何事物内部都有这种矛盾性，因此引起了事物的运动和发展。事物内部的这种矛盾性是事物发展的根本原因，一事物和他事物的互相联系和互相影响则是事物发展的第二位的原因。这就是说，唯物辩证法的基本观点是主张用联系的、发展的和全面的观点去观察一切事物。毛泽东结合中国革命的实际情况特别强调："唯物辩证法认为外因是变化的条件，内因是变化的根据，外因通过内因而起作用。"[①] 这样就有力地反对了形而上学的机械唯物论和庸俗进化论的外因论，揭示出两种宇宙观对立的实质和斗争的焦点，在于是否承认事物内部的矛盾是事物发展的根本动力。

（二）共性和个性的道理是关于事物矛盾问题的精髓

毛泽东认为，学习辩证法的目的"就是教导人们要善于去观察和分析各种事物的矛盾的运动"[②]。基于这样的一个目的，毛泽东重点研究矛盾普遍性和特殊性问题，特别是花费大量笔墨来论述矛盾的特殊性问题。矛盾的普遍性有两方面的意义，其一是说，矛盾存在于一切事物的发展过程中，其二是说，每一事物的发展过程中存在着自始至终的矛盾运动。这就是说，矛盾无处不在，无时不在。毛泽东认为，研究矛盾的普遍性是为了更好地分析矛盾的特殊性。

毛泽东非常精彩分析了矛盾的特殊性。他描述了矛盾特殊性的五种基本情形，并针对中国共产党内还有很多同志弄不清楚矛盾特殊性的问题，深刻论述了认识矛盾特殊性的重要意义。矛盾特殊性的五种情形：（1）各种物质运动形式中的矛盾具有特殊性；（2）每一物质运动形式在其发展运动中的每一个过程中的矛盾具有特殊性；（3）每一发展过程中

① 《毛泽东选集》第1卷，人民出版社1991年版，第302页。
② 《毛泽东选集》第1卷，人民出版社1991年版，第304页。

的矛盾的各个方面具有特殊性；(4) 每一发展过程中的不同阶段上的矛盾具有特殊性；(5) 每一发展阶段上的矛盾的各个方面也具有特殊性。毛泽东指出，认识事物内部矛盾的特殊性是科学地认识事物和正确地解决矛盾的基础。因为，任何事物内部都包含着自身特殊的矛盾，这种特殊的矛盾构成了一事物区别于他事物的本质。所以，只有认识矛盾的特殊性，才能确定一事物不同于他事物的特殊本质，发现事物运动发展的特殊原因或根据，找到解决矛盾的正确方法。就人类认识运动的秩序说来，总是由认识个别的和特殊的事物，逐步地扩大到认识一般的事物，把握诸多事物的共同本质。然后，又以这种共同认识为指导，向着尚未研究过的或者尚未深入研究过的各种具体的事物进行研究，找出其特殊的本质，这样才可以补充、丰富和发展这种共同的本质的认识，而使这种共同的本质的认识不致变成枯槁的和僵死的东西。"这是两个认识的过程：一个是由特殊到一般，一个是由一般到特殊。人类的认识总是这样循环往复地进行的，而每一次的循环都可能使人类的认识提高一步，使人类的认识不断地深化。"[①] 教条主义者是懒汉，他们拒绝对于具体事物做任何艰苦的研究工作，他们把一般真理看成是凭空出现的东西，把它变成为人们所不能够捉摸的纯粹抽象的公式，完全否认了并且颠倒了这个人类认识真理的正确秩序，他们完全不懂得马克思主义认识论。

毛泽东在分别研究了矛盾的普遍性和特殊性以后，进一步论证了二者的辩证关系。矛盾的普遍性和矛盾的特殊性的关系，就是矛盾的共性和个性的关系。首先，矛盾的普遍性和特殊性是相互联结的，即矛盾的普遍性、共性寓于矛盾的特殊性、个性之中，绝对的东西存在于相对的东西之中，二者不可分割地联系在一起。没有离开个别的一般，也没有脱离一般的个别。其次，矛盾的普遍性和特殊性又是相互区别的，即矛盾的共性只概括了矛盾的个性中共同的、本质性的东西，并非个别的全

① 《毛泽东选集》第1卷，人民出版社1991年版，第310页。

部内容和特点都包括在共性之中；个别总是比一般具体、丰富，一般则比个别普遍、深刻。最后，矛盾的普遍性和特殊性在一定条件下可以相互转化，即随着时间和空间的变化，共性可能转化为个性，个性也可以转化为共性。毛泽东十分重视矛盾的普遍性和特殊性相互关系的原理，认为“这一共性个性、绝对相对的道理，是关于事物矛盾的问题的精髓。不懂得它，就等于抛弃了辩证法”[①]。这就是说，理解共性和个性关系的道理，是把握对立统一规律乃至整个辩证法的关键所在；同时也只有理解了这个道理，才能把握科学的思想方法和工作方法的精神实质。教条主义和经验主义的错误恰恰在于背离了这一基本原理，割裂了矛盾的普遍性和特殊性的关系，因而都抛弃了辩证法。

（三）善于抓住主要矛盾，集中精力解决主要矛盾

马克思主义哲学创始人十分重视研究矛盾地位的特殊性问题。恩格斯说：“应当时刻牢记主要的东西，不因那些无谓的吹毛求疵而迷失方向。”[②] 列宁也曾提出：“善于从发展路线或链条中找出最重要的环节”[③]。20 世纪 30 年代苏联哲学教科书尽管提出“主要矛盾”和“矛盾之主导方面”的概念，但没有对其内涵作出明确规定，也缺乏全面系统的论证。毛泽东在分析中国社会错综复杂的矛盾体系的基础上，不但明确提出作为哲学范畴的主要矛盾和矛盾的主要方面，而且详细论证了主要矛盾和次要矛盾、矛盾的主要方面和次要方面的区别、联系和转化的相互关系，说明研究这些问题的重要意义。

毛泽东指出，在复杂的事物发展过程中存在许多矛盾，其中必有一种矛盾起着主要的、领导的、决定的作用，由于它的存在和发展，规定

① 《毛泽东选集》第 1 卷，人民出版社 1991 年版，第 320 页。
② 《马克思恩格斯全集》第 38 卷，人民出版社 1972 年版，第 270 页。
③ 《列宁选集》第 3 卷，人民出版社 1995 年版，第 526 页。

或影响着其他矛盾的存在和发展。这个矛盾就是主要矛盾。而其他矛盾则处于次要和服从的地位，这就是非主要矛盾。抓住了主要矛盾，就可以带动全局，其他矛盾就比较容易解决。抓不到主要矛盾，就如堕烟海，找不到中心，也就找不到解决问题的正确方法。所以，在复杂的现实生活中，要善于抓住主要矛盾，集中精力解决主要矛盾，这是无产阶级政党制定正确的战略策略的一个重要原则。

当然，强调抓主要矛盾，并不是说可以忽略非主要矛盾。按照辩证法的观点，主要矛盾和非主要矛盾相互联系、相互影响、相互制约。主要矛盾的存在和发展固然规定和影响着非主要矛盾的存在和发展，但是，恰当地适时地解决好非主要矛盾，也有利于主要矛盾的解决。所以，在集中力量解决主要矛盾的同时，必须适当考虑次要矛盾。

当然，矛盾的地位不是固定不变的，主要矛盾和非主要矛盾在一定条件下可以相互转化。一种情况是，原来的主要矛盾解决了或基本解决了，而次要矛盾上升为主要矛盾；另一种情况是，原来的主要矛盾虽未解决，但由于条件的变化而下降为次要矛盾的地位，其他矛盾则上升为主要矛盾。这两种情况都使事物发展过程呈现出阶段性来。因此，无产阶级政党在领导革命和建设的过程中，必须清醒地估计主要矛盾的变化，并且根据这种变化而坚定地实现工作中心的转移。

（四）矛盾同一性和斗争性

关于矛盾的同一性和斗争性问题，马克思、恩格斯特别是列宁都有一些重要论述。20 世纪 30 年代的苏联教科书对这个问题也作过一些研究。毛泽东在《矛盾论》中引用了他们的一些观点，并结合中国革命的实践经验，具体阐述了这一基本原理。

毛泽东明确概括了矛盾同一性的科学含义。他指出：“同一性、统一性、一致性、互相渗透、互相贯通、互相依赖、互相联结或互相合作，这些不同的名词都是一个意思，说的是如下两种情形：第一，事物发展过程中的每一种矛盾的两个方面，各以和它对立着的方面为自己存在的前提，双方共处于一个统一体中；第二，矛盾着的双方，依据一定的条件，各向着相反的方面转化。”[①] 毛泽东列举了大量人们日常生活中经常遇到的现象，如生与死、上与下、福与祸、顺利与困难、地主与佃农、无产阶级和资产阶级等，详细说明了矛盾的同一性及其两个方面的内容。毛泽东特别重视对矛盾双方互相依存的条件的研究，指出唯物辩证法所讲的矛盾是现实的、具体的矛盾，所说的转化也是现实的、具体的转化，它们都是在一定条件下构成的。离开一定的条件，就不可能成为现实的、具体的矛盾。“一切矛盾着的东西，互相联系着，不但在一定条件之下共处于一个统一体中，而且在一定条件之下互相转化，这就是矛盾的同一性的全部意义。”[②] 这样就把矛盾同一性的思想奠定在坚实的唯物论基础之上。

毛泽东又进一步论证了矛盾同一性和斗争性的关系，指出二者是同时存在、紧密结合的矛盾的两种本质属性。矛盾的斗争性是指矛盾双方互相对立、互相排斥、互相否定、互相分离的倾向。矛盾的同一性和斗争性的区别在于：同一性是有条件的、相对的，斗争性是无条件的、绝对的；二者的联系在于：绝对的斗争性存在于相对的同一性之中，没有斗争性就没有同一性。毛泽东又特别把矛盾的同一性和斗争性的观点与运动的相对静止状态和显著变动状态的观点相联系，发挥了列宁的观点。列宁认为：“对立的统一（一致、同一、合一），是有条件的、一时的、暂存的、相对的。互相排斥的对立的斗争则是绝对的，正如发展、运动是绝对的一样。”毛泽东解释这段话的意思是：“一切过程都有始有终，一切过程都转化为它们的对立物。一切过程的常住性是相对的，但

① 《毛泽东选集》第 1 卷，人民出版社 1991 年版，第 327 页。
② 《毛泽东选集》第 1 卷，人民出版社 1991 年版，第 330 页。

是一种过程转化为他种过程的这种变动性则是绝对的。”[①] 这是因为事物所呈现的相对静止状态和显著运动状态是由事物内部包含的矛盾互相斗争所引起的。当事物的运动处在相对静止状态时，只是数量上的变化，而没有性质的变化，所以呈现出好似静止的面貌。当事物的运动处在显著运动状态时，事物的性质发生变化，便显现出显著变化的面貌。事物在发展过程中，总是不断地由相对静止状态到转化为显著运动状态，而矛盾斗争则存在于两种状态中，并通过显著的运动状态而解决矛盾。因此，有条件的相对的同一性和无条件的绝对的斗争性相结合，构成一切事物的矛盾运动。

毛泽东把对抗作为矛盾斗争性中的一种表现形式专门进行分析。毛泽东说：“对抗是矛盾斗争的一种形式”[②]。这个道理使我们懂得，在阶级社会中，革命和革命战争是不可避免的，舍此不能完成社会发展的飞跃，不能推翻反动的统治阶级，而使人民获得政权。共产党人必须揭露反动派所谓社会革命是不必要的和不可能的等等欺骗的宣传，坚持马克思列宁主义的社会革命论，使人民懂得，这不但是完全必要的，而且是完全可能的，整个人类的历史和苏联的胜利，都证明了这个科学的真理。毛泽东专门说明，我们必须具体地研究各种矛盾的情况，不应当将上面所说的公式不适当地套在一切事物的身上，矛盾和斗争是普遍的、绝对的，但是解决矛盾的方法则因矛盾性质不同而不相同。所以，“对抗只是矛盾斗争的一种形式，而不是它的一切形式，不能到处套用这个公式”[③]。

毛泽东指出，事物的矛盾法则，即对立统一的法则，是自然和社会的根本法则，因而也是思维的根本法则。它是和形而上学的宇宙观相反

① 《毛泽东选集》第 1 卷，人民出版社 1991 年版，第 332 页。
② 《毛泽东选集》第 1 卷，人民出版社 1991 年版，第 334 页。
③ 《毛泽东选集》第 1 卷，人民出版社 1991 年版，第 336 页。

的。它对于人类的认识史是一个大革命。毛泽东阐述了矛盾普遍性和特殊性的关系，特别强调认识和把握矛盾的特殊性和相对性。认为："如果我们经过研究真正懂得了上述这些要点，我们就能够击破违反马克思列宁主义基本原则的不利于我们的革命事业的那些教条主义的思想；也能够使有经验的同志们整理自己的经验，使之带上原则性，而避免重复经验主义的错误。这些，就是我们研究矛盾法则的一些简单的结论。"① 毛泽东对对立统一规律的全面论述，形成一个科学的理论体系，不仅完成了列宁提出的"说明和发挥"的任务，而且为中国共产党人反对主观主义特别是反对教条主义、经验主义提供根本的理论遵循，在马克思主义辩证法思想发展史上写下了光辉的篇章。

三、当代启示和重要意义

学习毛泽东的《矛盾论》，最根本是要学会正确处理矛盾的普遍性和特殊性的关系，把马克思主义与中国建设、改革的具体实际相结合，积极探索中国特色社会主义道路。

（一）马克思主义必须与中国实际相结合，这是我们党取得事业成功的一条基本原则，是中国共产党人长期浴血奋战得出的基本结论

如果说毛泽东的《实践论》是从认识论的角度来论证这个基本原则，那么，《矛盾论》则是从辩证法的角度来论证这个基本原则。回顾中国共产党走过的历史过程，要真正把马克思主义与中国实际相结合，应该注意以下几点：

第一，认真学习理论，解决好全党对理论的真学、真懂、真信、真用的问题，是实现"相结合"的根本前提。回顾我们党历史上所犯几次

① 《毛泽东选集》第1卷，人民出版社1991年版，第337页。

严重错误，其重要根源是理论准备不足或整体理论水平不高。所以，在新的历史条件下，面临大量的新情况、新问题，全党必须善于重新学习，夯实理论基础，增强理论素养，提高分析问题和解决问题的能力，积极探索中国特色社会主义现代化的发展规律。

第二，全面认识、准确把握中国国情，是实现“相结合”的重要条件。中国特色社会主义事业符合一般社会主义的规律。但是，中国作为一个特定的国度具有特定的国情，这就要求我们必须更加关注中国社会的特殊性，力图做到几个相结合：即坚持普遍原则与具体社会实践相结合，学习基本理论与勇于探索创新相结合，继承前人经验与总结新鲜经验相结合等等。

第三，马克思主义与中国具体实际相结合是一个长期的、曲折的历史过程。作为一个历史过程，经历了提出问题到解决问题，再提出问题再解决问题的过程；也经历了由不自觉到自觉，由失败到成功多次反复的过程。在这个历史过程中，我们先后创立了毛泽东思想和中国特色社会主义理论。当前，我们必须要有充分的思想准备，前进途中还会出现大量的问题和困难，要解决这些问题，克服这些困难，依然要坚持把马克思主义与中国建设、改革的实际相结合，探索一条符合中国国情的社会主义道路，用中国特色社会主义实践为马克思主义增添活力。

（二）注重总体谋划并善于抓住和集中力量解决主要矛盾

注重总体谋划并善于抓住和集中力量解决主要矛盾是中国共产党领导广大人民进行革命、建设和改革事业取得伟大成就的经验总结。中国共产党人在领导革命斗争和社会主义建设和改革的每一个历史阶段，总是善于在全面分析主客观情况的基础上，注重总体谋划，正确找出主要矛盾，以确定自己的战略策略，集中优势兵力消灭最主要的敌人，聚合各种力量解决最主要的问题。毛泽东同志为我们树立了光辉榜样，邓小平同志是我们学习的典范。习近平总书记继承和发扬了我们党的优良传统，强调全党要善于运用唯物辩证法认识和处理问题，善于从千头万绪、纷繁复杂的事物中抓住主要矛盾和矛盾的主要方面，既注重统领全局、统筹规划，又在重点突破中推动工作协调发展；把总体谋划与解决主要矛盾有机统一于中国特色社会主义建设伟大实践中，从而把中国改革开放的伟大事业推向新阶段。

善于抓住和集中力量解决主要矛盾并不意味着就可以无视或放任其他矛盾的存在。这就要求我们既要讲“重点论”，也要讲“两点论”，甚至讲“多点论”，学会“十个手指弹琴”。只有抓住和解决好主要矛盾，才可能有效化解或解决其他矛盾；同时，其他矛盾的有效化解和解决也会促进主要矛盾的解决。既突出重点，又兼顾其他，把多种力量融汇成巨大的历史合力推动我们的事业健康顺利向前发展。

毛泽东：《纪念白求恩》导读

《纪念白求恩》是毛泽东为纪念国际共产主义战士、加拿大共产党员、著名胸外科专家、为支援中国抗日战争而不远万里来到中国并英勇殉职的诺尔曼·白求恩而写的文章。文章号召全党学习白求恩精神，即做一个高尚、纯粹、有道德、脱离低级趣味、有益于人民的人。文章深刻阐述了中国共产党人的世界观、人生观、价值观和事业观，表达了中国共产党人的理想信念和崇高信仰。

一、历史背景和写作原因

无产阶级政党是马克思主义与工人运动相结合的产物，是无产阶级的先锋队。然而，中国共产党诞生于半殖民地半封建的国度；这种特殊的社会状况导致党的阶级基础十分薄弱。一方面，虽然中国无产阶级具有很强的战斗力，但人数不多，文化素质不高，易受非无产阶级思想影响；另一方面，人数众多的农民和其他小资产阶级分子，虽然有改变现状的要求，在政治上、思想上能够接受无产阶级的影响，要求参加民主革命；但是，由于其阶级地位所决定，往往在政治上左右摇摆，思想上产生主观性和消极性，组织上表现出个人主义、宗派主义。特别是第一次大革命失败后，毛泽东创造性地开辟了以农村包围城市、武装夺取政权的道路，使得党员的来源主要是农民和其他小资产阶级出身的社会成员。如何对这些人进行教育，使之成为合格的共产党员和革命者，是毛泽东一直在思考和探索的问题。党的十一届六中全会通过的《关于建国以来党的若干历史问题的决议》指出："在无产阶级人数很少而战斗力很强，农民和其他小资产阶级占人口大多数的国家，建设一个具有广大群众性的、马克思主义的无产阶级政党，是极其艰巨的任务。毛泽东同志的建党学说成功地解决了这个问题。"[①] 毛泽东在强调加强党的思想建设、政治建设、组织建设、作风建设的同时，更加强调加强党员的道德建设、人格建设，并为全党树立了众多的榜样。战争年代的白求恩、张思德是这样的榜样，新中国成立后雷锋也是这样的榜样。

诺尔曼·白求恩，1890 年 3 月 3 日出生于加拿大安大略省，他的祖父是加拿大多伦多大学三一医学院的创始人之一，也是一位著名的医生。受家庭的熏陶，白求恩自幼就对医学产生了浓厚兴趣，并立志长大后成为一名外科医生。成年后，他考入多伦多大学学医，1916 年获得医学学士学位，1922 年成为英国皇家外科医学会会员；1935 年成为蒙特利尔圣心医院胸外科主任，并当选美国胸外科学会会员、理事，成为世界知名的胸外科医生。他秘密加入加拿大共产党，并决心为人类解放事业和共产主义事业而奋斗。中国抗日战争爆发后，白求恩决心利用自己的专业知识和社会影响，组建援华医疗队支援中国的抗日战争。1938 年 3 月底，他率领医疗队远渡重洋，辗转万里，到达延安。当他向毛泽东提出建立前线战地医疗队以便能够及时救治伤员时，毛泽东考虑前线很危险，环境艰苦、条件恶劣，邀请他留在延安主管八路军边区医院。然而，他坚持请求到前线去，认为一个军医的战斗岗位应该是离火线最近的地方。同年 5 月，白求恩带领战地医疗队离开延安奔赴晋察冀前线。在随后的一年多时间里，他殚精竭虑、不辞辛劳地救治伤员，令人动容。他曾经把自己的手术台安置在离前线 5 里路的小村子里，同志们都认为这太危险，劝他转移到安全的地方去；他却说："离火线太远，死亡率会增高，我们怕什么危险？"诊所外，枪声和炮声震耳欲聋；诊

① 《三中全会以来重要文献选编》（下），人民出版社 1982 年版，第 831—832 页。

所内，白求恩和他的战友们在精心医治伤员。他曾连续工作 69 小时，为 115 名伤员做了手术；他曾经面对需要输血的伤员，主动伸出胳膊说：“我是 O 型血，万能输血者，抽我的！”他曾经主动写信，把毛泽东指示发给他的 100 元生活费交给医院作为伤员的营养费。他曾经利用一切休息时间亲自编写教材、亲自讲授，以解决当时医务人员少、医疗水平低的问题，为八路军培养了大批优秀的医务人员。白求恩高超的医术和崇高的医德，增强了广大战士们打胜仗的信心。他们认为，有白求恩在，生命就有保障。“进攻！白求恩和我们在一起！”成为战士们冲锋陷阵时呼喊的口号。不幸的是，1939 年 10 月 28 日，白求恩在为一名重伤员做截肢手术时不慎划破左手中指，导致感染中毒并发生败血症。他在弥留之际感叹道：“最近两年是我生平中最愉快、最有意义的时日。”“请转告毛主席……感谢他和中国共产党……给我的教育……我相信……中国人民……一定会获得胜利”！1939 年 11 月 12 日，白求恩在河北唐县逝世，终年 49 岁。

12 月 1 日，延安各界举行追悼白求恩大会，毛泽东亲笔写了挽词：“学习白求恩同志的国际精神，学习他的牺牲精神、责任心与工作热忱。”12 月 13 日，为纪念白求恩，八路军军医医院改名为白求恩国际和平医院。12 月 21 日，毛泽东为八路军政治部、卫生部出版的《诺尔曼·白求恩纪念册》写了《学习白求恩》一文；编入《毛泽东选集》时，题名为《纪念白求恩》。

二、逻辑结构和主要内容

文章共四个段落：第一段介绍了白求恩来到中国的原因及其所体现的国际主义精神。第二段阐述了白求恩精神是毫不利己专门利人，对工作极端的负责任，对同志对人民的极端热情；并以白求恩精神为参照，批评某些同志对工作不负责任的现象。第三段说明白求恩作为医生，对技术精益求精的态度。第四段陈述毛泽东和白求恩的关系，并给予白求恩极高的评价。

阅读和学习这篇文章，我们要把握的主要内容是：如何做一个高尚的、纯粹的、有道德的、脱离低级趣味的、有益于人民的人。

什么样的人是高尚的人？我认为，高尚是对一个人的人生格局的定位和体现，是由这个人的世界观所决定的。毛泽东说："白求恩同志是加拿大共产党员，五十多岁了"。按照常理来说，一位著名的外科医生，且已经年过半百，正是人生最成熟的阶段，本应该一边工作，一边安享美好生活。然而，白求恩却为了帮助中国的抗日战争，受加拿大共产党和美国共产党的派遣，不远万里，来到中国；并为救治伤员而勤奋工作，甚至不幸以身殉职。毛泽东感叹道："一个外国人，毫无利己的动机，把中国人民的解放事业当作他自己的事业，这是什么精神？这是国际主义的精神，这是共产主义的精神，每一个中国共产党员都要学习这种精神。"① 毛泽东发出号召："我们要和一切资本主义国家的无产阶级联合起来，要和日本的、英国的、美国的、德国的、意大利的以及一切资本主义国家的无产阶级联合起来，才能打倒帝国主义，解放我们的民族和人民，解放世界的民族和人民。"② 这就是我们的国际主义，这就是我们用以反对狭隘民族主义和狭隘爱国主义的国际主义。

什么样的人是纯粹的人？我认为，纯粹是对人生意义的追求，体现了一个人的人生观。人生观是人们在实践过程中形成的关于人生意义、目的等问题的总的看法和根本观点，决定着人们对人生道路、生活方式、行为模式的选择。人生观说到底就是解决人为什么活着和怎样活着的问题。毛泽东在文中写道："白求恩同志毫不利己专门利人的精神，

---

① 《毛泽东选集》第2卷，人民出版社1991年版，第659页。
② 《毛泽东选集》第2卷，人民出版社1991年版，第659页。

表现在他对工作的极端的负责任，对同志对人民的极端的热忱。每个共产党员都要学习他。”[①] 毛泽东批评说，不少人对工作不负责任，拈轻怕重，把重担子推给人家，自己挑轻的。一事当前，先替自己打算，然后再替别人打算。出了一点力就觉得了不起，喜欢自吹，生怕人家不知道。对同志对人民不是满腔热情，而是冷冷清清，漠不关心，麻木不仁。“这种人其实不是共产党员，至少不能算一个纯粹的共产党员。”[②] 从前线回来的人说到白求恩，没有一个不佩服，没有一个不为他的精神所感动。晋察冀边区的军民，凡亲身受过白求恩医生的治疗和亲眼看过白求恩医生的工作的，无不为之感动。

什么样的人是有道德的人？有道德是对人生行为规范的要求，体现了一个人的道德观。道德是人们在共同生活过程中所表现出来的行为准则和规范。职业道德是道德在职业实践活动中的具体体现。白求恩作为一位医生，体现了他的职业道德。毛泽东说：“白求恩同志是个医生，他以医疗为职业，对技术精益求精；在整个八路军医务系统中，他的医术是很高明的。”[③] 毛泽东特意批评了一些缺乏职业道德的人。他说，这对于一班见异思迁的人，对于一班鄙薄技术工作以为不足道、以为无出路的人，也是一个极好的教训。

什么样的人是脱离低级趣味的人？所谓趣味是指人们在生活中所追求的情趣和意味，表现出来的某种情调和爱好。可以说，每一个正常的人都有自己的某种趣味的，问题在于有什么样的趣味，所具有的趣味是高雅的还是低级的。所谓高雅趣味是对人生充满着一种科学、健康、文明、阳光、向上的要求，体现为一个人对美好生活的向往、乐观的生活态度和健康的生活方式。这种趣味不仅符合现代社会道德和法律的要

① 《毛泽东选集》第 2 卷，人民出版社 1991 年版，第 659—660 页。
② 《毛泽东选集》第 2 卷，人民出版社 1991 年版，第 660 页。
③ 《毛泽东选集》第 2 卷，人民出版社 1991 年版，第 660 页。

求，符合现代社会人们普遍的审美观念，也会给个人提供一种永不衰竭的精神动力和力量源泉。与之相反，低级趣味是对人生一种平庸、狭隘、鄙俗的追求，体现为一个对物欲、肉欲、金钱的向往、扭曲的生活态度和不健康的生活方式。这种低级趣味会使人经受不住不良诱惑，贪图安逸享乐，不思进取，导致精神颓废，甚至走上犯罪的道路。这种惨痛的案例，我们生活中还是很多的。白求恩作为医生，一心只想着多救治伤员，没有其他任何诉求，甚至把自身的安危都放置于脑后。所以，毛泽东说白求恩是一个脱离了低级趣味的人。

什么样的人是有益于人民的人？做一个有益于人民的人，是对人生意义的追求，体现了一个的价值观。毛泽东在《为人民服务》中说："我们的共产党和共产党所领导的八路军、新四军，是革命的队伍。我们这个队伍完全是为着解放人民的，是彻底地为人民的利益工作的。"[①] 白求恩就是这样的人。当他到达晋察冀军区司令部驻地山西五台县金刚库村，开口第一句话就是："伤员在哪里？"当司令员聂荣臻劝他休息时，他笑着说："我是来工作的，不是来休息的。"聂荣臻后来回忆说，白求恩一来到五台县，立即开始紧张的诊治工作。第一周就检查了医院全部 520 多位伤病员，第二周开始做手术；经过四周的时间，治好 147 名伤员，使他们恢复健康。所以，毛泽东说："现在大家纪念他，可见他的精神感人之深。"在毛泽东看来，白求恩精神，就是"毫无自私自利之心"。

毛泽东在《为人民服务》中阐述了自己的生死观："人总是要死的，但死的意义有不同。"中国古时候有个文学家叫做司马迁的说过："人固有一死，或重于泰山，或轻于鸿毛。"为人民利益而死，就比泰山还重；替法西斯卖力，替剥削人民和压迫人民的人去死，就比鸿毛还轻。[②] 毫

① 《毛泽东选集》第 3 卷，人民出版社 1991 年版，第 1004 页。

② 《毛泽东选集》第 3 卷，人民出版社 1991 年版，第 1005 页。

无疑问，白求恩为支持中国人民抗日战争而死，他的死比泰山还重。所以，毛泽东号召大家："我们大家要学习他毫无自私自利之心的精神。从这点出发，就可以变为大有利于人民的人。一个人能力有大小，但只要有这点精神，就是一个高尚的人，一个纯粹的人，一个有道德的人，一个脱离了低级趣味的人，一个有益于人民的人。"[①]

三、当代启示和重要意义

今天重读《纪念白求恩》这篇短文，尽管已经没有了轰轰的炮声，没有了战场的硝烟，享受着岁月静好的我们，依然会被白求恩的事迹所感动，被白求恩的精神所鼓舞；我们都在暗暗思考，怎样才能做一个高尚的、纯粹的、有道德的、脱离低级趣味的、有益于人民的人？答案是在确立正确的世界观、人生观、价值观的基础上，进而解决理想信念信仰问题。

应该讲，一个人的世界观决定其人生观价值观，进而规定其理想信念信仰。如马克思主义的创立者卡尔·马克思，1818 年 5 月 5 日出生于德国莱茵省特利尔城的一个律师家庭，这种家庭环境决定着他本可以过着很优渥的生活，他却给自己选择了一条异常艰难的人生之路。为什么？我们或许从他的中学毕业论文中找到答案。他的毕业论文题目是《青年在选择职业时的考虑》，这是一位仅仅十七八岁孩子的思考。他写道："我们往往不能择取我们觉得适合于我们自己的职业；我们在社会中的诸关系是早已在我们能够决定它们之前就多少固定了的。"虽然人们选择职业不能完全随心所欲，但是人们所特有的选择自由使人区别于动物。一个人不应该由于野心或突然的热情失去理智；重要的是在为人类服务中把握住工作机会，同时避免由于抽象的真理而迷失方向。"如

① 《毛泽东选集》第 2 卷，人民出版社 1991 年版，第 660 页。

果我们选择了最能为人类福利而劳动的职业，那么，重担就不能把我们压倒，因为这是为大家而献身；那时我们所感到的就不是可怜的、有限的、自私的乐趣，我们的幸福将属于千百万人，我们的事业将默默地、但是永恒发挥作用地存在下去，而面对我们的骨灰，高尚的人们将洒下热泪。”[①] 德国社会民主党人，工人运动的杰出活动家弗·梅林这样说：“这观念是这样自然地像夏季闪电似的初现在这少年心里，这观念的发展和完成便是这人的不朽贡献。”[②] 可以说，马克思中学毕业论文完整地展示了这位年轻人的胸怀、格局和追求，展示其世界观、人生观、价值观，进而展示其理想信念和信仰。正是这种追求“为人类福利而劳动”的不懈奋斗的精神，使马克思战胜各种敌对势力的诅咒和打击，忍受亲人的离去而带来的精神痛苦，克服长达 40 年颠沛流离的流亡生活所带来的苦难，不断实现人生观的转变、思想的超越和理论的创新，最终创立马克思主义。

毛泽东的成长经历也体现了类似的思想转变过程。1951 年秋天，几个在北京学习的湖南老同学相约一起去看望毛泽东。当谈及青年时代在长沙学习的生活时，毛泽东十分兴奋地谈起了他在图书馆看到世界地图的那一刻。他说，过去我认为湘潭县大，湖南省更大，中国自古就称为天下，当然大得了不得。但从这个地图上看来，中国只占世界的一小部分，湖南省更小，湘潭县在地图上没有看见，韶山当然更没有影子了。世界原来有这么大！世界既大，人就一定特别多。这样多的人怎样过生活，难道不值得我们注意吗？他从韶山冲人们过的挨饿、挨冻、无钱治病的痛苦的生活，联想到全湘潭县、全湖南省、全中国、全世界的情形，恐怕也差不多！他得出结论：为什么会有这种现象呢？这是制度不好，政治不好，是因为世界上存在着人剥削人、人压迫人的制度，所

① 《马克思恩格斯全集》第 40 卷，人民出版社 1982 年版，第 7 页。

② 〔德〕弗·梅林著，罗稷南译：《马克思传》，生活·读书·新知三联书店 1956 年版，第 6 页。

以使世界大多数的人都陷入痛苦的深潭。这种不合理的现象，是不应该永远存在的，是应该彻底推翻、彻底改造的！他因此想到，“我们青年的责任真是重大，我们应该做的事情真多，要走的道路真长。从这个时候起，我就决心要为全中国痛苦的人、全世界痛苦的人贡献自己全部的力量”。[①] 年轻的毛泽东苦苦探索，其思想上经历了“无我论”“唯我论”“无政府主义”“改良主义”的急剧变化；最终认识到，中国“政治腐败已甚，暮气已深，改良一途，绝无希望”，于是接受了马克思主义，实现了由唯心论到辩证唯物主义、由民主主义者到共产主义者的转变，并为中国人民和世界人民的解放事业奋斗一生。

读到这里，我想我们每个人都会对这两位年轻人——马克思和毛泽东产生深深的敬佩之情。正是他们广阔的世界观决定了他们崇高的人生观和价值观，他们抱有崇高的理想信念信仰，激励着他们不断追求、并拥有广阔的胸怀和格局。这一切决定了他们决不会甘于平凡，他们一定会努力拼搏，成就人生的伟业。

然而，什么是理想、信念和信仰？

一般说来，理想、信念、信仰是人们超越现实、对未来美好前景和远大价值目标的自觉追求，是塑造自我、发展自我、超越自我、面向未来、努力实现最高价值的自我意识。这里既包括以价值理想为核心的价值目标体系，也包括以信念和信仰为精神动力的自觉的价值追求过程。当然，理想、信念、信仰又有区别。信念是人们在对真理确信与价值认同的基础上所形成的某种超越现实、超越自我、面向未来的具有持续性、稳定性的观念。信念最大的特点是以“信”为基础，这种“信”在人们追求理想的过程中往往表现为思想认知上的坚定性和实践活动中的坚韧性。信仰也是一种信念，因此在日常生活中我们经常把信仰与信念混用。然而，与信念相比较，信仰是居于统摄、支配地位的最高信念，

① 周世钊：《毛主席青年时期的几个故事》，《新苗》1958 年第 9 期。

具有专一性；信仰不仅是对真理的确信和价值的认同，而且还是情感的皈依、虔诚的信奉，它比信念更为执着、深刻、稳定、持久。可以说，信仰是信念的最高表现形式，统领和规定着不同层次的信念，形成一个完整的精神导向。信仰的最大特点，不仅在于“信”，而且在于“仰”，仰视、尊崇、信服、景仰等等，体现了人生的一种精神追求。理想是建立在信念和信仰基础之上的并自觉为之奋斗的崇高价值目标体系。理想以信念和信仰为基础，受到信念和信仰的决定。或者说，有什么样的信念和信仰，就有什么样的理想；信念和信仰发生变化，理想必然随之发生变化。如白求恩确立了自己的共产主义信仰，便把毫不利己专门利人作为自己的理想，不远万里来到中国，并为支持中国人民的抗日战争取得伟大胜利，不仅毫无保留地贡献出自己精湛的医术，而且毫无保留地贡献出自己的鲜血和生命。当然，在日常生活中，一个没有任何信仰的人，也不会确立任何远大理想，更不可能为实现理想去奋斗。同样，一个信仰丧失的人，也必然引致理想的破灭，最终引导自己走向自己都不喜欢的人生之路。

由此可见，理想信念信仰能够为人生设定一种最高的价值标准，用以判断是非善恶，统领各种价值观念，为人们提供规范自己行为的基本框架，避免由于各种急剧变动所带来的恐慌和焦虑，找到“安身立命所”。理想信念信仰可以为人们树立现实的生活目标和构建生活秩序，使人们按照理想信念信仰的引导去行动，获得一种对自己行为合理性的自信心，甚至神圣感，避免由于生活目的的失落而产生各种行为的失范，找到“精神安宁的家园”。

不能否认，目前有些人出现所谓“理想破灭”“信念失落”“信仰危机”的现象，这是导致很多人精神苦闷、抑郁彷徨、懈怠、“躺平”、“不知道人生之路该怎么走”的重要原因。我们必须认识到，这些都是社会转型期对人们精神状态的冲击所必然产生的现象，也是人们理想重建、信念重塑、信仰重树的前奏，是新的理想信念信仰确立前带来的阵痛。在这个关键时期，传统的、僵化的、教条式的理想信念信仰出现破灭、失落和危机是必然的，但是，这并不意味着世界末日的来临，更不意味着我们濒临绝境，这标志着中国社会的发展包括国人的精神世界正处于大变革的前夜。假如我们闭上眼睛不承认危机的存在，依然按照原来的生活轨迹生活下去，只会给心灵带来更多的困惑和苦闷；假如我们一味怨天尤人，埋怨命运的不公、人心的不古，试图扭转历史的车轮倒转，只能导致“九斤老太”的哀叹，陷入深深的绝望之中。正确的态度是，正视危机的存在，研究危机产生的各方面的原因，根据中国社会主义现代化建设的需要，学习白求恩精神，重建理想信念信仰体系，找到自己的“精神家园”，努力做一个高尚的、纯粹的、有道德的、脱离低级趣味的、有益于人民的人。

毛泽东：《整顿党的作风》导读

《整顿党的作风》是毛泽东在 1942 年 2 月 1 日在中共中央党校开学典礼上发表的重要演说，与《改造我们的学习》和《反对党八股》共同构成整风运动的重要文献。在这些文献中，毛泽东站在哲学的高度，深入回顾和总结了建党以来党内思想的分歧，严厉批判了存在于党内的非马克思主义学风、党风和文风，详细描述了其表现形式，深刻分析了其产生原因，并揭露了其导致的危害，提出纠正党的作风的方法。毛泽东号召开展全党范围内的马克思列宁主义的启蒙运动，即按照马克思列宁主义的思想原则整顿党的作风。光阴似箭。当我们踏上全面建设社会主义现代化国家的新征程之际，党的二十大再次强调党的作风建设问题，要求“坚持以严的基调强化正风肃纪”，并指出“党风问题关系执政党的生死存亡”，强调要弘扬党的光荣传统和优良作风等重要思想。在这样一种历史条件下，重新阅读和学习《整顿党的作风》这部重要著作，会给我们带来许多新的启示。

一、历史背景和写作原因

毛泽东在中央党校以《整顿党的作风》为主题进行演讲，有两方面的原因。一是解决党内存在的主观主义、教条主义和宗派主义等问题；二是解决中央党校教学活动过程中存在的理论脱离实际、主观主义和教条主义的问题。

从全党的思想状态来看，中国共产党人经历了第一次国内革命战争和土地革命战争，既有成功的经验，也有失败的教训。在诸多经验教训中，最根本的是能否从中国实际出发，结合自己的具体实践经验，创造性地运用马克思主义理论，并参考俄国革命的经验，从而找到适合中国国情的革命道路和革命方法。能否解决好这个问题，直接关系到中国革命事业的兴衰成败。然而，党内的教条主义者把马克思主义教条化，把共产国际决议和苏联经验神圣化，无视中国的具体国情和中国革命的实际情况，“唯上”“唯书”，生吞活剥马克思主义著作中的只言片语，动辄搬用“国际指示”借以吓人。在教条主义盛行的同时，党内还存在着主观主义、宗派主义倾向。主观主义，特别是教条主义曾经给中国革命事业造成极大损失。尽管1935年1月召开的遵义会议解决了当时具有决定意义的军事上和组织上的问题，但是思想路线、政治路线问题都未得到解决，党内的主观主义、教条主义还没有得到彻底纠正。因此，毛泽东号召开展一次全党范围的马克思列宁主义的教育运动，即按照马克思列宁主义的思想原则整顿党的作风运动。

从党校教学活动来看，当时党内的主观主义、教条主义和宗派主义也影响到党校的教学工作，具体表现为关于党校办学方针的争论。应该讲，按照什么样的办学方针和要求来教育培训党员干部，是关系到党的干部教育事业成败的具有战略意义的基本问题。1943年8月，毛泽东在中央党校第二部开学典礼上指出：“在党校中有两种培养教育干部的方法，一种是教条主义的、抽象学习理论的方法，另一种是联系斗争实际学习理论的方法。过去的方法属于第一种，把人都学笨了。”① 为配合全党整风运动，更好地在全党开展马克思主义教育，1941年至1943年，中央对中央党校先后进行3次改组。改组后，中央党校教学内容确定为“以辛亥革命至今的中国历史为基础，以马列主义的

① 《毛泽东文集》第3卷，人民出版社1996年版，第62页。

思想方法了解中国革命的基本问题”。毛泽东为中央党校制定的校训是“实事求是，不尚空谈”。1943 年 11 月，延安中央党校大礼堂落成，毛泽东又亲笔题写了“实事求是”四个大字，镶嵌在礼堂正面门楣上方。实践证明，“实事求是”是中国共产党正确的思想路线，是毛泽东思想的精髓，也成为中央党校和各级党校办学的灵魂。毛泽东的这次讲话，实际上是借中央党校的开学典礼向全党发出了整顿党的作风的动员令。

这三篇文章，语言诙谐幽默，批评尖锐深刻，分析入木三分，说理透彻服人。今天读来同样会让人感到意味深长，回味无穷。

二、逻辑结构和主要内容

因为毛泽东在《整顿党的作风》《改造我们的学习》《反对党八股》三篇文章中从不同方面论述了整顿党的作风的思想，使之成为一个完整的思想体系。因此，本书以《整顿党的作风》为叙述主线，同时吸纳其他两篇文章的相关内容，以帮助大家更好地理解毛泽东关于整顿党的作风的重要思想。

我们先看看这三篇文章的逻辑结构。

从时间顺序来看，1941 年 5 月，毛泽东作了《改造我们的学习》的报告，从思想认识的高度总结了中国共产党内两条路线的分歧，阐述了整顿党的作风的重要性和必要性问题，号召开展全党范围的马克思列宁主义教育运动。

1942 年 2 月，毛泽东作了《整顿党的作风》的演讲。全文一气呵成，没有分章节。大体可分为三个部分。第一个部分，阐述党的作风的重要性，指出党的作风方面存在的主要问题。第二个部分，全面分析了主观主义、宗派主义、党八股的表现形式，提出：“反对主观主义以整顿学风，反对宗派主义以整顿党风，反对党八股以整顿文风，这就是我们的任务。”① 第三个部分，研究解决党的作风存在问题的方法和宗旨。

《反对党八股》是毛泽东作《整顿党的作风》演讲后的一周在延安干部会上的报告，也是完成毛泽东在《整顿党的作风》演讲后面所说的“准备在另外一个会议上”讨论党八股问题的承诺。全文也是一气呵成，大体可分为三个部分：第一个部分，指出党八股的性质。第二个部分，列出八股文的八大罪状，逐条进行分析。第三个部分，分析八股文的危害，强调“要使革命精神获得发展，必须抛弃党八股，采取生动活泼新鲜有力的马克思列宁主义的文风”②。

阅读和学习这三篇著作要掌握的主要思想有：

（一）党的作风是党完成革命任务的根本保证

中国共产党作为一个有崇高理想和坚定目标的政治组织，在领导中国革命战争的过程中形成了一整套优良作风，这是党的事业顺利发展和革命战争胜利推进的根本保证。毛泽东在演讲的开篇就指出：“为什么要有革命党？因为世界上有压迫人民的敌人存在，人民要推翻敌人的压迫，所以要有革命党。就资本主义和帝国主义时代说来，就需要一个如共产党这样的革命党。”③ 毛泽东强调在中国民主主义革命过程中，中国共产党领导的极端重要性。他说：“如果没有共产党这样的革命党，人民要想推翻敌人的压迫，简直是不可能的。”④ 然而，要担负起领导人民推翻敌人压迫的共产党是什么样的党呢？毛泽东提出明确要求：“我们是共产党，我们要领导人民打倒敌人，我们的队伍就要整齐，我们的步调就要一致，兵要精，武器要好。如果不具备这些条件，那末，

---

① 《毛泽东选集》第 3 卷，人民出版社 1991 年版，第 812 页。
② 《毛泽东选集》第 3 卷，人民出版社 1991 年版，第 840 页。
③ 《毛泽东选集》第 3 卷，人民出版社 1991 年版，第 811 页。
④ 《毛泽东选集》第 3 卷，人民出版社 1991 年版，第 811 页。

敌人就不会被我们打倒。”[①] 很显然，毛泽东提出中国共产党领导革命取得胜利的四个必备要素：作风优秀、思想统一、官兵精干、武器良好。

毛泽东从总体上客观地评价了中国共产党的状况。他说：“党的总路线是正确的，是没有问题的，党的工作也是有成绩的。党有几十万党员，他们在领导人民，向着敌人作艰苦卓绝的斗争。这是大家看见的，是不能怀疑的。”[②] 同时，党的作风还是有问题的，“而且就某种意义上讲，问题还相当严重”。这就是学风、党风和文风不正的问题。他指出：“所谓学风有些不正，就是说有主观主义的毛病。所谓党风有些不正，就是说有宗派主义的毛病。所谓文风有些不正，就是说有党八股的毛病。”[③] 它们还在经常作怪，还在袭击我们。因此，有必要加以抵制，有必要加以研究分析和说明。

基于这样一种分析，毛泽东向全党提出整顿党的作风的任务。他说：“反对主观主义以整顿学风，反对宗派主义以整顿党风，反对党八股以整顿文风，这就是我们的任务。我们要完成打倒敌人的任务，必须完成这个整顿党内作风的任务。”[④] 整顿党的作风基本要求：“我们要反对主观主义，就要宣传唯物主义，就要宣传辩证法。”他积极倡导：“共产党员对任何事情都要问一个为什么，都要经过自己头脑的周密思考，想一想它是否合乎实际，是否真有道理，绝对不应盲从，绝对不应提倡奴隶主义。”[⑤] 确定反对主观主义、宗派主义、党八股的方针：第一条是惩前毖后，第二条是治病救人。所谓惩前毖后，就是对以前的错误一定要揭发，不讲情面，要以科学的态度来分析批判过去的坏东西，以便使后来的工作慎重些，做得好些。所谓治病救人，就是我们揭发错误的

---

① 《毛泽东选集》第 3 卷，人民出版社 1991 年版，第 811 页。
② 《毛泽东选集》第 3 卷，人民出版社 1991 年版，第 811 页。
③ 《毛泽东选集》第 3 卷，人民出版社 1991 年版，第 812 页。
④ 《毛泽东选集》第 3 卷，人民出版社 1991 年版，第 812 页。
⑤ 《毛泽东选集》第 3 卷，人民出版社 1991 年版，第 827 页。

目的，好像医生治病一样，完全是为了救人，而不为了把人整死。任何犯错误的人，只要他不讳疾忌医，不固执错误，以至于达到不可救药的地步，而是老老实实，真正愿意医治，愿意改正，我们就要欢迎他，把他的毛病治好，使他变为一个好同志。

（二）马克思列宁主义要和中国革命具体实际相结合

毛泽东在回顾中国共产党历史的基础上，得出一个非常重要的结论：中国共产党的历史，就是马克思列宁主义的普遍真理和中国革命的具体实践日益结合的历史。灾难深重的中华民族，100 年来，先进人物奋斗牺牲，前仆后继，摸索救国救民的真理，是可歌可泣的。但是直到第一次世界大战和俄国十月革命之后，才找到马克思列宁主义这个最好的真理，作为解放我们民族的最好的武器，而中国共产党则是拿起这个武器的倡导者、宣传者和组织者。“马克思列宁主义的普遍真理一经和中国革命的具体实践相结合，就使中国革命的面目为之一新。”[①] 然而，马克思列宁主义是在西方和俄国文化背景之下、为解决西方和俄国社会的问题、回答他们所面临的时代之问和人民之问而创立的革命理论。如何对待马克思列宁主义？便产生了两种截然不同的态度：一种是主观主义的态度，一种是马克思列宁主义的态度。

中国共产党人当然要采取马克思列宁主义的态度：即应用马克思列宁主义的理论和方法，对周围环境作系统的周密的调查和研究。毛泽东分析了坚持马克思列宁主义态度的两个维度：一是要切实了解中国。不要割断历史，不要单是懂得希腊，不要单是懂得外国革命史，还要懂得中国，懂得中国的革命史，懂得中国的昨天和前天。这是坚持马克思列宁主义的前提。二是要有目的地去研究马克思列宁主义的理论，要使马克思列宁主义的理论和中国革命的实际运动结合起来，是为着解决中国

① 《毛泽东选集》第 3 卷，人民出版社 1991 年版，第 796 页。

革命的理论问题和策略问题而去从它找立场，找观点，找方法的。毛泽东把这种态度概括为：“就是有的放矢的态度。‘的’就是中国革命，‘矢’就是马克思列宁主义。我们中国共产党人所以要找这根‘矢’，就是为了要射中国革命和东方革命这个‘的’的。这种态度，就是实事求是的态度。”①

毛泽东用诙谐幽默的语言把马克思列宁主义和中国革命的关系比喻为箭和靶的关系，尖锐地批评了在处理这个问题上存在的三种错误倾向：一是有些同志学习马克思主义的理论却不知道如何用来分析和解决中国革命中存在的问题，其结果是“在那里‘无的放矢’，乱放一通，这样的人就容易把革命弄坏”。二是另外一些同志“则仅仅把箭拿在手里搓来搓去，连声赞曰：‘好箭！好箭！’却老是不愿意放出去。这样的人就是古董鉴赏家，几乎和革命不发生关系”。三是还有一些同志把马克思列宁主义书本上的某些个别字句看作现成的灵丹妙药，似乎只要得了它，就可以不费气力地包医百病。这是一种幼稚者的蒙昧，我们对这些人应该作启蒙运动。毛泽东明确告诫大家：“有的放矢”。“矢”就是箭，“的”就是靶，放箭要对准靶。“马克思列宁主义之箭，必须用了去射中国革命之的。这个问题不讲明白，我们党的理论水平永远不会提高，中国革命也永远不会胜利。”②

那么，党的理论水平的高低和读了多少马克思列宁主义的著作，有没有直接正相关关系？是不是马克思列宁主义的著作读得越多，马克思列宁主义的理论水平就越高？毛泽东认为，近来马克思列宁主义的书籍翻译得多了，读的人也多了，这是很好的事。但是否就可以说我们党的理论水平已经提得很高了呢？确实，我们的理论水平比过去高了一些。但是按照中国革命运动的丰富内容来说，理论程度就非常与之不相称，

① 《毛泽东选集》第 3 卷，人民出版社 1991 年版，第 801 页。
② 《毛泽东选集》第 3 卷，人民出版社 1991 年版，第 819—820 页。

二者比较起来，理论方面就显得非常之落后。毛泽东强调，一般地说来，我们的理论还不能够和革命实践相平行，更不去说理论应该跑到实践的前面去。我们还没有把丰富的实际提高到应有的理论程度。我们还没有对革命实践的一切问题，或重大问题，加以考察，使之上升到理论的阶段。

（三）实事求是思想

“实事求是”一词最早出自班固修撰的《汉书·河间献王刘德传》：“修学好古，实事求是”；原意是指一种严谨客观的治学态度。这一思想在中国传统文化中占据着重要地位，并随着历史的演变，其内涵不断丰富和深化。到了近代，随着西风东渐，“实事求是”被赋予了科学精神、科学态度和科学方法的内涵，构成中国传统文化思想的重要内容。

中国共产党人在处理马克思列宁主义与中国革命实际关系的过程中，继承了“实事求是”的思想精华，并赋予其全新的内涵，创造性地提出中国共产党的思想路线。当然，党的思想路线的形成经历了长期的历史过程。在延安整风运动时期，毛泽东针对当时党内的主观主义特别是教条主义，明确规范“实事求是”的内涵。他说：“‘实事’就是客观存在着的一切事物，‘是’就是客观事物的内部联系，即规律性，‘求’就是我们去研究。我们要从国内外、省内外、县内外、区内外的实际情况出发，从其中引出其固有的而不是臆造的规律性，即找出周围事变的内部联系，作为我们行动的向导。而要这样做，就须不凭主观想象，不凭一时的热情，不凭死的书本，而凭客观存在的事实，详细地占有材料，在马克思列宁主义一般原理的指导下，从这些材料中引出正确的结论。这种结论，不是甲乙丙丁的现象罗列，也不是夸夸其谈的滥调文章，而是科学的结论。这种态度，有实事求是之意，无哗众取宠之心。

这种态度，就是党性的表现，就是理论和实际统一的马克思列宁主义的作风。”[1] 这段话包括三层含义：其一，要通过深入细致全面的调查研究，掌握丰富翔实的实际材料；其二，认真学习和掌握马克思列宁主义的基本原理；其三，在马克思列宁主义基本原理的指导下，运用科学的方法分析所掌握的丰富翔实的材料，以探索事物发展的规律，找到解决问题的新思路新办法。

由此可见，在毛泽东看来，“实事求是”就是要求中国的理论家必须善于把马克思主义普遍真理与中国具体革命相结合，探索中国革命发展的规律，回答中国革命所遇到的问题。然而，我们读了许多马克思列宁主义的书籍，能不能就算是有了理论家呢？毛泽东回答：不能这样说。因为马克思列宁主义是马克思、恩格斯、列宁、斯大林他们根据实际创造出来的理论，从历史和革命实际中抽出来的总结论。我们如果仅仅读了他们的著作，但是没有进一步地根据他们的理论来研究中国的历史实际和革命实际，没有企图在理论上来思考中国的革命实际，我们就不能妄称为马克思主义的理论家。如果我们身为中国共产党党员，却对于中国问题熟视无睹，只能记诵马克思主义书本上的个别的结论和个别的原理，那末，我们在理论战线上的成绩就未免太坏了。我们需要的理论家是，能够依据马克思列宁主义的立场、观点和方法，正确地解释历史中和革命中所发生的实际问题，能够在中国的经济、政治、军事、文化种种问题上给予科学的解释，给予理论的说明。毛泽东在这里说出一段脍炙人口的名言：“对于马克思主义的理论，要能够精通它、应用它，精通的目的全在于应用。如果你能应用马克思列宁主义的观点，说明一个两个实际问题，那就要受到称赞，就算有了几分成绩。被你说明的东西越多，越普遍，越深刻，你的成绩就越大。”[2]

---

① 《毛泽东选集》第 3 卷，人民出版社 1991 年版，第 801 页。
② 《毛泽东选集》第 3 卷，人民出版社 1991 年版，第 815 页。

（四）反对主观主义以整顿学风

所谓主观主义，是一种唯心主义的思想作风；它不是从客观实际出发，而是从主观愿望和臆想出发来认识和对待事物，必然导致主观和客观相分离，理论和实践相脱节；通常表现为教条主义和经验主义。所谓学风通常指主体的治学精神、治学态度和治学方法等方面的风格。这里所说的学风，主要是指中国共产党在长期革命斗争实践过程中所形成的治学精神、治学态度和治学方法。

毛泽东提出反对主观主义以整顿学风，主要是解决中国共产党人如何学习和运用马克思列宁主义的问题。他说："主观主义是一种不正派的学风，它是反对马克思列宁主义的，它是和共产党不能并存的。我们要的是马克思列宁主义的学风。所谓学风，不但是学校的学风，而且是全党的学风。"① 毛泽东把学风问题提到相当的高度来认识。他说："学风问题是领导机关、全体干部、全体党员的思想方法问题，是我们对待马克思列宁主义的态度问题，是全党同志的工作态度问题。既然是这样，学风问题就是一个非常重要的问题，就是第一个重要的问题。"② 这里我们特别要注意，毛泽东把学风问题提升思想方法的高度来认识。所谓思想方法是人们认识世界和改变世界的思维方式或工具系统，是主体作用于客体的中介。应该肯定，思想方法对于我们的实践和认识活动来说太重要了，它决定着我们的实践方式、认识过程和活动结果。一般说来，正确的思想方法能够保证我们的事业顺利发展和人生价值的实现，而错误的思想方法往往带来事业的挫折和人生的困顿。因此，解决学风问题的核心是确立正确的思想方法。

毛泽东指出主观主义的两种表现：一种是教条主义，一种是经验主

① 《毛泽东选集》第 3 卷，人民出版社 1991 年版，第 812—813 页。
② 《毛泽东选集》第 3 卷，人民出版社 1991 年版，第 813 页。

义。所谓教条主义通常指不顾及事物的发展变化，不关注事物矛盾的特殊性，而是生搬硬套现成的理论、原则、概念或上级指示来分析和处理问题。所谓经验主义通常是指片面夸大经验在人的认识过程中的作用，认为感性经验是人们一切知识的来源，也是验证人们知识是否正确的标准。教条主义和经验主义尽管表现形式截然相反，其结果都会导致理论与实践相分离，主观和客观相脱离，最终导致我们的事业遭受挫折甚至失败。他们都是只看到片面，没有看到全面。如果不注意，如果不知道这种片面性的缺点，并且力求改正，那就容易走上错误的道路。毛泽东强调，在这两种主观主义中，现在我们党内还是教条主义更为危险。因为教条主义容易装出马克思主义的面孔，吓唬工农干部，把他们俘虏起来，充作自己的用人，而工农干部不易识破他们；也可以吓唬天真烂漫的青年，把他们充当俘虏。我们如果把教条主义克服了，就可以使有书本知识的干部，愿意和有经验的干部相结合，愿意从事实际事物的研究，可以产生许多理论和经验结合的良好的工作者，可以产生一些真正的理论家。我们如果把教条主义克服了，就可以使有经验的同志得着良好的先生，使他们的经验上升成为理论，而避免经验主义的错误。

（五）反对宗派主义以整顿党风

所谓宗派主义是主观主义在组织上的一种表现。毛泽东全面评估了党内宗派主义存在的情况，认为“现在我们党内并没有占统治地位的宗派主义了”，但是宗派主义的残余还是存在的。党内存在的两种宗派主义，一种是对党内的宗派主义残余，另一种是对党外的宗派主义残余。它们的危害在于，对内的宗派主义残余倾向产生排内性，妨碍党内的统一和团结；对外的宗派主义倾向产生排外性，妨碍党团结全国人民的事业。因此，只有铲除这两方面的祸根，才能使党在团结全党同志和团结全国人民的伟大事业中畅行无阻。

毛泽东详细列举了党内宗派主义残余的表现，深刻揭示了其思想根源，要求正确处理局部和全体、个人和党之间的关系，提出："在这种种方面，都应该提高共产主义精神，防止宗派主义倾向，使我们的党达到队伍整齐，步调一致的目的，以利战斗。"[①] 毛泽东强调，宗派主义的残余在党外关系上也是应该消灭的。其理由是："单是团结全党同志还不能战胜敌人，必须团结全国人民才能战胜敌人。"他列举了宗派主义残余在处理党外关系时的表现：我们的许多同志，喜欢对党外人员妄自尊大，瞧不起人家，藐视人家，而不愿意尊重人家，不愿了解人家的长处。有些同志，读了几本马克思主义的书籍之后，不是更谦虚，而是更骄傲了，总是说人家不行，而不知自己实在一知半解。毛泽东告诫全党："我们的同志必须懂得一条真理：共产党员和党外人员相比较，无论何时都是占少数。……我们有什么理由不和非党人员合作呢？对于一切愿意同我们合作以及可能同我们合作的人，我们只有同他们合作的义务，绝无排斥他们的权利。"[②]

（六）反对党八股以整顿文风

所谓八股文，是明、清科举考试时规定的一种应考文体。因文章结构可分为破题、承题、起讲、入题、起股、中股、后股、束股八个部分而得名；题目一般出自"四书五经"的原文，且对格式、体裁、用语、字数有严格规定。八股取士制度，在近代以来就遭到许多先进思想家的猛烈批判。严复曾认为，科举制度锢智慧、坏心术、滋游手，使天下无人才；主张"痛除八股而大讲西学"[③]。鲁迅曾说："八股无论新旧，都

---

① 《毛泽东选集》第 3 卷，人民出版社 1991 年版，第 825 页。
② 《毛泽东选集》第 3 卷，人民出版社 1991 年版，第 826 页。
③ 严复：《严复集》第 1 册，中华书局 1986 年版，第 42—43 页。

在扫荡之列”[1]。毛泽东肯定地指出：“党八股是藏垢纳污的东西，是主观主义和宗派主义的一种表现形式。它是害人的，不利于革命的，我们必须肃清它。”[2]

毛泽东又诙谐地说，党八股也是一种洋八股。因为除了洋气之外，还有一点土气。“从历史来看，党八股是对于五四运动的一个反动。”[3]因为，当时一班新人物揭穿了老八股、老教条的丑态，号召人民起来反对老八股、老教条，这是五四运动时期的一个极大的功绩。但是，到了后来就产生了洋八股、洋教条，我们党内的一些违反了马克思主义的人则发展这种洋八股、洋教条，成为主观主义、宗派主义和党八股的东西，而且在我们许多同志的头脑中弄得根深蒂固，使我们今天要进行改造工作还要费很大的气力，成为今后革命改造路上的一个大工程。所以，“如果我们今天不反对新八股和新教条主义，则中国人民的思想又将受另一个形式主义的束缚”[4]。

毛泽东用讽刺的口气，“仿照八股文章的笔法来一个‘八股’，以毒攻毒”，列出八股文的八大罪状，同时提出许多新的思想。第一，空话连篇，言之无物；毛泽东主张“我们应当禁绝一切空话”。“战争时期固然需要短文章，但尤其需要有内容的文章”。第二，装腔作势，借以吓人；毛泽东指出，党内存在的“残酷斗争、无情打击”，这是“吓人战术，是剥削阶级以及流氓无产者所惯用的手段”；“无产阶级的最尖锐最有效的武器只有一个，那就是严肃的战斗的科学态度。共产党不靠吓人吃饭，而是靠马克思列宁主义的真理吃饭，靠实事求是吃饭，靠科学吃饭”。[5] 第三，无的放矢，不看对象；毛泽东说：“共产党员如果真想做

---

① 《鲁迅全集》第 5 卷，人民文学出版社 1981 年版，第 106 页。
② 《毛泽东选集》第 3 卷，人民出版社 1991 年版，第 827 页。
③ 《毛泽东选集》第 3 卷，人民出版社 1991 年版，第 831 页。
④ 《毛泽东选集》第 3 卷，人民出版社 1991 年版，第 832 页。
⑤ 《毛泽东选集》第 3 卷，人民出版社 1991 年版，第 835—836 页。

宣传，就要看对象，就要想一想自己的文章、演说、谈话、写字是给什么人看、给什么人听的，否则就等于下决心不要人看，不要人听。”① 第四，语言无味，像个瘪三；毛泽东提出，要下苦功夫学习语言。一是要向人民学习语言，二是要从外国语言中吸收我们所需要的成分。三是还要学习古人语言中有生命的东西。第五，甲乙丙丁，开中药铺；毛泽东认为，一篇文章充满了这些符号，不提出问题，不分析问题，不解决问题，没有什么真切的内容。“实在是一种最低级、最幼稚、最庸俗的方法”。毛泽东指出：“什么叫问题？问题就是事物的矛盾。哪里有没有解决的矛盾，哪里就有问题。”他详细阐述了提出问题、分析问题、解决问题的过程，强调“一篇文章或一篇演说，如果是重要的带指导性质的，总得要提出一个什么问题，接着加以分析，然后综合起来，指明问题的性质，给以解决的办法”。② 第六，不负责任，到处害人。第七，流毒全党，妨害革命。第八，传播出去，祸国殃民。毛泽东对党内八股文风表现形式的梳理，可谓全面而翔实；其批评可谓一针见血，深刻而尖锐。

三、当代启示和重要意义

毛泽东《整顿党的作风》的演讲已经发表 80 多年了。今天重读这篇文章，依然会被其高超见解所震撼，被其风趣幽默所感染，被其精妙刻画所捧腹，被其尖锐深邃所折服。看看我们的周围，有没有毛泽东曾批评过的教条主义和经验主义？有没有不顾大局只顾局部利益的宗派主义？有没有八股文？有的，某些方面甚至是很严重的。重读这篇文章会给我们带来许多启示。

---

① 《毛泽东选集》第 3 卷，人民出版社 1991 年版，第 836 页。
② 《毛泽东选集》第 3 卷，人民出版社 1991 年版，第 839 页。

（一）中国共产党要带领人民完成中心任务必须加强作风建设

党的作风是党的形象，是党的性质、宗旨、纲领、路线的重要体现，是党的创造力、战斗力和凝聚力的重要内容。执政党的党风，关系党的形象，关系人心向背，关系党和人民事业的成败。中国共产党在长期的革命、建设和改革的过程中，形成和发展了一整套优良传统和优良作风，这是党的政治优势，是治党治国的传家宝。

毛泽东在总结中国共产党领导中国人民进行新民主主义的经验教训的基础上，在七大报告《论联合政府》中第一次明确提出党的三大作风，即理论和实践相结合、密切联系群众和批评与自我批评。三大作风成为中国共产党的传家宝和精神标识。改革开放之后，中国共产党人继承和坚持党的优良作风，从执政党的生死存亡的战略高度全面推进党的作风建设。邓小平指出，要搞好我们的党风、军风、民风，关键是要搞好党风。陈云明确提出“执政党的党风问题是有关党的生死存亡的问题”的著名论断。党的作风建设成为党的建设的重要内容。

党的十八大以来，以习近平同志为核心的党中央领导集体特别重视党的作风建设，并且从加强和改进党的作风问题入手来全面推进党的建设。他说：“随着改革不断深入和对外开放不断扩大，党必将面临前所未有的风险和挑战，党的作风建设始终是摆在我们面前的一项重大而紧迫的任务，抓作风建设一丝都不能放松、一刻都不能停顿。”[①] 因为，执政党的党风关系到党的形象，关系党和国家生死存亡。所以，党的十八大一结束，新一届领导集体马上制定了中央八项规定，并以纠正党内存在的形式主义、官僚主义、享乐主义、奢靡之风为主题，以“照镜子、正衣冠、洗洗澡、治治病”为总要求，以达到自我净化、自我完

---

① 《习近平著作选读》第1卷，人民出版社2023年版，第122页。

善、自我革新、自我提高为目的，深入开展了党的群众路线教育实践活动。习近平总书记更把作风问题上升到党性的高度来认识。他说：“作风问题本质上是党性问题。抓作风建设，就要返璞归真、固本培元，重点突出坚定理想信念、践行根本宗旨、加强道德修养。”① 他提出，各级领导干部都要树立和发扬好党的作风，既严以修身、严以用权、严以律己，又谋事要实、创业要实、做人要实，这就是“三严三实”的作风。他要求从解决“四风”问题延伸开去，努力改进思想作风、工作作风、领导作风、干部生活作风，努力改进学风、文风、会风，加强治本工作，使党员、干部不仅不敢沾染歪风邪气，而且不能、不想沾染歪风邪气，使党的作风全面纯洁起来。2019 年 3 月 1 日，他在中央党校（国家行政学院）中青年干部培训班开班式上的讲话中提出，广大干部特别是年轻干部要做到信念坚、政治强、本领高、作风硬，对党员干部的作风提出新的要求。2021 年 3 月，在春季学期中央党校（国家行政学院）中青年干部培训班开班式上，习近平总书记作了主题为“立志做党光荣传统和优良作风的忠实传人　在新时代新征程中奋勇争先建功立业”的讲话。他指出：“不论过去、现在还是将来，党的光荣传统和优良作风都是激励我们不畏艰难、勇往直前的宝贵精神财富。年轻干部是党和国家事业接班人，必须立志做党的光荣传统和优良作风的忠实传人，不断增强意志力、坚忍力、自制力，在新时代全面建设社会主义现代化国家新征程中奋勇争先、建功立业，努力创造无愧于党、无愧于人民、无愧于时代的业绩!”② 习近平总书记关于党的作风建设的重要论述构成新时代党的作风建设的理论体系，也为新时代进一步推进和加强党的作风建设指明方向。

---

① 《习近平总书记重要讲话文章选编》，中共中央文献出版社、党建读物出版社 2016 年版，第 123 页。

② 《习近平在中央党校（国家行政学院）中青年干部培训班开班式上发表重要讲话》，《人民日报》2021 年 3 月 2 日。

（二）坚持实事求是，做到想干事能干事干成事

毛泽东关于实事求是思想的核心内容，是要求全党在马克思主义基本理论指导下，研究中国革命发展的特殊规律，解决中国革命过程中所遇到的问题。习近平总书记继承了毛泽东关于实事求是思想的核心内容，并根据新时代中国特色社会主义建设事业对广大领导干部提出的新要求，强调广大领导干部要做到想干事能干事干成事。他说：“面对复杂形势和艰巨任务，我们要在危机中育先机、于变局中开新局，干部特别是年轻干部要提高政治能力、调查研究能力、科学决策能力、改革攻坚能力、应急处突能力、群众工作能力、抓落实能力，勇于直面问题，想干事、能干事、干成事，不断解决问题、破解难题。”① 首先，广大领导干部要有想干事的状态与激情。对年轻领导干部来说，获得权力就要有干事的责任和使命，尽职尽责，努力完成党和人民交给自己的工作。其次，广大领导干部要有能干事的本领和能力。如果说想不想干事是态度问题，能不能干事既反映了领导干部个人的水平高低、本领大小，也反映了执政环境和执政氛围优劣。因此，广大领导干部要努力提高工作本领和执政能力，同时，也要努力通过制度建设来完善优化执政环境和执政氛围，努力为广大领导干部创造能干事的条件。最后，广大领导干部要树立干成事的观念和追求，树立正确的政绩观。应该说，干成事是想干事与能干事的最终目的、最终结果。如果说想干事而不去干事，坐而论道纸上谈兵，肯定干不好工作；如果说在主客观条件都允许干事的条件下而干不成事，肯定也干不好工作。

想干事能干事干成事的本质，是树立正确的政绩观，为民造福。习近平总书记指出：“共产党人必须牢记，为民造福是最大政绩。我们

---

① 《年轻干部要提高解决实际问题能力　想干事能干事干成事》，《人民日报》2020 年 10 月 11 日。

谋划推进工作，一定要坚持全心全意为人民服务的根本宗旨，坚持以人民为中心的发展思想，坚持发展为了人民、发展依靠人民、发展成果由人民共享，把好事实事做到群众心坎上。什么是好事实事，要从群众切身需要来考量，不能主观臆断，不能简单化、片面化。哪里有人民需要，哪里就能做出好事实事，哪里就能创造业绩。业绩好不好，要看群众实际感受，由群众来评判。有些事情是不是好事实事，不能只看群众眼前的需求，还要看是否会有后遗症，是否会'解决一个问题，留下十个遗憾'。"[①] 习近平总书记明确把党的初心使命、为民造福与想干事能干事干成事的政绩观联系起来，并要求年轻干部要树立正确的政绩观、权力观和事业观，从世界观、人生观、价值观的高度解决好"我是谁、为了谁、依靠谁"的问题，不断追求"我将无我，不负人民"的精神境界。

（三）多读书读好书是一种生活态度和精神追求

中国共产党是依靠学习逐步成长且不断成熟起来的政党。多读书读好书是中国共产党不断发展自己、成就自我、完善自身的内在要求，是中国共产党扬帆起航、行稳致远、再创新业的内在要求。可以说，中国共产党人过去依靠学习走到今天，取得了辉煌的业绩。今后也必然要依靠学习，走向更加光明的未来。

然而，当今的时代是网络时代、信息时代、智能手机的时代，人们更多是通过网络和智能手机获得信息、知识。这一方面使人们视野更加开阔，获得知识的渠道更加多元化、内容更加多样化；另一方面也可能导致人们学习时间的零碎化，获得知识的碎片化。更严重的是，很多人心态浮躁，把时间更多地花费在手机和网络上，而不愿意静下心来读书。怎么办？习近平总书记指出："我们处在前所未有的变革时代，干

---

① 《筑牢理想信念根基树立践行正确政绩观　在新时代新征程上留下无悔的奋斗足迹》，《人民日报》2022 年 3 月 2 日。

着前无古人的伟大事业，如果知识不够、眼界不宽、能力不强，就会耽误事。年轻干部精力充沛、思维活跃、接受能力强，正处在长本事、长才干的大好时期，一定要珍惜光阴、不负韶华，如饥似渴学习，一刻不停提高。”① 领导干部要把读书学习作为一种生活态度、一种工作责任、一种精神追求，自觉做到爱读书、读好书、善读书。这样才能保持思想活力，得到智慧启发，滋养浩然之气，塑造高尚之人格，从而增强工作的科学性、预见性、主动性，使领导和决策体现时代性、把握规律性、富于创造性，成为能担大任的栋梁之才。

人的精力极其有限，我们应根据自身情况和工作需要，首选有益于自身调整知识结构、完善知识体系、提升工作能力的“有用”之书来读。首先，要读马克思主义著作，特别要重视学习马克思主义哲学，解决好自己的世界观、人生观、价值观的“总开关”问题，不断增强工作的原则性、系统性、预见性、创造性。其次，要读古今中外经典。研读经典，有利于我们吸收前人在修身处世、治国理政等方面的智慧和经验，不断提升人文素养和精神境界。再次，要读点历史，不断深化对人类社会发展规律、社会主义建设规律和共产党执政规律的认识，不断丰富自己的历史知识，开阔眼界和胸襟，提高认识能力和精神境界，不断提升工作能力和领导水平。最后，要读必需的各种知识书籍。党员干部必须认真学习和掌握各自的专业和业务知识，使自己成长为所从事领域的行家里手。

---

① 《信念坚定对党忠诚实事求是担当作为　努力成为可堪大用能担重任的栋梁之才》，《人民日报》2021 年 9 月 2 日。

毛泽东：《在延安文艺座谈会上的讲话》导读

《在延安文艺座谈会上的讲话》（以下简称《讲话》）是毛泽东论述文化思想和文艺工作的经典著作。在这篇著作中，毛泽东全面阐述了文艺是为人民群众服务的、文艺如何为人民群众服务的问题，精辟地分析了当时文艺界存在的各种问题，并指出解决问题的正确方法，为党的文艺事业发展指明了方向。这篇《讲话》不仅是对当时文艺工作的指导，也丰富和发展了马克思主义文艺思想。

一、历史背景和写作原因

毛泽东作为一位伟大的思想家和政治家，深知文艺在整个革命事业中的重要地位和不可替代的作用。在延安期间，正是在毛泽东的大力支持下，中国文艺协会、鲁迅艺术学院、边区文化协会、抗战文工团等文艺团体纷纷成立并积极开展工作。他还在工作的百忙之中抽出时间，和许多作家、诗人、艺术工作者交谈，并观看一些重要的演出。毛泽东在许多讲话中也清晰表达了他的文艺思想。1938 年 4 月 10 日，当延安鲁迅艺术学院成立时，毛泽东在成立典礼上作了“艺术的作用和使命”的演讲；4 月 28 日，他再次到鲁迅艺术学院发表演讲，提出做一个好的艺术家必须具备三个条件：一是要有“远大理想”，二是要有“丰富的生活经验”，三是要有“良好的艺术技巧”。1940 年 1 月，毛泽东在陕甘宁边区文化协会第一次代表大会作了题为《新民主主义的政治与新民主主义的文化》的演讲，提出新民主主义文化，“就是无产阶级领导的人民大众反帝反封建的文化”，即“民族的科学的大众的文化”。正是由于毛泽东的重视和支持，以及成百上千文艺工作者的积极努力，延安和各根据地的文艺工作获得蓬勃发展，“我们的整个文学工作，戏剧工作，音乐工作、美术工作，都有了很大的成绩”。

然而，文艺工作的繁荣发展也暴露出文艺界存在的一些问题。从当时延安文艺界的状况来看，大量的文艺工作者是从苏区根据地转移过来的，或者是从国民党统治区穿越重重封锁线过来的。他们的到来，一方面极大地丰富了延安地区人民群众的文化生活，增强了党在文艺工作方面的领导力和战斗力。另一方面，一部分文艺工作者是人到了延安，其思想却并没有完全适应革命斗争的需要，有些人依然保留着小资产阶级的情调。尤其是在 1940 年以后，由于局势的紧张和生活条件的艰苦，各种非无产阶级思想观点集中暴露出来，甚至一度造成延安文艺界呈现出思想混乱的状态。时任毛泽东的秘书、参加并领导文艺界整风运动的胡乔木在回忆录中，概括出当时存在的尤为明显的五个问题：一是所谓“暴露黑暗”还是“歌功颂德”问题。二是脱离实际、脱离群众的倾向。三是在学习马克思列宁主义与文艺创作的关系上出现模糊认识。四是小资产阶级的自我表现，“衣服是劳动人民，面孔却是小资产阶级知识分子”。五是文艺工作者的团结问题。[①] 党中央和毛泽东看到了上述种种问题，尽管这些问题并没有构成延安文艺界的主流，但它们对抗战和革命事业是不利的，也阻碍着文艺本身的发展。为了解决这些问题，并系统地制定党的文艺工作的方针政策，党中央决定召开文艺座谈会。

在座谈会召开之前，毛泽东做了大量的调查研究工作。他给许多作家写信，找了许多作家谈话。经过充分的准备，座谈会于 1942 年 5 月 2 日下午召开，共举行三次全体会议。第一次是 5 月 2 日，毛泽东首先作

① 胡乔木：《胡乔木回忆毛泽东》，人民出版社 2003 年版，第 253—254 页。

了“引言”讲话，向与会者说明开会的目的和要求，阐述了文艺工作者的立场、态度、工作对象、工作和学习等问题。第二次是5月18日，大会进行讨论和发言，毛泽东出席会议并认真听取大家的发言。第三次是5月23日，毛泽东在大会发言之后作了“结论”的演说。胡乔木写道：“在毛泽东做‘结论’时，已是晚饭之后。由于人数增加，会址只好改在广场上。在汽灯下，人们专注地听着毛主席的讲话。他以深刻的洞察力和高度的概括力，把全部问题归结为一个‘为什么人’的问题，即文艺要为工农兵服务和如何服务的问题。在对这个根本问题给以充分的马克思主义阐述的基础上，对座谈会之前和座谈会期间延安文艺界反映出来的思想观点，一一分析、辩驳。他希望文艺工作者积极投入整风运动，划清无产阶级和小资产阶级两种思想、革命根据地和国民党统治区两种区域的界限，毫不迟疑地同新的群众结合起来，克服‘唯心论、教条主义、空想、空谈、轻视实践、脱离群众等等缺点’，写出‘为人民大众所热烈欢迎的优秀作品’。”①

演讲稿经毛泽东阅读并表示满意，于1943年10月19日鲁迅逝世七周年时，正式发表在《解放日报》上。这个稿子受当时整风运动的影响，有着浓烈的时代色彩。新中国成立后，毛泽东对全稿作了重要修改后收入《毛泽东选集》。

二、逻辑结构和主要内容

《讲话》是由“引言”和“结论”两部分构成的。

在“引言”部分，毛泽东开篇讲明召开文艺座谈会的目的。他说：“今天邀集大家来开座谈会，目的是要和大家交换意见，研究文艺工作

① 张军锋：《延安文艺座谈会的台前幕后》（下），陕西师范大学出版总社有限公司2014年版，第13页。

和一般革命工作的关系，求得革命文艺的正确发展，求得革命文艺对其他革命工作的更好的协助，借以打倒我们民族的敌人，完成民族解放的任务。”① 毛泽东强调文艺工作的重要性，提出在我们为中国人民解放的斗争中存在文武两个战线，就是文化战线和军事战线。因此，我们必须解决文艺工作者的立场问题、态度问题、工作对象问题、工作问题和学习问题。

“结论”部分是由一个开头语和五章正文构成的。在开头语里，毛泽东讲了三层意思：一是对座谈会加以充分肯定；二是确立讨论问题的原则，即“应当从实际出发，不是从定义出发”；三是提出文艺工作问题的中心，“基本上是一个为群众的问题和一个如何为群众的问题”。

正文五个部分就围绕着“为群众的问题”和“如何为群众的问题”来展开论述。

第一部分，毛泽东提出我们的文艺是为什么人的问题，强调这是一个根本性的问题，原则性的问题；阐述了“我们的文艺是为人民大众服务的”的思想。第二部分，提出如何去服务于人民大众的问题，也就是如何正确处理提高与普及的关系；阐述了一切种类的文学艺术都来自人类社会实践的思想。第三部分，提出文艺界的统一战线的问题，也就是如何处理好党的文艺工作者和党的整个工作的关系、与党外的关系、与非党的文艺工作的关系等问题。第四部分，提出文艺界的主要斗争方法之一是文艺批评；主张文艺批评有两个标准：一个是政治标准，一个是艺术标准，并论述了两个标准之间的辩证关系。第五部分，说明在文艺界开展整风运动的必要性。当时正是延安整风运动如火如荼开展的时期，所以毛泽东认为：“文艺界中还严重地存在着作风不正的东西，同志们中间还有很多的唯心论、教条主义、空想、空谈、轻视实践、脱离

① 《毛泽东选集》第3卷，人民出版社1991年版，第847页。

群众等等的缺点，需要有一个切实的严肃的整风运动。”①

阅读和学习这部著作要把握的主要内容有：

（一）文艺工作是党的事业不可缺少的重要组成部分

毛泽东作为一位伟大的革命家和思想家，极为重视文艺工作在中国革命事业中的作用，创造性地提出了关于文化战线和军事战线两个战线的思想。他说：“在我们为中国人民解放的斗争中，有各种的战线，就中也可以说有文武两个战线，这就是文化战线和军事战线。我们要战胜敌人，首先要依靠手里拿枪的军队。但是仅仅有这种军队是不够的，我们还要有文化的军队，这是团结自己、战胜敌人必不可少的一支军队。”② 毛泽东回顾了无产阶级文化军队产生和发展的过程，认为自“五四”以来，这支文化军队就在中国形成，并帮助了中国革命，文学和艺术是一个重要的有成绩的部门。然而，由于反动派的阻挠，尽管文化革命运动和当时的革命战争，在总方向是一致的，但实际工作中却没有互相结合起来。我们要把革命工作向前推进，就要使这两者完全结合起来。因此，“我们今天开会，就是要使文艺很好地成为整个革命机器的一个组成部分，作为团结人民、教育人民、打击敌人、消灭敌人的有力的武器，帮助人民同心同德地和敌人作斗争”。为了达到这个目的，就必须解决“文艺工作者的立场问题，态度问题，工作对象问题，工作问题和学习问题”。③

毛泽东指出：“立场问题。我们是站在无产阶级的和人民大众的立场。对于共产党员来说，也就是要站在党的立场，站在党性和党的政策的立场。”④ 通常说来，立场是指主体在认识和处理问题时的出发点和

---

① 《毛泽东选集》第 3 卷，人民出版社 1991 年版，第 875 页。
② 《毛泽东选集》第 3 卷，人民出版社 1991 年版，第 847 页。
③ 《毛泽东选集》第 3 卷，人民出版社 1991 年版，第 848 页。
④ 《毛泽东选集》第 3 卷，人民出版社 1991 年版，第 848 页。

持有的态度，体现了主体的世界观、人生观和价值观。因为中国共产党是无产阶级的先锋队，中国共产党的立场和无产阶级的立场具有内在一致性；无产阶级是人民大众的组成部分，集中体现了人民大众的诉求，因而二者的立场也具有内在一致性。所以，党的立场、无产阶级立场和人民大众的立场也就有了内在一致性。革命的文艺工作者，站在党的立场上，也是站在无产阶级和人民大众的立场上，站在党性和党的政策的立场上。

毛泽东指出："态度问题。随着立场，就发生我们对于各种具体事物所采取的具体态度。"[①] 通常说来，态度是主体对特定对象所持有的稳定的主观评价以及由此产生的行为倾向。一个人对一个事物采取什么样的态度，是由这个人的立场决定的。在文艺工作中，由于文艺工作者的立场不同，便出现两种完全不同的态度：歌颂呢，还是暴露呢？毛泽东肯定地说："我说两种都需要，问题是在对什么样人。"当时，文艺工作者主要面对三种人：敌人、统一战线的同盟者、作为人民群众及其先锋队的自己人。对于这三种人当然要采取完全不同的三种态度：对于日本帝国主义和一切人民的敌人，革命文艺工作者的任务是要采取暴露的态度，揭露其残暴和欺骗，指出其必然失败的趋势，鼓励抗日军民同心同德，坚决地打倒敌人。对于统一战线中各种不同的同盟者，我们的态度应该是有联合，有批评；有各种不同的联合，有各种不同的批评；我们采取联合或者批评态度的依据，取决于他们对待抗日的态度。对于人民群众、人民的军队、人民的政党，我们当然应该赞扬。但是，对于人民群众中存在的各种落后思想，文艺工作者的任务是，长期地耐心地教育他们，帮助他们摆脱背上的包袱，同自己的缺点错误斗争，使他们能够大踏步地前进。"我们所写的东西，应该是使他们团结，使他们进步，使他们同心同德，向前奋斗，去掉落后的东西，发扬革命的东西，而决

① 《毛泽东选集》第 3 卷，人民出版社 1991 年版，第 848 页。

不是相反。”①

毛泽东指出：“工作对象问题，就是文艺作品给谁看的问题。”他在全面分析陕甘宁边区、华北华中各抗日根据地与国民党统治区的不同情况的基础上，强调“文艺作品在根据地的接受者，是工农兵以及革命的干部”。那么，文艺工作者的“第一位工作”，就是了解他们、熟悉他们；要熟悉他们的语言，熟悉他们的生活，熟悉他们的表达方式，这就要求文艺工作者必须从根本上转变自己的思想感情。毛泽东回顾自己思想转变带来感情转变的过程，说了一段非常著名的话：“革命了，同工人农民和革命军的战士在一起了，我逐渐熟悉他们，他们也逐渐熟悉了我。这时，只是在这时，我才根本地改变了资产阶级学校所教给我的那种资产阶级的和小资产阶级的感情。这时，拿未曾改造的知识分子和工人农民比较，就觉得知识分子不干净了，最干净的还是工人农民，尽管他们手是黑的，脚上有牛屎，还是比资产阶级和小资产阶级知识分子都干净。这就叫做感情起了变化，由一个阶级变到另一个阶级。我们知识分子出身的文艺工作者，要使自己的作品为群众所欢迎，就得把自己的思想感情来一个变化，来一番改造。”②

毛泽东告诫广大文艺工作者，要加强学习。要很虚心地学习马克思列宁主义，克服头脑中影响很深的资产阶级思想；要学习社会，研究社会上的各个阶级及其相互关系，研究各个阶级的状况、面貌和心理。只有把这些弄清楚了，我们的文艺才能有丰富的内容和正确方向。

（二）为什么人的问题是文艺工作中的根本性、原则性问题

在文艺思想发展史上，文艺为什么人的问题，是一个带有根本性、原则性的问题，也是马克思主义文艺思想的一个重要问题。毛泽东把解

---

① 《毛泽东选集》第 3 卷，人民出版社 1991 年版，第 849 页。

② 《毛泽东选集》第 3 卷，人民出版社 1991 年版，第 851 页。

决文艺为什么人的问题提到政治的高度。他说：“我以为，我们的问题基本上是一个为群众的问题和一个如何为群众的问题。不解决这两个问题，或这两个问题解决得不适当，就会使得我们的文艺工作者和自己的环境、任务不协调，就使得我们的文艺工作者从外部从内部碰到一连串的问题。”① 这里实际上是一个问题的两个方面：为什么人服务，是文艺工作者的立场问题；如何为人服务，是文艺工作者的工作方法和思想方法问题。

文艺是为什么人的问题，是一个根本的问题、原则的问题。毛泽东分析了当时中国存在的主要文艺形态和代表人物。其一，文艺是为地主阶级服务的，这是封建主义的文艺。其二，文艺是为资产阶级服务的，这是资产阶级的文艺。其三，文艺是为帝国主义服务的，这些人可以叫做汉奸文艺。其四，文艺是为人民服务的，这是无产阶级领导的人民大众的文艺。毛泽东指出：“真正人民大众的东西，现在一定是无产阶级领导的。资产阶级领导的东西，不可能属于人民大众。”② 当然，“对于中国和外国过去时代所遗留下来的丰富的文学艺术遗产和优良的文学艺术传统，我们是要继承的，但是目的仍然是为了人民大众。对于过去时代的文艺形式，我们也并不拒绝利用，但这些旧形式到了我们手里，给了改造，加进了新内容，也就变成革命的为人民服务的东西了”③。

毛泽东专门界定人民大众的概念。“什么是人民大众呢？最广大的人民，占全人口百分之九十以上的人民，是工人、农民、兵士和城市小资产阶级。”④ 所以，我们的文艺，第一是为工人的，这是领导革命的阶级。第二是为农民的，他们是革命中最广大最坚决的同盟军。第三是为武装起来了的工人农民即八路军、新四军和其他人民武装队伍的，这

---

① 《毛泽东选集》第 3 卷，人民出版社 1991 年版，第 853—854 页。
② 《毛泽东选集》第 3 卷，人民出版社 1991 年版，第 855 页。
③ 《毛泽东选集》第 3 卷，人民出版社 1991 年版，第 855 页。
④ 《毛泽东选集》第 3 卷，人民出版社 1991 年版，第 855 页。

是革命战争的主力。第四是为城市小资产阶级劳动群众和知识分子的，他们也是革命的同盟者，他们是能够长期地和我们合作的。这四种人，就是中华民族的最大部分，就是最广大的人民大众。所以，毛泽东告诫："我们的文艺工作者一定要完成这个任务，一定要把立足点移过来，一定要在深入工农兵群众、深入实际斗争的过程中，在学习马克思主义和学习社会的过程中，逐渐地移过来，移到工农兵这方面来，移到无产阶级这方面来。只有这样，我们才能有真正为工农兵的文艺，真正无产阶级的文艺。"①

（三）正确处理普及和提高的辩证关系

在解决文艺是为人民大众服务这个根本性问题的基础上，就要进一步解决如何为人民大众服务的问题，也就是解决文艺工作者的工作方法和思想方法问题。毛泽东借用当时的流行说法，把这个问题归结为是"努力于提高"还是"努力于普及"？当时有些人提倡的所谓"提高"，是片面强调文艺工作者应该集中精力去创作文学艺术的精品，去提高文学艺术的水平，而脱离了火热的革命斗争实践，忽视了广大工农兵对文学艺术的需求；有些人提倡的所谓"普及"，又片面强调文学艺术要适应工农兵的需要，轻视文学艺术创作水平的提高，降低了广大工农兵对高品质文学艺术作品的需求。所以说，在当时存在的关于文艺的"提高"或"普及"的两种观点，都具有片面性。

毛泽东针对当时延安文艺界关于提高与普及的争论，提出普及和提高的主体问题，即向谁普及、提高谁的问题。他指出，有些同志是相当地或是严重地轻视了和忽视了普及，不适当地过于强调了提高。提高是应该强调的，但是片面地孤立地强调提高，强调到不适当的程度，那就错了。产生这种片面性的原因，是因为没有弄清楚为什么人的问题，所

① 《毛泽东选集》第3卷，人民出版社1991年版，第857页。

以，“他们所说的普及和提高就都没有正确的标准，当然更找不到两者的正确关系”①。我们的文艺既然是为工农兵服务的，那么所谓普及，也就是向工农兵普及；所谓提高，也就是从工农兵提高。用什么东西向他们普及呢？只有用工农兵自己所需要、所便于接受的东西。因此，广大文艺工作者在完成教育工农兵的任务之前，就先有一个学习工农兵的任务。与普及的问题相同，提高也要有一个基础，只能从工农兵群众的基础上去提高，不能把工农兵提到封建阶级、资产阶级、小资产阶级知识分子的“高度”去，而是沿着工农兵自己前进的方向去提高，沿着无产阶级前进的方向去提高。这里也就提出了学习工农兵的任务。只有从工农兵出发，我们对于普及和提高才能有正确的了解，也才能找到普及和提高的正确关系。

为什么文学艺术只能向工农兵普及？文学艺术只能在工农兵群众的基础上提高？毛泽东从哲学的高度提出一个重要问题，即一切种类的文学艺术的源泉究竟是从何处来的呢？他回答说：“作为观念形态的文艺作品，都是一定的社会生活在人类头脑中的反映的产物。革命的文艺，则是人民生活在革命作家头脑中的反映的产物。人民生活中本来存在着文学艺术原料的矿藏，这是自然形态的东西，是粗糙的东西，但也是最生动、最丰富、最基本的东西；在这点上说，它们是一切文学艺术的取之不尽、用之不竭的唯一的源泉。这是唯一的源泉，因为只能有这样的源泉，此外不能有第二个源泉。”他号召：“中国的革命的文学家艺术家，有出息的文学家艺术家，必须到群众中去，必须长期地无条件地全心全意地到工农兵群众中去，到火热的斗争中去，到唯一的最广大最丰富的源泉中去，观察、体验、研究、分析一切人，一切阶级，一切群众，一切生动的生活形式和斗争形式，一切文学和艺术的原始材

① 《毛泽东选集》第3卷，人民出版社1991年版，第859页。

料，然后才有可能进入创作过程。”[①] 否则，就只能是空头文学家或空头艺术家。

毛泽东用辩证思维回答了文艺工作中普及和提高的关系。普及的东西比较浅显，因此也比较容易为广大人民群众所迅速接受。高级的作品比较细致，因此也比较难于生产，并且往往比较难于在广大人民群众中迅速流传。现在摆在工农兵面前的问题，是他们正在和敌人作残酷的流血斗争，而由于长时期的封建阶级和资产阶级的统治，他们不识字、无文化，所以他们迫切要求一个普遍的启蒙运动，迫切要求得到他们所急需的和容易接受的文化知识和文艺作品，去提高他们的斗争热情和胜利信心，加强他们的团结，便于他们同心同德地去和敌人作斗争。对于他们，第一步需要还不是“锦上添花”，而是“雪中送炭”。所以在目前条件下，普及工作的任务更为迫切。轻视和忽视普及工作的态度是错误的。但是，普及工作和提高工作是不能截然分开的。不但一部分优秀的作品现在也有普及的可能，而且广大群众的文化也在不断提高着。人民要求普及，跟着也就要求提高，要求逐年逐月地提高。在这里，普及是人民的普及，提高也是人民的提高。而这种提高，不是从空中提高，不是关门提高，而是在普及基础上的提高。这种提高，为普及所决定，同时又给普及以指导。“总起来说，人民生活中的文学艺术的原料，经过革命作家的创造性的劳动而形成观念形态上的为人民大众的文学艺术。在这中间，既有从初级的文艺基础上发展起来的、为被提高了的群众所需要、或首先为群众中的干部所需要的高级的文艺，又有反转来在这种高级的文艺指导之下的、往往为今日最广大群众所最先需要的初级的文艺。无论高级的或初级的，我们的文学艺术都是为人民大众的，首先是为工农兵的，为工农兵而创作，为工农兵所利用的。”[②]

① 《毛泽东选集》第3卷，人民出版社1991年版，第860—861页。

② 《毛泽东选集》第3卷，人民出版社1991年版，第863页。

（四）正确处理文学艺术和政治的辩证关系

既然文艺工作是为人民大众服务的，是中国革命事业不可分割的重要组成部分。那么，就必然会涉及文学艺术和政党、政治的关系。毛泽东开诚布公，从两个方面即党的文艺工作和党的整个工作的关系、党的文艺工作和非党的文艺工作的关系，也就是文艺界的统一战线，全面阐述了这个问题。

毛泽东先谈了党的文艺工作和党的整个工作的关系问题。他说："在现在世界上，一切文化或文学艺术都是属于一定的阶级，属于一定的政治路线的。为艺术的艺术，超阶级的艺术，和政治并行或互相独立的艺术，实际上是不存在的。"① 无产阶级的文学艺术是无产阶级整个革命事业的一部分，是整个革命机器中的"齿轮和螺丝钉"。因此，党的文艺工作在党的整个革命工作中的位置，是服从党在一定革命时期内所规定的革命任务的。在此基础上，毛泽东用辩证思维方法论证了文学艺术与革命事业的关系。他指出，我不赞成把文艺的重要性过分强调到错误的程度，但也不赞成把文艺的重要性估计不足。"文艺是从属于政治的，但又反转来给予伟大的影响于政治。革命文艺是整个革命事业的一部分，是齿轮和螺丝钉，和别的更重要的部分比较起来，自然有轻重缓急第一第二之分，但它是对于整个机器不可缺少的齿轮和螺丝钉，对于整个革命事业不可缺少的一部分。如果连最广义最普通的文学艺术也没有，那革命运动就不能进行，就不能胜利。不认识这一点，是不对的。"②

毛泽东还论述了党的文艺工作和非党的文艺工作的关系问题，也就是文艺界的统一战线问题。他认为，当时中国政治的第一个根本问题是

① 《毛泽东选集》第3卷，人民出版社1991年版，第865页。
② 《毛泽东选集》第3卷，人民出版社1991年版，第866页。

抗日。那么，党的文艺工作者，首先，应该在抗日这一点上和党外一切文学家艺术家团结起来；其次，应该在民主的基础上团结起来；再次，应该在文艺界的特殊问题，如艺术方法艺术作风上团结起来。毛泽东专门提出，在统一战线内部，一定是有团结，也有斗争、有批评的。只有团结而无斗争，或者只有斗争而无团结，那必然是右倾投降主义、尾巴主义，或者是“左”倾的排外主义、宗派主义，都是错误的政策。

（五）确立文艺批评的正确标准

文艺批评标准的正确与否，直接关系到文艺存在的状态和文艺发展的方向，是做好革命文艺工作必须要解决的重要问题。

毛泽东指出，文艺界的主要斗争方法之一是文艺批评，而要进行正确的文艺批评必须解决文艺批评的标准问题。文艺批评有两个标准，一个是政治标准，一个是艺术标准。在当时的情况下，所谓政治标准是，一切利于抗日和团结的，鼓励群众同心同德的，反对倒退的、促成进步的东西，便都是好的；而一切不利于抗日和团结的，鼓动群众离心离德的，反对进步、拉着人们倒退的东西，便都是坏的。针对当时人们对于好和坏的评价标准是注重于动机还是注重于效果，即是注重主观愿望还是注重于社会实践的争论，毛泽东明确指出：“我们是辩证唯物主义的动机和效果的统一论者。为大众的动机和被大众欢迎的效果，是分不开的，必须使二者统一起来。”① 他从几个层面分析了动机和效果的关系。其一，为个人和狭隘集团的动机是不好的；其二，有为大众的动机，但没有被大众所欢迎、对大众有效力的效果，也是不好的；其三，检验一个作家的主观愿望即其动机是否正确，是否善良，不是看他的宣言，而是看他的作品在社会大众中产生的效果。在这个分析的基础上，毛泽东提出“社会实践及其效果是检验主观愿望或动机的标准”，从而把马克

① 《毛泽东选集》第3卷，人民出版社1991年版，第868页。

思主义关于实践是检验认识是否正确的标准的思想，贯彻到文学艺术作品的评价工作中来。当然，毛泽东并不是片面地强调政治标准，而抛弃了艺术标准。他指出：“按着艺术标准来说，一切艺术性较高的，是好的，或较好的；艺术性较低的，则是坏的，或较坏的。这种分别，当然也要看社会效果。”[①] 针对当时有人担心注重政治标准会妨碍文艺工作者的创作自由，毛泽东强调，文艺批评应该容许各种各色艺术品的自由竞争；但是按照艺术科学的标准给以正确的批判，使较低级的艺术逐渐提高成较高级的艺术，使不适合广大群众斗争要求的艺术改变到适合广大群众斗争要求的艺术，也是完全必要的。这实际上是阐述了文艺批评的目的。

毛泽东运用阶级分析方法阐述了政治标准和艺术标准的辩证关系，创立了无产阶级文艺评价标准理论。他认为，政治并不等于艺术，一般的宇宙观也并不等于艺术创作和艺术批评的方法。这实际上是肯定了艺术发展具有自己的特殊规律性，也肯定了艺术批评有自己的特殊方法。所以，我们不但否认抽象的绝对不变的政治标准，也否认抽象的绝对不变的艺术标准，各个阶级社会中的各个阶级都有不同的政治标准和不同的艺术标准。“但是任何阶级社会中的任何阶级，总是以政治标准放在第一位，以艺术标准放在第二位的。”[②] 资产阶级对于无产阶级的文学艺术作品，不管其艺术成就怎样高，总是持排斥的态度的。无产阶级对于过去时代的文学艺术作品，也必须首先检查它们对待人民的态度如何，在历史上有无进步意义，而分别采取不同的态度。毛泽东特别提醒大家，有些政治上根本反动的东西，也可能有某种艺术性。内容愈反动的作品而又愈带艺术性，就愈能毒害人民，就愈应该排斥。“我们的要求则是政治和艺术的统一，内容和形式的统一，革命的政治内容和尽可

① 《毛泽东选集》第 3 卷，人民出版社 1991 年版，第 869 页。

② 《毛泽东选集》第 3 卷，人民出版社 1991 年版，第 869 页。

能完美的艺术形式的统一。缺乏艺术性的艺术品，无论政治上怎样进步，也是没有力量的。因此，我们既反对政治观点错误的艺术品，也反对只有正确的政治观点而没有艺术力量的所谓'标语口号式'的倾向。"① 毛泽东在以无产阶级文艺评价标准理论为基础，对当时延安文艺界存在的各种错误观点、糊涂认识一一进行批判。

毛泽东在这篇讲话中还提醒文艺工作者要正确对待马克思主义，克服文艺创作中的教条主义；号召广大文艺工作者要正确解决个人和群众的关系问题，向鲁迅学习，以"横眉冷对千夫指，俯首甘为孺子牛"为座右铭，做无产阶级和人民大众的"牛"，鞠躬尽瘁，死而后已；提醒广大文艺工作者，知识分子要和人民大众结合，需要一个经历一个痛苦的、摩擦的互相认识过程。但是只要大家有决心，这些要求是能够达到的。

三、当代启示和重要意义

今天重读毛泽东《在延安文艺座谈会上的讲话》一文，依然感到那么亲切、睿智、深刻。自党的十八大以来，当代中国共产党人不仅继承了毛泽东关于文艺工作的重要思想，还结合新时代中国特色社会主义的新实践，对其进行了丰富和创新，其理论成果集中体现在习近平总书记的《在文艺工作座谈会上的讲话》等一系列重要文献中。可以说，间隔半个多世纪的两个讲话，一个是对中国共产党人领导新民主主义革命文艺工作的总结和概括，为赢得新民主主义革命的胜利提供了精神动力；一个是对中国共产党人领导的中国特色社会主义建设事业中文艺工作的总结和概括，必将为赢得全面建设社会主义现代化国家伟大事业的胜利提供强大的精神动力。

① 《毛泽东选集》第3卷，人民出版社1991年版，第869—870页。

（一）文艺事业是党和人民的重要事业

重视文艺工作是中国共产党的优良传统，突出优势。在战争年代，尽管条件极其艰苦、环境极其恶劣，我们党依然是千方百计搞好文艺工作。习近平总书记更加重视文艺和文艺工作，强调“文艺事业是党和人民的重要事业，文艺战线是党和人民的重要战线”。他从我国发展和世界发展大势来审视这个问题。他认为：“实现中华民族伟大复兴，是近代以来中国人民最伟大的梦想。今天，我们比历史上任何时期都更接近中华民族伟大复兴的目标，比历史上任何时期都更有信心、有能力实现这个目标。而实现这个目标，必须高度重视和充分发挥文艺和文艺工作者的重要作用。”① 因为，文化是民族生存和发展的重要力量。人类社会的每一次跃进，人类文明的每一次升华，无不伴随着文化的历史性进步。中华民族在五千年的历史流变中，经历了无数的艰难困苦，但我们都挺过来、走过来了。其中一个很重要的原因就是世世代代的中华儿女培育和发展了独具特色、博大精深的中华文化，为中华民族克服困难、生生不息提供了强大精神动力。中华文化能够感国运之变化、立时代之潮头、发时代之先声，为亿万人民、为伟大祖国鼓与呼。中华文化既坚守本根又不断与时俱进，使中华民族保持了坚定的民族自信和强大的修复能力，培育了共同的情感和价值追求、共同的理想和精神世界。习近平总书记指出：“没有中华文化繁荣兴盛，就没有中华民族伟大复兴。一个民族的复兴需要强大的物质力量，也需要强大的精神力量。没有先进文化的积极引导，没有人民精神世界的极大丰富，没有民族精神力量的不断增强，一个国家、一个民族不可能屹立于世界民族之林。”中国共产党人正在领导各族人民开展全面建设社会主义现代化国家的伟大事业，伟大事业必定需要伟大精神。在实现这个伟大事业的新

---

① 习近平：《论党的宣传思想工作》，中央文献出版社2020年版，第92、93页。

征程上，文艺的作用不可替代，文艺工作者大有可为。所以，习近平总书记号召广大文艺工作者："应该成为时代风气的先觉者、先行者、先倡者，通过更多有筋骨、有道德、有温度的文艺作品，书写和记录人民的伟大实践、时代的进步要求，彰显信仰之美、崇高之美，弘扬中国精神、凝聚中国力量，鼓舞全国各族人民朝气蓬勃迈向未来。"①

（二）坚持以人民为中心的创作导向

毛泽东《讲话》的核心内容是解决文艺为人民群众服务的问题和如何为人民群众服务的问题，从而为我们党的文艺事业的发展指明了方向。习近平总书记强调："社会主义文艺，从本质上讲，就是人民的文艺。"② 人民既是历史的创造者，也是历史的见证者；既是历史的"剧中人"，也是历史的"剧作者"。文艺要反映好人民心声，就要坚持为人民服务、为社会主义服务这个根本方向。这是党对文艺战线提出的一项基本要求，也是决定我国文艺事业前途命运的关键。习近平总书记指出："以人民为中心，就是要把满足人民精神文化需求作为文艺和文艺工作者的出发点和落脚点，把人民作为文艺表现的主体，把人民作为文艺审美的鉴赏家和评判者，把为人民服务作为文艺工作者的天职。"③首先，人民需要文艺。人民群众的需要是多方面、多维度的。随着人民生活水平不断提高，人民对包括文艺作品在内的文化产品的质量、品位、风格等的要求也更高了。因此，我们的文艺和文艺工作者要跟上时代发展的步伐，把握人民群众的文化需要，以充沛的激情、生动的笔触、优美的旋律、感人的形象，创作出人民群众喜闻乐见的优秀作品。其次，文艺需要人民。人民群众的伟大实践是一切文艺取之不尽、用之

---

① 习近平：《论党的宣传思想工作》，中央文献出版社 2020 年版，第 96、97 页。
② 习近平：《论党的宣传思想工作》，中央文献出版社 2020 年版，第 103 页。
③ 习近平：《论党的宣传思想工作》，中央文献出版社 2020 年版，第 103 页。

不竭的创作源泉，人民群众的需要是文艺存在的根本价值所在；文艺一旦离开人民群众的伟大实践，就会变成无根的浮萍、无病的呻吟、无魂的躯壳。一部作品之所以能够成为优秀的作品，最根本之处在于能够为人民抒写、为人民抒情、为人民抒怀，反映了时代的要求和人民的心声。再次，文艺要热爱人民。有没有感情，对谁有感情，决定着文艺创作的命运。“文艺工作者要想取得成就，就必须自觉与人民同呼吸、共命运、心连心，欢乐着人民的欢乐，忧患着人民的忧患，做人民的孺子牛。”因此，“一部好的作品，应该是经得起人民评价、专家评价、市场检验的作品，应该是把社会效益放在首位，同时也应该是社会效益和经济效益相统一的作品”。① 当社会效益和经济效益发生矛盾时，经济效益必须服从社会效益，市场价值必须服从社会价值。“文艺不能当市场的奴隶，不要沾满了铜臭气。优秀的文艺作品，最好是既能在思想上、艺术上取得成功，又能在市场上受到欢迎。”② 毫无疑问，把市场检验作为评价优秀作品的标准之一，是习近平总书记从中国社会主义市场经济大环境的实际出发而提出的重要思想，是对马克思主义文艺创作理论的丰富和发展。

（三）加强和改进党对文艺工作的领导

毛泽东在《讲话》中用很大的篇幅谈党的领导和文艺工作的关系问题。习近平总书记继承了毛泽东的相关思想，强调“党的领导是社会主义文艺发展的根本保证”。他从党的宗旨和文艺的宗旨的一致性，来解决必须加强和改善党对文艺工作的领导问题。他说：“党的根本宗旨是全心全意为人民服务，文艺的根本宗旨也是为人民创作。把握了这个立足点，党和文艺的关系就能得到正确处理，就能准确把握党性和人民性

---

① 习近平：《论党的宣传思想工作》，中央文献出版社 2020 年版，第 107、109 页。

② 习近平：《论党的宣传思想工作》，中央文献出版社 2020 年版，第 109 页。

的关系、政治立场和创作自由的关系。”[①]

加强和改进党对文艺工作的领导，要把握住两条：一是要紧紧依靠广大文艺工作者，二是要尊重和遵循文艺规律。各级党委要从建设社会主义文化强国的高度，增强文化自觉和文化自信，把文艺工作纳入重要议事日程，贯彻好党的文艺方针政策，把握文艺发展正确方向。同时，要尊重文艺工作者的创作个性和创造性劳动，政治上充分信任，创作上热情支持，营造有利于文艺创作的良好环境。

加强和改进党对文艺工作的领导，要通过深化改革、完善政策、健全体制，形成不断出精品、出人才的生动局面。习近平总书记提醒各级党组织，现在文艺工作的对象、方式、手段、机制出现了许多新情况、新特点，文化创作生产的格局、人民群众的审美要求发生了很大的变化，文艺产品传播方式和群众接受欣赏习惯发生了很大变化。我们对于传统文艺创作生产和传播，有一套相对成熟的体制机制和管理措施，而对新的文艺形态，尚缺乏有效的管理方式方法。这就要求必须跟上节拍，下功夫研究解决问题。

加强和改进党对文艺工作的领导，必须高度重视和切实加强文艺评论工作。习近平总书记指出：“文艺批评是文艺创作的一面镜子、一剂良药，是引导创作、多出精品、提高审美、引领风尚的重要力量。文艺批评要的就是批评，不能都是表扬甚至庸俗吹捧、阿谀奉承，不能套用西方理论来剪裁中国人的审美，更不能用简单的商业标准取代艺术标准，把文艺作品完全等同于普通商品，信奉‘红包厚度等于评论高度’。文艺批评褒贬甄别功能弱化，缺乏战斗力、说服力，不利于文艺健康发展。”[②] 如果一点批评精神都没有，都是表扬和自我表扬、吹捧和自我吹捧、造势和自我造势相结合，那就不是文艺批评了。他号召广大文艺

① 习近平：《论党的宣传思想工作》，中央文献出版社 2020 年版，第 116 页。
② 习近平：《论党的宣传思想工作》，中央文献出版社 2020 年版，第 117 页。

工作者，要以马克思主义文艺理论为指导，继承和创新中国古代文艺批评理论的优秀遗产，批判借鉴现代西方文艺理论，打磨好批评这把“利器”，把好文艺批评的“方向盘”，运用历史的、人民的、艺术的、美学的视角来评判和鉴赏作品，在艺术质量和水平上敢于实事求是，对各种不良文艺作品、现象、思潮敢于表明态度，在大是大非问题上敢于表明立场，倡导说真话、讲道理，营造开展文艺批评的良好氛围。

毛泽东：《关于领导方法的若干问题》导读

《关于领导方法的若干问题》一文是毛泽东为中共中央写的决定。在这个决定中，毛泽东坚持马克思主义世界观和方法论相一致的原则，把中国共产党人在长期革命实践中积累的一系列工作经验和领导经验上升到哲学方法论的高度，集中阐述了一般和个别相结合、领导和群众相结合的方法，并初步确立了党的群众路线。

一、历史背景和写作原因

马克思主义的真理性在于，它不仅揭示了自然界、人类社会和人的思维发展的一般规律，而且把这种理论作为观察和研究一切事物的科学方法，从而为无产阶级和人民群众提供了认识世界和改变世界的强大认识工具。恩格斯在《路德维希·费尔巴哈和德国古典哲学的终结》一文中谈到，历史唯物主义一经创立，就“把这个世界观彻底地（至少在主要方面）运用到所研究的一切知识领域里去了”[①]。这就明确告诉我们，马克思主义是世界观，更是方法论。列宁认为：“马克思的哲学是完备的哲学唯物主义，它把伟大的认识工具给了人类，特别是给了工人阶级。”[②]

毛泽东深得马克思主义的精髓，特别注意方法论在领导中国革命事业过程中的重要性。早在第二次国内革命战争时期，他就明确提出：“我们不但要提出任务，而且要解决完成任务的方法问题。我们的任务

① 《马克思恩格斯文集》第 4 卷，人民出版社 2009 年版，第 297 页。

② 《列宁选集》第 2 卷，人民出版社 2012 年版，第 311 页。

是过河，但是没有桥或没有船就不能过。不解决桥或船的问题，过河就是一句空话。不解决方法问题，任务也只是瞎说一顿。”他特别强调：“一切工作，如果仅仅提出任务而不注意实行时候的工作方法，不反对官僚主义的工作方法而采取实际的具体的工作方法，不抛弃命令主义的工作方法而采取耐心说服的工作方法，那末，什么任务也是不能实现的。”[①] 毛泽东号召全党，我们“不但应当了解马克思、恩格斯、列宁、斯大林他们研究广泛的真实生活和革命经验所得出的关于一般规律的结论，而且应当学习他们观察问题和解决问题的立场和方法”[②]。毛泽东正是运用马克思主义方法论为指导，来研究中国革命过程中所遇到的一系列重大理论和实践问题，写出了一系列光辉著作，不仅凝聚和闪耀着毛泽东思想的理论智慧，而且也获得了大量的工作方法方面的经验和思考。如何把中国共产党人在领导中国革命过程中所获得的工作方法方面的经验和思考上升到哲学的高度，从而为中国共产党进行各项工作提供根本遵循，成为摆在毛泽东面前的重要任务。

当然，毛泽东撰写《关于领导方法的若干问题》的决定，也与中国共产党人面临的新情况、新问题具有重要关系。一方面，在延安整风运动中，随着教条主义和经验主义被彻底批判，旧的主观主义的思想方法受到清算，如何尽快确立新的思想方法和工作方法的问题提上议事日程。也就是说有“破”就要有“立”。另一方面，我们在工作中也出现了因为思想方法和工作方法不正确而带来的一些问题。如1941年6月3日，边区政府召开县长联席会，主题是讨论征粮问题。在开会的过程中，却出现雷电击人事件。有一个农民在集贸市场上当街说道：“老天爷不睁眼，咋不打死毛泽东!”保卫部门得知消息后，要把这件事当作反革命事件来追查，被毛泽东制止了。但是，农民的话却引起毛泽东的

---

① 《毛泽东选集》第1卷，人民出版社1991年版，第139、140页。
② 《毛泽东选集》第2卷，人民出版社1991年版，第533页。

深思。后来，他在中国共产党第七次全国代表大会上的结论中说出了自己的思考。他说："说什么雷公为什么不打死毛泽东？这些都是闲话，对这些话我怎么看呢？为什么有人希望雷公打死我呢？当时我听到这个话是很吃惊的。说这个话的时间是一九四一年，地方是边区，那年边区公粮征收二十万石，还要运公盐六万驮，这一下把老百姓搞得相当苦，怨声载道，天怒人怨，这些事还不是毛泽东搞的？"[①] 由此可见，毛泽东并没有把农民的"闲话"当闲话听，而是认真思考这种闲话中所表达的情绪和诉求。如毛泽东所说：感叹雷公为什么不打死我是有原因的，要分析这些原因，要解决问题。怎么解决问题？"这就迫使我们研究财政经济问题，下决心搞大生产运动"，从 1942 年开始努力减少征收公粮的数量，也就减少了农民的怨气。由此可见，毛泽东正是从一个普通农民的"闲话"中去了解农民的诉求，去寻找我们工作中存在的问题，进而去探索解决问题的新思路新办法。也正是从这样一系列的事件中，毛泽东对工作方法问题进行了系统思考，把实践经验上升到哲学方法论的高度，写出了《关于领导方法的若干问题》一文。

二、逻辑结构和主要内容

全文以段落标号，共谈了九个问题。(1) 提出我们共产党人无论进行何项工作，必须采用的两个方法，一是一般和个别相结合，二是领导和群众相结合。(2) 从理论维度谈一般和具体相结合的重要性。(3) 从延安整风的实践维度总结一般和具体相结合的重要经验。(4) 提出党的"从群众中来，到群众中去"的群众路线。(5) 从领导和群众关系的维度谈一般号召和个别指导的关系。(6) 进一步谈党的群众路线的领导方法，并认为"这是基本的领导方法"。(7) 从工作实践维度谈如何运用

① 《毛泽东文集》第 3 卷，人民出版社 1996 年版，第 403—404 页。

领导和群众、一般和个别相结合的方法。（8）在运用领导和群众、一般和个别相结合的方法时，确立“中心工作”是一种“领导艺术”。（9）强调斗争愈是艰苦，愈是需要在领导方法上进行创新，要用马克思主义的科学领导方法克服主观主义和官僚主义的领导方法。

阅读和学习这篇文章，要掌握的主要内容有：

（一）一般和个别相结合的方法

一般和个别是一对哲学范畴。毛泽东在《矛盾论》中从哲学的高度，非常精彩地阐述了一般和个别的关系，并指出：“这一共性个性、绝对相对的道理，是关于事物矛盾的问题的精髓，不懂得它，就等于抛弃了辩证法。”[①] 在《关于领导方法的若干问题》一文中，毛泽东用这个原理，来分析领导方法和工作方法的问题，全面阐述了中国共产党人在领导中国革命过程中必须处理好“一般号召和个别指导”的关系。

首先，我们做任何工作，都要把一般号召和个别指导结合起来。他说：“任何工作任务，如果没有一般的普遍的号召，就不能动员广大群众行动起来。但如果只限于一般号召，而领导人员没有具体地直接地从若干组织将所号召的工作深入实施，突破一点，取得经验，然后利用这种经验去指导其他单位，就无法考验自己提出的一般号召是否正确，也无法充实一般号召的内容，就有使一般号召归于落空的危险。”[②] 所以要取得工作成绩，必须采取一般号召和个别指导相结合的方法，二者不可偏废。

其次，运用把一般和个别结合起来的方法，必须坚持从个别入手。每一个具体单位的情况都是十分复杂的，领导干部必须深入实际，做深入细致的调查研究，详细了解单位中“有代表性的工作人员的政治经

---

① 《毛泽东选集》第1卷，人民出版社1991年版，第320页。

② 《毛泽东选集》第3卷，人民出版社1991年版，第897页。

历、思想特点、学习勤惰和工作优劣”等情况，并亲自指导这些单位的负责人具体地解决该单位的实际问题。“任何领导人员，凡不从下级个别单位的个别人员、个别事件取得具体经验者，必不能向一切单位作普遍的指导。这一方法必须普遍地提倡，使各级领导干部都能学会使用。”①

最后，运用把一般和个别相结合的方法，在工作中通常体现为领导骨干和广大群众相结合的方法。毛泽东认为，我们在从事任何一项伟大事业的过程中，都会形成一个以该单位的首要负责人为核心的少数积极分子的领导骨干。然而，“只有领导骨干的积极性，而无广大群众的积极性相结合，便将成为少数人的空忙。但如果只有广大群众的积极性，而无有力的领导骨干去恰当地组织群众的积极性，则群众积极性既不可能持久，也不可能走向正确的方向和提到高级的程度”。毛泽东说了一段很著名的话：“任何有群众的地方，大致都有比较积极的、中间状态的和比较落后的三部分人。故领导者必须善于团结少数积极分子作为领导的骨干，并凭借这批骨干去提高中间分子，争取落后分子。”毛泽东强调：“凡属真正团结一致、联系群众的领导骨干，必须是从群众斗争中逐渐形成，而不是脱离群众斗争所能形成的。在多数情形下，一个伟大的斗争过程，其开始阶段、中间阶段和最后阶段的领导骨干，不应该是也不可能是完全同一的；必须不断地提拔在斗争中产生的积极分子。”毛泽东感叹：“许多地方和许多机关工作推不动的一个基本原因，就是缺乏这样一个团结一致、联系群众的经常健全的领导骨干”。② 这就说明，领导骨干不是自封的，而是在长期的领导革命斗争的实践中形成的；其人员和人数不是固定的，而是随着革命斗争实践的发展而不断发生变化；其领导地位和领导作用是不可轻视的，没有这样的领导骨干就

① 《毛泽东选集》第3卷，人民出版社1991年版，第898页。

② 《毛泽东选集》第3卷，人民出版社1991年版，第898页。

不可能推进革命事业的顺利发展。

(二)从群众中来到群众中去的群众路线

中国共产党把马克思主义关于人民群众是历史创造者的原理运用到党的全部实践活动中,形成指导党的一切工作的群众观点和群众路线。群众观点是马克思主义的一个根本观点,群众路线是党的根本工作方法和思想方法。毛泽东有一句家喻户晓的名言:“人民,只有人民,才是创造世界历史的动力。”[①] 这是毛泽东用中国式语言对马克思主义群众观点的经典表述,也是毛泽东提出党的群众路线的理论依据。

我们都知道,毛泽东历来主张深入实际进行调查研究。调查研究的重要意义之一是,了解民众的诉求和情绪,概括民众所积累的经验,汲取民众中蕴含的丰富智慧,调动民众的革命积极性,以形成赢得中国革命事业伟大胜利的磅礴力量。毛泽东说过:“有无群众观点是我们同国民党的根本区别,群众观点是共产党员革命的出发点与归宿。”[②] 中国共产党把马克思主义人民群众创造历史的基本原理与中国革命实际相结合,在党的七大、八大上对群众观点做出一系列创新性的概括。在此基础上,党的十三届六中全会通过的《中共中央关于加强党同人民群众联系的决定》,进一步将群众观点具体化为六个方面的内容:一是人民群众是历史创造者的观点。这是群众观点的根本之点,其他内容是对这个观点的展开和具体化。二是向人民群众学习的观点。人民群众是社会实践的主体,在实践活动中积累了丰富的经验,蕴藏着无穷的智慧和能力。三是全心全意为人民服务的观点。这是无产阶级政党的根本宗旨。四是干部的权力是人民赋予的观点。说明权力的运行必须得到人民的监督,权力运行的目的是为人民谋取利益的。五是对党负责与对人民负责

① 《毛泽东选集》第 3 卷,人民出版社 1991 年版,第 1031 页。
② 《毛泽东文集》第 3 卷,人民出版社 1996 年版,第 71 页。

相一致的观点。要求党的各项决策必须充分体现人民群众的意愿，代表人民群众的利益，满足人民群众的需要，赢得人民群众的拥护。六是党要依靠群众又要教育和引导群众前进的观点。要求中国共产党作为领导中国特色社会主义事业的核心力量，必须根据群众的觉悟程度，按照合规律性与合目的性统一的原则，教育和引导群众前进。

毛泽东曾经说："共产党的路线，就是人民的路线。"① 他在《关于领导方法的若干问题》中明确阐述了党的群众路线的思想。他说："在我党的一切实际工作中，凡属正确的领导，必须是从群众中来，到群众中去。这就是说，将群众的意见（分散的无系统的意见）集中起来（经过研究，化为集中的系统的意见），又到群众中去作宣传解释，化为群众的意见，使群众坚持下去，见之于行动，并在群众行动中考验这些意见是否正确。然后再从群众中集中起来，再到群众中坚持下去。如此无限循环，一次比一次地更正确、更生动、更丰富。这就是马克思主义的认识论。"② 他后来又强调："善于把党的政策变为群众的行动，善于使我们的每一个运动，每一个斗争，不但领导干部懂得，而且广大的群众都能懂得，都能掌握，这是一项马克思列宁主义的领导艺术。我们的工作犯不犯错误，其界限也在这里。"③

群众观点在现实中的具体应用就是群众路线。即"一切为了群众，一切依靠群众，从群众中来，到群众中去"。所谓"一切为了群众，一切依靠群众"是群众路线的核心内容，是党的群众观点在群众路线中的表达和延伸。"一切为了群众"讲的是党的全部工作的目的，就是全心全意为人民服务。"一切依靠群众"讲的是途径问题，就是如何去做，采取什么方式去做。"从群众中来，到群众中去"，讲的是中国共产党的

---

① 《毛泽东文集》第 2 卷，人民出版社 1993 年版，第 409 页。
② 《毛泽东选集》第 3 卷，人民出版社 1991 年版，第 899 页。
③ 《毛泽东选集》第 4 卷，人民出版社 1991 年版，第 1319—1320 页。

领导方法和工作方法。从群众中来，到群众中去的领导方法，是同从实践中来，到实践中去的认识过程完全一致的，是马克思主义认识论在领导工作中的创造性运用。

当然，毛泽东作为具有很高哲学素养的领袖人物，在坚信人民群众是历史的创造者的同时，都看到人民群众的另一个方面。他指出："人民的觉悟不是容易的，要去掉人民脑子中的错误思想，需要我们做很多切切实实的工作。"[①] 邓小平更是明确指出："群众的意见一定不会都是正确的和成熟的。我们所谓总结和集中，并不是群众意见的简单堆积，这里必须要有整理、分析、批判和概括"[②]。这里充分反映了领袖人物对待人民群众的辩证思维方法和工作方法。

（三）反对官僚主义的工作方法

与群众观点和群众路线相对立的是官僚主义。毛泽东历来主张坚决反对官僚主义。早在 1932 年 12 月，毛泽东同项英等发布的《中央人民委员会紧急决议》就提出："官僚主义，是脱离群众，破坏苏维埃与群众的关系，对于苏维埃胜利和发展，有莫大危害，照例敷衍，强迫命令，是官僚主义的重要表现，这是苏维埃政府中绝对不允许存在的。这种官僚主义侵入到苏维埃政府：（一）由于中国半封建社会和国民党的官僚主义之传染。（二）由于农民散漫性的笼罩，缺乏无产阶级的组织性，组织性。（三）缺乏艰苦斗争的精神，只图一时便宜，使官僚主义侵入到苏维埃机关，日益生长起来。"[③] 1933 年 8 月，毛泽东在《必须注意经济工作》中谈道："官僚主义的领导方式，是任何革命工作所不应有的，经济建设工作同样来不得官僚主义。要把官僚主义方式这个极

① 《毛泽东选集》第 4 卷，人民出版社 1991 年版，第 1131 页。
② 《邓小平文选》第 1 卷，人民出版社 1994 年版，第 219 页。
③ 《中央人民委员会紧急会议》，《红色中华》1932 年 12 月 5 日。

坏的家伙抛到粪缸里去，因为没有一个同志喜欢它。每一个同志喜欢的应该是群众化的方式，即是每一个工人、农民所喜欢接受的方式。”①

官僚主义和命令主义总是紧密结合在一起的。如果说官僚主义者在工作中采取了一种高高在上、对群众不理不睬的态度，呈现出一种对工作敷衍塞责的懈怠现象；而命令主义者表面上不怠工，好像在那里努力干，而实际上是不可能取得成功的；即使暂时取得了工作的进展，也是不能巩固的。因为官僚主义和命令主义都是脱离群众，不了解基层的基本情况，其结果是群众不喜欢，工作也无法顺利推进。毛泽东指出：“不反对官僚主义的工作方法而采取实际的具体的工作方法，不抛弃命令主义的工作方法而采取耐心说服的工作方法，那末，什么任务也是不能实现的。”② 1938 年 10 月，毛泽东在《中国共产党在民族战争中的地位》一文中，明确告诫中国共产党人：“共产党员在民众运动中，应该是民众的朋友，而不是民众的上司，是诲人不倦的教师，而不是官僚主义的政客。”③

在《关于领导方法的若干问题》一文中，毛泽东再次强调反对官僚主义的问题。他说：“许多同志，不注重和不善于团结积极分子组成领导核心，不注重和不善于使这种领导核心同广大群众密切地结合起来，因而使自己的领导变成脱离群众的官僚主义的领导。许多同志，不注重和不善于总结群众斗争的经验，而欢喜主观主义地自作聪明地发表许多意见，因而使自己的意见变成不切实际的空论。许多同志，满足于工作任务的一般号召，不注重和不善于在作了一般号召之后，紧紧地接着从事于个别的具体的指导，因而使自己的号召停止在嘴上、纸上或会议上，而变为官僚主义的领导。”④

---

① 《毛泽东选集》第 2 卷，人民出版社 1991 年版，第 124 页。

② 《毛泽东选集》第 1 卷，人民出版社 1991 年版，第 140 页。

③ 《毛泽东选集》第 2 卷，人民出版社 1991 年版，第 522 页。

④ 《毛泽东选集》第 3 卷，人民出版社 1991 年版，第 899—900 页。

1946年，毛泽东在《论联合政府》中批评了各种脱离群众的错误工作方法和思想方法。他说："二十四年的经验告诉我们，凡属正确的任务、政策和工作作风，都是和当时当地的群众要求相适合，都是联系群众的；凡属错误的任务、政策和工作作风，都是和当时当地的群众要求不相适合，都是脱离群众的。教条主义、经验主义、命令主义、尾巴主义、宗派主义、官僚主义、骄傲自大的工作态度等项弊病之所以一定不好，一定要不得，如果什么人有了这类弊病一定要改正，就是因为它们脱离群众。"① 毛泽东阐述了各种错误工作方法和思想方法的表现，分析其产生的思想根源和社会根源，提出克服各种错误工作方法和思想方法的措施，指出官僚主义等各种错误工作方法，其根源在于脱离群众，不了解群众的情绪，不关心群众的诉求，不能够帮助群众组织生产和生活，而是高高在上，自以为是，工作中必定是瞎指挥、乱决策，给各项工作带来挫折或困境。

三、当代启示和重要意义

我们通常说，学习马克思主义，重在学习马克思主义的基本立场、观点和方法。然而，在工作实践中我们通常往往重视读书，学习马克思主义的基本观点，而不太注重或根本不注意学习马克思主义分析和研究问题的思想方法和工作方法。这就导致一部分同志尽管读了不少马克思主义的著作，而在实践工作中经常感到无所适从甚至犯错误；有的同志工作充满热情，也有一腔美好的愿望，工作辛辛苦苦、任劳任怨，其结果却是各方面都不满意；产生这种情况的原因很多，而最重要的原因可能就是思想方法和工作方法的不正确；甚至因为思想方法和工作方法的不正确的，工作越努力，干事越勤奋，出现的问题却越多。所以，我们

① 《毛泽东选集》第3卷，人民出版社1991年版，第1095页。

一定要向毛泽东学习，注意掌握正确的思想方法和工作方法。

（一）坚持和发扬群众路线的思想方法和工作方法

在古希腊神话中，巨人安泰是地神之子，他只要身不离地，就能从大地母亲那里不断汲取力量，所向无敌；但是，只要一离开大地，他就会毫无力量。他的对手赫拉克勒斯发现了这一弱点，在一次搏斗中把他举到空中使其脱离大地，并最终将他扼死。同样，中国共产党人要获取前行的力量，就必须时刻保持同人民群众的血肉联系，虚心向人民群众学习，从人民群众的实践中汲取智慧，纠正自己错误的思维方式和工作方法，这是中国共产党人领导革命、建设和改革取得成功的宝贵经验。

毛泽东曾多次强调，我们要尊重群众的历史作用，虚心向人民群众学习，要在人民群众面前放下架子，甘当小学生。毫无疑问，我们是高高在上当群众的“官老爷”，还是俯身下来当群众的“勤务员”，这直接关系到我们党的工作作风，关系到党同人民群众的感情，关系到我们事业的成败。邓小平曾经说：“在中国来说，谁有资格犯大错误？就是中国共产党。犯了错误影响也最大。因此，我们党应该特别警惕。宪法上规定了党的领导，党要领导得好，就要不断地克服主观主义、官僚主义、宗派主义，就要受监督，就要扩大党和国家的民主生活。如果我们不受监督，不注意扩大党和国家的民主生活，就一定要脱离群众，犯大错误。”[①] 党的十九届六中全会在总结党的百年奋斗历史经验时指出：“党代表中国最广大人民根本利益，没有任何自己特殊的利益，从来不代表任何利益集团、任何权势团体、任何特权阶层的利益，这是党立于不败之地的根本所在。只要我们始终坚持全心全意为人民服务的根本宗旨，坚持党的群众路线，始终牢记江山就是人民、人民就是江山，坚持一切为了人民、一切依靠人民，坚持为人民执政、靠人民执政，坚持发

---

① 《邓小平文选》第1卷，人民出版社1994年版，第270页。

展为了人民、发展依靠人民、发展成果由人民共享，坚定不移走全体人民共同富裕道路，就一定能够领导人民夺取中国特色社会主义新的更大胜利”①。我们党要保证权为民所用，就必须对权力行使的主体和行使的过程进行必要的监督，不受监督的权力必然导致腐败。我们党的群众路线，就是要求我们保持谦虚和谨慎的态度。我们要牢记我们手中的权力是人民赋予的，虚心向人民群众学习，密切与人民群众的联系，把与人民群众的深厚感情体现在工作实践中。只有真心实意地为群众工作，才能真正得到人民群众的拥护。

（二）要有善于学习和汲取人民群众智慧的政治勇气和政治胸怀

坚持“一切从群众中来，又到群众中去”的思想方法和工作方法，要求广大党员领导干部要有相信和依靠人民群众推进事业发展的政治胸怀。我们必须懂得，人民群众是改革的实践主体。改革是由问题倒逼而产生的。群众的期待和愿望是社会主义改革的目标，群众在实践中的探索是改革不断发展的推动力。广大人民群众在改革大业中发挥聪明才智，在经济、政治、文化、社会和生态等各个领域，都有发明创造，都积累新鲜经验。我国社会主义建设的理论日益完善，在实践中路子越走越宽。党的二十大提出全面建成社会主义现代化强国的中心任务，我们肩负着重大的历史使命。毫无疑问，要完成党的二十大作出的伟大战略部署，离不开广大人民群众的支持，更离不开广大人民的实干。正如习近平总书记所说：“无论遇到任何困难和挑战，只要有人民支持和参与，就没有克服不了的困难，就没有越不过的坎。”②

当然，我们还必须认识到，不同历史时期的人民群众，其创造历史

① 《中国共产党第十九届中央委员会第六次全体会议文件汇编》，人民出版社 2021 年版，第 95—96 页。

② 《习近平谈治国理政》第 1 卷，外文出版社 2018 年版，第 97 页。

的作用是很不相同的；即使在同一历史时期，人民群众之中的不同部分对历史的作用也有很大的差别。造成这种差别的客观原因是，社会历史条件的不同，如生产力发展水平、社会经济关系、国家政治制度以及文化发展状况等。造成这种差别的主观原因是，主体的阶级属性、科学文化素养、思想道德水平以及自身的觉悟和组织程度，等等。正是由于人民群众的创造历史的作用受到社会条件和自身状况的双重制约，所以，历史唯物主义在充分肯定人民群众是历史创造者的同时，又正确认识到人民群众创造历史作用的局限性。

（三）从讲政治的高度破解官僚主义等不良工作作风

能否始终坚持党的群众路线和工作方法，是区分唯物史观和唯心史观的分水岭，也是判断马克思主义政党的试金石。邓小平作为改革开放的总设计师，始终强调坚持群众路线是我们党的优良作风和传家宝。早在党的八大上，他就提出要从认识方法的高度上解决群众路线的工作方法问题，并尖锐地批评了一些脱离群众、自以为是的人。他说："如果不从认识方法上解决党的主张必须是'从群众中来，到群众中去'的问题，那末，党同人民群众的关系问题仍然不能真正地解决。实践证明，许多人并非在主观上没有为人民服务的愿望，但是他们仍然把工作做坏了，使群众受到重大的损失。这是因为他们自以为是先进分子，是领导者，比群众懂得多，因而遇事不向群众学习，不同群众商量，因而他们出的主意，经常在群众中行不通；但是，他们又不从错误和失败中取得教训，以为错误和失败，只是由于群众落后和其他临时因素的影响，因而滥用党的威信，继续一意孤行，这就使他们的错误和失败愈来愈严重。"① 可以说邓小平的这个批评语重心长、令人深思，对于今天改进领导干部思想方法和工作方法，依然具有深刻的教育意义。

---

① 《邓小平文选》第1卷，人民出版社1994年版，第218页。

党的十八大以来，习近平总书记更是在不同场合反复强调反对官僚主义工作作风的问题。2017 年 12 月，他在主持中共中央政治局民主生活会时指出："形式主义、官僚主义同我们党的性质宗旨和优良作风格格不入，是我们党的大敌、人民的大敌。"[①] 他要求中央政治局的同志，必须带头树立正确的政绩观，始终做老实人，说老实话，干老实事，自觉反对形式主义、官僚主义；而且要同形式主义、官僚主义的各种表现进行坚决斗争，聚焦突出问题，充分认识形式主义、官僚主义的多样性和变异性，摸清形式主义、官僚主义在不同时期、不同地区、不同部门的不同表现，紧密联系具体实际，既解决老问题，也察觉新问题；既解决显性问题，也解决隐性问题；既解决表层问题，也解决深层次问题，抓出习惯，抓出长效。2019 年 1 月，他在党的十九届中央纪委三次全会上的讲话中指出："形式主义、官僚主义是目前党内存在的突出矛盾和问题，是阻碍党的路线方针政策和党中央重大决策部署贯彻落实的大敌。"[②] 他详细列举了形式主义、官僚主义在日常工作中的各种表现，要求全党"必须从讲政治的高度来审视"这些问题，"从思想和利益根源上来破解"这些问题；他要求各地区各部门党委（党组）要履行主体责任，紧盯形式主义、官僚主义新动向新表现，拿出有效管用的整治措施。各级领导机关要把自己摆进去，带头查摆自身存在的形式主义、官僚主义问题。各级纪检监察机关要把整治形式主义、官僚主义摆在突出位置来抓，对典型案例一律通报曝光。可以说，习近平总书记关于反对形式主义、官僚主义的重要论述，是对毛泽东关于反对官僚主义思想的继承和发展，也是对新时代新征程广大党员干部确立科学思想方法和工作方法提出的新要求。

① 《习近平谈治国理政》第 3 卷，外文出版社 2020 年版，第 500 页。
② 《习近平谈治国理政》第 3 卷，外文出版社 2020 年版，第 502 页。

毛泽东：《论十大关系》导读

《论十大关系》是毛泽东于 1956 年 4 月 25 日在中共中央政治局扩大会议上的讲话。在这篇讲话中，根据国际国内各方面形势的巨大变化，总结苏联社会主义建设的经验教训，全面分析我国社会经济建设中存在的问题，提出调动国内外一切积极因素为社会主义事业服务的基本方针；论述了社会主义革命和社会主义建设中的十大关系，并探讨了处理好这些关系的方法；研究了中国经济社会的发展状况，阐述了适合我国情况的多快好省地建设社会主义总路线的基本思想。所以，这篇讲话在中国共产党人带领人民探索中国特色社会主义道路的进程中具有里程碑的意义。

一、历史背景和写作原因

1956 年，中国共产党人带领中国人民完成了对生产资料私有制的社会主义改造，建立起社会主义基本制度，开始全面探索建设社会主义的道路。然而，我们却面临着错综复杂的国际国内局势。

从当时的国际局势来看，第二次世界大战结束后，经过十多年的恢复和重建，世界经济和科学技术进入一个迅速发展的时期，人类社会掀起现代化的第三次浪潮。这次浪潮以核能源、人工合成材料、微电子技术的应用为标志，高科技、新能源、新材料与人工智能相结合，出现核工业、电子工业、半导体工业、航天工业和激光工业，很多生产领域实现全面的机械化和自动化，使科学直接转化为生产力。在这个过程中，西方资本主义国家不仅构建起国际金融和贸易体系，而且调整了各自内部的经济结构，强化了国际市场的作用，极大地促进了相互间经济和贸易的发展。

从社会主义阵营来看，社会主义各国基本上采用计划经济的发展模式，依靠社会主义制度集中力量办大事的优势，通过不断扩大投入实现了经济的高速度发展。特别是苏联作为世界上第一个社会主义国家，其经济平均增长速度高于当时美国、英国等主要资本主义国家，当然也暴露出许多问题。这导致在一段时间里，一方面，苏联这种高度集中的经济体制被说成是各国社会主义发展必须遵循的唯一模式。另一方面，很多国家开始认识到苏联体制的弊端，出现了要求按照各国特点来探索自己国家社会主义道路的呼声。1956 年 2 月，赫鲁晓夫在苏共二十大上作了题为《关于个人崇拜及其后果》的秘密报告，给整个国际社会带来了极大的震动。毛泽东得知这个情况后，要求大家认真研究这份报告以及它在全世界造成的影响。他认为，这份报告至少可以指出两点：一是揭开了盖子，二是捅了娄子。一方面，秘密报告表明，苏联、苏共，斯大林并不是一切都正确，这就破除了迷信，不要再硬搬苏联的一切了。这有利于反对教条主义。另一方面，秘密报告无论在内容上或方法上都有严重错误，主要是不恰当地全盘否定斯大林。问题的关键在于，我们中国共产党人该怎么办？所以，毛泽东说："最近苏联方面暴露了他们在建设社会主义过程中的一些缺点和错误，他们走过的弯路，你还想走？过去我们就是鉴于他们的经验教训，少走了一些弯路，现在当然更要引以为戒。"①

从国内情况来看，新中国成立后，党的工作重心是动员一切力量恢复和发展生产事业。1952 年底，我们胜利完成了国民经济恢复的任务，制定了第一个五年计划，实行了社会主义改造和社会主义建设

① 《毛泽东文集》第 7 卷，人民出版社 1999 年版，第 23 页。

并举的方针，各项工作顺利向前推进。1954年9月，在第一届全国人民代表大会第一次会议的开幕词中，毛泽东提出："准备在几个五年计划之内，将我们现在这样一个经济上文化上落后的国家，建设成为一个工业化的具有高度现代文化程度的伟大的国家。"[①] 周恩来在政府工作报告中提出，要"建设起强大的现代化的工业、现代化的农业、现代化的交通运输业和现代化的国防"的时代任务。1956年1月，毛泽东在最高国务会议第六次会议上的讲话中提出，社会主义革命的目的是为了解放生产力；要在几十年内，努力改变我国在经济上和科学文化上的落后状况，迅速达到世界上的先进水平。这一系列的重要会议和重要讲话，表达了中国共产党人的工作重心和基本思路，也表达了中国共产党的雄心壮志和政治担当。当然，刚刚担负起领导中国人民进行社会主义建设的中国共产党人尚缺乏管理全国经济建设的经验，只能"努力学习苏联和各兄弟国家的先进经验"[②]，这也导致经济建设中出现了许多问题。如何总结我国社会主义建设的经验教训，正确处理社会主义建设中的各种关系，找出适合中国国情的建设社会主义的路线、方针和政策，这是当时迫切需要回答和解决的一个重大理论和实践课题。

正是在这样一种国际国内的大环境下，中国共产党第八次全国代表大会要召开了。为了准备八大政治报告，从1956年2月至4月，毛泽东用了近两个月的时间，听取了工业、农业、商业、财政等34个部委的工作汇报，以及国家计委关于第二个五年计划的汇报，对我国社会主义建设的实际情况进行了深入的调查研究，逐步提炼概括出来关于正确处理十大关系的思想。1956年4月25日至28日，毛泽东主持召开了中共中央政治局扩大会议，并于25日在会上发表了《论十大关系》的讲

---

① 《毛泽东文集》第6卷，人民出版社1999年版，第350页。

② 《毛泽东文集》第6卷，人民出版社1999年版，第350页。

话。可以说，总结中国经济社会建设的经验教训，“以苏为鉴”，根据中国情况探索中国自己的社会主义道路，是贯穿《论十大关系》讲话的基本思想。

二、逻辑结构和主要内容

《论十大关系》由一个简单的引言、十章正文和一个简短的结束语构成的。

引言明确说明，提出这十个问题，都是围绕着一个基本方针，就是要把国内外一切积极因素调动起来，为社会主义事业服务。

第一章谈重工业和轻工业、农业的关系。毛泽东主张，要在确保重工业重点地位的同时，加重农业、轻工业的投资比例。

第二章谈沿海工业和内地工业的关系。毛泽东认为，工业总体布局的调整是要把以前工业集中在沿海的不平衡布局加以改变，在利用和发展沿海工业的基础上大力发展内地工业。

第三章谈经济建设和国防建设的关系。毛泽东开篇就提出，“国防不可不有”，要通过发展经济建设来加强国防建设，同时又要通过加强国防建设来保卫经济建设的平衡发展。

第四章谈国家、生产单位和生产者个人的关系。毛泽东提出，国家和工厂、合作社的关系，工厂、合作社和生产者个人的关系，这两种关系都要处理好，要做到兼顾两头。要吸取过去工作的失误和苏联农民政策错误的教训，照顾好农民利益“这是一个关系到六亿人民的大问题，必须在全党和全国人民中间反复进行教育”[1]。

第五章谈中央和地方的关系。毛泽东认为，应当在巩固中央统一领导的前提下，扩大一点地方的权力，给地方更多的独立性，让地方办更

① 《毛泽东文集》第7卷，人民出版社1999年版，第31页。

多的事情。他说："为了建设一个强大的社会主义国家，必须有中央的强有力的统一领导，必须有全国的统一计划和统一纪律，破坏这种必要的统一，是不允许的。同时，又必须充分发挥地方的积极性，各地都要有适合当地情况的特殊。"①

第六章谈汉族和少数民族的关系。毛泽东提出，现在要以消除历史上遗留下来的民族隔阂为前提，反对大汉族主义和地方民族主义，巩固团结各族人民共同建设社会主义祖国。

第七章谈党和非党的关系。毛泽东认为，民主党派存在有其合理性，中国有几个政党好，可以长期共存，互相监督。

第八章谈革命和反革命的关系。毛泽东非常明确地指出，反革命是消极因素，破坏因素，是积极因素的反对力量。但是，对于反革命分子要依其违法程度轻重予以不同处置，把镇压与改造自新结合起来。

第九章谈是非关系。毛泽东提出，党内党外都要分清是非。对待犯错误的人，必须坚持"惩前毖后，治病救人"的方针，这个方针是团结全党而必须坚持的方针。

第十章谈中国和外国的关系。毛泽东全面阐述了向外国学习的必要性，提出向外国学习的方针，说明向外国学习的主要内容，分析了中国的基本国情，强调我们的基本立场。

最后是简短的结束语。毛泽东提出："这十种关系，都是矛盾。世界是由矛盾组成的。没有矛盾就没有世界。我们的任务，是要正确处理这些矛盾。这些矛盾在实践中是否能完全处理好，也要准备两种可能性，而且在处理这些矛盾的过程中，一定还会遇到新的矛盾，新的问题。"② 总之，道路总是曲折的，前途总是光明的。

阅读和学习这部著作要把握的主要内容有：

---

① 《毛泽东文集》第7卷，人民出版社1999年版，第32页。
② 《毛泽东文集》第7卷，人民出版社1999年版，第44页。

（一）调动一切积极因素为社会主义事业服务

毛泽东在讲话的开篇指出："提出这十个问题，都是围绕着一个基本方针，就是要把国内外一切积极因素调动起来，为社会主义事业服务。"① 这就是说，对于一切可用的力量，一切积极因素，都要把它调动起来，并要努力把消极因素变为积极因素，为社会主义革命和建设服务。这里所讲的积极因素和消极因素，是一个广泛的概念，既包括党内外的因素，也包括国内外的因素；既包括直接因素，也包括间接因素。在社会主义建设的过程中，一般说来，积极因素处于主导的地位，占有压倒性的优势，这是社会主义事业取得胜利的根本保证。

毛泽东运用阶级分析方法明确说明了当时的积极因素。在国内，工人和农民是基本力量；中间势力是可以争取的力量；反动势力虽然是一种消极因素，但是我们仍然要做好工作，尽量争取化消极因素为积极因素。在国际上，一切可以团结的力量都要团结，不中立的可以争取为中立，反动的也可以分化和利用。

要正确处理国家、生产单位和个人的关系，调动各种生产主体和经营主体的积极性。毛泽东主张，国家和工厂、合作社和生产者个人的关系，这两种关系都要处理好。不能只顾一头，必须兼顾国家、集体和个人三个方面的利益。对于工人来说，随着工厂的劳动生产率提高，工人的劳动条件和集体福利就需要随着逐步有所改进；随着国民经济的发展，工资也需要适当地调整。毛泽东强调："我们历来提倡艰苦奋斗，反对把个人物质利益看得高于一切，同时我们也历来提倡关心群众生活，反对不关心群众痛痒的官僚主义。"② 对于生产单位来说，要解决"统一领导下的独立性问题"。把什么东西统统都集中在中央或省市，不

① 《毛泽东文集》第 7 卷，人民出版社 1999 年版，第 23 页。
② 《毛泽东文集》第 7 卷，人民出版社 1999 年版，第 28 页。

能工厂一点权力，一点机动的余地，一点利益，恐怕不妥。毛泽东很坦率地说："中央、省市和工厂的权益究竟应当各有多大才适当，我们经验不多，还要研究。从原则上说，统一性和独立性是对立的统一，要有统一性，也要有独立性。""各个生产单位都要有一个与统一性相联系的独立性，才会发展得更加活泼"，[①] 更加充满生机活力。对于农民问题，毛泽东诚恳地承认 1954 年"在粮食问题上曾经犯过一个错误"，结果农民有意见，党内外也有许多意见。尽管不少人是故意夸大，乘机攻击，但是不能说我们没有缺点。调查不够，摸不清底，多购了七十亿斤，这就是缺点。毛泽东要求全党：这个教训，全党必须记住。我们不能像苏联那样，要母鸡多生蛋，又不给它米吃，又要马儿跑得好，又要马儿不吃草。世界上哪有这样的道理？我们要接受苏联的经验教训，必须更多地注意处理好国家同农民的关系。"总之，国家和工厂，国家和工人，工厂和工人，国家和合作社，国家和农民，合作社和农民，都必须兼顾，不能只顾一头。无论只顾哪一头，都是不利于社会主义"[②]。

要正确处理党和非党的关系，调动多党的积极性。毛泽东指出："一切善意地向我们提意见的民主人士，我们都要团结。"[③] 对一些有爱国心的国民党军政人员，我们应当继续调动他们的积极性。就是对那些骂我们的，我们也要养起来，让他们骂，骂得无理，我们反驳，骂得有理，我们接受。这对党，对人民，对社会主义比较有利。毛泽东希望有关部门抓一下统一战线工作，使非党人士和我们的关系得到改善，尽可能把他们的积极性调动起来为社会主义服务。毛泽东的这些观点，不仅是对中国共产党领导中国人民推翻三座大山、建设社会主义新中国成功经验的总结，也展示毛泽东作为一位时代伟人的宽广胸怀和政治勇气。

---

① 《毛泽东文集》第 7 卷，人民出版社 1999 年版，第 29 页。

② 《毛泽东文集》第 7 卷，人民出版社 1999 年版，第 30—31 页。

③ 《毛泽东文集》第 7 卷，人民出版社 1999 年版，第 35 页。

毛泽东要求全党，“我们一定要努力把党内党外、国内国外的一切积极的因素，直接的、间接的积极因素，全部调动起来，把我国建设成为一个强大的社会主义国家”①。

（二）社会主义建设中既要坚持独立自主，又要向外国学习

毛泽东说：“我们提出向外国学习的口号，我想是提得对的。”② 他用生活常识告诉大家，应当承认，每个民族都有它的长处，不然它为什么能存在？为什么能发展？同时，每个民族也都有它的短处。他提出：“我们的方针是，一切民族、一切国家的长处都要学，政治、经济、科学、技术、文学、艺术的一切真正好的东西都要学。但是，必须有分析有批判地学，不能盲目地学，不能一切照抄，机械搬用。他们的短处、缺点，当然不要学。”③ 毛泽东的这段话，不仅规定了向外国学习的范围，即一切民族、一切国家，就是说不仅包括学苏联等社会主义国家，也包括学资本主义国家；而且规定了学习的内容，即政治、经济、科学、技术、文学、艺术的一切真正好的东西；还规定了学习的方法，即有分析有批判地学。

毛泽东专门提出，对于苏联和其他社会主义国家的经验，也应当采取这样的态度，不能盲目照搬别人。结果“今天刮北风，他是北风派，明天刮西风，他是西风派，后来又刮北风，他又是北风派，自己毫无主见，往往由一个极端走到另一个极端”④。毛泽东指出，对外国的学习要结合我国实际进行，对于马克思主义的东西也应当如此。“我们要学的是属于普遍真理的东西，并且学习一定要与中国实际相结合。如果每句话，包括马克思的话，都要照搬，那就不得了。我们的理论，是马克

① 《毛泽东文集》第 7 卷，人民出版社 1999 年版，第 44 页。
② 《毛泽东文集》第 7 卷，人民出版社 1999 年版，第 41 页。
③ 《毛泽东文集》第 7 卷，人民出版社 1999 年版，第 41 页。
④ 《毛泽东文集》第 7 卷，人民出版社 1999 年版，第 42 页。

思列宁主义的普遍真理同中国革命的具体实践相结合。”[1] 对于外国资产阶级的一切腐败制度和思想作风，我们要坚决抵制和批判。但是，这并不妨碍我们去学习资本主义国家的先进的科学技术和企业管理方法中合乎科学的方面。“对外国的科学、技术和文化，不加分析地一概排斥，和前面所说的对外国东西不加分析地一概照搬，都不是马克思主义的态度，都对我们的事业不利。”[2] 因此，毛泽东提出注意反对学习中的教条主义，要破除迷信，要从中国的实际出发。只有持这样的学习态度，才会在把外国的东西变成中国的东西的同时创造出新的东西。

毛泽东强调：“将来我们国家富强了，我们一定还要坚持革命立场，还要谦虚谨慎，还要向人家学习，不要把尾巴翘起来。不但在第一个五年计划期间要向人家学习，就是在几十个五年计划之后，还应当向人家学习。一万年都要学习嘛！”[3]

应该肯定，《论十大关系》和一系列新方针的提出，展示了中国共产党为寻找适合中国情况的社会主义道路而解放思想、多方探索的生动景象，为党的八大的召开做了重要的思想理论准备。

三、当代启示和重要意义

《论十大关系》的发表，标志着毛泽东和党中央对中国社会主义建设道路的探索开始形成比较系统的思路，是毛泽东以哲学的眼光看待中国社会主义建设、摸索适合中国国情的社会主义道路的理论著作。今天重读这部著作，给我们带来最深刻的启示是，通过调查研究把握中国经济社会发展的真问题。

---

① 《毛泽东文集》第7卷，人民出版社1999年版，第42页。
② 《毛泽东文集》第7卷，人民出版社1999年版，第43页。
③ 《毛泽东文集》第7卷，人民出版社1999年版，第44页。

毛泽东十分重视调查研究，不仅深入实际搞了大量的调查研究，而且撰写了许多著名的关于搞好调查研究的著作。然而，调查研究的目的是什么，是通过调查找到工作中存在的问题，通过研究找到解决问题的思路和方法。所以，能不能找到问题和解决问题，决定着调查研究的成败和得失。毛泽东在《反对党八股》一文中曾经说过：“什么叫问题？问题就是事物的矛盾。哪里有没有解决的矛盾，哪里就有问题。既有问题，你总得赞成一方面，反对另一方面，你就得把问题提出来。提出问题，首先就要对于问题即矛盾的两个基本方面加以大略的调查和研究，才能懂得矛盾的性质是什么，这就是发现问题的过程。……使大家学会应用马克思主义的方法去观察问题、提出问题、分析问题和解决问题，我们所办的事才能办好，我们的革命事业才能胜利。”① 毛泽东的《论十大关系》可以说是应用马克思主义的方法观察中国社会主义建设的实际，提出中国社会主义建设实践中存在的诸多问题，分析产生这些问题的政治、经济、文化、历史和现实等众多原因，并找到解决问题的方法的光辉典范。

当代中国共产党人继承了毛泽东的重要思想，更加重视问题意识。习近平总书记指出：“要有强烈的问题意识，以重大问题为导向，抓住关键问题进一步研究思考，着力推动解决我国发展面临的一系列突出矛盾和问题。我们中国共产党人干革命、搞建设、抓改革，从来都是为了解决中国的现实问题。”② 什么是问题？所谓问题是我们在实践过程中遇到的需要解决的矛盾或搞清楚的疑难；如果不能采取恰当的方式解决这些矛盾或搞清楚这些疑难，就会阻碍我们工作的开展，影响我们事业的顺利进行。所谓问题导向是指我们在工作中对需要解决的矛盾或搞清楚的疑难能够敏锐地感知，具有自觉主动地发现问题、分析问题、解决

① 《毛泽东选集》第 3 卷，人民出版社 1991 年版，第 839 页。
② 《习近平著作选读》第 1 卷，人民出版社 2023 年版，第 161 页。

问题的思维方式，是在头脑中形成的对工作结果预期目标的追求。毫无疑问，每个时代都有属于自己时代的问题，只有科学地认识、准确地把握、正确地解决这些问题，才能够推动我们事业的发展。应该肯定，中国共产党人干革命、搞建设、抓改革，从来都是为了解决中国社会发展过程中出现的现实问题，实现中国共产党人的伟大目标。坚持问题导向，与时代同步伐，与人民共命运，关注和回答时代和实践提出的重大课题，是马克思主义永葆生机活力的奥妙所在。

在调查研究中坚持问题导向，就是要敢于发现真问题、解决真问题，而不是被假问题所迷惑或困扰。什么是真问题？什么是假问题？所谓真问题，是人们在实践过程当中通过对事物发展规律正确认识的基础上所概括出来的真实问题。所谓假问题，是由于理论的错误、经验的缺乏或其他原因而产生的虚假问题。假问题往往不能够正确反映事物发展的本质，结果是越想解决问题反而会把问题搞得更加复杂。当然，怎么正确地抓住真问题，就要像恩格斯所说的那样，通过细致的调查研究，从老百姓的动机中去探寻“动力的动力”，即探寻老百姓动机背后更深刻的原因。所以说，能不能抓住社会发展过程中的真问题，是决定我们能否真正解决问题的关键所在。

毛泽东：《关于正确处理人民内部矛盾的问题》导读

《关于正确处理人民内部矛盾的问题》是毛泽东在我国生产资料私有制的社会主义改造已经基本完成，开始转入全面的社会主义建设紧要关头所撰写的一部重要著作。面对当时社会主义建设中出现的诸多新情况和新问题，毛泽东坚持运用马克思主义的世界观和方法论来观察和研究中国社会，认真思考社会主义事业发展的规律性问题，明确指出革命时期的大规模的疾风暴雨式的群众阶级斗争基本结束，并创造性地提出了社会主义社会的基本矛盾和两类不同性质矛盾的学说。这些学说具有重大的理论意义和实践意义，极大地丰富了马克思主义的理论宝库。

一、历史背景和写作原因

毛泽东关于正确处理人民内部矛盾的理论是在深刻总结中国社会主义革命建设经验和国际共产主义运动教训的基础上提出来的。

从国际情况来看，1956 年 2 月召开的苏共二十大，是苏联共产党在斯大林逝世后召开的第一次全国党的代表大会，引起全世界的高度关注。会议对斯大林的个人崇拜及其后果进行了揭露和批判，就国际上社会主义与资本主义两个体系的和平共处、防止战争的可能性以及不同国家向社会主义过渡的形式等理论问题也提出了新的看法。苏共二十大所提出的观点特别是赫鲁晓夫秘密报告揭露出来的问题，在苏联领导层和国际社会引起了强烈震动。1956 年 6 月，波兰工业城市波兹南发生了数千人罢工、上街游行的事件，并最终演变成近百人死亡，800多人受伤、600多人被捕的骚乱。1956年10月，匈牙利首都布达佩斯发生了大规模群众性骚乱事件。这本来是以学生为主体搞的一次游行活动，由于政府相关部门处理不当，最后演变成几十万人参加的示威游行，并提出反对政府的口号；示威者占领了电台和一些军事设施，冲击劳动人民党和政府机构，后来又残酷杀害劳动人民党党员和政府官员，致使这场游行的性质演变成反政府暴乱。波匈事件的发生，有着复杂的内部原因和外部原因，其中没有及时正确地处理好人民内部矛盾则是最重要的原因。毛泽东称1956年是“多事之秋”。他在11月召开的政治局常委扩大会上说：“波匈事件应使我们更好地考虑中国的问题。苏共二十大有个好处，就是揭开盖子，解放思想，使人们不再认为苏联所做的一切都是绝对真理，不可改变，一定要照办。我们要自己开动脑筋，解决本国革命和建设的实际问题。……根据波匈事件的教训，好好总结一下社会主义究竟如何搞法。矛盾总是有的，如何处理这些矛盾，就成为我们需要认真研究的问题。”[①] 国际共产主义运动出现的重大波折，警示各国执政党如果不能正确处理社会主义发展进程中的各种矛盾特别是人民内部矛盾，社会主义制度将难以巩固，社会主义建设将难以向前推进。

从国内情况来看，随着对农业、手工业和资本主义工商业的社会主义改造的基本完成，我国社会制度、经济结构和阶级关系都发生了深刻变化，疾风暴雨式的阶级斗争已经过去，国内的主要矛盾发生了根本性的变化，中国的社会主义建设进入全新的历史时期。与这个全新发展阶段相适应，1956年4月，毛泽东在大量调查研究的基础上，在中共中央政治局扩大会议上作了《论十大关系》的报告，总结苏联社会主义建设的经验教训，积极探索中国社会主义建设道路，强调要把国内外一切积极因素调动起来，为社会主义事业服务。同年9月，中国共产党第八

① 《毛泽东年谱（1949—1976）》第3卷，中央文献出版社2002年版，第23页。

次全国代表大会隆重召开。会议正确分析了国内形势和国内主要矛盾的变化，明确提出党和全国人民在新形势下的主要任务。大会宣布：我国无产阶级同资产阶级之间的矛盾已经基本上解决，几千年来的阶级剥削制度的历史已经基本上结束，对农业、手工业和资本主义工商业的社会主义改造已经取得决定性胜利，社会主义的社会制度在我国已经基本建立起来。会议指出，社会主义制度确立以后，国内的主要矛盾，已经是人民对于建立先进的工业国的要求同落后的农业国的现实之间的矛盾，已经是人民对于经济文化迅速发展的需要同当前经济文化不能满足人民需要的状况之间的矛盾。党和全国人民当前的主要任务，就是要集中力量解决这个矛盾，大力发展社会生产力，实行大规模的经济建设，把我国尽快地从落后的农业国变为先进的工业国。大会还进一步确定了社会主义建设的战略目标，即“尽可能迅速地实现国家工业化，有系统、有步骤地进行国民经济的技术改造，使中国具有强大的现代化的工业、现代化的农业、现代化的交通运输业和现代化的国防”①，为全国人民描绘了社会主义发展的宏伟蓝图。毛泽东还预言：“要使中国变成富强的国家，需要五十到一百年的时光”②。

然而，由于在三大改造过程中出现的某些脱离实际的错误，经济建设中出现急躁冒进倾向，加上领导工作中的主观主义、官僚主义和政治思想工作薄弱等问题，以及当时苏共二十大和波兰、匈牙利事件的影响，导致国内各种矛盾日益突出甚至激化，一些地方出现少数群众闹事等不稳定情况：一些学生、工人和复员转业军人因升学、就业、安置等方面遇到困难而发泄不满；农村不少地区接连发生农民闹退社、闹缺粮的现象；一些知识分子对党和政府工作中的缺点、错误以及干部作风上

---

① 《中共中央文件选集（1949 年 10 月—1966 年 5 月）》第 24 册，人民出版社 2013 年版，第 224 页。

② 《毛泽东文集》第 7 卷，人民出版社 1999 年版，第 124 页。

的问题也提出尖锐的批评，对文化、教育、科学等问题发表不同意见。对于新出现的矛盾，许多党员干部或缺乏思想准备，陷于被动地位；或把群众闹事和尖锐批评一概视为阶级斗争，采取简单粗暴的办法进行压制，以致造成更大的混乱。

怎样正确认识和处理社会主义社会的各种矛盾，不仅引起毛泽东和党中央的高度关注，也成为年轻的执政党必须认真思考解决的重大问题。在充分准备和深入调查研究的基础上，1957 年 2 月 27 日，毛泽东在最高国务会议第十一次（扩大）会议上作了《关于正确处理人民内部矛盾的问题》的讲话，第一次对社会主义社会的各种矛盾以及怎样正确区分和处理两类社会矛盾作了深入、系统的论述，形成了比较完整的社会主义社会基本矛盾学说。后来，毛泽东对讲话记录稿加以整理和多次修改，于同年 6 月 19 日在《人民日报》上公开发表。毛泽东的这篇讲话，作为我国社会主义建设过程中解决人民内部矛盾的纲领性文件，对如何正确处理我国社会主义建设时期的矛盾提供了思想上的指导。

二、逻辑结构和主要内容

全文共分十二章。

第一章谈两类不同性质的矛盾。毛泽东提出两类不同性质的矛盾并阐述了正确解决两类不同性质矛盾的重要性；特别是创造性地提出社会主义社会基本矛盾思想。

第二章谈肃反问题。毛泽东确定肃清反革命的问题是敌我矛盾的斗争问题，肯定相当彻底地肃清反革命是匈牙利事件在中国“没有引起什么风浪”的原因。他明确批评了两种错误观点，即不存在反革命分子或者还有很多反革命分子。

第三章谈农业合作化问题。毛泽东回顾了合作社的发展历程，肯定了合作社对农业发展所作出的贡献，强调任何新生事物的成长都是要经过艰难曲折的。

第四章谈工商业者问题。毛泽东分析中国资产阶级尚具有的两面性，主张他们还需要一个相当的时间继续进行思想改造。

第五章谈知识分子问题。毛泽东充分肯定知识分子在社会主义中的重要作用，批评了当时党内存在的各种对待知识分子的缺点，主张要在知识分子和青年学生中加强思想政治工作，帮助他们逐步抛弃资产阶级的世界观，树立无产阶级的、共产主义的世界观。毛泽东说了一段对中国教育界影响极其深远的话："我们的教育方针，应该使受教育者在德育、智育、体育几方面都得到发展，成为有社会主义觉悟的有文化的劳动者。"① 从而为新中国教育事业的发展指明了方向。

第六章谈少数民族问题。毛泽东指出，汉族和少数民族的关系一定要搞好，关键是克服大汉族主义和地方民族主义。

第七章谈统筹兼顾、适当安排。毛泽东指出，统筹兼顾，是指对于六亿人口的统筹兼顾。要调动一切积极因素，团结一切可能团结的人，并且尽可能将消极因素转变为积极因素，为建设社会主义社会伟大事业服务。

第八章谈关于百花齐放、百家争鸣、长期共存、互相监督。毛泽东肯定，这个口号是根据中国的具体情况提出来的，是在承认社会主义社会仍然存在着各种矛盾的基础上提出来的，是在国家需要迅速发展经济和文化的迫切要求上提出来的。百花齐放、百家争鸣的方针既是促进艺术发展和科学进步的方针，是促进社会主义文化繁荣的方针，又是发展巩固马克思主义的方针。

第九章谈关于少数人闹事问题。毛泽东客观分析了 1956 年个别地方发生的少数工人学生罢工罢课事件的原因，提出对于人民内部的矛盾

---

① 《毛泽东文集》第 7 卷，人民出版社 1999 年版，第 226 页。

可以用“团结——批评——团结”的方法去解决。

第十章谈坏事能否变成好事。毛泽东运用高超的辩证思维来分析这个问题：群众闹事是坏事，坏事也可以转变为好事。

第十一章谈关于节约。毛泽东是从中国国情的角度来谈节约问题的。他提出，要使全体干部和全体人民经常想到我国是一个社会主义大国，但又是一个经济落后的穷国。要使我国富强起来，需要几十年艰苦奋斗的时间，其中包括执行厉行节约、反对浪费这样一个勤俭建国的方针。

第十二章谈中国工业化道路。毛泽东阐述了重工业、轻工业和农业的发展关系问题，提出中国实现工业化的基本思路；认为我们还缺少经济建设的经验，要努力学习世界各国的先进经验。特别是提出客观规律和主观认识的关系问题，认为社会主义社会经济发展的客观规律和我们主观认识之间的矛盾，需要在实践中去解决。

学习和阅读这部著作要把握的主要内容有：

（一）正确区分两类不同性质的矛盾

毛泽东开篇指出，我们国家现在是空前统一的。资产阶级民主革命和社会主义革命的胜利，以及社会主义建设的成就，迅速地改变了旧中国的面貌。祖国更加美好的将来，正摆在我们的面前。我们六亿人民正在工人阶级和共产党的领导下，团结一致地进行着伟大的社会主义建设。国家的统一，人民的团结，国内各民族的团结，这是我们的事业必定要胜利的基本保证。但是，这并不是说在我们的社会里已经没有任何矛盾了。没有矛盾的想法是不符合客观实际的天真的想法。他说：“在我们的面前有两类社会矛盾，这就是敌我之间的矛盾和人民内部的矛盾。这是性质完全不同的两类矛盾。”①

① 《毛泽东文集》第7卷，人民出版社1999年版，第204—205页。

为了正确区分敌我之间和人民内部这两类不同性质的矛盾，毛泽东首先对“人民”和“敌人”这两个概念的内涵作出界定。他认为，在不同的国家和不同的历史时期，这两个概念有着不同的内涵。如在中国的抗日战争时期，一切抗日的阶级、阶层和社会集团都是属于人民的范围，日本帝国主义、汉奸、亲日派都是人民的敌人。在解放战争时期，美帝国主义和它的走狗即官僚资产阶级、地主阶级以及代表这些阶级的国民党反动派，都是人民的敌人；一切反对这些敌人的阶级、阶层和社会集团，都属于人民的范围。在社会主义建设时期，一切赞成、拥护和参加社会主义建设事业的阶级、阶层和社会集团，都属于人民的范围；一切反抗社会主义革命和敌视、破坏社会主义建设的社会势力和社会集团，都是人民的敌人。

在界定清楚人民和敌人概念内涵的基础上，毛泽东明确指出，敌我之间的矛盾是对抗性的矛盾；人民内部的矛盾，在劳动人民之间说来，是非对抗性的；在被剥削阶级和剥削阶级之间说来，除了对抗性的一面外，还有非对抗性的一面。这里面包含着错综复杂的关系，需要认真研究和对待。

毛泽东把思考的重点放在人民内部矛盾上。他指出，人民内部的矛盾不是现在才有的，但是在各个革命时期和社会主义建设时期有着不同的内容。“在我国现在的条件下，所谓人民内部的矛盾，包括工人阶级内部的矛盾，农民阶级内部的矛盾，知识分子内部的矛盾，工农两个阶级之间的矛盾，工人、农民同知识分子之间的矛盾，工人阶级和其他劳动人民同民族资产阶级之间的矛盾，民族资产阶级内部的矛盾，等等。”[①] 我们的人民政府是真正代表人民利益的政府，是为人民服务的政府，但是它同人民群众之间也有一定的矛盾。这种矛盾包括国家利益、集体利益同个人利益之间的矛盾，民主同集中的矛盾，领导同被领

① 《毛泽东文集》第7卷，人民出版社1999年版，第205页。

导之间的矛盾等等。“一般说来，人民内部的矛盾，是在人民利益根本一致的基础上的矛盾。”①

（二）用不同的方法解决不同性质的矛盾

毛泽东指出：“敌我之间和人民内部这两类矛盾的性质不同，解决的方法也不同。简单地说起来，前者是分清敌我的问题，后者是分清是非的问题。当然，敌我问题也是一种是非问题。”② 正是由于敌我之间和人民内部这两类矛盾截然不同的性质，决定着解决矛盾的方法也完全不同。具体说来，要用专政的方法解决敌我之间的矛盾，用民主的方法解决人民内部的矛盾。

毛泽东指出，我们的国家是工人阶级领导的以工农联盟为基础的人民民主专政的国家。这个专政的第一个作用，就是压迫国家内部的反动阶级、反动派和反抗社会主义革命的剥削者，压迫那些对于社会主义建设的破坏者，就是为了解决国内敌我之间的矛盾。专政的第二个作用，就是防御国家外部敌人的颠覆活动和可能的侵略，也就是担负着对外解决敌我之间的矛盾的任务；专政的目的是保卫全体人民进行和平劳动，将我国建设成为一个具有现代工业、现代农业和现代科学文化的社会主义国家。毛泽东专门解释了人民民主专政的含义。他说，专政的制度不适合于人民内部。人民自己不能向自己专政，不能由一部分人民去压迫另一部分人民。“在人民内部是实行民主集中制。我们的宪法规定：中华人民共和国公民有言论、出版、集会、结社、游行、示威、宗教信仰等等自由。我们的宪法又规定：国家机关实行民主集中制，国家机关必须依靠人民群众，国家机关工作人员必须为人民服务。”③ 毛泽东强调：

---

① 《毛泽东文集》第7卷，人民出版社1999年版，第206页。
② 《毛泽东文集》第7卷，人民出版社1999年版，第206页。
③ 《毛泽东文集》第7卷，人民出版社1999年版，第207页。

“我们的这个社会主义的民主是任何资产阶级国家所不可能有的最广大的民主。我们的专政，叫做工人阶级领导的以工农联盟为基础的人民民主专政。这就表明，在人民内部实行民主制度，而由工人阶级团结全体有公民权的人民，首先是农民，向着反动阶级、反动派和反抗社会主义改造和社会主义建设的分子实行专政。所谓有公民权，在政治方面，就是说有自由和民主的权利。”① 当然，这个自由是有领导的自由，这个民主是集中指导下的民主，不是无政府状态。无政府状态不符合人民的利益和愿望。毛泽东全面分析了匈牙利事件发生的原因和带来的混乱认识，明确指出：“世界上只有具体的自由，具体的民主，没有抽象的自由，抽象的民主。在阶级斗争的社会里，有了剥削阶级剥削劳动人民的自由，就没有劳动人民不受剥削的自由。有了资产阶级的民主，就没有无产阶级和劳动人民的民主。”② 所以，民主这个东西，有时看起来似乎是目的，实际上只是一种手段。我们的主张是，民主和集中的统一，自由和纪律的统一，这就是我们的民主集中制。在这个制度下，人民享受着广泛的民主和自由，同时又必须用社会主义的纪律约束自己。

毛泽东全面系统地研究和阐述了处理人民内部矛盾的办法，强调不同的领域存在着不一样的矛盾，不一样的矛盾只能用不一样的办法来解决。如“凡属于思想性质的问题，凡属于人民内部的争论问题，只能用民主的方法去解决，只能用讨论的方法、批评的方法、说服教育的方法去解决，而不能用强制的、压服的方法去解决”③。毛泽东把这种民主方法归纳为一个公式：团结——批评——团结。对于肃反问题、少数人闹事问题，毛泽东提出肃反工作的路线方针是：群众肃反，有反必肃，有错必纠。这样做，有利于健全我们的法制，有利于正确处理反革命分

① 《毛泽东文集》第7卷，人民出版社1999年版，第207—208页。
② 《毛泽东文集》第7卷，人民出版社1999年版，第208页。
③ 《毛泽东文集》第7卷，人民出版社1999年版，第209页。

子和其他犯罪分子；要避免把敌我矛盾扩大化，要认清有利形势，处理好人民内部矛盾，把全党全国的力量集中于在新的生产关系下面保护和发展生产力。对于科学上、艺术上的是非矛盾问题，毛泽东提出了“百花齐放、百家争鸣”方针，主张提倡自由讨论，保持慎重的态度。如果利用行政力量，强制推行一种风格，一种学派，禁止另一种风格，另一种学派，会有害于艺术与科学的发展。在民族问题上，毛泽东认为在处理汉族与少数民族的关系问题上，要克服大汉族主义，同时克服地方民族主义。毛泽东还提出了共产党与民主党派“长期共存、互相监督”的政策。毛泽东还特别提醒全党，要花大的精力来处理人民内部矛盾。他说：“在一般情况下，人民内部的矛盾不是对抗性的。但是如果处理得不适当，或者失去警觉，麻痹大意，也可能发生对抗。”① 可以说，毛泽东在《关于正确处理人民内部矛盾的问题》一文中，已经构建起了处理和解决不同性质矛盾的方法论体系，值得我们很好的学习和研究。

（三）社会主义社会基本矛盾

毛泽东运用对立统一规律，从哲学层次上进一步揭示了社会主义社会矛盾普遍存在的原因，分析了社会主义社会的基本矛盾及其特点，丰富和发展了历史唯物主义，也纠正当时国际共产主义运动中存在的一些错误认识。他说：“对立统一规律是宇宙的根本规律。这个规律，不论在自然界、人类社会和人们的思想中，都是普遍存在的。矛盾着的对立面又统一，又斗争，由此推动事物的运动和变化。”② 毛泽东专门提出，对于许多人来说，承认这个规律是一回事，应用这个规律去观察和处理问题又是一回事。其结果是，许多人不承认社会主义社会还有矛盾，因而使得他们在处理社会矛盾面前缩手缩脚，处于被动地位；不懂得在不

① 《毛泽东文集》第 7 卷，人民出版社 1999 年版，第 211 页。
② 《毛泽东文集》第 7 卷，人民出版社 1999 年版，第 213 页。

断地正确处理和解决矛盾的过程中，将会使社会主义社会内部的统一和团结日益巩固。所以，毛泽东得出结论，要在我国人民中，首先是干部中，进行解释，引导人们认识社会主义社会的矛盾，并且懂得采取正确的方法处理这种矛盾。

毛泽东指出，社会主义社会的基本矛盾仍然是生产关系和生产力之间、上层建筑和经济基础之间的矛盾。不过，社会主义社会的这些矛盾，同旧社会的生产关系和生产力的矛盾、上层建筑和经济基础的矛盾，具有根本不同的性质和情况。他认为，我国现在的社会制度比较旧时代的社会制度要优越得多。如果社会主义制度不优胜，旧制度就不会被推翻，新制度就不可能建立。所谓社会主义生产关系比较旧时代的生产关系更能够适合生产力发展的性质，就是指能够容许生产力以旧社会所没有的速度迅速发展起来，因而生产不断扩大，人民不断增长的需要能够逐步得到满足。毛泽东回顾了新中国成立之前钢产量等主要经济指标发展的情况，得出一个明确的结论："只有社会主义能够救中国。"[①] 社会主义制度促进了我国生产力的突飞猛进地发展，甚至连国外的敌人也不能不承认了。

然而，毛泽东在肯定社会主义制度的优越性的同时，告诫全党：我国的社会主义制度还刚刚建立，还没有完全建成，还不完全巩固，还有许多不够完善的地方。毛泽东得出一个基本认识：社会主义生产关系已经建立起来，它是和生产力和发展相适应的；但是，它又还很不完善，这些不完善的方面和生产力的发展又是矛盾的。除了生产关系和生产力发展的这种又相适应又相矛盾的情况以外，还有上层建筑和经济基础的又相适应又相矛盾的情况。人民民主专政的国家制度和法律、社会主义意识形态等上层建筑对于社会主义改造与建设起了积极推动作用；另外，还存在资产阶级意识形态、某些官僚主义作风以及国家制度中环节

① 《毛泽东文集》第7卷，人民出版社1999年版，第214页。

上的缺陷，这又与社会主义经济基础相矛盾。毛泽东强调，矛盾总是会处于不断出现和不断解决的动态过程中，即“矛盾不断出现，又不断解决，就是事物发展的辩证规律”[①]。

毛泽东指出，革命时期的大规模的疾风暴雨式的群众阶级斗争基本结束，但是阶级斗争还没有完全结束。在这个时候，我们提出划分敌我和人民内部两类矛盾的界限，提出正确处理人民内部矛盾和问题，解决好这两类社会矛盾，对于向自然开战，发展我们的经济，发展我们的文化，使全体人民比较顺利地走过目前的过渡时期，巩固我们的新制度，建设我们的新国家，就是十分必要的了。

（四）百花齐放、百家争鸣

毛泽东首先肯定，百花齐放、百家争鸣、长期共存、互相监督这个口号，是根据中国的具体情况提出来的，是在承认社会主义社会仍然存在着各种矛盾的基础上提出来的，是在国家需要迅速发展经济和文化的迫切要求上提出来的。“百花齐放、百家争鸣的方针，是促进艺术发展和科学进步的方针，是促进我国的社会主义文化繁荣的方针。”[②] 对于这十六字在社会发展过程中的作用给予了科学的定位。

毛泽东认为，对于科学上、艺术上的是非，应当提倡自由讨论，保持慎重的态度。艺术上不同的形式和风格可以自由发展，科学上不同的学派可以自由争论。如果利用行政力量，强制推行一种风格，一种学派，禁止另一种风格，另一种学派，会有害于艺术与科学的发展。艺术和科学中的是非问题，应当通过艺术界的自由讨论去解决，通过艺术和科学的实践去解决，而不应当采取简单的方法去解决。毛泽东举出了大量的案例，证明历史上新的正确的东西，在开始的时候常常得不到多数

① 《毛泽东文集》第 7 卷，人民出版社 1999 年版，第 216 页。
② 《毛泽东文集》第 7 卷，人民出版社 1999 年版，第 229 页。

人承认，只能在斗争中曲折地发展。正确的东西，好的东西，人们一开始常常不承认它们是香花，反而把它们看作毒草。这在世界科技发展史上，在中国历史上都是经常出现的现象。毛泽东指出："同旧社会比较起来，在社会主义社会中，新生事物的成长条件，和过去根本不同了，好得多了。但是压抑新生力量，压抑合理的意见，仍然是常有的事。"①因此，对于科学上、艺术上的是非，应当保持慎重的态度，提倡自由讨论，不要轻率地作结论，只有这样才能帮助科学和艺术得到比较顺利的发展。

毛泽东专门谈到，马克思主义也是在斗争中发展起来的。马克思主义在开始的时候受到种种打击，现在它在世界上许多地方还在继续受打击。在社会主义国家，由于还有非马克思主义和反马克思主义思想的存在，马克思主义仍然必须在斗争中发展。不但过去是这样，现在是这样，将来也必然还是这样。我国的社会主义和资本主义之间的意识形态方面的谁胜谁负的斗争，还需要一个相当长的时间才能解决。因此，思想斗争不能采取粗暴的强制的方法，只能用细致的讲理的方法，只能在"百花齐放、百家争鸣"中，通过讨论、批评、说理等方法，才能真正发展正确的意见，克服错误的思想。所以，实行"百花齐放、百家争鸣"，并不会削弱反而会加强马克思主义在思想界的领导地位。

毛泽东指出："百花齐放、百家争鸣这两个口号，就字面看，是没有阶级性的，无产阶级可以利用它们，资产阶级也可以利用它们，其他的人们也可以利用它们。"② 所谓香花和毒草，各个阶级、阶层和社会集团也有各自的看法。我们的判别香花和毒草的标准是，根据我国的宪法的原则，根据我国最大多数人民的意志和我国各党派历次宣布的共同的政治主张，毛泽东提出了六条标准：（一）有利于团结全国各族人民，

① 《毛泽东文集》第 7 卷，人民出版社 1999 年版，第 229 页。

② 《毛泽东文集》第 7 卷，人民出版社 1999 年版，第 233 页。

而不是分裂人民；（二）有利于社会主义改造和社会主义建设，而不是不利于社会主义改造和社会主义建设；（三）有利于巩固人民民主专政，而不是破坏或者削弱这个专政；（四）有利于巩固民主集中制，而是破坏或者削弱这个制度；（五）有利于巩固共产党的领导，而不是摆脱或者削弱这种领导；（六）有利于巩固社会主义的国际团结和全世界爱好和平人民的国际团结，而不是有损于这些团结。毛泽东说："这六条标准中，最重要的是社会主义道路和党的领导两条。"[①] 当然，这是一些政治标准，是为了鉴别科学和艺术观点的正确或者错误；判断艺术作品的艺术水准，应当还有各自的标准。

《正确处理人民内部矛盾的问题》是毛泽东在社会主义建设时期的一篇十分重要的理论著作，首次提出关于社会主义社会矛盾的学说，不仅丰富了马克思主义关于社会矛盾理论，而且为在社会主义建设时期正确处理各种矛盾提供了理论指导。

三、当代启示和重要意义

毛泽东撰写《关于正确处理人民内部矛盾的问题》的根本原因，是为了正确认识当时国内外因为没有处理好人民内部矛盾所导致的重大政治风险。

（一）准确认识矛盾的性质，及时防范和化解重大风险

一般说来，所谓风险是社会主体在认识和实践过程中，可能遇到的与主体价值目标相违背的危害。从质量互变规律来说，风险是事物发展的量变过程中，由于多种原因所导致与社会主体价值目标相背离的质变。风险爆发是事物发生了质变，但这个质变不是事物发展正方向的质

---

① 《毛泽东文集》第 7 卷，人民出版社 1999 年版，第 234 页。

变，而是反方向的质变，从而给社会主体造成了危害，给社会发展带来灾难。在我们的实际工作中，很多风险是因为我们没有及时发现、抓住、处理好各种矛盾特别是人与人之间的矛盾，从而把人民内部矛盾变成敌我矛盾，把本来可以用协商办法解决的问题变成一场影响整个社会的动乱而导致的。

从波兰和匈牙利事件来看，作为领导者在事件发生初期没有及时地正确地认识事件的性质，是导致动乱发生的重要原因。如在匈牙利事件爆发之前，在苏共二十大之后，整个社会主义阵营都在反思苏联模式对本国经济社会发展的影响，力图探索具有本国特色的社会主义道路，这是社会主义运动发展的大势。由于多方面的原因，匈牙利青年学生和知识分子率先提出这个想法，并用集会的形式表达出来。作为匈牙利劳动人民党的领导人，本应认真听取人民群众的呼声，反思工作中的失误和不足，及时提出改革的措施，满足人民群众要求改革的诉求。然而，他们在缺乏调查研究的基础上，草率地在电台上播出了禁止任何公众集会和示威游行的通告，又简单地把几十万示威群众定性为“匈牙利人民的敌人”，甚至请求苏联出兵帮助平息事件。这一系列草率的操作，不仅贻误处理事件的最佳时机，而且激怒了广大人民群众，导致矛盾进一步激化，最终把和平集会演变成武装暴乱。

我们再来看看毛泽东是怎么看待这两个事件的。他说：“波匈事件应使我们更好地考虑中国的问题。……根据波匈事件的教训，好好总结一下社会主义究竟如何搞法。矛盾总是有的，如何处理这些矛盾，就成为我们需要认真研究的问题。”① 怎么处理这些矛盾？他指出：“我国广大的人民群众是拥护社会主义的，他们很守纪律，很讲道理，决不无故闹事。但是这并不是说，在我国已经没有了发生群众闹事的可能性。在这个问题上，我们应当注意的是：（一）为了从根本上消灭发生闹事的

① 《毛泽东年谱（1949—1976）》第3卷，中央文献出版社2002年版，第23页。

原因，必须坚决地克服官僚主义，很好地加强思想政治教育，恰当地处理各种矛盾。只要做到这一条，一般地就不会发生闹事的问题。（二）如果由于我们的工作做得不好，闹了事，那就应当把闹事的群众引向正确的道路，利用闹事来作为改善工作、教育干部和群众的一种特殊手段，解决平日所没有解决的问题。应当在处理闹事的过程中，进行细致的工作，不要用简单的方法去处理，不要‘草率收兵’。对于闹事的带头人物，除了那些违犯刑法的分子和现行反革命分子应当法办以外，不应当轻易开除。在我们这样大的国家里，有少数人闹事，并不值得大惊小怪，倒是足以帮助我们克服官僚主义。”① 这就从根本上为我们正确认识和处理人民内部矛盾，及时防范和化解重大风险提供了思路。

（二）坚持底线思维方法，推动事件向着有利方向发展

所谓事物发展的关节点，是事物发展的质变，也就是事物发展超出了度的范围。事物发展超出度的范围会有两个方向，一个是向着事物的有利方向、正方向发展，使事物发展呈现出勃勃生机；另一个是向着事物的不利方向、负方向推进，使事物运动呈现出衰亡或灾难，这也就是我们常说的事物发展冲破了底线。所谓底线又被称作红线、边界线等。在实践活动中，底线往往表现为不可逾越的警戒线；底线一旦被突破，往往会给实践主体带来难以承受的风险或灾难。

当我们在日常工作中，发现人民群众中出现一些不好苗头，可能导致我们的工作向着不利的、负面的方向发展的时候，我们必须迅速确定矛盾发生质变的关节点，及时采取多种措施去解决矛盾、化解矛盾，努力推动我们的工作向有利的、正面方向发展。这不仅需要很高的政治智慧、哲学素养和领导艺术，还需要在工作实践中不断地积累经验，提升工作能力。我们必须记住，任何一个事物都有底线，这是客观存在的，

---

① 《毛泽东文集》第7卷，人民出版社1999年版，第236—237页。

不容冲破的。坚持底线思维，是中国共产党人在长期革命、建设和改革开放过程中形成的一个重要的思维方法。习近平总书记多次强调："坚持底线思维，增强忧患意识，提高防控能力，着力防范化解重大风险"[①]。底线思维能力，就是人们在认识事物发展规律的基础上，客观地设定最低目标，积极推进事物向积极方面转化，实现最大期望值的能力。因此，我们必须强化底线思维，提高底线思维能力，主动设定和完善社会主义建设各领域的底线，力求防患于未然，增强底线的权威性和威慑力；同时，提醒广大党政干部严守底线，决不触碰、逾越或践踏那些事关社会主义建设各个领域的底线和原则，不断增强坚守底线的坚定性和自觉性。

① 《习近平谈治国理政》第3卷，人民出版社2020年版，第219页。